KB195713

헌법재판관을 고발한다

종부세의
진실

지은이 | 이재만

북메소드
BOOK METHOD

머리말

종합부동산세는 명백한 헌법위반의 세금이다. 더욱이 종부세는 정치적으로 악용된 세금이며, 국가가 국제통계자료마저 조작하여 국민을 기만하면서 국민을 때린 국가폭력에 불과한 세금이다. 터무니없게도 헌법재판소에서는 이러한 종부세가 헌법에 합치된다고 종부세 합헌결정을 내렸다. 종부세가 얼마나 잘못된 세금인지를 많은 분들이 제대로 이해하는 데 도움을 주고자 이 책을 썼다. 또한 종부세 부과내역 분석자료와 종부세 위헌청구 내용 그리고 헌법재판소 결정의 문제점 등에 대한 실증적인 자료를 이 책에 실었다. 법률가, 조세전문가 그리고 학자들이 종부세가 합헌인지 위헌인지를 실증적으로 논의하고 판단하는 데 도움이 되었으면 하는 것이 필자의 바람이다. 특히 합헌결정 내용에 따르면 종부세의 법적 성격은 사실상 재산형 형벌에 해당되는 것이라 할 것인데, 명목상 세금으로 부과되었다. 그리고 헌법재판소는 종부세법의 입법목적인 '부동산 가격 안정 도모'에 타당한 수단이 된다고 하여 종부세가 합헌이라고 결정하였다. 그러나 이 합헌결정의 내용이 헌법상의 '납세의 의무' 규정에 합치되는지 큰 의문이 있다 할 것이다. 헌법재판소의 조세에 대한 시각은 마치 조세고권주의를 추종하는 것으로 생각되는데 종부세가 자유민주주의 국가인 대한민국의 헌법 규정에 적합한 세금인지 학계에서 충분히 검토해야 한다고 필자는 생각하고 있다.

과다하게 부과된 종부세로 인하여 아직도 많은 고통을 겪고 있는 종부세 납세자와 종부세 폐지에 많은 노력을 하시는 부동산악법폐지연대 김영희 회장님과 회원님들 그리고 법무법인 수오재 종부세팀 관계자 모두에게 종부세의 위헌결정을 받지 못한 안타까움을 함께 나누고자 하며, 또한 필자의 부족함을 자책하는 마음으로 이 책을 썼다. 종부세는 악법으로 반드시 폐지되어야 한다. 이 책이 종부세 폐지에 조금이라도 보탬이 된다면 더할 나위가 없겠다.

경실련(경제정의실천시민연합)에서는 종부세 폐지는 부자감세라고 주장하고 있는데 종부세 폐지가 정당한지 아니면 단순한 부자감세일 뿐인지 공개 토론을 정식으로 제안하는 바이다.

2024. 11. 1

저자 씀

차례

제1장

종부세는 창문세보다 더 황당한 세금이다

제1절 | 이 책의 개요

종합부동산세는 부동산보유세이다. 또한 종부세는 소득세와 함께 생활밀착형 세금으로 평가되고 있다. 부동산보유세를 두 가지 세목으로 중복하여 부과하는 나라는 세계의 어느 나라에도 없다. 더욱이 종합부동산세에는 공시가격, 공정시장가액비율, 조정대상지역에 관한 규정, 주택 수 계산 규정 그리고 민간임대주택에 대한 과세배제규정 등 모든 과세요건이 전적으로 포괄위임되어 있다. 게다가 문재인 정부에서는 국제통계자료마저 조작하여 국민을 기만하면서 이 모든 과세요건을 자의적이며 차등적으로 상향 조정하여 2021년 귀속 종부세는 2020년에 비하여 개인납세자는 평균 3배 수준 그리고 법인납세자는 10배 수준 폭증시켜 세금을 부과하였다. 이렇게 부과된 2021년과 2022년 귀속 종부세는 통상적인 기대임대소득보다 2~4배 수준 초과하여 부과됨으로써 종부세는 세계의 유례가 없는 재산권의 본질적 내용마저 침해하는 재산권 침해의 세금이 되었다. 또한 다주택 개인납세자, 조정대상지역 내 2주택자 그리고 법인납세자에게 차등적으로 막대한 세금을 부과하였다. 그 결과 동일한 부동산을 보유한 경우에도 개인납세자 간에 부과세액이 10배 수준 이상으로 차이가 발생하고, 개인납세자와 법인납세자 간에는 그 차별의 정도가 100배 이상까지도 벌어지는 결과를 가져왔다. 이러한 차별적 과세는 조세평등주의에 정면으로 위반되는 것이다.

이렇듯 종부세는 재산권을 침해하고 평등권을 침해하며, 조세법률주의에도 위배되는 세금으로 세계의 그 유례를 찾아볼 수조차 없는 매우 부당한 세금이다. 그런데도 우리나라 헌법재판소는 이러한 종부세가 헌법에 합치된다고 종부세 합헌결정을 내린 것이다. 이것은 매우 놀라운 일인데, 이 책은 종부세가 왜 위헌인지 그리고 헌법재판소의 합헌결정이 왜 헌법파괴에 해당하는지에 대하여 분석하고 설명하는 책이다. 종부세는 자유민주주의의 기본질서에 위배되는 세금으로, 분명히 폐지되어야 마땅한 세금인 것이다.

제2절 | 종부세의 본질과 그간의 경위

종합부동산세는 부동산보유세이고 부동산보유세의 본질을 이해하여야 종부세가 잘못된 세금임을 알 수 있기 때문에 여기에서는 종부세의 본질과 외국의 부동산보유세 제도에 대하여 간략히 알아보고자 한다.

종합부동산세는 부동산보유세이다. 우리나라는 동일한 부동산에 대하여 재산세에 더하여 종부세가 이중으로 부과되는 세계 유일의 나라이다. 동일한 세원에 대하여 2가지 세목의 세금이 부과되는 것은 세부담의 형평성을 도모할 수도 없고 정당한 이유도 없기 때문에 금기사항이 되고 있으며, 세계의 어느 나라도 동일한 세원에 대하여 2가지 세목의 세금이 부과되는 경우는 없다. 우리나라만이 동일한 부동산에 대하여 부동산보유세인 재산세와 종부세가 이중으로 부과되고 있는 것이다. 이러한 결과로 발생하는 종부세의 과잉과세로 인하여 재산권 침해, 평등권 침해 등의 헌법위반의 문제가 크게 부각되고 있다. 많은 국민이 종부세로 인하여 큰 고통을 받으며 무려 1만 3,000여 건의 종부세 위헌청구가 제기되어 세계의 유례가 없는 세계 최다의 위헌법률심판사건이 진행되고 있는 실정이다.

부동산보유세는 일반적으로 다음과 같은 특징을 가지고 있다. ① 부동산이라는 물건의 소유에 근거하여 과세되는 물세이며 ② 보유재산의 원본을 침식하지 아니하고 통상 그 재산으로부터 기대할 수 있는 수익에 대하여 낮은세율로 세금을 부과하는 성격의 명목적 재산세에 해당되며 ③ 지방정부가 제공하는 각종 공공서비스의 편익의 대가(응익과세원칙)로 지불하는 세금으로, 일반적으로 단일비례세율이 적용된다.

그래서 OECD 국가 대부분의 부동산보유세 실태를 보면, 주택의 고가 여부, 다주택자 등과 관계없이 단일세율이 적용된다. 매년 반복해서 부과되는 생활밀착형 세금이기 때문에 공시가격, 공정시장가액비율 그리고 세율 등의 과세요건을 그대로 유지하는 등 국민이 안심하고 살아갈 수 있게 주택 취득 이후 매년 거의 동일한 세액을 납부하도록 법적 안정성을 최우선으로 고려하는 세금이다. 우리나라의 경우 부동산보유세 등의 모든 조세는 미국, 영국, 프랑스, 독일, 일본 등의 OECD 선진국가에서 모방하여 도입되었다. 그렇기 때문에 OECD 선진국가들의 부동산보유세의 법체계, 운영 실태 그리고 법 해석 기준 등의 판단기준은 우리가 의당 참고해야 하는 기준 모델이 될 수밖에 없는 실정이라고 하겠다. 금융위기나 팬데믹 대유행의 위기는 거의 모든 나라가 겪었으며, 이러한 위기의 경우 부동산 가격이 심하게 등락한 것은 어느 나라나 거의 유사할 것이다. 그런데도 모든 OECD 국가에서 부동산보유세는 생활밀착형 세금이기 때문에 법적 안정성을 최우선으로 고려하여 부동산보유세가 증액되어 부과된 사례는 없었다.

　종합부동산세의 그간의 경위를 보면, 종합부동산세법은 2005년 1월 5일 제정되어 2005년 귀속 종부세가 2005년 11월 말에 처음 부과되었다. 종부세법은 이헌재 재정경제부 부총리 시절에 입법화된 것이다. 2004년 11월 3일 이헌재 부총리의 기자 간담회에서 밝힌 종부세의 입법목적은 '부동산보유세는 세부담을 높이고 부동산 거래세는 세부담을 낮추자는 것'이라고 밝힌 바 있다. 따라서 종부세는 부동산보유세의 세부담을 높이기 위하여 입법된 세금으로, 부동산보유세의 일종인 것이 분명하다 할 것이다. 노무현 대통령과 청와대에서는 처음 도입되는 종부세의 세부담을 대폭 높이고자 하였으나 이헌재 부총리는 종부세는 사실상의 이중과세이기 때문에 종부세의 세부담을 과격하게 높게 잡아서는 안 된다고 끝까지 고집하여 관철한 것이다. 그래서 입법화된 종부세는 9억 원 초과의 주택에 대하여 0.5~2%의 세율로 인별 과세하는 규정으로 입법화된 것이다. 물론 다주택자와 법인의 차별적 중과세규정은 전혀 없었던 것이고, 부동산보유세의 세부담의 형평성 제고라는 종부세법의 입법목적에 맞추어 입법화된 세금이라고 하겠다. 2005년의 주택분 종부세는 과세대상자가 3만 6,000여 명이고, 부과세액은 391억 원이었다. 사실상 명목상의 세금이지 부과인원이나 부과세액은 보잘것없는 수준으로 과잉과세의 문제 등은 전혀 발생할 여지가 없었다.

　그러나 당시 청와대 386세력의 종부세 입법목적은 세부담 수준을 대폭 높이자는 것이었는데, 이헌재 부총리의 반대로 그 뜻을 이루지 못하자 이헌재 부총리를 광주 땅 투기꾼으로 몰아 2005년 3월에 사퇴하게 만들었다. 그리고 후임 부총리를 압박하여 8.31대책을 마련하여 종부세의 세부담을 대폭 높이도록 종부세법을 개정하였다. 2006년부터 적용된 종부세법의 주요 변동 내용은 주택분 종부세 과세대상을 9억 원 초과에서 6억 원 초과로 대폭 낮추었고, 과세방식을 인별 합산 과세방식에서 세대별 합산 과세방식으로 변경하여 세부담을 대폭 높였다. 또한 공시가격마저 2006년에는 16.2%, 2007년에는 22.7%로 대폭 인상하는 등, 종부세의 세부담은 대폭 상승하게 되었다. 2006년 귀속 주택분 종부세는 과세대상이 23만 5,000명이며 부과세액은 5,223억 원, 2007년은 주택분 종부세의 과세대상이 38만 2,000여 명으로 2005년 대비 106배 대폭 늘었고, 부과세액은 1조 2,611억 원으로 2005년 대비 32배가 증가하였다. 이에 따라 종부세의 위헌청구가 제기되었고 2008년 11월 13일 자로 헌법재판소에서 종부세 일부 위헌결정이 나오게 된 것이다.

종부세 위헌결정의 내용은 세대별 합산과세방식이 위헌이라는 것이다. 위헌결정문의 내용을 보면 '혼인한 자 또는 가족과 함께 세대를 구성한 자를 비례의 원칙에 반하여 개인별로 과세되는 독신자, 사실혼 관계의 부부, 세대원이 아닌 주택 등의 소유자 등에 대하여 불리하게 차별화하여 취급하고 있으므로, 헌법 제36조 제1항에 위반된다.'라고 위헌결정을 내린 것이다. 그러나 재산세와의 이중과세, 재산권 침해, 평등권 위배 등은 입법재량의 범위를 일탈했다고 단정할 수는 없다는 이유로 합헌결정을 내렸다.

2008년 헌법재판소의 종부세 위헌결정 당시 대통령은 이명박 대통령이었고 경제부총리는 강만수 부총리였다. 강만수 부총리는 세제 전문가로 종부세는 위헌이라는 사실을 너무나도 잘 알고 있었기 때문에 종부세의 위헌을 강력하게 주장하였지만 애석하게도 헌법재판소에서 받아들여지지 않았다. 그러나 강만수 부총리는 종부세법을 대폭 개정하고 종부세의 세부담을 대폭 완화하였다. 2018년 문재인 정부가 들어서 종부세의 세부담을 대폭 높이기 전까지는 종부세의 과세 문제는 사회적 문제로 크게 부각되지 않았다. 2018년의 주택분 종부세의 부과세액은 4,432억 원 수준으로 감내할 만한 수준이었다고 하겠다.

그러나 문재인 정부가 들어선 후 2018년 9월 13일 주택시장 안정대책을 발표하고 다주택자와 조정대상지역 내 2주택자에 대한 차별과세제도를 처음 입법화했다. 종부세율도 0.5~2%에서 다주택자의 경우는 0.6~3.2%로 대폭 높였고, 공정시장가액비율도 80%에서 매년 5%p씩 높이도록 하였으며, 세부담 상한도 크게 높이는 등으로 주택분 종부세의 부과세액은 대폭 증액되었다. 2020년의 주택분 종부세는 과세 인원이 66만 5,000명으로 2018년에 비하여 1.7배 수준 늘었고, 부과세액은 1조 4,590억 원으로 2018년에 비하여 3.3배 폭증하는 결과를 가져온 것이다. 문재인 정부는 이에 만족하지 않고 2020년 8월 18일 자로 종합부동산세의 폭증을 가져오는 종부세법개정을 단행하였다. 특히 법인에 대하여 과세표준 기본공제를 없애고 세율도 2주택 이하의 법인은 3.6%(농특세 포함), 조정대상지역 내 2주택자 이상의 법인은 7.2%(농특세 포함)의 매우 높은 단일세율을 적용하도록 하고, 세부담 상한마저 없애는 등으로 하여 법인납세자의 경우는 2021년 주택분 종부세가 2018년에 비하여 평균적으로 100배 수준 부과세액이 폭증하여 사실상 세계의 유례가 없는 세금 폭탄을 때린 것이다. 다주택 개인납세자의 경우도 적용세율을 1.2~6.0%(농특세 포함 시 7.2%)로 대폭 높여 개인납세자도 2021년 주택분 종부세의 세부담이 2018년에 비하여 평균적으로 10배 수준 대폭 증가하는 결과를 가져왔다.

2021년의 주택분 종부세의 과세 인원은 93만 1,000여 명으로 2018년에 비하여 2.3배 이상 늘었다. 부과세액은 4조 4,085억 원으로 2018년에 비하여 9.9배 이상 폭증하였다. 이 세금은 지나쳐도 너무나 지나친 세금으로 조세법률주의의 기본 이념인 법적 안정성을 지나치게 저해했고 재산권의 본질적 내용마저 침해하는 결과를 가져와 명백하게 헌법위반의 세금에 해당된다고 하겠다.

그러나 2022년 새로 취임한 윤석열 대통령은 공정시장가액비율을 2021년의 95%에서 60%로 최대한 낮추어 세부담을 36.8% 수준 낮추는 조치를 하였고, 2023년에는 세율인하 등의 세법개정과 공시가격을 대폭 인하하였다. 이에 따라 주택분 종부세의 세부담은 크게 완화되어 2023년의 주택분 종부세의 부과세액은 1조 5,000억 원 수준으로 2021년에 비하여 1/3 수준으로 줄어들었다. 그러나 다주택자의 세부담은 여전히 매우 높은 실정이다. 특히 법인납세자의 경우는 사실상 세부담이 거의 줄어들지 않은 실정이고, 또한 민간임대주택 사업자에 대한 종부세가 여전히 부과되고 있어 이들의 지나친 세부담으로 받는 고통이 이루 말할 수 없는 수준이라고 하겠다. 또한 토지분 종부세의 경우는 공시가격도 계속 올랐고 공정시장가액비율도 2018년의 80%에서 2021년 이후 100%가 적용되어 세부담이 크게 증가하였으며, 특히 임대소득도 발생하지 않는 종합합산토지분 종부세는 1~3% 수준의 매우 높은 세율마저 적용되어 토지분 종부세 납세자의 고통은 감내할 수준을 초과하는 지경이라 하겠다.

제3절 | 종부세는 대표적인 포퓰리즘 세금이다

종부세는 매우 정치적인 세금이며 대표적인 포퓰리즘 세금이라고 하겠다. 정치와 국가운영이 포퓰리즘에 빠지면 그 나라는 재정이 거덜나고 국론이 지나치게 분열되어 아르헨티나나 베네수엘라의 경우처럼 상당한 수준의 국가도 큰 곤경에 처하게 되는 우려가 있는 바와 같이 포퓰리즘 정책은 상당한 문제점을 내포하고 있는 것이다. 국가정책의 포퓰리즘은 주로 복지정책에서 많이 나타나지만 우리나라의 경우는 세금부과에서도 포퓰리즘이 만연되고 있는 실정이다. 먼저 소득세와 부동산세금 전반에 걸친 세금 포퓰리즘의 문제에 대한 설명은 차은영 이화여대 교수의 2020년 9월 14일자 한국경제 칼럼과 2022년 2월 9일 자의 한국경제 사설을 원문 그대로를 싣는 것으로 대신하고자 한다.

[칼럼] 좁은 세원, 높은 세율?

한국경제 2020. 09. 14, 차은영 이화여대 경제학과 교수

지난 7월 정부가 발표한 2020년 세법개정안에 따르면 내년부터 소득세 과세표준 10억 원 초과 구간을 신설해 최고세율이 42%에서 45%로 인상된다. 2017년 과세표준 5억 원 이상에 대해 소득세 최고세율을 40%에서 42%로 인상한 지 3년 만에 또다시 세율을 높인 것이다.

경제부총리는 발표문에서 세법개정안이 신종 코로나바이러스 감염증(코로나19)에 따른 경제위기를 극복하고 포스트 코로나 시대의 신성장 동력을 확보하는 한편, 사회적 연대와 과세형평성을 강화하기 위한 것이라고 했다. 심지어 세법개정을 통한 세수 증가 효과가 크지 않기 때문에 증세가 아니라고 했다. 많은 의문이 생길 수밖에 없는 설명이다.

압도적 다수 의석을 차지하고 있고, 일관된 의견을 보여주고 있는 여권의 행태를 고려하면 정부가 예고한 세법개정안은 통과될 것이 확실시된다. 지방세를 포함하면 실제 소득세율은 49.5%로 경제협력개발기구(OECD) 평균 소득세 최고세율 43.3%보다 6%포인트 가량 높다. 1인당 국민소득이 3만 달러 이상이고 인구가 5,000만 명 이상인 국가들의 모임인 '3050클럽'에서 일본, 프랑스에 이어 세 번째로 높은 수준이고 미국, 영국, 독일, 이탈리아보다 높다.

OECD 국가의 2010년 이후 지방세를 포함한 소득세 최고세율의 증가율을 조사한 한국경제신문(8월 31일 자 참고)에 따르면 한국의 소득세 최고세율이

11%포인트 상승해 리투아니아의 12%를 제외하고는 가장 인상폭이 큰 것으로 나타났다. 리투아니아의 경제 규모는 한국경제와 비교하기엔 너무 작고 소득세 최고세율도 27%라는 점에서 보면 지난 10년간 한국이 가장 가파르게 소득세 최고세율을 인상한 국가라고 해도 무리가 없다.

국민의 삶에 큰 영향을 주는 소득세율 개편안 작업을 하면서 그 흔한 공청회와 사회적 의견 수렴 과정을 찾아볼 수 없었다. 과세표준 10억 원 이상 구간에 해당하는 인구가 대략 1만 6,000명이므로 문제 될 게 없다는 태도다.

한국의 고소득층 조세부담률은 이미 세계 최고 수준이다. 소득 상위 1%는 전체 소득의 11.4%를 차지하는데 전체 소득세의 41.8%를 납부하고 있다. 소득 상위 1%의 조세부담 비중이 미국 38.4%, 일본 38.6%, 캐나다 23.4%에 비하면 높은 수준이다. 전체 소득의 36.8%를 차지하는 소득 상위 10%가 전체 소득세 납부액의 78.5%를 부담하고 있다. 미국이 70.1%, 영국과 캐나다가 각각 60.3%, 55.2%로 상대적으로 격차가 크게 낮은 것을 알 수 있다.

2018년 기준 근로소득세 면세자는 722만 명이고 전체 근로자의 38.9%가 세금을 내지 않는다. 2017년 41%에 비하면 약간 줄어들었지만 여전히 근로소득자의 약 40%가 소득세를 한 푼도 납부하지 않는다. 근로소득 면세율이 2.1%인 영국, 각각 15.5%, 30.7%인 일본, 미국과 비교하면 한국의 소득세 면세율은 지나치게 높은 편이다.

래퍼곡선 이론에 의하면 정부의 조세수입을 극대화하는 적정세율 수준보다 세율이 낮을 때는 세율 증가가 조세수입을 증가시키지만, 적정세율을 초과해 세율을 계속 높일 경우 경제주체들이 일할 동기가 줄어들어 생산 활동이 위축될 뿐만 아니라 탈세에 대한 유인이 커지므로 세율이 상승함에도 불구하고 조세수입은 감소한다.

어느 국가든지 소득세는 기본적으로 누진세의 구조로 설계돼 있기 때문에 고소득층은 저소득층에 비해 납부하는 세금이 급속하게 증가하게 마련이다. 근로소득자 10명 중 4명이 소득세를 전혀 부담하지 않으면서 소수 특정 계층의 조세부담률을 세계 최고 수준으로 올리는 것은 과세형평성에 맞지 않고, 사회적 연대 강화에도 도움이 되지 않는다.

국민개세주의에 입각해 국민 누구라도 소득이 있으면 세금을 납부해야 한다. 적게 벌면 적게 내고 많이 벌면 많이 내는 것이 합리적이고 형평성에도 맞다. 생존이 어려운 계층은 국가가 리펀드해 주는 방식으로 보조하는 것이 이치에 맞다. 열심히 일해서 번 돈의 절반을 무조건 세금으로 국가에 빼앗긴다면 누가 열심히 일할까, 또 조세회피에 대한 유혹을 피할 수는 있을까. '넓은 세원, 낮은세율'이라는 과세의 기본원칙에 대한 고민이 절실한 때다.

[사설] 28차례 대책으로 따낸 'OECD 부동산 세금 1위'

한국경제 2022. 02. 08

자산세 양도소득세 등 한국의 부동산 관련 세금(2020년 기준)이 OECD 38개 회원국 중 가장 높은 것으로 집계됐다. 한국개발연구원(KDI) 출신 유경준 국민의힘 의원에 따르면 한국의 GDP 대비 자산세 비중은 3.976%로 프랑스와 공동 1위를 기록했다. 자산거래세 (취득세 등) 1위, 상속·증여세 3위, 부동산 재산세(종합부동산세, 주민세 등) 13위를 합쳐서 종합 1위다.

반면 OECD 회원국의 GDP 대비 평균 자산세 비중은 1.617%로, 한국의 절반에도 못 미쳤다. 한국의 GDP 대비 양도소득세 비중도 1.229%로, 38개 회원국 중에서 가장 높았다. 이는 OECD 평균(0.189%)의 6.5배에 달하는 수준이다. 대통령까지 나서서 "부동산보유세 실효세율이 OECD 평균의 절반 수준"이라며 약탈적 증세를 밀어붙인 이 정부의 거짓말이 들통난 셈이다.

'부동산세가 외국보다 적다.'는 정부·여당의 여론몰이가 엉터리라는 지적은 그간 수없이 제기돼 왔다. 작년 12월에도 GDP 대비 부동산 관련 세금 비중이 3.66%로, OECD 평균의 22배라는 한국경제연구원 분석이 나왔다. 거래세 비중은 1.89%로, OECD 회원국 평균의 4.2배에 달하는 세계 1위였다. 이쯤 되면 정부가 각국 통계 생산방식의 차이를 무시하고 '한국 부동산 세율이 낮다.'는 주장에 부합하는 데이터만 선택적으로 악용해 왔다는 의구심이 든다.

높은 부동산 세율도 그렇지만 세금 증가 속도가 너무 빠른 점이 걱정을 더한다. 2017년 OECD 8위였던 자산세 비중은 불과 3년 만인 2020년에 1위가 됐다. 부동산 세금이 폭증한 작년 통계를 반영하면 아마도 2위와 격차를 크게 벌린 '압도적 1위'일 것이다. "집값은 맡겨 달라."며 떠들썩하게 내놓은 28번 부동산 대책의 결과가 엉뚱한 '세금 1위'와 초유의 폭등이라니 할 말을 잃게 된다. '징벌적 세금으로 집값 안정을 꾀하는 건 불가능하다.'는 숱한 지적을 외면한 참담한 결과다.

왜곡된 부동산 세제는 부동산을 넘어 경제 전반에 악영향을 미친다. 세금을 내고 나면 소비할 돈이 부족하게 되고, 자산 거품과 가계부채 급증은 경제 펀더멘털을 해칠 수밖에 없다. 부동산세 인상 때처럼 OECD와의 비교 수치를 들먹이는 건 이 정부의 단골 수법이다. 2018년 '나홀로 법인세 인상'(22%→25%) 때도 "실효 법인세율이 OECD 최하위권"이라는 근거를 댔다. OECD보다 2배 이상 높은 부동산세를 확인하고도 빗발치는 인하 요구를 거부한다면 민생과 경제를 말할 자격이 없다.

부동산보유세인 재산세와 종부세의 포퓰리즘 성격에 대하여 설명하기에 앞서, 문재인 정부 당시 부동산 관련 세금을 얼마나 무지막지하게 과잉과세했는지 구체적 사례로 주택 취득세율을 10%까지 높인 사례로 설명드리고자 한다. 2020년 8월의 세법개정에서 주택 취득세율이 10% 수준까지 대폭 상향조정 했는데 그때 해외의 유사사례로 싱가포르의 경우 법인의 주택 취득세율이 10%이기 때문에 우리나라의 취득세율도 10%까지 높여도 무방하다고 정부에서 발표한 바 있다. 세계에서 취득세율이 10%였던 나라는 오직 싱가포르뿐이었으며 우리나라도 그 대열에 들어선 것이다. 그러나 이것은 국민 호도용 설명에 지나지 않는다. 싱가포르의 경우 법인의 주택 취득세율이 10%인 까닭은 법인소유 주택은 양도소득세가 과세되지 않기 때문이다. 즉, 싱가포르의 높은 취득세율은 사실상 취득세와 양도소득세를 모두 포함하는 것이다. 우리나라의 경우 취득세율은 싱가포르처럼 10%로 높이면서 양도소득세도 세계에서 제일 무겁게 세금을 부과한다. 그러므로 이 10%의 취득세율은 지나치게 너무나 높은 세율이다. 외국 제도를 모방하더라도 그 근본취지를 이해하고 모방하여야지 무조건 취득세율이 10%라고 우리나라도 10%까지 취득세율을 높이는 것은 근본 이치에 맞지 않는 조치라고 하겠다.

다음에는 부동산보유세인 재산세와 종부세의 문제점에 대해서 간단하게 설명하고자 한다. 집을 소유하거나 집에서 거주하는 국민은 지방정부의 공공서비스 혜택을 받는다. 그러므로 지방정부의 재정지출에 대응하여 부동산보유세의 세부담은 공평하여야 한다는 의미에서, 부동산보유세는 편익과세의 원칙에 따라 세금이 부과되는 것이 세계적인 조세이론이며 조세원칙이다. 이 원칙에 따라 OECD 대부분의 국가는 부동산보유세의 경우 단일세율이 적용되고 있다. 그러나 우리나라의 경우는 부동산보유세의 과세체계가 너무나 원칙에 어긋나고, 지나치게 차등적이고, 일부 국민에 대하여 모든 세금을 덤터기 씌우듯이 응징적으로 세금을 부과하고 있다. 이러한 세금은 포퓰리즘 수준을 넘어 정치적으로 악용하는 수단이고, 사실상 헌법위반이 분명한 세금이다. 종부세는 분명히 폐지되어야 하며 재산세도 세계 기준에 적합하도록 대폭 개편해야 할 것이다.

먼저 재산세를 보면 우리나라 재산세는 그 세율이 0.1~0.4%로 4단계의 누진세율 구조이다. 여기에 도시지역분 재산세와 지방교육세가 추가적으로 부과되어 재산세의 실질적인 세율은 최저세율이 0.12%이며 최고세율은 0.62%(순재산세율 0.4%+도시지역분 재산세율 0.14%+지방교육세율 0.08%)이다. OECD 대부분의 나라는 재산세의 경우 단일세율인데 우리나라의 경우는 그 세율 차이가 5.16배에 해당하여 이 세금은 매우 포퓰리즘적 세금이라고 말하지 않을 수 없다. 0.62%의 세율은 2021년 기준으로 보았을 때 주택의 기대임대소득률이 0.910%이고 주택분 공정시장가액비율이 60%이기 때문에 이 공정시장가액비율을 고려한 재산세의 최고세율은 0.372%(0.62%×60%)에 해당된다. 재산세의 최고세율 0.372%는 기대임대소득률의 0.41%(0.732%/0.910%)로 OECD 최선진국인 프랑스의 0.25% 수준에 비하여 사실상은 높은 수준임이 분명하다. 그런데 우리나라 재산세의 경우는 최고세율이 적용되는 국민 수에 비하여 그 이하 세율이 적용되는 국민 수가 훨씬 더 많기 때문에 실질적인 적용세율은 0.372%보다 훨씬 낮아 재산세의 세부담 수준이 프랑스보다 매우 낮은 실정이다. 프랑스의 2021년도 GDP 대비 재산세의 세수 비중은 2.0%이고, 우리나라의 경우 재산세 세수 비중은 0.9% 수준으로 계산된다. 만일 우리나라도 모든 국민에 대하여 재산세율을 0.62%의 높은 단일세율로 재산세를 부과한다면 GDP 대비 재산세의 세수 비중은 2.5% 수준은 충분히 올라갈 것이 분명하다 할 것이다.

참고로 OECD 국가 중 덴마크는 재산세가 단일세율이 아니고 2단계의 누진세율이 적용되는 나라로 알려져 있다. 적용세율이 낮은세율 1% 높은세율 3%라고 알려져 있다. 매우 예외적인 나라인데, 덴마크의 경우는 공시가격을 납세자가 선택할 수 있도록 하여 재산세의 세부담이 증가하는 경우가 없다. 덴마크는 2000년도부터 재산세의 공시가격을 발표하고 있는데 납세자는 자기 주택에 대하여 2000년부터 공표된 공시가격 중 가장 낮은 공시가격을 자기가 선정하여 자기의 재산세 과표로 정할 수 있도록 되어 있다. 그래서 세율은 2단계의 누진세율이지만 부과되는 재산세는 2000년 이후 똑같은 세금이 부과되어 재산세의 법적 안정성은 철저하게 유지되고 있다. 우리나라의 재산세는 적용세율도 4단계로 매우 예외적인 누진세율 구조이며, 공시가격도 2021년에는 19.5%, 2022년에는 17.22%로 대폭 높여 2018년의 재산세에 비하여 2022년의 재산세는 2배 수준 세금이 폭등하였는데, 이러한 재산세 과세체계는 분명히 개선되어야 할 것이다.

재산세도 포퓰리즘 성격의 부동산보유세이지만 종합부동산세는 더욱 포퓰리즘적이고 사실상은 황당하고 부당하며 불법적인 세금이라 하겠다. 동일한 부동산에 대하여 부동산보유세가 이중으로 과세되는 나라는 우리나라가 유일하며, 동일한 부동산에 대하여 국민이 부담하는 부동산보유세의 세부담 차이가 무려 100배까지 차이가 발생하는 나라는 더더욱 우리나라가 유일하다. 세금은 헌법상의 규정인 '납세의 의무'의 규정에 따라 조세평등주의 원칙에 의거 담세력이 동일하면 동일한 수준의 세금이 부과되고, 담세력이 상이하면 상이한 정도에 따라 수직적 공평에 맞도록 세금이 부과되어야 하는 것이다.

그러나 우리나라의 종부세는 이러한 원칙이 전혀 적용되지 않고 있는 세금이다. 2021년 기준으로 재산세와 종부세를 더한 전체 보유세 측면에서 보면, 부동산보유세의 최저세율은 0.12%이며 최고세율은 7.82%(종부세율 7.2%+재산세율 0.62%)로 그 차이가 무려 65.16배(7.82%/0.12%)이다. 과세표준 구간 차이까지 고려할 때 동일한 부동산을 보유하고 있을지라도 국민에 따라서 그 세금 차이는 100배 이상까지도 차이가 발생하는 것이다. 동일한 부동산을 보유하고 있는 경우에 어느 국민은 100만 원을 부동산보유세로 납부하는데 어느 국민은 1억 원을 부동산보유세로 납부한다. OECD 국가에서 생각조차 할 수 없는 차별적 세금 부과 체계라고 하겠다. OECD 대부분의 국가는 동일한 부동산을 보유하는 국민은 거의 동일한 부동산보유세를 납부하게 되어 있다. 만일 OECD 국가에서 동일한 부동산을 보유하고 있는데 어느 국민은 100만 원의 세금을 납부하고 어느 국민은 1억 원을 세금으로 납부하도록 하게 한다면 그 정부는 국민의 빗발치는 항의에 견딜 수가 없을 것이다. 이 책에서는 종부세의 이러한 문제점과 종부세가 위헌이라는 근거에 대하여 차근차근 설명하고자 한다.

이러한 세금이 헌법재판소에서 위헌결정이 왜 나지 않았느냐의 의문점에 대하여 여기에서는 요점만 설명하고자 한다. 우리나라 헌법재판소는 형식적으로는 우리나라 최고의 재판소로서 공정하고 공평하게 판결을 하여야 함에도 불구하고 실질적으로는 가장 정치적인 재판소로서 그 헌법상의 의무를 다하지 못하고 있다. 2024년 5월 30일의 종부세 합헌결정의 경우를 보면 매우 졸속적인 판결이다. 종부세의 헌법소원은 위헌법률심판의 재판인데도 불구하고 헌법 규정에 맞추어 종합부동산세법에 대한 위헌 여부를 심판한 것이 아니고, 종합부동산세법에 대하여 이 법이 종합부동산세법의 입법목적인 '부동산 가격 안정 도모'에 적합한지를 따져서 합헌결정을 한 것이다. 그래서 이 판결은 헌법에 적합한 판결이라고 전혀 말할 수 없는 것이다. 헌법재판소에서는 종합부동산세가 재산권을 침해하는지, 조세평등원칙에 부합하는지, 조세법률주의에 부합하는지에 대하여 헌법 규정에 맞추어 위헌 여부를 따진 바가 없다. 오직 정치적인 고려로 종합부동산세의 합헌결정을 정해놓고 합헌 이유를 헌법 규정이 아닌 종합부동산세법의 입법목적에 맞춘 것이다.

　OECD 국가의 예를 들어서 본다면 종합부동산세는 명백하게 헌법위반이다. 독일의 국가 재산세의 위헌결정은 '반액과세 판결'이라고 알려져 있다. 그 판결은 주택에 부과되는 국가 재산세와 그 외의 재산세, 소득세 등 모든 세금을 다 합친 세액이 그 주택을 임대하고 받을 수 있는 임대소득의 절반을 넘었다고 한다면 그 세금은 국민에게 돌아가야 할 재산상의 이익(사적 유용성)을 지나치게 세금으로 흡수한 것이 되므로 이는 위헌이라고 결정을 내렸다. 우리나라의 2021년 귀속 주택분 종합부동산세의 경우는 부과된 세금이 납세자의 모든 주택을 임대하고 얻을 수 있는 기대임대소득보다 2~4배 수준 이상으로 부과된 경우가 많다. 이를 독일의 반액과세원칙에 비교하면 너무나 당연하게 헌법위반이 되는 것이다.

그러나 헌법재판소에서는 헌법 규정으로 위헌을 따지지 않고, 위헌이라고 하는 법률인 종부세법의 입법목적에 따라 위헌 여부를 따지는 매우 이상한 헌법재판을 하고 있는 것이다. 양도소득세의 경우를 보더라도 우리나라의 양도소득세 최고세율은 82.5%인데 이것도 반액과세원칙에 지나치게 위반되는 것이다. OECD 국가들의 경우를 보더라도 상당수의 국가는 양도소득세가 없고, 양도소득세가 있는 미국 등도 실질적인 세율은 25%를 초과하지 않는데 우리나라의 양도소득세 최고세율 82.5%는 우리나라 헌법재판소의 이상한 판결 태도로 인하여 헌법위반이 되지 않고 있는 것이다. 필자의 생각으로는 우리나라의 경우는 헌법 위에 법률의 입법목적이 있고, 그 위에 헌법재판관이 있는 것으로 생각된다. 헌법재판관은 헌법을 지켜야 하는 최고의 재판관이지, 헌법 위에서 자기들의 생각대로 법률이 위헌인지 아닌지를 사실상 멋대로 재판하는 것은 본분을 망각한 것이고, 사실상 국민에 대한 배임에 해당된다 하겠다.

2005년 이헌재 부총리는 매우 유능하고 강직하며 훌륭한 부총리로서 역대 부총리 중 최고 수준의 부총리로 인정받고 있는 분이다. 그러나 노무현 대통령의 간곡한 부탁에 못 이겨 종합부동산세법을 만들었으나 이 세금이 헌법위반의 세금이 되지 않도록 상당히 조심스럽게 세법을 만들었다. 그러나 그 당시 노무현 대통령실에 있던 386세력들이 이헌재 부총리를 부동산 투기꾼으로 몰아 그 직에서 물러나게 하고 종부세법을 바로 개정하도록 하여 위헌성이 매우 높은 종부세법을 만들었다. 거기에 공시가격도 2006년과 2007년에 20% 수준 폭증시켜 2007년 종부세를 2005년에 비하여 32배 이상 폭증시키는 결과를 가져왔다. 노무현 정권 시절의 386세력이나 문재인 정부의 민주당 정권은 왜 집권만 하면 종부세를 이루 말할 수 없이 증액하여 세금을 부과하는 의도를 우리는 이해해야 할 것이다. 종부세는 세상에 없는 세금이고 OECD 어느 국가도 이러한 세금은 부과할 수 없으며 자유민주주의 국가라면 이러한 세금은 부과할 수 없는데 유독 대한민국에서 그리고 좌파 민주당 정부에서 이 세금을 폭증하여 부과한다. 종부세는 2% 국민에게 부과되는 세금으로 총징수세액도 많은 세금이 아니고 세부담 형평성도 높일 수가 없으며, 더욱이 부동산 가격 안정에는 전혀 도움이 되지 않는 세금이다. 그런데도 좌파 정부에서는 여러 가지 거짓말을 해가면서 이 세금을 과중하게 부과하고 있는 것이다. 그 이유는 대략 다음과 같이 추측할 수 있다. 이것은 세금 목적은 전혀 아니며 정치적인 목적으로 사실상 국민을 갈라쳐 정치적 이득을 보자는 것이 아닌가 생각된다. 이에 대한 표현은 아래와 같은 레닌과 종부세 설계자인 김수현 전 청와대 정책실장의 주장을 우리는 주의 깊게 보아야 할 것이다.

"중산층을 세금과 인플레이션의 맷돌로 으깨버려라"

"더 이상 노력으로 계층 상승이 불가능한 사회를 만들어라"

"중산층을 과도한 세금과 집값 상승으로 척살하고,
다수의 빈민층들이 가진 자를 혐오하게 만들어라"

From
러시아 공산주의 지도자 블라디미르 레닌

김수현 전 청와대 정책실장의 주장

국민들이 자기 집을 갖게 되면 보수화되고, 그래서
민주당 지지층에서 이탈한다. 그래서 국민들이 계속
셋집에 살게 붙들어 놓아야 민주당을 찍는다.

집값에 분노한 사람들을 달래기 위해 누군가의 세금만
계속 높이는 것은 포퓰리즘이다.

종합부동산세는 지속적인 폭증으로 재산권의 본질적 내용을 침해하는 헌법위반의 세금으로 변질되었다. 법치주의의 실질적 내용은 국가작용의 법적 안정성과 예측가능성을 담보하고 국민의 자유와 권익을 지키는 헌법상의 근본이념인데, 종합부동산세의 폭증은 실질적 법치주의의 헌법적 가치인 법적 안정성과 예측가능성을 훼손하고 신성한 납세의무의 기본 정신을 훼손하는 결과를 가져왔다고 하겠다. 어느 나라의 국민이라도 그다음 연도부터 부동산보유세가 얼마나 폭증할지 모른다면, 주택을 구입하기도 어려울 뿐 아니라 그러한 세금을 받아들일 수도 없을 것이다. 여기에서 종부세가 얼마나 폭증하였는지 통계표에 의하여 간단히 설명하고자 한다.

표1 주택분 종합부동산세 결정세액의 폭증 실태

연도	2005	2018	2020	2021	2022	증가율		
						2022/2005	2022/2018	2022/2020
결정세액	391	4,432	14,590	44,085	41,021	104.9배	9.3배	2.8배

(단위 : 억 원)

표2 은마아파트, 성산시영(유원)아파트 2채 소유 개인과 법인의 연도별 종합부동산세

구분		2005년	2006년	2018년	2020년	2021년	2022년
공시가격	은마6-601	500,000	651,000	1,008,000	1,521,000	1,688,000	2,009,000
	성산시영 1-101	186,000	205,000	381,000	532,000	679,000	812,000
공시가 합계		686,000	856,000	1,389,000	2,053,000	2,367,000	2,821,000
공정시장가액비율		50%	70%	80%	90%	95%	60%
과세표준 공제금액	개인	450,000	600,000	600,000	600,000	600,000	600,000
	법인	450,000	600,000	600,000	600,000	–	–
실효세율	개인	0.00%	0.08%	0.17%	0.68%	1.79%	1.00%
	법인	0.00%	0.08%	0.17%	0.68%	6.60%	4.16%

최고세율		2.0%	3.0%	2.0%	3.2%	6.0%	6.0%
종부세	개인	–	681	2,414	13,872	42,366	28,204
	법인	–	681	2,414	13,872	156,234	117,492

(단위:천 원)

주1] 2005년 종부세 과세표준은 재산세 과세표준에서 4.5억 원을 공제한 금액으로 재산세, 과세표준이 시가표준액의 50%이므로 공정시장가액비율이 50%임

주2] 종부세 최고세율은 농특세 포함 7.2%임

표1에서 주택분 종합부동산세의 결정세액 기준으로 폭증 실태를 보면, 2022년도 주택분 종합부동산세는 공정시장가액비율을 95%에서 60%로 36.8% 수준 대폭 인하하여 2021년에 비하여 총결정세액이 6.5% 수준 감소하였지만, 2005년 대비 104.9배, 2018년 대비 9.3배, 2020년 대비 2.8배로 급증하였다.

표2는 은마아파트와 성산시영아파트 2채를 소유한 개인납세자와 법인납세자의 연도별 종합부동산세의 세부담 실태이다. 2018년도까지는 다주택자 중과세 규정이 없어 세부담이 서서히 늘어났으나 2019년부터 다주택자 중과세 세율이 올라 다주택자의 세부담이 크게 늘었다. 특히 2021년도에는 법인의 종합부동산세에 대한 과세규정이 바뀌어 법인의 세부담 수준이 크게 늘어났다. 2022년에는 공시가격은 17.20% 인상되었으나 공정시장가액비율이 95%에서 60%로 36.8% 인하됨으로써 종합부동산세 합계액이 2021년에 비하여 개인납세자의 경우는 33.4%, 법인납세자의 경우는 24.8% 감소 되었다.

그래도 2022년 주택분 종합부동산세는 2005년과 2018년 그리고 2020년에 비하여 큰폭으로 세부담이 증가된 실정이라고 하겠다. 2005년의 경우에는 2채의 공시가격이 6억 8,600만 원으로 과세표준 공제금액 9억 원에 미달하여 세금이 없었고, 2006년의 경우에는 부과세액이 68만 원이었다. 개인납세자의 경우는 2022년도 종합부동산세가 2006년도에 비하여 41.4배 늘었고 2018년에 비하여는 11.6배, 2020년에 비하여는 2.0배가 늘었다. 법인납세자의 경우에는 2006년에 비하여 172.9배, 2018년에 비하여 48.6배, 2020년에 비하여 8.4배 폭증하였다. 이러한 폭증은 법적 안정성과 예측가능성을 훼손하는 것이며, 국민이 감내할 수 없는 수준으로 세금이 폭증하는 것으로 국민사회경제에 막대한 위협이 되고 부과된 세금이 재산권의 본질적 내용마저 침해하고 있는 것이다.

제4절 | 종부세는 입법목적부터 잘못된 세금이다

1. 과중한 종부세를 찬성하는 측의 논리

종부세는 특히 2021년 귀속 종부세는 헌법상의 규정인 '납세의 의무'에 기반한 세금이라고 말할 수 있는 수준이 아니다. 이 세금은 사실상 다주택자와 법인납세자 등에 대한 재산형 형벌에 해당된다 하겠다. 세계의 유례가 없는 명목상의 세금이지만 그래도 이 세금을 과중하게 부과하는 것을 찬성하는 국민들도 있으며 이들의 찬성 논리는 대략 다음과 같다.

① 종부세는 부동산 보유의 불평등과 자산 격차 해소에 도움이 된다.

② 종부세는 투기 억제에 효과적이며, 투기 또는 투자 목적의 다주택자 등에게 무거운 세금을 부과하는 것은 부동산 가격 안정이라는 국가정책의 수행에 정당한 수단이 된다.

③ 종부세의 납세자 인원이 불과 2% 수준으로 최고 수준의 부자에게 부과되는 세금이니만큼 과중해도 무방하다.

④ 종부세는 쏘나타 보유에 따른 자동차세 수준의 세액이 부과되기 때문에 과중한 세금이라고 말할 수도 없다.

⑤ 집값이 올랐으니 종부세를 많이 내도 된다.

이 책은 사실상 이러한 주장에 대하여 자세하고 구체적으로 그 주장이 잘못되었고 이렇게 부과된 종부세는 명백히 헌법위반에 해당됨을 설명하는 책이기 때문에 이에 대하여 하나씩 천천히 설명드릴 것이나 ④번과 ⑤번의 주장은 종부세 위헌과는 상관이 없고 또한 매우 잘못된 주장이기 때문에 여기에서 그 부당성을 간단히 설명드리고자 한다.

종부세가 쏘나타 보유에 따른 자동차세 수준에 불과하다는 주장은 더불어민주당의 한 국회의원의 주장으로 이 주장의 요지는 주택분 종부세의 세부담 순위를 고액부터 최하위까지 늘어놓았을 때 중위권의 납세자가 부담하는 세액이 쏘나타 자동차세 수준이라는 것이다. 그래서 종부세의 세부담은 주택가액에 비하여 과중하지 않다는 주장이다. 이 주장은 사실상 과다한 종부세로 고통받는 많은 국민을 욕보이는 수준의 발언이라 하겠다. 2021년 귀속 주택분 종부세의 경우는 2021년 공시가격이 19.05% 대폭 인상함에 따라 종부세 납세자가 크게 증가하였고, 종부세의 과세 한계를 바로 넘어 부과세액이 50만 원 수준에 불과한 납세자가 상당수인 것은 사실이다. 그러나 많은 납세자의 경우는 자기의 모든 소득마저 초과하여 부과된 종부세로 인하여 감당할 수 없는 수준의 고통을 받고 있는데, 이 국민들을 우롱하는 발언에 불과하다.

2021년 귀속 주택분 종부세의 위헌청구를 한 납세자를 보자. 위헌청구 납세자의 60.4%는 종부세를 1,000만 원 이상 부과받았으며, 종부세 부과세액을 500만 원 이상 부과받은 종부세 위헌청구 납세자는 전체 위헌청구인 중 91.3%에 해당된다. 대체로 종부세 부과세액이 500만 원 수준인 납세자는 노후 대비로 주택을 1채 더 마련하여 2주택자가 되어 1채의 주택을 임대하고 있는 경우이다. 그러나 1채 주택을 임대하고 벌어들일 수 있는 임대소득은 부과된 종부세 500만 원보다 임대소득이 훨씬 적어 고통을 받고 있다. 부과된 주택분 종합부동산세가 1,000만 원 수준이면 자신이 보유한 모든 주택을 임대하고 있다고 가정하였을 때 벌어들일 수 있는 임대소득 수준 이상의 세금에 해당되는 것이다. 더욱이 민간임대주택 사업자의 경우, 부과된 종합부동산세가 자신의 임대주택을 임대하고 벌어들일 수 있는 모든 소득보다 2~4배 수준을 초과하여 주택분 종합부동산세가 부과된다. 사실상 이 세금은 민간임대주택 사업자의 재산원본을 무상몰수하는 세금인데, 이렇게 지나친 종합부동산세에 대하여 쏘나타 자동차세 수준이라고 비하하는 발언은 사실상 막말 수준의 황당한 주장이라 하겠다.

다음으로 집값이 올랐으니 종부세를 많이 내도 된다는 주장에 대하여 그 잘못을 간단히 설명하고자 한다. 종부세는 부동산보유세이다. 부동산보유세의 근원적 의미는 보유한 부동산으로 인해 지방정부로부터 많은 혜택을 받고 있기 때문에 지방정부의 지출경비에 대응하고 자신의 담세력에 따라 매년 납부하는 세금이다. 집값이 올랐기 때문에 납부하는 세금은 부동산보유세인 종부세가 아니고 양도소득세이다. 집을 보유한 모든 국민은 주택을 매각할 때 매매 차익에 대하여 양도소득세를 납부하는데 이 세금이 바로 집값이 올랐기 때문에 내야 하는 세금이다. 집값이 올랐다고 종부세를 과다하게 납부하게 되고 또한 양도소득세마저 납부하게 되면 이것은 이중과세에 해당된다. 특히 최고세율이 82%까지 높아 세계 최고 중 최고의 높은 세율로 부담하는 양도소득세도 너무나 지나친 세금인데, 여기에 종부세까지 많이 납부하게 하는 것은 사실상 국민의 재산을 무상으로 빼앗아도 무방하다는 주장과 같은 말이다.

서울시립대 박훈 교수의 연구발표에 따르면 우리나라의 경우 3주택자라면 10년간 부동산보유세를 납부하고 양도소득세까지 납부하는 경우에 납부한 세금이 양도차익마저 초과할 수 있다고 논문을 발표한 바도 있다. 이 논문은 2021년 귀속 종부세의 과잉세금이 부과되기 전에 계산한 것이기 때문에, 2021년 기준으로 계산한다면 10년이 아니고 5년간 부동산보유세를 납부하고 양도소득세까지 납부하면 양도차익마저 초과할 것이 분명하다. 따라서 과도한 종부세와 양도소득세를 완화해야 한다는 박훈 교수의 주장을 참고해야 할 것으로 본다.

2. 종부세는 고액부동산 보유에 따른 세부담 형평성 제고라는 종부세법 제1의 입법목적과 전혀 다른 세금으로 변질되었다

> 제1조(목적) 이 법은 고액의 부동산 보유자에 대하여 종합부동산세를 부과하
> 여 부동산 보유에 대한 조세부담의 형평성을 제고하고, 부동산의 가격 안정을
> 도모함으로써 지방재정의 균형발전과 국민경제의 건전한 발전에 이바지함을
> 목적으로 한다.

이 규정은 종부세법 제1조의 규정으로 종부세의 입법목적을 나타내는 규정이다. 종부세법의 제1의 입법목적은 고액부동산 보유자에 대한 조세부담의 형평성 제고이고, 제2의 입법목적은 부동산 가격 안정의 도모이다. 이 규정이 중요한 이유는 헌법재판소에서 이 규정에 의거하여 종부세가 위헌인지 아닌지를 판결하고 있기 때문이다. 헌법재판소는 위헌법률심판 기관이기 때문에 종부세가 위헌이라는 청구인들의 주장에 대하여 종부세 위헌 여부를 헌법 규정에 의거하여 판정하여야 하는 것이 당연하다. 그러나, 헌법재판소는 종부세법의 위헌 해당 여부를 헌법 규정에 의거하지 않고 오직 종부세법 제1조의 규정인 입법목적에 의거 종부세가 위헌에 해당되지 않는다고 판정하였다. 그것도 종부세법의 입법목적 중 근본적인 입법목적이며 제1의 입법목적인 '고액의 부동산 보유자에 대하여 부동산 조세부담의 형평성 제고'라는 입법목적이 아니고 제2의 입법목적인 '부동산 가격 안정 도모'라는 입법목적에 의거하여 종부세의 위헌 여부를 따지고 있기 때문에 과연 종부세는 입법목적에 충실한 세금인지를 우리가 분명히 알아야 할

것이다. 더욱이 종부세의 입법목적인 제1의 입법목적과 제2의 입법목적은 매우 상충적이기 때문에 사실 동일한 세법의 입법목적으로 같이 올릴 수가 없다고 할 것이다. 종부세법은 원래부터 조세이론이나 조세원칙에 따른 세금이 아니고, 오직 정치적인 입장에서 국민을 편가름하고 사실 국민을 우롱하는 성격의 세금이기 때문에 매우 상충적인 입법목적을 동시에 올려놓은 것이다.

세법을 운영하는 기획재정부의 경우는 종부세법 입법목적 중 제1의 입법목적인 부동산 세부담의 형평성을 주로 논의하여 우리나라 부동산보유세가 OECD 평균보다 세부담이 낮기 때문에 고액부동산 보유자에게 종부세를 부과하여 세부담을 높이자고 주장하고 있다. 반면 부동산 투기 억제를 담당하는 국토교통부의 경우는 종부세법 입법목적 중 제2의 입법목적인 부동산 가격 안정 도모라는 입법목적의 달성을 위하여 공시가격의 대폭 인상, 조정대상지역의 대폭적인 확대 지정 등을 도모하고 있다. 헌법재판소는 입법목적 중 제1의 입법목적은 위헌 여부에 전혀 검토되는 바가 없고 오직 제2의 입법목적인 부동산 가격 안정이라는 입법목적에 종부세가 타당하다고 하여 종부세의 합헌을 결정한바 있는 것이다. 여기에서 종부세의 입법목적과 부과된 종부세가 과연 입법목적에 타당한지 검토해 보고자 한다. 다만 이에 대한 자세한 내용은 '침해 최소성의 원칙'에서 검토하고 여기에서는 이 책의 이해를 돕는 차원에서 간략히 설명드리고자 한다.

먼저 2가지 입법목적의 상충성을 검토하면, 부동산 투기 억제를 위하여 2021년 귀속 종부세는 다주택자, 법인납세자, 조정대상지역 내 2주택자에 대하여 세율을 높이는 등으로 세부담을 크게 높였는데 이렇게 차별적인 중과세는 전체적인 부동산보유세의 세부담의 형평성을 매우 크게 저해하는 결과가 되었다. 세부담의 형평성은 수평적 형평과 수직적 형평을 맞추어 동일한 담세력의 경우는 동일한 세부담을, 수직적으로 차이가 있는 경우에는 세부담을 형평성에 맞추어 차별적으로 과세해야 한다. 그런데 2021년 귀속 종부세는 부동산 가격 안정이라는 입법목적에 따라 다주택자 등에 대하여 매우 차별적으로 중과세하여 동일한 부동산을 보유한 경우도 세부담 차이를 100배까지 발생시켰다. 이는 세부담의 형평성이라는 측면에서는 전혀 맞지 않는다. 따라서 종부세법의 제1과 제2의 입법목적은 지나치게 상충적인 성격의 입법목적인 것이 분명하다. 동일한 세법의 제1, 제2의 입법목적이 지나치게 상충적이라는 것은 그 세법의 정당성에 큰 문제가 있다는 것을 의미한다 할 것이다.

종부세법 제1조의 입법목적은 그 자체만으로는 그 정당성을 누구도 부인할 수 없다. 다만 그 입법목적이 입법자들의 의도에 의거 법체계에서 구현된 사실상의 입법목적과는 상당한 괴리가 발생되었고, 특히 입법목적 달성을 위한 수단의 적합성 면에서는 전혀 그 타당성이 인정될 수 없는 것이다. 먼저 종부세법은 부동산 보유에 대한 조세부담 형평성 제고를 위한 수단으로서, 그 수단이 부적합하다는 내용을 설명드리고자 한다.

우리나라에서는 부동산보유세로 재산세제가 존재하는 상황에서, 굳이 재산세제와 별도로 종합부동산세를 부과하여 고액의 부동산 보유에 대한 조세부담의 형평을 제고하고자 하는 목적이라면, 그 형식은 부동산보유세와 같게 할 것이 아니라 오히려 부동산부유세와 같게 하는 것이 타당하다. 다시 말해 납세의무자가 보유한 부동산에 대하여 부동산보유세로서 재산세가 부과되고 있는데도, 이와 별도로 부동산 보유에 대하여 종합부동산세라는 추가적인 세금이 부과되는 이유는 고액의 부동산을 보유한 자는 그에 걸맞은 부를 누리고 있을 것이라는 가정을 그 근거로 한다. 따라서 그러한 자에 대하여는 종합부동산세라는 추가적인 세부담을 부과하여 그 부를 과세하고 이를 통하여 조세부담의 형평을 기하겠다는 취지를 내포하고 있다 할 것이다. 그렇다면 이는 실제로는 고액의 부동산 보유라는 사실에 대하여 과세하고자 하는 것이라기보다, 납세의무자가 보유하고 있는 실질적인 부(富)를 그 과세대상으로 하고자 하는 것이므로, 그 형식은 부동산부유세와 같게 하여야 마땅하다. 그러므로 종합부동산세제는 부동산의 가격에서 관련 부채를 공제한 나머지 금액만을 과세표준으로 삼는 등 부동산부유세의 형식으로 규정되었어야 한다. 그러나 부동산부유세의 형식과 부동산보유세의 형식을 특이하게 결합한 형식을 취하면서 일부 국민의 세부담 수준만 크게 높이고, 납세의무자가 보유하고 있는 실질적인 부의 크기조차 제대로 측정하지 못하게 되어 조세부담의 형평성을 전혀 제고하지 못하고 있다.

[참고] 부동산부유세의 개념

부유세는 납세의무자가 보유한 자산의 규모에 따라 세부담 수준이 달라지는 유형의 자산과세를 의미하며, 일정금액 이상의 자산을 보유하고 있는 자에게 비례적·누진적으로 과세하는, 특정 상위계층에 부과하는 세금이다. 부유세는 통상적으로 ① 중앙정부가 매년 과세하는 국세인 점, ② 개인소득세와 밀접한 연계성을 가지는 점, ③ 부부 또는 가구가 소유한 총자산에서 부채를 차감한 순재산가액(순자산)을 과세표준으로 하여 부과되는 인세인 점, ④ 부를 구성하는 과세대상 자산이 상당히 포괄적이라는 점 등의 특성을 갖고 있다. 부유세의 주된 과세 목적과 기능은 조세의 수직적 형평성을 제고하거나, 국세로서의 개인소득세를 세제 및 세정적 차원에서 보완하고자 하는 것이다.

부유세는 1990년대에는 유럽 12개국에서 운영되었는데, 이처럼 초기에 부유세를 도입한 국가들의 주요 목적은 근대적인 소득세제가 정착되기 이전 세원을 포착하기 용이한 부동산을 기초로 과세하여 자본소득에 대한 소득세를 보완하고자 하는 것이었다. 그러나 이후 과세대상의 포착 및 가치평가의 어려움, 탈세 및 조세회피를 위한 자본의 유출, 이중과세 등을 이유로 다수의 국가에서 부유세 제도가 폐지되었고, 2021년에는 프랑스·스위스·노르웨이·스페인 4개 국가에서만 부유세 제도를 유지하고 있다.

[참고] 프랑스의 부동산부유세

프랑스는 부동산부유세제를 운영하고 있는 국가 중 하나로, 1982년 사회당의 집권으로 처음 국세로서 부동산 및 금융자산까지 포함한 순부유세를 도입하여 시행하다가 1987년에 폐지했다. 1989년에 재도입하여 시행하다가 2017년 마크롱 대통령 취임 후 금융자산까지 포함하는 전면적인 부유세제도는 폐지한 후 부동산부유세인 IFI를 현재까지 부과하고 있다. IFI는 부동산의 순가치(시장가치-부채액)가 130만 유로(한화 약 17억 3,000만 원)를 초과하는 경우에 한하여 0.5~1.5%의 누진세율을 적용하여 과세한다. 여기에 프랑스는 주택에 대해서는 30% 공제를 허용하고 있으며, 소득세·사회세·순부유세·주택에 대한 지방세 총합계액이 전년도 연간 총소득금액의 50%를 초과할 수 없도록 과세의 상한도 정하고 있다.

　우리나라의 종합부동산세를 프랑스의 IFI와 비교하면, ① 우리나라 종합부동산세의 적용 대상은 프랑스 IFI에 비하여 3배(1주택자는 1.6배), ② 세율은 우리나라 종합부동산세가 프랑스 IFI에 비하여 최대 4배 높게 적용되며, ③ 우리나라 종합부동산세는 프랑스 IFI와 달리 부채를 차감한 순자산이 아니라 공시가격 자체를 과세표준으로 하여 부과되고 있다. 우리나라의 종합부동산세는 프랑스 IFI에 비하여 과세대상과 세율 측면에서 매우 과중한 세부담이 이루어지는 구조로 형성되어 있다.

종부세법 제1의 입법목적은 그 자체만으로는 그 정당성을 누구도 부인할 수 없는 것이라 하겠다. 그러나 입법목적이 입법자들의 의도에 의거 법체계에서 구현된 사실상의 입법목적과는 상당한 괴리가 발생하였고 종부세는 세부담의 형평성을 지나치게 훼손하는 세금이 되었다. 2005년의 종부세 입법 당시에는 부동산 보유세의 형평성 제고라는 종부세의 제1의 입법목적에 충실하게 규정되어 있었다. 그러나 문재인 정부에서는 종부세의 세부담 형평성 제고라는 입법목적은 사실상 폐기되고, 종부세를 오직 투기 억제목적의 세금으로 변질시켜 종부세법이 대대적으로 개편되었다.

2021년도분 종합부동산세의 경우에는 다주택자 중과세 세율이 매우 높아졌고, 특히 법인 종합부동산세의 경우에는 6억 원의 과세표준 공제금액이 삭제되고, 세율도 7.2%(농특세 포함)로 매우 높은 단일세율을 적용하기 때문에 부동산 보유에 대한 세부담의 역형평성 문제가 크게 대두되었다. 2채의 주택 공시가액이 11억 원인 경우 법인의 2021년도분 종합부동산세가 7,317만 원이다. 이는 1세대 1주택의 80% 공제의 개인납세자의 경우 170억 원의 주택 보유로 납부하는 세금과 같다. 다주택소유법인의 경우, 공시가격 50억 원의 주택으로 납부하는 종합부동산세는, 공시가격 600억 원 상가건물 보유로 납부하는 부동산보유세의 금액과 같다. 부동산 규모의 차이는 물론 수익성의 차이에서도 너무나 큰 차별로, 세부담의 역진성이 너무나 크다고 하겠다. 따라서 종합부동산세의 경우는 2021년의 경우에서 보는 바와 같이 부동산 보유에 대한 조세부담의 형평성 제고를 위한 수단으로서는 매우 부적합한 세금이 되었다고 하겠다.

표3 고액부동산 보유에 대한 종합부동산세의 역형평성의 세부담 자료

구분	공시가격	공제액	과세표준	세율	산출세액	종합부동산세 합계액
개인 1주택 (80%공제)	170억 원	11억	151억 500만 원	3.0%	3억 4,015만 원	7,293만 원
다주택법인	11억 원	없음	10억 4,500만 원	6.0%	6,270만 원	7,317만 원

표4 다주택법인과 상가건물 소유자와의 세부담 차이

구분	공시가액	부동산보유세 합계액	종합부동산세	재산세	비고
다주택법인	50억 원	34,616만 원	32,908만 원	1,708만 원	다주택법인의 주택분 부동산 보유세가 상가건물 소유자보다 12배 수준 세부담이 과중함.
상가건물 소유자	600억 원	39,135만 원	6,834만 원	32,301만원	

3. 부동산 가격 안정이라는 입법목적과 반대되는 세금이 종부세이다

종합부동산세는 주택의 가격 안정에 실질적으로 효과가 있지도 않다. 이는 종합부동산세법이 제정된 2005년 이후 주택가격이 계속 상승하였다는 점만 보더라도 실증적으로 입증되었다 할 것이다. 종합부동산세는 2005년 이래 거의 20년 가까이 부과되었는데, 만약 종합부동산세가 주택가격 안정이라는 목적을 달성하기 위한 수단으로 적합하였다면 최근 20년 동안에는 주택가격의 급등이 전혀 없었어야 한다. 그러나 주택가격은 계속 상승하고 있으며, 종합부동산세법 제정 이전과 마찬가지로 일정 주기로 그 가격이 폭등하는 상황도 여전히 발생하고 있다. 이는 2021년에도 마찬가지로, 세계에 유례가 없는 수준의 세율인상 등으로 2021년도 주택분 종합부동산세의 세부담이 대폭 상승하였음에도 2022년

까지 주택가격은 안정되기는커녕 계속해서 상승하였다. 특히 주택 수 및 지역에 따른 지나친 차별과세로 인해 '똘똘한 1채' 선호 현상을 두드러지게 하여 서울 강남 등 일부 지역의 아파트 가격 급등을 초래하였다. 또한 2024년 9월의 현시점에서도 '똘똘한 1채'의 선호에 따라 고가 아파트가 아파트 가격 상승을 주도하고 있는 실정이다. 결과적으로 주택분 종합부동산세는 주택의 가격 안정에는 전혀 기여하지 못하고 있다.

오히려 주택분 종합부동산세 각 규정의 개정 이후에도 계속 상승하던 주택가격은 2022년 세계적인 금리 인상으로 안정 국면에 접어들었다가 점차 하락하는 추세로 전환되고 있다. 한국은행 역시 2022년에 세계적인 금리 인상 추세에 발맞추어 이른바 '빅스텝'을 단행하는 등 현재까지 6차례에 걸쳐 기준금리를 크게 인상하였다. 이에 따라 대출이자 비용 부담이 증가하자 주택의 매수세가 크게 위축되었으며, 2022년 하반기 중 주택의 거래가격은 하락하는 추세를 보였다. 그러나 2024년 봄부터 금리가 인하되는 추세를 보이자 주택가격이 다시 상승하는 모습을 보이고 있다. 다시 말해 주택가격의 등락은 부동산의 공급, 금리의 변화 등 경제상황에 영향을 받고 있다는 것이 실증적으로 증명되고 있다고 할 것이다.

종부세는 부동산 가격 안정을 위한 수단으로서 부적합한 세금인데도 불구하고 헌법재판소에서는 2021년 귀속 종부세가 종부세법 제1조의 입법목적 중 제2의 입법목적인 '부동산 가격 안정 도모'에 타당하기 때문에 합헌이라고 결정하였다. 종부세가 부동산 가격 안정이라는 입법목적의 달성에 타당한 수단인지에 대한 검토는 매우 중요한 내용으로서 이 문제는 이 책의 제3장 제6절의 '과잉금지원칙'에서 자세히 검토하고자 한다.

제5절 | 졸속 입법과 졸속 합헌결정

2021년 귀속 종부세의 경우는 급격한 종합부동산세율 인상 등으로 국민의 재산권, 평등권, 생존권, 직업선택의 자유 등을 위협하는 헌법위반의 세금인데, 이 세금의 입법과정과 헌법재판소의 합헌결정 과정에서 지나친 졸속 처리가 국민의 가슴을 매우 아프게 하고 있는 실정이다.

2020년 8월에 이 종합부동산세법이 개정되면서 어떠한 국민적 합의 과정 없이 정치적 필요만을 이유로 다수당에 의하여 졸속 입법한 것은 분명 입법과정에서 민주적 절차를 위배한 것이라 하겠다. 2020. 7. 10. 부동산 대책에 따른 2021년 귀속 종합부동산세법 개편은 세율이 매우 높고 유별난 차등과세로 기본권 침해 요소가 많은데도 불구하고 법안심사나 토론회 등 숙의 과정이 전혀 없이 다수당에 의해 법안 상정 하루 만에 통과시켰다. 이는 캘리포니아주의 주민투표 사례와 비교할 만하다. 다수당인 민주당은 야당과의 협의는 물론 상임위원회 소위원회 심사도 안 거치고 군사작전 하듯 속도전으로 상정 당일 표결이라는 전례 없는 방법으로 법안을 처리하였다. 소득에 부과하는 세금보다 재산 자체에 부과하는 세금은 국민기본권을 침해할 가능성이 크기 때문에 모든 나라에서 과세에 신중을 기하고 있음에도 불구하고, 세계 다른 나라 과세제도 비교연구, 조세이론, 조세원칙에 비추어 개정함이 타당한지에 대한 연구도 없이 국회에서 조문 심사도 한 번 거치지 않고 국회의원 발의 후 10일 만에 국회에 계류하여 2일 만에 일방적으로 통과시킨 것은 다수당의 입법 폭력이 분명하다. 종합부동산세법은 조세이론이나 세계 각국의 조세제도에 비추어 구조 자체가 잘못된 법이며, 재산권 등 헌법상 기본권 침해 정도가 국민들이 감당할 수 없는 세금임에도 입법과정에서 민주적 입법절차가 전혀 지켜지지 않아 종합부동산세의 위헌성이 더 크게 부각되고 있는 것이다.

그리고 세율을 두 배로 올리는 등의 중대한 세법개정을 하면서, 그것이 국민의 재산권을 침해할지도 모르는데 어느 유형의 납세의무자가 어느 정도의 세금이 증가하는지 등에 대한 세액계산 시뮬레이션을 거치지 않았다. 이렇듯 내용에 대한 검토가 부실한 졸속 입법을 강행한 것은 다수당의 횡포에 의한 입법권의 남용이며 사실상의 위법행위에 해당할 우려마저 있는 것이다.

[참고] 미국 캘리포니아 주정부의 재산세 주민투표 부결 사례

미국 캘리포니아주의 경우는 재산세 세율은 부동산 시장가치의 최대 1%를 넘지 못하도록 규정하고 있으므로 1%의 세율을 적용하고 있다. 그러나 재산세의 과세표준은 부동산의 시장가치로 되어 있으나 매년 부동산의 가치평가를 반복하는 것은 아니며, 납세의무자의 부동산 구입 가격을 기준으로 물가상승률 등을 고려하여 매년 2% 이상 과세표준을 올릴 수 없도록 되어 있다. 예를 들어 2011년에 5억 원을 주고 구입한 주택이 현재 시세 20억 원이 되었다고 가정해 볼 때, 과세표준 인상률을 매년 2%(1,000만 원)를 넘지 않도록 제한하고 있으므로 10년 후인 2021년에는 과세표준이 6억 원을 넘지 않게 된다. 미국 캘리포니아주의 재산세는 1%의 단일세율이 적용되기 때문에 고가의 주택을 보유하거나 다주택자라 하여 2배 이상 고율의 세율이 적용되거나 집값이 올랐다는 이유만으로 집주인이 부동산보유세 폭탄을 맞는 일은 없다.

참고로 미국 캘리포니아주 정부에서 재산세 주민투표 부결 사례가 있는데, 주거용 부동산이 아닌 상업용 부동산 중 300만 달러(한화 36억 원가량) 이상에 대하여 시가 기준으로 1%로 재산세를 과세하는 안건에 대해 주민투표에 붙였으나 상가건물에 입주한 세입자에게 세금 전가가 우려된다는 이유로 부결된 바 있다. 여기에서 우리가 참고해야 할 것은 OECD 각국의 예를 보면, 재산세의 경우 세율의 변동뿐만 아니라 공시가격 산정방법에 대해서도 입법자들이 마음대로 법을 만들어 공시가격을 자의적으로 결정하는 것이 허용되지 않는다는 것이다. 재산세는 생활밀착형 세금이기 때문에, 법적 안정성이 무엇보다도 최우선으로 고려되어야 하기 때문이다. 그러나 우리나라 종합부동산세의 경우는 세율인상, 차등적 과세 등 과세요건을 입법부 마음대로 졸속 처리하고 공시가격과 공정시장가액비율 등을 행정부 마음대로 자의적으로 결정할 수 있도록 방치되고 있는 것은 부동산보유세의 법적 안정성을 지나치게 저해하는 것이라 하겠다.

2021년 귀속 종부세에 대한 2024년 5월 30일의 헌법재판소 합헌결정도 매우 졸속으로 이루어져 놀라움을 금할 수 없다. 2021년 귀속 종부세의 위헌청구는 2022년 10월 14일 처음 헌법재판소에 헌법소원 위헌법률심판청구가 청구된 이래 모두 8,000여 건의 위헌청구가 청구되어 계류되어 있는 상태이다. 헌법재판소에서는 이에 대하여 1년 7개월간 그대로 방치하고 있다가 2024년 5월 30일에 갑자기 합헌결정을 내렸다. 헌법재판소법 제38조의 규정에 따르면 헌법재판소는 심판사건을 접수한 날로부터 180일 이내에 종국결정의 선고를 하여야 한다고 규정되어 있다. 이 규정을 어긴 것은 업무 과중에 따른 것이라고 양해할 수 있지만 졸속 판결은 양해 될 수 없는 것이다. 물론 헌법재판소법 제30조의 규정에 의하면 위헌법률심판의 경우는 서면 심리가 원칙이나 구두변론 심리도 공개적으로 열 수 있도록 되어 있고, 2008년의 종부세 일부 위헌결정 등 주요사건의 경우는 공개구두 변론심리를 개최해 왔다는 선례에 의하면, 세계 최대의 위헌법률심판사건에 대하여 공개구두 변론심리도 없고 갑자기 합헌결정을 내린 것은 매우 이례적일 뿐만 아니라 너무나 졸속이라 하겠다. 필자의 생각으로는 9명의 헌법재판관 중 6명의 헌법재판관이 합헌결정을 내렸는데 이 6명의 재판관은 과연 청구인들이 제출한 청구이유서라도 제대로 읽어 보았는지 의심이 되는 것이다.

 2021년 귀속 종부세의 경우는 위헌법률심판을 청구한 건수가 8,000여 건으로 세계 최다의 위헌법률심판사건이며 청구되어 배정된 재판부도 9명의 모든 헌법재판관에게 제출된 것으로 파악된다. 정상적으로 보았을 때는 종국결정 선고를 하기 3개월 전에는 재판부를 병합하여 주심 헌법재판관을 정하고 그 주심 헌법재판관의 주도하에 위헌인지의 여부를 심리하여 결정하는 것이 정상적이다. 그런데 2021년 귀속 종부세의 경우는 합헌결정이 2024년 5월 30일에 종국결정을 선고하였다. 이 중요한 사건에 대한 재판부 병합이 종국결정일 불과 6일 전인 5월 24일에 이루어진 것은 너무나도 이례적이며 사실상 이 사건은 헌법재판관들의 제대로 된 심리 없이 졸속으로 합헌결정을 내린 것이라고 볼 수밖에 없다. 또한 위헌법률심판사건에 대한 종국결정 선고일을 정하면 최소한도 한 달 전에 그 선고일을 공개하고 모든 청구인에게 선고일을 공개적으로 알려 주도록 되어 있다. 그런데 2021년 귀속 종부세 합헌결정의 경우는 2024년 5월 30일날 종국결정 선고를 하면서 불과 4일 전인 5월 27일 처음으로 헌법재판소 전자헌법재판센터의 사건 검색 시스템에 올라왔다. 청구인들은 종국결정일을 미리 알지 못했고, 심지어 헌법재판소는 청구인들에게 종국결정 선고에 대한 통보를 전혀 하지 않았다. 이것은 분명히 헌법재판소가 2021년 귀속 위헌법률심판사건에 대하여 전혀 검토하고 있지 않다가, 무슨 연유인지 파악되지는 않지만 무엇에 쫓기듯 졸속 결정을 내린 것이 분명하다고 하겠다(또는 종부세 위헌청구인이 재판장에 참석하지 못하도록 고의로 종국결정 통보를 발표일 바로 전에 알려주었을 수도 있는데 이것은 헌법재판관들이 국민들의 참관의 자유를 빼앗는 매우 지능적인 국민 우롱이라 할 것이다). 더욱이 2024년 5월 30일 종국결정 선고에 있어서 발표된 합헌요지문을 보면, 이 요지문의 작성 양식이 종국결정 선고용 정상적인 요지문의 양식이 아니고 내부적으로 보고용으로 만든 양식으로 보인다. 이것은 분명 헌법재판소에서 제대로 된 심리 없이 무엇에 쫓기듯 졸속으로 갑자기 종국결정한 것이 분명하다.

당시 상황을 보면 2024년 5월 10일경 박찬대 민주당 국회의원이 1세대 1주택자에 대한 종부세 부과를 폐지하여야 한다고 발표한 바 있고, 5월 24일에는 고민정 민주당 국회의원이 종부세를 폐지해야 한다고 발표한 바 있다. 갑작스러운 민주당의 종부세 폐지 주장과 2024년 5월 30일의 종부세 합헌결정의 갑작스러운 발표와 과연 무관한 것인지 의심스럽다. 더욱이 2024년 5월 30일의 헌법재판소 종국결정 사건 선고 목록을 보면 안동완 검사에 대한 탄핵사건의 종국결정 선고가 포함되어 있는데 검사에 대한 탄핵사건으로는 최초의 사건이었다. 5월 30일의 헌법재판소 종국결정 선고는 세계 최다 인원의 위헌청구 사건으로 중요도가 매우 컸으며, 많은 국민이 지지하는 종부세 위헌결정이어야 했다. 그러나 그날의 발표 내용으로 보았을 때 선고발표의 제일 큰 중요도는 검사 탄핵사건이 분명한 것으로 드러났다. 필자의 생각으로는 보수 진영의 헌법재판관은 검사 탄핵사건의 기각이 무엇보다도 중요했다고 판단했으며, 이것을 관철하기 위하여 2021년 귀속 종부세의 합헌을 좌파진영의 헌법재판관에게 양보하는 주고받기식 야합이 이루어진 것이 아닌가 한다. 세계 최다 인원의 위헌법률심판청구 사건이고 세계에 유례가 없는 너무나 황당한 세금이며 너무나 분명한 헌법위반의 세금인데도 불구하고 헌법재판관들이 정치적 입장에서 야합으로 합헌결정한 것은 너무나 무책임한 일이라 하겠다.

제6절 | 종부세는 창문세보다 더 황당한 세금이다

국가권력이 국민으로부터 무상으로 재산을 빼앗을 수 있는 방법은 오직 세금뿐이며, 그 법적 근거는 헌법상의 '납세의 의무' 규정이다. 세금은 세원에 대하여 부과되어야 하며 또한 수직적 공평과 수평적 공평을 맞추어 담세력에 따라 일반기준을 적용하여 세금을 부과하여야 한다. 그러나 종합부동산세는 담세력에 따라 세금을 부과한 것이 아니다. 부동산 가격 안정이라는 종부세법의 입법목적에 따라 다주택자라는 부동산 투기 또는 부동산 투자자에 대하여 차별적으로 중과세하는 세금인 것이다. 그런데도 이 세금은 바로 종부세법의 입법목적에 타당하다고 헌법재판소는 합헌결정을 내린 바 있다. 이것은 매우 적합하지 못한 대상을 근거로 세금이 부과된, 잘못된 세금이라 할 것이다. 역사적으로 보았을 때 적합하지 못한 대상을 근거로 조세가 부과될 때 어떠한 문제가 유발되는지 확인할 수 있는 좋은 선례가 바로 '창문세(Window Tax)'이다. 이 세금은 프랑스에서도 잠깐 부과된 적이 있지만 영국에서는 1696년부터 1851년까지 무려 150년간이나 시행된 바 있다. 창문세에 대한 황당한 내용은 '세금의 흑역사'라는 책에서 인용하고자 한다. 영국에서 부과된 창문세는 언뜻 창문에 세금을 매긴다는 것이 시대착오적이거나 어리석은 일로 보일 수 있지만 처음 시행 당시에는 사실 꽤 영리한 생각이었다고 하겠다.

당시 정부가 직면한 문제는 세금을 부과할 근거가 될 만한 타당한 사유를 찾는 것이었다. 그것은 부의 수준에 따라야 하고, 쉽게 검증할 수 있어야 했다. 그래서 직전에 폐위된 스튜어트 왕조에서는 부(富)의 수준을 분별할 수 있는 담세력으로 집안의 난로 개수로 보아 난로세를 부과하였는데, 난로 개수를 확인하려면은 세금 조사관들이 집 안까지 들어가야 했는데 이것은 집주인들의 저항으로 세금 부과가 매우 어려워졌다. 그래서 난로세를 대체한 것이 창문세이다. 따라서 집 안까지 들어가지 않고도 멀리서 확인해야 했는데, 그래서 생각해 낸 것이 바로 창문이었다. 집에 달린 창문의 개수야말로 그 집에 사는 사람의 품위와 부를 적절히 나타냈다. 그러니까 평균적으로 더 부유한 사람이 더욱 많은 창문 세금을 부담하게 한다는 취지였다.

창문세는 특정 창문 수 이상의 주택에만 적용되어 극빈층의 부담을 어느 정도는 완화했지만, 도시 빈민층이 밀집한 임대주택은 세금의 목적상 단일 단위로 계산되어 세금이 면제되지 않는 일이 많았다. 또한 창문세는 납세자들에게 세금을 줄이려는 행동 변화를 유도했는데, 이것이 새로운 피해를 감수하게 하는 역효과를 낳았다. 사람들이 창문세를 덜 내려고 창문 수를 줄인 것이다. 그들이 창문을 벽돌로 막아버리자, 집 안에서는 빛과 공기가 사라졌다. 이런 흉물스러운 흔적은 오늘날까지 남아 있는 오래된 주택에서 볼 수 있다. 세금부담을 줄이려고 벽돌공에게 창문을 막게 하면서 '국가재정에는 아무런 도움이 되지 않고 시민들의 즐거움만 줄어들었다.'라고 창문세를 평가할 수 있게 되었는데 이것이 바로 세금의 초과부담(excess burden)이라고 하겠다. 초과부담은 세금제도에 대한 생각 가운데 가장 중요하면서도 이해하기 어려운 개념으로, 납세자가 세금 때문에 겪는 손실이 실제로 세금으로 내는 돈보다 더 크다는 것을 뜻한다. 이런 초과부담이야말로 과세의 부수적 피해라고 하겠다. 사람들이 창문을 없애면서 생긴 피해는 결코 적지 않았다. 집안의 통풍이 잘 되지 않아 질병이 퍼졌고, 빛이 들어오지 않으면서 비타민 D가 부족해 아이들의 성장을 방해했다. 반대론자들은 이 세금을 '천국의 빛'에 대한 세금이라고 비난했다. 세금의 초과부담에 대해서는 제4장 제1절에서 자세히 검토하고자 한다.

　창문세는 세상에서 가장 황당한 세금으로 알려져 있다. 그러나 그 당시에는 창문세의 불가피성도 다소 있었다. 그런데도 부작용이 너무 심각하여 창문세의 악명은 역사 속에 길이 남아 있는 것이다. 창문세는 납세자의 담세력을 창문의 개수로 측정하려 했던 것이기 때문에 어리석지만 그래도 담세력에 따른 세금의 본질은 존중한 세금이었다고는 할 것이다. 그러나 종부세는 세금의 본질에 해당하는 담세력에 따른 세금 부과라는 근본적인 조세원칙을 완전히 무시하는 세금으로, 사실상 헌법상의 '납세의 의무'규정에 따른 세금이라고는 말할 수 없는 세금이다. 부동산 투기도 아닌 부동산 투자의 억제를 위하여 주택 수에만 매몰되어 국민의 2%에 해당하는 다주택자 일부 국민에게 황당하고 과중한 수준의 세금을 부과해 재산원본까지 몰수하고 있다. 종부세는 창문세보다 더 황당하고 더 부당한 세금으로 세계의 황당한 세금의 역사에 남을 것이다.

헌법재판소의 종부세 합헌결정 내용을 보면, 종부세 차별과세의 근거가 사실상 주택이라는 부동산 투자라고 한다. 부동산 투기 행위는 처벌법에 의하여 처벌이 가능하고, 부동산 투기 소득과 투자소득은 양도세로 환수할 수 있다. 그러나 부동산 투자 행위에 대하여 세금을 차별적으로 부과하는 것은 세금 부과 원칙과 이론에 전혀 맞지 않는다. 이것은 조세의 본질에 벗어난 헌법위반의 발상이라 하겠다.

지금 시행 여부가 논란이 되고 있는 금투세(금융투자소득세)도 '주식과 채권, 펀드 등 금융투자상품에 투자해서 얻은 연간 이익이 일정금액을 초과할 경우에 부과되는 세금'이지 금투세도 주식투자 행위 자체에 대하여 이것을 담세력으로 인정하여 세금을 부과하는 세법은 아니다. 금투세는 오직 주식투자소득에 대하여 담세력을 인정하여 부과하는 세금일 뿐이다. 세계의 어느 세금도 부동산 투자를 규제하기 위하여 세원도 아니고 담세력을 표상하지도 않는 부동산 투자 행위에 대하여 차등적인 세금을 막대하게 부과하지는 않는다. 부동산 투자 행위를 규제하고자 한다면 처벌법을 만들어 다주택 취득 등 규제하고 싶은 투자 행위에 대하여 벌과금을 부과하도록 하여야 하는 것이 마땅하다 할 것이다.

 또한 종부세의 폐해도 만만치 않다. 소형 오피스텔을 임대하여 그 소득으로 어렵게 살아가는 서민에게도 과중한 종부세가 부과되어 생존권을 위협하고 있고, 민간임대주택 사업자의 경우에는 과다한 종부세로 파산위기에 몰려 있으며, 재산원본마저 세금으로 무상몰수되는 위협에 처해있다. 민간임대주택 사업자에 대한 과다한 종부세의 부과는 사실상 전세사기마저 조장하여 그 피해가 전세로 거주하는 전세임차인에게 전가되고 있으며, 정부가 대신 물어주어야 할 전세보증금도 종합부동산세의 세수와 비슷한 금액이라고 알려지고 있다. 또한 민간임대주택의 공급마저 크게 저해하는 결과를 가져와 지금은 전세난의 큰 원인이 되고 있으며 전세가격과 주택가격마저 상승을 유인하고 있는 결과가 되고 있는 것이다. 또한 2% 국민을 차별화하여 무리하고 과중한 세금을 부과하여 일부 국민의 재산을 세금으로 빼앗는 것은 자유민주주의 체제에서는 도저히 용인될 수 없는 일이라 할 것이다. 종부세가 얼마나 황당한 세금이고 헌법에 위반되는지 하나하나씩 자세히 검토하고자 한다.

제2장

종합부동산세와 문재인 정부의 거짓말

제1절 | 거짓말투성이가 되어버린 종부세

문재인 정부에서는 주택가격이 오른다는 이유로 종합부동산세법과 시행령을 수차례 개정하여 다주택자와 법인에 대하여 중과세 제도를 도입하고 세율을 대폭 올렸으며 법인의 경우에는 과세표준 기본공제금액마저 삭제하였는데 이것은 종합부동산세법 제1조의 고액부동산에 대한 과세형평성 제고라는 입법목적에도 배치되는 내용이라고 하겠으며, 부동산 가격 안정에도 전혀 도움이 되지 않는 결과가 되었다. 또한 공시가격을 자의적이며 차등적으로 그리고 지속적으로 대폭 인상하였고 공정시장가액비율을 80%에서 95%까지 최대한 올렸으며 조정대상지역도 거의 전국적으로 확대 지정하여 대부분의 2주택자에게 중과세 세율을 적용하는 등 행정권력을 종합부동산세의 폭증을 유도하는 데 집중하였다. 이러한 과정에서 지난 정부는 종합부동산세의 대폭 증액과 공시가격의 지속적인 인상의 정당성을 국민에게 설득하고자 하는 2차례의 중요한 발표를 하였는데 이 발표에 인용된 국제적 비교통계자료가 모두 거짓이고 조작되었다는 문제가 있다. 따라서 지난 정부의 종합부동산세 폭증의 정당성을 주장하는 그 진정성에 의심을 가질 수밖에 없으며 이것은 종합부동산세 폭증의 정당성이 없다는 뜻이라고도 할 수 있다.

거짓말에도 등급이 있다. 모르고 하는 거짓말도 있고 알고도 하는 거짓말이 있으며, 노골적으로 스토리까지 만들어 고의로 하는 거짓말도 있다. 종부세는 아주 잘못된 세금인데도 불구하고 정부가 정당하다고 주장하며 헌법재판소도 헌법에 합치된다고 판결하였는데, 정부의 주장과 헌법재판소의 합헌결정 내용에 거짓말, 사실 왜곡 그리고 국제통계자료의 조작 등의 노골적 거짓말이 지나친 실정이라고 하겠다. 특히 문재인 정부 시절 종부세와 관련하여 국제통계자료까지 조작하여 고의적이며 노골적으로 국민을 속이기 위하여 2가지의 거짓말을 한 사실이 있다. 문재인 정부는 거짓말인지 잘 알면서 정부 소관의 연구기관을 통하여 국제통계자료를 조작하도록 하고 그 통계자료에 의거하여 노골적인 거짓말을 하였는바, 왜 이런 노골적인 거짓말을 하였을까, 그것은 종부세의 차별적 과잉과세가 정당하지 않다는 것을 스스로 인정한 것이며 국민의 저항을 두려워했기 때문일 것이다. 우리는 문재인 정부의 국제통계자료의 조작과 노골적인 거짓말에 대하여 그 진실을 반드시 알아야 하며 법적 대응도 고려해야 할 것이다. 그래야만 앞으로도 정부가 국민을 상대로 노골적인 거짓말을 꾸며서 하는 것을 막을 수 있을 것이라 할 것이다. 정부의 노골적인 거짓말이 판치는 것을 용인한다면 우리 국민은 자유민주주의를 지킬 수 없을 수도 있는 것이다.

종부세는 종부세법의 신설 때부터 거짓말로 시작되었듯이 거짓말투성이가 되어버린 세금이 된 것이다. 종부세법 신설 당시 이헌재 부총리는 이중과세이며 세부담 형평성을 보장할 수 없다는 등의 이유로 종부세의 신설을 반대하였으나 노무현 대통령이 부동산 거래세는 낮추고 부동산보유세를 높이자는 요청에 따라 최소한의 범위 내에서 종부세법을 만들었고 이 법이 만들어지자마자 이헌재 부총리를 내쫓고 세대별 합산과세 도입 등의 종부세법개정을 통하여 세금 폭탄을 퍼붓기 시작하는 결과가 되었다. 그리고 세부담을 낮추어 주겠다는 부동산 거래세마저 세부담을 매우 높여 부동산 관련 세부담의 수준이 압도적인 세계 1위의 국가가 되는 결과가 되었다.

우리나라 부동산보유세의 세부담 수준이 낮다는 것에 대하여 그 진실적인 측면을 지방정부의 재정수입 관련, 재산세만으로 세부담 수준을 비교하여 검토해 보고자 한다. 2021년 기준으로 부동산보유세의 GDP 대비 세부담 수준을 보면, 미국이 2.80%로 제일 높고 OECD 평균은 1.0%이며 우리나라의 경우는 1.245%로 세계 10위권 이내의 고부담 국가이지만 재산세만으로 볼 경우에는 2021년도 GDP 대비 재산세 부담률은 0.890%로 미국보다는 많이 낮고 OECD 평균보다는 조금 낮은 실정이다. 그러나 이것을 단순히 부동산보유세의 세부담만으로 평가하는 것은 적절하지 못하다고 하겠다.

우리나라의 경우는 지방재정의 재원 중 재산세의 비중이 20% 수준에 불과하고 자동차세 등 재산세 이외의 지방세가 80% 수준인데, 미국의 경우는 지방재정의 재원은 오직 재산세뿐이기 때문에 지방세 전체의 세부담을 놓고 보면 우리나라 국민들이 지방세 세부담 수준이 미국보다 결코 낮다고 할 수가 없다. 미국은 지방세 세부담이 결과적으로 GDP 대비 2.80%이지만 우리나라의 경우는 재산세 부담률이 0.890%이고 지방세 전체로 볼 경우에는 0.890%×5배 즉 4.45%가 되기 때문에 국민 전체로 본 지방세의 세부담 수준은 오히려 미국보다 훨씬 높다. 2022년 1월 20일 자 조선일보 '경제포커스—한국 부동산보유세 선진국보다 적다는 거짓말'이라는 기사를 보면, 미국은 지방 초등학교의 교사 급여도 지방정부가 부담하는데 우리나라의 경우는 국세로 부담한다. 우리나라 지방정부의 재정지출이 불필요하게 과다한 것이 아닌지를 검토해 볼 여지가 많다고 하겠다. 자세한 설명을 생략하고자 한다.

다음에는 좌파 정부의 종부세 과잉부과와 주택가격 상승의 연관성에 대하여 살펴보고자 한다. 노무현 정부 시절인 2005년에 종부세가 처음 만들어졌고, 2005년의 주택분 종부세로 부과한 금액은 391억 원이었으며, 2007년에 주택분 종부세 부과세액은 1조 2,611억 원으로 2005년에 비하여 부과세액이 32.2배 폭증하는 결과가 되었다. 그리고 공시가격도 2006년에 16.2% 그리고 2007년에 22.7%로 대폭 인상조치하였다. 문재인 정부 시절에는 2017년의 주택분 종부세 부과금액이 3,878억 원인데 2021년에는 부과세액이 4조 4,085억 원으로 11.3배 폭증하였고, 공시가격도 2021년에 19.5%, 2022년에 18.6%로 대폭 인상조치하였다. 좌파 정부인 노무현 정부와 문재인 정부 시절에만 공시가격을 대폭 인상하고 주택분 종부세도 폭증하여 부과하였는데도 불구하고 그 당시 주택가격은 더 많이 대폭 상승하는 것으로 나타나고 있다. 이는 주택가격이 상승하였기 때문에 불가피하게 공시가격을 높이고 종부세의 세부담을 높이는 결과가 된 것이라고는 생각할 수 없다고 하겠다.

2019년과 2020년의 주택가격은 매우 안정적이었는데 공시가격과 종부세 부과세액을 대폭 높임으로써 주택가격이 2020년 하반기부터 폭증하였다. 이는 공시가격의 대폭 인상과 종부세의 과잉과세로 주택가격이 상승하게 되었기 때문이라고 해석할 수 있다. 문재인 정부는 집권하자마자 가장 먼저 한 것이 특목고와 자율고의 폐지를 추진한 것이다. 필자는 세금 전문가로서 2018년 전후 문재인 정부의 특목고와 자율고 폐지 추진을 마치 강남 8학군의 주택가격을 오히려 인상하기 위한 노력의 일환으로 생각한 바 있고, 문재인 정부는 분명히 종부세의 폭증을 위해 많은 노력을 할 것으로 예상한 바가 있었다. 노무현 정부나 문재인 정부는 종부세라는 세금을 정치에 이용한 것이 아닌가 의심이 되며, 이것은 신성한 국민의 '납세의 의무'를 정치적으로 악용한 것으로 오해할 여지가 크다 할 것이다.

제2절 | 우리나라 공시가격의 현실화율이 매우 낮다는 거짓말

1. 부동산보유세의 본질과 외국사례

종합부동산세는 부동산보유세의 일종이며 부동산보유세는 일반적으로 과세표준에 세율을 곱하여 부과세액을 산정하는 방식이다. 여기에서 과세표준이 되는 것은 공시가격에 주택 보유자 유형에 따라 다소 다르지만 과세표준 공제금액을 공제하고 여기에 공정시장가액비율을 곱하여 종합부동산세의 과세표준을 산정하고 있으며 결과적으로 과세표준은 사실상 공시가격의 결정에 따라 정해지게된다. 따라서 공시가격은 사실상 종부세의 과세표준이라고 할 수 있는 것이다. 2006년 이전에는 공시가격이 산정되지 않고 지방세법의 시가표준액이 적용되었으며, 2005년 종부세법의 시행으로 2006년부터 공시가격이 산정되어 발표되고 이것을 기준으로 종부세가 과세되게 되었다. 국토교통부에서 2006년부터 공동주택의 공시가격에 대하여 상세하게 발표하고 있기 때문에 이 책의 경우 공시가격은 주로 공동주택의 공시가격을 기준으로 분석하였다. 2006년부터 2024년까지의 공동주택 공시가격의 상승률을 보면 노무현 정부 당시인 2006년과 2007년은 공시가격이 16.2%와 22.7%로 대폭 인상하였고, 문재인 정부 당시인 2021년과 2022년도 공시가격을 19.05%와 17.22%로 대폭 인상조치하였다. 그러나 보수 정권 당시에는 공동주택 공시가격은 평균적으로 3% 수준 안정적으로 인상하였다. 여기에서는 문재인 정부 당시의 공동주택 공시가격의 차별적이며 자의적인 인상에 대하여 분석하고자 한다.

공시가격의 문제점을 제대로 파악하기 위해서는 종부세의 본질과 부동산보유세에 대한 외국의 과세 실태를 제대로 파악하는 것이 중요하기 때문에 여기에서 다시 한번 설명드리고자 한다. 부동산보유세는 자산세의 일종으로서 자산을 그 과세의 대상으로 하며, 토지, 토지상의 모든 건축물, 기계 및 설비, 주식 및 채권, 현금 등 모든 자산의 보유에 대하여 부과되는 조세이다. 그중에서도 부동산보유세는 부동산이라는 자산의 보유에 대하여 부과되는 조세로서, 보통 ① 부동산이라는 물건의 소유에 근거하여 과세되는 물세[1]라는 점, ② 부동산의 총계 가액을 기준으로 과세되어 차입금 등 부채를 고려하지 않는다는 점, ③ 보유재산의 원본을 침식하지 아니하고 통상 그 재산으로부터 기대할 수 있는 수익에 대하여 낮

---

[1] 부의 원천, 즉 토지·건축물 등에 부과되는 조세로서 원칙적으로 수익을 획득하는 사람 또는 경제주체의 인적사항과 관계없이 과세되는 조세이다. 따라서 부동산보유세는 원칙적으로 담세자의 개인적 사정을 고려하지 않는다. 이와 달리 수입을 획득하는 사람 또는 경제주체의 지급능력 등 인적사항을 중심으로 과세하는 조세는 인세라 하며, 소득세, 법인세, 주민세, 상속세 등이 인세의 대표적인 예에 해당한다.

은세율[2]로 납부하는 성격의 명목적 재산세[3]라는 점, ④ 그 세원이 안정적이고 세수 확보가 용이하며 지역밀착적 성격을 갖춘 점을 고려하여 지방세로 과세되는 점, ⑤지방정부의 행정서비스와 부동산의 가치상승 사이에의 밀접한 인과관계를 고려하여 지방정부가 제공하는 각종 공공서비스의 편익의 대가로 지불되는 것으로 해석되며, 이에 따라 응능부담의 원칙[4]보다는 응익과세원칙[5]에 더 부합하는 세목이라는 점 등의 특징을 가지고 있다.

우리나라의 조세제도는 대부분 OECD 선진국으로부터 도입되었기 때문에 이들 선진국에서 부동산보유세가 어떻게 과세되는지를 이해하고 참고할 필요가 있다. OECD 대부분의 국가는 부동산보유세는 생활밀착형 세금이기 때문에 과세표준과 세율을 자의적으로 올리는 경우가 없고 부동산 취득 이후 거의 동일한 세금을 납부토록 하여 부동산보유세의 법적 안정성을 지키는데 최우선으로 고려되고 있다. 공시가격에 대해서만 외국사례를 자세히 살펴보고자 한다.

부동산보유세의 과세대상으로서 부동산을 어떤 기준으로 적용하여 평가하느냐는 크게 2가지 유형이 있다. 하나는 판매가격(sale value, 시장가격)을 적용하

---

2 후술할 것과 같이, 외국의 부동산보유세 입법례상 통상적으로 저율의 단일세율로 과세된다.

3 즉, 과세 형식상 부동산이라는 재산을 조세 객체로 하나, 세율이 낮게 설정되어 실질적으로는 재산에서 생기는 소득 내지 수익에서 조세를 납부한다.

4 응능부담의 원칙은 납세의무자의 담세력에 비례하여 과세를 하여야 한다는 원칙으로서 일반적으로 소득세 등에서 이러한 태도를 취하고 있다.

5 응익과세원칙은 납세의무자가 받는 편익에 비례하여 과세를 하여야 한다는 원칙이다. 부동산보유세가 저율의 단일세율 체계를 취하고 있는 것 역시 주택 수가 많거나 가격이 높다고 하여 더 많은 편익을 얻는 것이 아니라는 점을 고려한 것이다.

는 방식이며, 다른 하나는 임대가격(rental value, 임대소득)을 적용하는 방식이다. 우리나라와 미국, 일본 등은 판매가격을 기준으로 부동산을 평가하여 과세가격으로 책정하며, 영국, 프랑스, 독일은 임대가격을 기준으로 부동산가액을 평가한다. 여기에서 임대가격을 적용하여 공시가격을 산정하는 영국, 프랑스, 독일의 경우를 간략히 살펴보면, 영국의 경우에는 부동산 임대가격을 기준으로 과세가격을 산정하며 과세표준에 비례한 세율을 적용하지 않고 주택을 8개 등급별로 나누어 각 등급별로 서로 다른 정액의 세금을 부과하는 특징이 있다. 또한 영국의 부동산 평가의 경우는 가격 상승을 우려한 주민들의 저항 등으로 2017년도까지 계속하여 1991년의 과세표준이 이용되고 있다. 프랑스와 독일은 임대가격으로 부동산 가격을 평가하고 있으며 부동산가액 평가는 1970년 이후 추가로 평가한 사례가 없어 평가금액이 매우 낮은 수준이라고 알려져 있다. 영국, 프랑스, 독일의 경우는 주택을 취득한 이래로 재산세가 증액되어 과세되는 사례는 사실상 없는 것이다. 독일의 경우는 공시가격 산정이 너무나 오래되어 최근 3년간 재산정하고 있는데 공시가격을 절대 높이지 않고 형평성만 조정하겠다고 정부가 발표한 바 있다.

이와 같이 공시가격을 임대가격으로 산정하는 국가인 영국, 프랑스, 독일의 경우는 거의 50년간 부동산보유세의 과세표준이 되는 공시가격을 한 번도 올린 사례가 없는 실정이다. 그러나 우리나라와 같이 판매가격을 기준으로 공시가격을 산정하는 나라인 미국, 일본, 대만 그리고 덴마크의 경우를 보면 공시가격을 인상하여 산정하는 것은 사실이나 인상률에 제한을 두어 공시가격이 대폭 상승하는 경우가 없다. 먼저 미국의 사례를 보면 주마다 다르게 산정하고 있어 일률적으로 평가하기는 어렵기 때문에 대표적인 미국 주인 뉴욕주와 캘리포니아주를 예를 들어 보고자 한다. 뉴욕주의 경우는 주거용 부동산의 경우는 매년 6%, 5년 동안 20% 이상 과세표준을 상승할 수 없도록 규정하고 있고, 캘리포니아주의 경우에는 공시가격의 기준은 부동산 취득가액이며 매년 2% 이상을 상승할 수 없도록 부동산 평가규정을 두고 있다. 캘리포니아주의 공시가격 산정방법을 예를 들어 계산하여 보면 10년 전에 주택을 10만 불에 취득하였고 10년 후인 지금 그 주택가격이 2배로 올라 20만 불이 되었다고 하면, 부동산을 취득한 첫해의 과세표준은 10만 불이 되지만 매년 과세표준 상승률이 2%로 제한되어 있기 때문에 다음 해는 과세표준이 10만 2,000불이 되고, 10년이 지난 지금은 대략 12만 불이 과세표준으로 산정되게 된다. 즉 시가의 60% 수준이 공시가격으로 산정되는 것이다. 따라서 미국의 경우는 공시가격이 대폭 오르는 법이 없고 현실화율도 대략 50% 수준으로 알려지고 있다. 일본의 경우에는 3년에 한 번 공시가격을 산정하여 발표하며, 공시가격의 인상률도 3년에 5% 이내로 제한되어 있다. 그래서 공시가격이 대폭 오르는 법이 없고 현실화율로 따져도 매우 낮은 것으로 알려져 있다. 대만의 경우는 뒤에서 다시 살펴보기로 한다.

OECD 국가 중 공시가격을 시가를 고려해 산정하는 나라는 덴마크가 유일한 나라로 알려져 있다. 덴마크는 2000년부터 공시가격을 매년 산정하여 공시하고 있다. 그러나 납세자의 과세표준을 정할 때에는, 납세자의 2000년 이후 자기의 공시가격 중 가장 낮게 책정된 연도의 공시가격을 지정하여 그 납세자의 과세표준으로 책정하고 있다. 그래서 덴마크의 경우도 부동산보유세의 세부담이 증가하는 경우가 없고, 부동산보유세의 법적 안정성을 지키는 것이다.

종부세법상의 공시가격은 주택의 시세가액이라기보다는 과세표준가격이다. 과세표준을 자의적이며 차등적으로 정부 마음대로 결정하도록 허용된다면 그 세금은 정부의 마음대로 결정되는 세금이 되는 것으로 법적 안정성도 훼손하고 재산권 침해도 불가피하게 되는 것이다. OECD 국가의 공시가격 산정방법과 부동산보유세의 과세 실태와 우리나라의 공시가격 산정방법을 비교할 때 너무나 상이한 것으로 우리나라의 경우 종부세의 과세표준이 되는 공시가격을 정부가 제멋대로 대폭 인상조치하는 것은 그 정당성이 인정되기 어렵다고 하겠다. 따라서 공시가격의 자의적이며 차등적인 대폭적인 인상조치는 법적 안정성을 침해하는 사항임이 분명하다 할 것이다.

2. 문재인 정부의 공시가격 조작 실태

공동주택 공시가격은 노무현 정부 당시인 2006년과 2007년에 16.2%와 22.2%로 공시가격을 대폭 인상조치한 이후 보수정권이 들어선 다음 2008년부터 2018년까지 대체로 10년간 공시가격은 안정적으로 운영되어 대체로 평균 3% 수준에서 인상되는 결과가 되어 공시가격이 사회문제화되지는 않았다. 그러나 2017년 문재인 정부 이후 2019년부터 공시가격에 현실화율을 적용하여 주택 규모별로 차등적으로 공시가격을 인상하였고 특히 2021년과 2022년은 19.05%와 17.22%로 대폭 인상조치하여 사실상 문재인 정부에서 공시가격 9억 원 이상의 공동주택은 공시가격이 2배 수준 인상되는 결과가 되었고 공시가격 인상만으로 재산세는 2배 수준, 종부세는 3배 수준까지 폭증하는 결과가 되어 공시가격의 자의적 인상이 사회적 문제가 되고 있다.

공시가격은 '부동산공시에 관한 법률 제16조'에 의거하여 사실상 한국부동산원에서 독립적으로 조사·산정하도록 규정되어 있었으나 문재인 정부에서 이 규정을 무시하고 현실화율이라는 제도를 도입하여 사실상 국토교통부에서 공시가격을 결정하는 결과가 되어 공시가격 결정의 위법성이 크게 문제가 되고 있다.

표5 **위헌청구 대표 사례의 공시가격상승률과 공동주택 가격상승률 등과의 비교표**

구분		2018년	2019년	2020년	2021년	2022년	누계
공동주택 가격상승율	서울	8.03	1.11	3.01	8.02	-7.70	12.47
	전국	0.09	-1.42	7.57	14.10	-7.56	12.78
공시가격 평균상승율		5.02	5.23	5.98	19.05	17.20	52.48
대표사례의 공시가격 상승율	중.고가 주택	16.30	13.14	20.80	15.32	18.14	83.70
	지방 저가주택	3.16	-0.61	0.99	10.29	33.35	47.18

(단위: %)

표5를 보면 2018~2022년간 서울지역 공동주택가격의 평균 누계 상승률은 12.47%이며, 공동주택 공시가격 평균 누계 상승률은 52.48%이다. 그러나 대표사례 중 중·고가 아파트를 보유한 신청인들의 중·고가주택의 공시가격 평균상승률 누계는 83.70%이고, 지방의 저가주택을 보유한 신청인들의 저가주택의 공

시가격 평균상승률의 누계는 47.18%이다. 위헌청구인들이 보유한 9억 원 이상의 중·고가주택의 공시가격 누계 상승률이 84.70%이다. 이는 2018~2022년간의 서울 공동주택 가격상승률 누계 12.47%의 6.79배로 매우 높게 인상한 결과가 되는 것이며, 공동주택 공시가격 평균상승률 누계치보다도 1.59배 더 높게 공시가격을 인상한 것이라 하겠다. 위헌청구인들이 보유한 지방 저가주택의 경우도 2022년에 공시가격을 33.35% 수준으로 대폭 인상하여 2018년부터 2022년 간의 공시가격 누계 상승률이 47.18%이다. 이는 전국의 공동주택 가격상승률 12.78%보다 3.69배 더 높게 인상한 것은 분명하지만, 위헌청구인들이 보유한 중·고가주택의 그 기간 동안 주택 공시가격 인상률 83.70%의 56.37%에 불과한 수준이다. 전체적으로 볼 경우 위헌청구인들이 보유한 주택의 공시가격은 실질적인 가격상승률보다 5배 수준 더 높게 상승시킨 결과가 되지만 중·고가주택의 경우는 저가주택에 비하여 2배 수준 더 차등적으로 인상한 것이 분명하다 할 것이다. 2022년에 정부가 발표한 공동주택가격 현실화율을 보더라도 2019년에는 9억 원 미만 아파트의 현실화율은 68.18%로 9억 원 이상 아파트 67.1%보다 더 높은 실정이었다. 그러나 2020년에는 9억 원 미만 아파트의 현실화율이 69.0%이고 9억 원 이상의 경우는 72.2%로 역전되었다. 더욱이 2022년의 현실화율을 보면, 9억 원 미만의 경우는 69.4%이나, 9억 원 이상 15억 원 미만 아파트의 경우는 75.1%이고, 15억 원 이상 아파트의 경우는 81.2%로 현실화율의 차별 정도가 매우 크게 벌어진 것으로 나타나고 있다. 이것은 문재인 정부에서 9억 원 이상 고가 아파트의 공시가격을 차등적으로 크게 높였기 때문이다.

지역별로 그리고 아파트별로 가격상승률과 공시가격 인상률이 다를 수는 있다. 그러나 2019. 12. 17. 국토교통부에서 발표한 '2020년 부동산 공시가격 및 공시가격 신뢰성 제고방안'과 2020. 11. 3. 국토교통부에서 발표한 '부동산 공시가격 현실화 계획'의 내용을 보면, 2018~2022년간 표5와 같이 매우 상이한 공시가격 인상률이 나타나는 것은 행정부가 자의적이며 의도적으로 공시가격을 차등 인상한 조치의 결과라고 하겠다.

　공시가격 현실화율에 대한 정부의 발표 내용에 따르면, 2020년도분 이후의 공시가격은 시세구간별로 차등인상하는 것으로 정책이 바뀐 것을 알 수 있다(사실상 지난 정부의 시작과 함께 2018년분 공시가격부터 주택 규모별로 차등적으로 공시가격을 인상한 것으로 나타난다). '2020년 부동산 공시가격 및 공시가격 신뢰성 제고방안'에서 적시한 2020년의 공시가격 차등인상에 대한 정부의 발표 내용을 보면 다음과 같다.

　① 표6에서 보는 바와 같이, 시세구간별 공동주택 공시가격 변동률은 현실화율이 제고되지 않은 시세 9억 원 미만(1,317만 호, 전체의 95.2%)의 공시가격 변동률은 1.96%로서 전년(2.87%)보다 감소한 것으로 나타났으며, 9억 원 이상 주택(66.3만 호, 4.8%)의 공시가격 변동률은 21.12%로, 특히 15억 원 이상 공동주택의 경우에는 더욱 강도 높은 현실화율 제고에 기인하여 시세가 높을수록 공시가격 변동률도 큰 것으로 나타났다.

표6 시세구간별 공동주택 공시가격 변동률

구분	전체	9억 원 미만				9억 원 이상			
		3억 미만	3~6억	6~9억		9~12억	12~15억	15~30억	30억 이상
2019년	5.23	2.87	-2.48	5.45	14.93	16.39	17.38	17.93	15.30	12.86
2020년	5.98	1.96	-1.90	3.93	8.49	21.12	15.19	17.25	26.15	27.40

(단위: %)

② 표7에서 보는 바와 같이, 전국 공동주택의 현실화율은 69.0%로서 전년 대비 0.9%p 상승하는 것으로 나타났다. 시세 9억 원 미만(1,317만 호)은 전년과 유사한 수준(평형 간 역전 현상 등 해소 과정에서 미세 하락)의 현실화율을 보였으며, 9~15억 원(43.7만 호)은 전년보다 현실화율이 2~3%p, 15억 원 이상(22.6만 호)은 7~10%p 제고된 것으로 나타났다. 따라서 2020년의 공시가격 현실화율은 아파트의 시세가 높을수록 차등적으로 대폭 제고된 것이다.

표7 시세구간별 공동주택 현실화율

구분	전체	9억 원 미만				9억 원 이상			
		3억 미만	3~6억	6~9억		9~12억	12~15억	15~30억	30억 이상
2019년	68.1	68.4	68.6	68.6	67.2	67.1	66.6	66.8	67.4	69.2
2020년	69.0	68.1	68.4	68.2	67.1	72.2	68.8	69.7	74.6	79.5

(단위: %)

2021년과 2022년의 경우에도 공시가격 현실화 계획에 의거해 시세구간별로 공시가격을 차등인상하였다. 2021년의 공동주택 공시가격은 전국 평균은 19.05% 인상되었으며 서울의 경우는 19.89%, 부산은 19.56% 인상되었다. 그러나 공동주택 상승률은 전국 평균은 6.43%이며 부산은 7.91%이고 서울은 3.01%로 차등인상률이 매우 상이하다. 이는 통일적 기준이 아닌 국토교통부의 자의적 기준에 의거하여 자의적으로 인상되었음이 분명하다고 하겠다. 2022년의 경우는 전국 평균 공시가격 인상률이 전국이 17.20%인데 서울은 14.22%로 나타나고 있다. 또한 2022년에도 공시가격이 차등적으로 인상되었다. 그 내용을 국토교통부가 발표한 '부동산 공시가격 현실화 계획 관련 국토교통부 공청회 자료'를 보면, 전국 평균의 공동주택 현실화율은 71.5%이고 9억 원 미만 시세의 공동주택 현실화율은 69.4%이며, 15억 원 이상 시세의 공동주택 현실화율은 81.2%로 매우 상이하고 차등적으로 산정된 것으로 나타난다. 이렇게 2021년과 2022년의 공시가격을 차등적으로 대폭 인상하였고, 특히 9억 원 이상 아파트의 경우는 현실화율을 시세의 80% 이상으로 높이다 보니 공시가격이 터무니없이 올라서 2022년의 공시가격이 오히려 아파트 실거래가격보다 더 높은 사례가 발생하게 되었다. 이와 같이 공시가격의 현실화율 제도의 부당한 적용으로 발생한 2022년도의 아파트 실거래가격과 공시가격과의 괴리 현상을 정리하여 표8을 작성하여 보았다.

표8 전국 아파트 36개 단지 시가대비 공시가격 (2022. 11. 7. 현재)[6]

단지명	면적	2022년 시세가격	2022년 공시가격	2022년 공시가격/ 2022년 시세가격	현실화율 (국토부 자료)
세종해들마을 6단지	99	750	934	124.5	69.4
범어센트럴 푸르지오	84	900	1,015	112.8	75.1
해운대현대하이페리온	217	1,560	1,570	100.6	81.2
문정올림픽훼미리타운	84	1,500	1,465	97.7	81.2
잠실레이크팰리스	84	1,795	1,734	96.6	81.2
성남산성역포레스티아	74	900	865	96.1	75.1

세종가온마을 4단지	84	650	618	95.1	69.4
잠실트리지움	84	1,950	1,849	94.8	81.2
잠실엘스	84	1,950	1,844	94.6	81.2
잠실 리센츠	85	2,030	1,887	93.0	81.2
서초 아크로 리버파크	85	4,000	3,621	90.5	81.2
잠실 파크리오	84	2,020	1,826	90.4	81.2
일산 요진와이시티	84	900	814	90.4	75.1
광명 휴먼시아 5단지	84	690	623	90.3	69.4
목동 14단지	118	1,600	1,440	90.0	81.2
잠실 헬리오시티	84	1,785	1,591	89.1	81.2
개포 한보미도맨션	84	2,650	2,355	88.9	81.2
보라매 SK뷰	84	1,302	1,145	87.9	75.1
압구정 현대1.2차	160	5,833	5,065	86.8	81.2
올림픽 선수기자촌	83	1,870	1,620	86.6	81.2
가락 쌍용	59	1,090	940	86.2	75.1
자곡 래미안강남힐스	101	1,800	1,548	86.0	81.2
대구 수성 두산위브	137	1,805	1,550	85.9	81.2
중계 그린	49	500	429	85.8	69.4
상계주공 6단지	58	669	570	85.2	69.4
동작아크로리버하임	84	1,850	1,558	84.2	81.2
위례 롯데캐슬	84	1,180	982	83.2	75.1
수택 이편한센트럴	84	865	719	83.1	69.4
목동 9단지	71	1,395	1,157	82.9	75.1
인덕원 이편한퍼스트	84	920	759	82.5	75.1
상계 주공 19단지	68	819	664	81.1	69.4
송도 힐스테이트	84	870	697	80.1	69.4
상왕십리 텐즈힐	84	1,480	1,177	79.5	75.1
대전 누리	126	770	604	78.4	69.4
시흥 목감호반베르	84	620	484	78.1	69.4
강동 롯데캐슬퍼스트	84	1,323	1,025	77.5	75.1
36개 단지 시가대비 공시지가 비율		54,591	48,744	89.3	74.1

(단위: ㎡, 100만 원, %)

6 2022년 11월 7일 발표 KB시세 조사자료이며 한국부동산원의 부동산 공시가격 알리미에 의한 공시가격이다.

표8은 신문보도를 통해 가격이 많이 하락했다는 아파트 단지를 선정하여 국민은행 'KB 부동산 시세'표에서 최근 거래된 아파트의 실거래가격을 2022년도의 공시가격과 비교함으로써 국토교통부가 공시가격을 산정하면서 적용한 시세가격과 현실화율이 얼마나 사실과 맞지 않는지를 지적하고, 또한 2022년의 실거래가격을 비추어 보았을 때 2022년의 공시가격이 얼마나 부당한지를 지적하기 위하여 산정한 표이다.

36개 단지를 종합하여 분석하여 보면 책정된 현실화율은 74.1%이다. 그런데 2022년의 아파트 실지거래가격을 기준으로 계산하면, 실질적인 현실화율은 89.3%이다. 실질적으로 36개 단지의 아파트 납세자 평균은 정당한 재산세와 종합부동산세보다 20.5%[(실질적인 현실화율 89.3%-책정된 현실화율 74.1%)/책정된 현실화율 74.1%] 세금을 더 납부한, 매우 부당한 결과가 된 것이다. 또한 36개 단지의 실거래가격에 대한 현실화율을 계산해 보면, 비율이 최고 124.5%에서 77.5%까지 그 편차가 47%p이다. 이는 납세자의 세부담 차이가 60.6%의 차이(편차 47%/최저 현실화율 77.5%)를 보이는 것으로, 세부담 공평성의 측면과 조세법률주의 원칙에 매우 어긋나는 것이다. 부동산공시법 제1조와 제2조를 보면 공시가격은 부동산의 적정가격이라고 규정하고 있으며, '적정가격'이란 토지, 주택 및 비주거용 부동산에 대하여 통상적인 시장에서 정상적인 거래가 이루어지는 경우 성립될 가능성이 가장 높다고 인정되는 가격을 말한다고 규정하고 있다. 그리고 부동산공시법의 입법목적은 '각종 조세·부담금 등의 형평성을 도모하고'라고 규정한다. 위의 전국 아파트 36개 단지 시가대비 공시가격 비교표에서 나타나는 아파트의 실거래가격과 공시가격의 지나친 괴리 현상은 부동산의 적정가격이라는 공시가격의 의미와 배치되는 것이다(현실화율 124.5%는 공시가격이 실거래가격보다 24.5% 더 높다는 것인데 이러한 가격으로는 부동산 거래가 원만하게 이루어질 수가 없다. 즉 적정가격보다 너무 괴리된 공시가격이라고 하겠다). 또한 아파트 단지별 실질적인 현실화율이 60% 수준 차이를 보이는 것은 부동산 공시법 입법목적의 '조세부담의 형평성 도모'와도 배치되는 것이다. 따라서 현실화율을 적용하여 산정한 공시가격은 산정 절차의 위법성과는 별개로 산정 결과 자체가 부동산공시법의 근본취지와는 매우 어긋난다고 하겠다.

[참고] 공시가격 현실화율 제도 자체의 폐기 검토에 대한 정부 의견 발표

2023. 11. 20. 국토교통부 주관의 '부동산 공시가격 현실화 계획 관련 공청회'에서 한국조세재정연구원의 부연구위원인 송경호는 발제 발표를 통해 ⅰ)부동산 유형·가격대별 상이한 계획으로 인한 불균형 ⅱ)높은 현실화율 목표와 과도한 인상 속도의 문제점 ⅲ)시세가 낮아짐에도 불구하고 공시가격은 높아지는 현상 등으로 인한 국민 의식과 괴리된 현실화 계획 등의 문제점을 지적하였다. 그리고 현행 공시가격 현실화 계획 체계 내에서 부분적 개선만으로는 현실화 계획의 문제점을 해결할 수 없다고 주장하였다.

　또한 2023. 11. 22. 신문 기사를 보면 '정부에서 2024년에 공시가격 현실화 계획의 폐기까지를 포함하는 공시가격 산정방법을 전면적으로 검토할 것'이라고 보도되었다. 특히 2024. 3. 19. 동아일보, 문화일보 '윤 대통령, 무모한 공시가격 현실화 폐지—징벌적 과세 바로잡겠다'라는 제목의 보도에 따르면 "윤 대통령은 '지난 정부에서 5년간 공시가격을 연평균 10%씩 총 63%까지 올렸다.'며 '결과적으로 집 한 채 가진 보통 사람들의 거주비 부담이 급등했다. 보유세가 두 배로 증가하면서 사실상 집을 가진 사람은 국가에 월세를 내는 형국이 벌어졌다.'고 지적했다. 이어 '정부는 이를 바로잡기 위해 2020년 수준으로 일단 현실화율을 되돌려 놓았다. 그러나 이것은 일시적인 조치'라며 '아직 많은 국민들이 공시가격이 앞으로 오르게 되면 어떡하나 걱정하고 있다. 정부는 법 개정 전이라도 여러 가지 다양한 정책수단을 통해서 폐지와 같은 효과가 나올 수 있도록 할 것'이라고 설명했다."고 한다. 따라서 이것은 현 정부에서 현실화율을 적용하여 자의적이며 차등적으로 공시가격을 대폭 인상했던 공시가격 현실화 계획은 잘못된 것이며, 이를 바로잡겠다는 의미라고 하겠다.

3. 공시가격에 대한 헌법재판소 합헌결정의 내용과 문제점

『종부세법 및 관련법률 상의 공시가격의 의미와 절차적 규정들의 내용 등을 종합하여 보면, 법률이 직접 공시가격의 산정기준이나 절차, 한계를 정하고 있지 않다고 보기 어렵고, 그 규정 내용이 지나치게 추상적이고 불명확하여 국토교통부장관이나 시장 등에 의하여 공시가격이 자의적으로 결정되도록 방치하고 있다고 볼 수 없다. 비록 2021년 귀속 종부세 과세표준의 산정에 적용된 공시가격이 2020. 11. 3. 정부가 발표한 '부동산 공시가격 현실화 계획'에 의거하여 2020년에 비하여 전국적으로 상승하였고, 공시가격 현실화율이 지역별 유형별로 차등적용되어 일부 지역이나 고가주택의 경우 예년에 비해 공시가격이 다소 큰 폭으로 상승한 사례가 있음을 부인할 수는 없으나, 그렇다고 하여 입법자가 종부세 과세표준 산정의 기초가 되는 공시가격의 결정 공시의 문제를 온전히 행정부의 재량과 자의에 맡긴 것이라고 볼 수 없다. 따라서 종부세법 제8조 제1항, 제13조 제1항, 제2항 중 각 '공시가격' 부분은 조세법률주의에 위반되지 아니한다.』

위의 글은 2024년 5월 30일의 헌법재판소 종부세 합헌결정문의 일부이다. 이 내용은 세법의 위헌결정 내용이라고 보기에 전혀 적합하지 않다. 헌법재판소의 합헌결정문 중 공시가격 부문의 내용을 보면, 법리해석이 매우 잘못되어 있고 사실판단의 왜곡이 지나치다. 공시가격의 결정·공시의 문제가 온전히 행정부의 재량과 자의에 맡긴 것이라고 볼 수 없다고 판결한 것인데, 온전한 재량과 자의가 무엇인지 도대체 이해될 수 없고 온전함의 기준이 어디까지인지 전혀 알 수 없다. 오직 합헌결정을 정해놓고, 공시가격의 문제점을 덮기 위해 온전하다는 표현을 써 헌법위반의 문제를 덮은 것에 지나지 않는다고 본다. 청구인들은 공시가격 현실화율이 지역별·유형별로 2배 수준 이상으로 차등화되어 세금 차이가 3배까지 발생하는 것을 숫자와 계산으로 정확히 밝혔는데도 불구하고 헌법재판소에서는 차등적용이 있다고만 얼버무렸다. 그러나 표5에서의 공시가격 인상률을 비교하여 보아도 공동주택 가격상승률 12.47%와 12.78%에 비하여 위헌청구인들의 중·고가주택의 공시가격 인상률은 83.70%로 공동주택 가격상승률보다 6.5배 수준 더 인상한 것이 분명하게 나타나고 있다. 이것은 중·고가주택의 경우는 실질적인 가격상승률보다 공시가격은 6배 이상 높여 산정한 것으로 종부세 납세자의 경우는 세부담 수준이 3배까지 폭증하는 결과를 가져왔다. 그런데도 합헌결정문에는 다소 큰 폭으로 상승한 사례가 있다고 얼버무린 것은 법률가가 사실판단과 법리해석은 제대로 하지 않고 수필처럼 대충 얼버무려 합헌결정을 한 것으로, 이것은 도저히 헌법재판소의 합헌결정문이라고 인정될 수가 없다.

　세법상의 모든 과세표준은 객관적인 거래가격이나 장부 기장에 의해 정확히 계산된 소득금액 등으로 객관적으로 정해진다. 종부세와 재산세의 과세표준이 되는 공시가격만이 정부에 의하여 결정되는데, 과세표준이 되는 공시가격도 공정하고 객관적으로 정해져야 하는 것이다. 그래서 부동산공시법 제16조에는 한국부동산원에서 독립적이며 객관적으로 공시가격을 산정하여 결정하도록 규정되어 있는데 문재인 정부에서는 법에도 없는 현실화율 제도를 만들어 시세가격 상승률의 4~6배까지 그리고 매우 차별적으로 정부의 자의와 재량에 의거 공시가격을 결정하였다. 그러나 헌법재판소에서는 '공시가격의 의미와 절차 규정이 지나치게 추상적이고 불명확하지 않다고 그리고 공시가격의 결정 문제가 온전히 행정부의 자의에 맡긴 것이라고 볼 수 없다.'고 합헌결정을 내렸다. 헌법재판소의 판결내용은 현실화율을 적용하여 공시가격을 산정하는 방법이 정당하다고 허용한 것이다. 이는 절차 규정이 추상적이고 불명확하지만 지나치지는 않은 것이라고 판결한 것에 불과하다. 또한 공시가격이 실거래가격의 인상률보다 4~6배 더 높게 인상하여 산정한 것이 행정부의 재량과 자의에 따라 결정된 것은 사실이나 그 인상의 정도가 온전히 재량과 자의에 맡겨진 것은 아니라고 판결한 것이다. 더군다나 문재인 정부에서는 우리나라 공시가격의 현실화율이 세계에서 가장 높은데도 불구하고 미국과 대만의 공시가격 통계자료를 고의로 조작하였다. 미국의 현실화율은 100%로, 대만의 현실화율은 실질적으로 20%인데 이것을 90%라고 조작하여, 우리나라 공시가격이 매우 낮다고 거짓말을 하면서 우리나라 공시가격을 차등적이며 대폭 인상하였다. 심지어 일부 아파트의 공시가격은 시세가격보다도 24% 수준 더 높게 산정된 것도 있다. 이렇게 조작적으로 산정된 공시가격이 '온전히 행정부의 재량과 자의에 맡겨진 것이 아니다.'라고 하면, 공시가격을 시세가격 인상률보다 10~100배 수준 높이고 공시가격을 시세가격보다 2배 정도는 더 높게 산정해야만 온전히 행정부의 재량과 자의에 맡겨진 것이라고 인정할 것인가. 도무지 이해할 수 없는 판결내용이다. 그러나 과세표준이 되는 공시가격을 이렇게 행정부 마음대로 결정해도 된다고 허용하는 것은 세금 계산의 공정성과 정확성을 감안할 때 도저히 용납될 수 없는 것이다. 국민이 세금을 납부할 때 고의로 과세표준을 절반 정도로 낮추어 세금을 계산하여 납부하였다면 어떠한가. 납세자의 온전한 탈세라고 볼 수 없기 때문에 탈루한 세금을 정부가 추징해서는 안 되는 것일까. 이처럼 위의 헌법재판소의 판결은 매우 의심스럽다.

헌법재판소의 이 판결내용은 헌법재판관들이 세금이 무엇인지 특히 부동산 보유세가 무엇인지에 대하여 전혀 모르고 내린 판결에 불과하다고 하겠다. 앞에서 설명했듯 다른 OECD 국가의 사례를 보면 부동산보유세는 생활밀착형 세금이기 때문에 부과세액이 대폭 증가하는 사례가 없다. 또한 공시가격은 과세표준이 되기 때문에 자의적으로 큰 폭으로 올리는 나라는 전혀 없다. 그런데도 문재인 정부에서는 특히 9억 원 이상의 중·고가주택의 경우만 주택가격 상승률보다 4~6배 수준으로 공시가격을 인상해 세금을 3배 수준까지 폭증시켜 부과했다. 이는 명백히 부동산보유세의 본질에 벗어나는 것이며, 또한 조세법률주의에 위반되는 것이다. 그런데 헌법재판소에서 이러한 사실은 전혀 검토하지 않고 '지나치게 추상적이지 않다. 온전하게 재량과 자의에 맡겨진 것이 아니다.'라고 수필식 표현을 한 것은 공시가격의 위헌문제를 덮기 위해 합헌결정을 미리 정해놓고 조작한 것에 지나지 않는다.

공시가격은 사실상의 종부세 과세표준으로 한국부동산원에서 독립적이며 객관적으로 공시가격을 조사·산정해야 한다. 그러나 문재인인 정부에서는 현실화율 제도라는 법에도 없는 제도를 도입하여 국토교통부 장관이 공시가격을 자의적이며 차등적으로 산정하여 주택가격 상승률보다 4~6배 수준 더 높여서 공시가격을 산정했고, 주택 규모별로 2배 이상 차이로 차등적으로 공시가격을 인상했다. 이는 명백하게 공시가격을 행정부가 자의적으로 결정한 것이다. 그런데 이것을 두고 '온전하게 재량과 자의에 의하여 결정되지는 않았다.'고 합헌결정을 한 것은 조세법률주의에 명백히 위반되는 것이며, 외국의 사례와 조세원칙에도 전혀 맞지 않는 것으로 이 합헌결정은 명백히 부당하다고 할 수 있겠다.

더욱이 문재인 정부에서는 공시가격 현실화율이 미국은 100%, 대만은 90%이고 우리나라는 70% 수준으로 우리나라 공시가격 현실화율이 매우 낮다고 국제통계자료마저 조작하여 거짓말하면서 공시가격을 차등적이며 대폭 올렸다. 바로 뒤에서 설명하겠지만 우리나라의 공시가격 현실화율 70%는 사실상 세계에서 가장 높은 현실화율이다. 그런데 이 공시가격마저 낮다고 차등적이며 대폭 더 올려서 종부세의 세부담을 대폭 높이고자 거짓말을 한 것이다. 따라서 문재인 정부에서 공시가격을 자의적이며 차등적으로 대폭 인상할 정당한 사유가 전혀 없었던 것이다. 그럼에도 헌법재판소에서는 '온전하게 행정부에 재량과 자의에 맡긴 것이라고 볼 수 없다.'라고 얼버무려 종부세 합헌결정을 내린 것인데 사실상 정부의 조작과 거짓말마저 합헌으로 판결한 것이다.

4. 우리나라 공시가격이 가장 낮다는 문재인 정부의 거짓말

공시가격은 종부세의 과세표준이 되는 것인데, 공시가격을 현실화율 제도라는 핑계로 행정부에서 자의적이며 차등적으로 폭등시켜 산정한 것은 분명히 조세법률주의 위반이며 외국사례와 조세원칙에 매우 어긋난다. 세금은 과세표준에 세율을 곱하여 계산되는데, 가장 핵심적인 과세표준을 행정부에서 마음대로 산정하여 세금을 부과하는 것은 자유민주주의 사회에서 용인될 수 없는 것이다. 문재인 정부에서는 공시가격을 차등적이며 자의적으로 올리기 위하여 현실화 제도를 도입하였는데, 이에 대한 법적 그리고 조세원칙적 근거가 없으며 외국사례와도 너무나 다르다. 사정이 그러니 문재인 정부는 도입을 정당화하기 위해 국제 통계자료마저 조작하여 우리나라 공시가격이 매우 낮다는 거짓말을 하였다. 이것은 공시가격을 현실화율로 차등적이며 자의적으로 인상하는 것이 부당하다는 것을 자인하는 것이며, 불법적인 조치로 처벌받아야 마땅하다 하겠다. 이에 대하여 자세히 알아보고자 한다.

먼저 공시가격 현실화율 제도의 도입과정 등을 살펴보고자 한다. 공시가격 현실화율 제도는 사실상 2019년 공시가격부터 적용되어 산정되었으며, 2019년 12월 17일에 '2020년 부동산 가격공시 및 공시가격 신뢰성 제고방안'이라는 국토교통부의 발표 자료에 2020년의 공시가격을 현실화율 제도를 도입하여 공시가격을 차등적으로 산정하겠다고 처음으로 발표하였으며, 2020년 3월에 부동산 공시가격 현실화 계획에 대하여 국토교통부가 국토연구원에 조사를 의뢰하여 김보영 한국지방세연구원 부연구위원이 '대만의 공적 지가 제도'에 대한 연구논문을 발표하였다. 그리고 2020년 10월 27일에 부동산 공시가격 현실화 계획에 대한 공청회를 국토교통부 주관으로 실시하였고 2020년 11월 3일 국토교통부에서 '부동산 공시가격 현실화 계획'을 발표하기에 이르렀다.

이 이전까지는 공시가격은 '부동산공시에 관한 법률 제16조'에 의거 한국부동산원에서 독립적이며 객관적으로 산정하여 발표하였는데, 이 부동산 공시가격 현실화 계획에 따라 사실상 2019년 공시가격부터 공시가격 현실화율을 차등적으로 적용하여 국토교통부에서 직접 공시가격을 자의적으로 결정하게 되었다. 그런데 국토연구원의 연구자료와 공청회 발표 자료가 너무나 반대되는 내용이 포함되어 있으며 국토교통부에서 의도적으로 외국의 공시가격 현실화율을 조작한 것이 분명하다고 하겠다. 이 내용을 자세히 보면 다음과 같다.

먼저 국토교통부에서 한국지방세연구원에 용역을 주어 만든 '대만의 공적 지가 제도'의 연구논문의 결론 부분을 그대로 옮기면 다음과 같다.

『IV. 결론

본고에서는 대만의 공적 지가 제도에 대하여 알아보았고, 또 제도를 제대로 이해하기 위하여 대만의 토지 제도와 재산세제를 간략하게 살펴보았다. 대만에서 공시되는 공적 지가에는 공고지가와 공고현가가 있으며, 공고지가는 우리나라 재산세의 기준가격이 되고, 공고현가는 우리나라 양도소득세의 기준가격이 된다. 공시지가에는 토지에 대한 가격만 포함이 되고, 주택에 대한 가격은 포함되지 않으므로, 주택의 공시가격 현실화와는 비교할 수 없는 부분이기도 하다. 대만에서는 공고지가와 공고현가의 일반정상교역가격에 대응한 가격의 비율이 발표가 되고 있으므로, 이 비율의 추이를 살펴보았다. 이는 우리나라의 부동산 공시가격 현실화율과 개념이 비슷하므로, 현실화율의 추이로 지칭하여 정리하였다. 공고지가의 현실화율은 대략 20% 수준으로 유지가 되고 있었고, 공고현가의 현실화율은 현재 90% 수준인데, 10년에 걸쳐 65%에서 90% 수준으로 증가하였다. 이러한 공고현가의 현실화율 상승은 우리나라의 현실화율 제고 정책에 있어서 참고할 수 있는 부분이 있는데, 첫째, 속도 면에서 10년에 걸친 점진적 현실화율 상승을 추진하였다는 점이다. 공고현가는 재산세가 아니라 양도소득세와 관련이 있지만, 장기적인 계획으로 상승 부담을 줄였다는 점에서 좋은 사례가 될 수 있다. 둘째, 보유세 부담과는 관계가 적지만, 공시지가의 현실화율을 올리면서 전체 세수와 세부담에 대한 고려가 같이 이루어졌다는 점에서 조세저항을 줄이면서 현실화율 제고도 같이 달성하는 사례라고 할 수 있다. 이러한 현실화율 제고는 앞에서 소개한 토지의 지적·등기 제도의 일원화와 전산화에 기반을 두고 있다. 대만은 토지의 수치 측량 등 지적재조사사업이 이미 완료가 되었으며, 등기의 법률적 공신력이 인정되는 등 투명성 측면에 배울 만한 점이 많다고 할 수 있다. 대만은 근대화에 있어서 우리나라와 비슷한 진행 과정을 거쳤다는 면에서도 앞으로의 우리나라 토지와 조세제도 구성에 대하여 시사점이 많다고 보인다.』

요약하자면, 대만에서는 공시가격이 두 가지가 있는데 '공고지가'는 우리나라의 공시가격과 같이 재산세의 기준가격이 되는 것이고, '공고현가'는 양도소득세의 기준이 되는 가격이 된다. 우리나라의 공시가격에 해당하는 대만의 공고지가는 현실화율이 대략 20% 수준으로 유지되고 있으며, 공고현가는 현실화율이 90% 수준이다.

그런데 국토교통부와 국토연구원에서 2020년 10월 27일 '부동산 공시가격 현실화 계획(안)'공청회에서 발표한 '부동산 공시가격 현실화 계획(안)' 18p를 보면 다음과 같이 해외의 공시가격을 조작하여 발표한 것이 나타나고 있다.

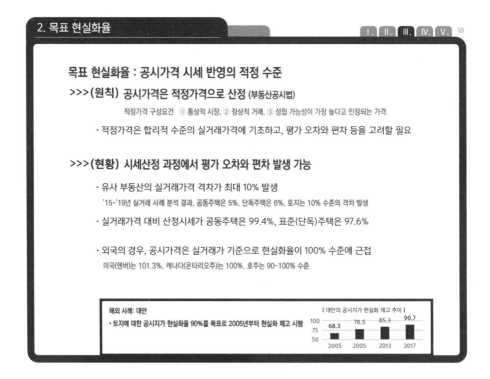

그러나 2019년 12월 17일날 발표한 '2020년 부동산 가격공시 및 공시가격 신뢰성 제고방안' 3p를 보면 다음과 같이 적혀 있다.

즉 국토교통부에서는 이미 2019년에 대만의 공시가격 현실화율이 90%, 미국은 100%라고 하며, 우리나라 공시가격은 전반적으로 현실화율이 낮기 때문에 대만처럼 단계별로 공시가격 현실화율을 90%까지 높이겠다고 발표한 것이다. 그러나 2020년 한국지방세연구원의 '대만의 공적 지가 제도'연구에서 우리나라 공시가격과 같은 대만의 공고지가는 현실화율이 20%인 것으로 나타나자 이를 묵살하고, 2020년 10월 27일의 공시가격 현실화 계획 공청회에서 국토연구원에서 발표한 '부동산 공시가격 현실화 계획(안)'의 18p 내용을 조작하여 올리도록 강요한 것이 분명한 것이다. 이것은 분명한 범죄행위라고 판단된다. 이에 대한 자세한 기사가 2020년 11월 5일자 매일경제 신문에 보도된 바가 있다. 그 내용은 다음과 같다.

[팩트체크] 대만 공시가 현실화율 90%? 알고 보니 20%

매일경제 2020. 11. 05. 김동은 기자

Q. 정부가 공시가 현실화율(시세 대비 공시가 비율)을 인상하기 위해 90%가 넘는다고 해외 모범 사례로 들었던 곳이 대만이다. 대만의 경우 공시지가 현실화율이 90%가 되서 우리도 그만큼 올릴 명분이 있다는 설명이다. 실제 지난달 27일 열린 '부동산 공시가격 현실화 공청회'에서 국토연구원은 "대만은 공시지가 현실화율 90%를 목표로 2005년부터 현실화율을 높이기 시작했다."며 "이로 인해 2005년 68.3%에 그치던 대만의 공시지가 현실화율은 2017년 90.7%로 높아졌다."고 주장했다. 우리나라의 공시지가 현실화율을 90% 수준까지 끌어올려야 함을 강조하기 위한 사례였다.

그러나 정작 대만이 보유세 기준으로 삼는 공시가 현실화율은 이와 달리 20%에 불과한 것으로 드러났다. 정책의 정당성을 뒷받침하기 위해 다른 나라 사례를 의도적으로 왜곡한 것 아니냐는 비판이 일고 있다.

매일경제신문이 2일 입수한 한국지방세연구원의 '대만의 공적 지가 제도' 보고서에 따르면 국토연구원의 이같은 주장은 사실과 다른 것으로 나타났다. 매경이 확보한 보고서에 따르면 대만은 우리나라의 공시지가와 유사한 개념으로 '공고지가(公告地價)'와 '공고현가(公告現價)'라는 두 가지 기준을 사용한다.

두 가지 기준 가운데 대만에서 부동산보유세를 계산할 때 사용하는 기준은 공고지가다. 우리나라에서는 재산세와 종합부동산세 등 보유세를 계산할 때 공시지가를 사용한다. 따라서 올바른 비교를 위해선 대만의 공고지가와 한국의 공시지가를 비교하는 게 맞다.

지방세연구원 보고서는 "대만의 공고지가 현실화율이 2004년 17.35%였으며 중간중간 오르내림이 있었지만 2020년에도 19.79%에 머물고 있다."고 밝혔다. 이에 비해 우리나라 공시지가 현실화율은 아파트의 경우 가격대에 따라 68.1~75.3%에 달한다. 대만의 공고지가보다 3~4배나 높다.

■ 보유세 기준인 공시가현실화율에 양도세 기준을 들이대

반면 국토연구원이 공청회에서 현실화율 90%가 넘는다고 언급한 대만의 기준은 공고현가다. 공고현가는 대만에서 양도소득세를 계산할 때 사용된다. 우리나라는 양도소득세를 계산할 때 실거래가를 사용한다. 따라서 대만의 공고현가는 한국의 실거래가와 비교하는 게 정확하다. 2020년 대만의 공고현가는 91.94% 지만 우리나라의 실거래가는 현실화율을 굳이 따지자면 100%다. 양도소득세 기준 역시 한국이 대만보다 높은 셈이다.

이에 대해 국토연구원은 "대만의 재산세 기준이 공고지가란 사실은 알고 있었다."고 인정했다. 연구원 관계자는 "하지만 지난 공청회는 한국의 공시지가를 어떻게 실거래가와 비슷한 수준까지 높일 것인지 논의하는 자리였기 때문에 대만의 보유세 기준과 비교할지 양도세 기준과 비교할지는 중요치 않다고 판단했다."고 해명했다.

하지만 국토연구원이 공청회 당일 배포한 자료만 봐도 이와 같은 해명은 사

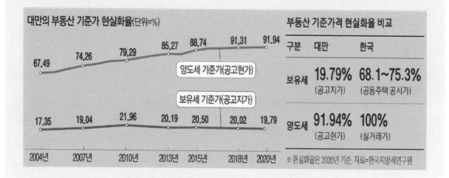

대만의 부동산 기준가 현실화율(단위=%)

연도	양도세 기준개(공고현가)	보유세 기준개(공고지가)
2004년	67.49	17.35
2007년	74.26	19.04
2010년	79.29	21.96
2013년	85.27	20.19
2015년	88.74	20.50
2018년	91.31	20.02
2020년	91.94	19.79

부동산 기준가격 현실화율 비교

구분	대만	한국
보유세	19.79% (공고지가)	68.1~75.3% (공동주택 공시가)
양도세	91.94% (공고현가)	100% (실거래가)

※ 현실화율은 2020년 기준. 자료=한국지방세연구원

실이 아님을 알 수 있다. 연구원은 자료를 통해 '부동산 공시가격 현실화 추진 여건'을 설명하면서 '공시가격은 조세 건보료·부담금 등 다양한 행정 목적에 활용되는 만큼 합리적 가치 반영이 필요하다.'고 밝히고 있다. 또 '공시지가가 재산세, 종합부동산세, 상속과 증여세, 건강보험료 등 조세와 준조세의 활용 기준으로 사용된다.'는 내용도 있다. 우리나라에서 공시지가는 보유세의 기준 이 되기 때문에 현실화율을 높여야 한다고 밝힌 것이다.

■ "대만 현실화율 왜곡은 무리" 전문가 지적도 무시

전문가들은 국토연구원이 대만의 현실화율을 부풀려 발표할 수밖에 없었던 배경으로 당정의 무리한 요구를 의심하고 있다.

한 전문가는 "전문가들이 대만 공시현가를 우리나라 공시지가와 비교하는 건 무리라는 의견을 로드맵 발표전 국토연구원 측에 전달한 것으로 안다."며 "하지만 당정이 원하는 대로 공시가 현실화율 90%가 보편적인 기준인 것처럼 보여줘야 하다 보니 엉뚱한 기준을 끌어 쓴 것 같다."고 말했다.

심교언 건국대 부동산학과 교수는 "미국 등 다른 나라들은 국민들이 세금을 얼마만큼 부담할 수 있을지를 먼저 따져본 뒤 그에 맞춰 공시지가를 결정한다."며 "공시지가를 먼저 결정하고 자동적으로 세금을 올리는 시스템은 행정편의주의의 극치"라고 꼬집었다.

권대중 명지대 부동산학과 교수는 "정부는 공시가 현실화란 정책의 목적이 1주택자를 포함한 모든 주택소유자에게서 세금을 더 걷어내려는 것이 아닌지에 대한 국민들의 의심부터 해소하려고 노력해야 한다."고 지적했다.

이와 같이 대만의 공시가격 현실화율과 미국의 공시가격 현실화율을 조작하여 90% 또는 100%라고 거짓말하면서, 우리나라 공시가격 현실화율이 매우 낮으니 90%까지 그 현실화율을 높이겠다고 국가정책을 세운 것은 사실상 범죄행위이다. 분명히 사법 당국에서 조사하여 그 죄상을 밝혀야 할 것이다. 우리나라 공동주택 현실화율은 2021년 70% 수준인데, 이 공시가격 현실화율은 세계에서 압도적인 1등임이 분명하다. 이것을 매우 낮다고 거짓말하여 실질적으로 이룰 수 없는 현실화율 90%를 달성하겠다고 국가정책으로 발표하여 추진하는 것은 있을 수 없는 일이라 하겠다. 대만의 경우는 앞에서 본 바와 같이 현실화율이 20% 수준이고, 미국의 경우는 정확하게 계산한 어떠한 연구논문도 없기 때문에 추산으로 계산하여 보면 공시가격 인상률이 2~5% 수준으로 제한되어 있어서 현실화율은 아무리 높아도 50%를 넘을 수 없을 것이다. 일본의 경우는 3년에 한 번 공시가격을 산정하는데 그것도 3년에 5%의 범위 내에서만 인상할 수 있어 일본의 공시가격의 현실화율은 매우 낮은 것으로 알려져 있다. 앞에서 설명했듯 덴마크의 경우도 판매가격으로 공시가격을 산정하지만 납세자는 2000년부터 2024년까지의 공시가격 중 가장 낮은 공시가격을 과세표준으로 정하여 세금을 계산하기 때문에 공시가격이 올라가는 경우가 있을 수 없다. 더욱이 영국, 프랑스, 독일의 경우는 임대가격을 기준으로 공시가격을 산정하며 그것도 50년 전에 산정한 공시가격 금액을 그대로 사용하기 때문에 현실화율을 따질 수조차 없는 것이다. 이렇듯 세계에서 가장 높은 현실화율인 우리나라 공시가격이 매우 낮다며 공시가격을 차등적이며 자의적으로 2배 수준까지 높인 문재인 정부는 사실상 거짓말 정부이며 국제통계자료를 조작하는 정부로 그 책임자들은 분명히 처벌받아야 할 것이다. 그런데도 헌법재판소에서는 우리나라 공시가격이 온전하게 행정부의 재량과 자의에 맡겨진 것이 아니라고 합헌결정을 내린 것은 도무지 이해할 수 없을 뿐 아니라 이것은 부동산보유세의 본질과 세금의 본질 그리고 외국의 사례 등을 전혀 고려하지 않은 막무가내식 터무니없는 엉터리 합헌결정으로 이 합헌결정도 불법적이라 하겠다.

제3절 | 국제통계자료를 조작하여 '우리나라 부동산보유세의 세부담이 매우 낮다'는 문재인 정부의 거짓말

2021년도 종합부동산세는 2018년에 비하여 10배 수준 그리고 2020년에 비해서도 2.8배 수준 폭증시킨 세금으로 재산권의 본질적 내용을 크게 침해하는 세계의 유례가 없는 부동산보유세이다. 정부에서는 이러한 세금 폭증의 문제점을 덮기 위하여 2021년도 부동산의 고지 실태를 설명하면서 2021. 11. 23. '2021년 종합부동산세 고지관련, 사실은 이렇습니다'라는 보도자료를 배포하고 대대적으로 설명하여 대서특필되기도 하였다. 여기에서 종합부동산세의 폭증의 정당성을 입증하기 위하여 인용된 'OECD 주요국의 보유세 부담 비교'자료가 발표되었고 이 자료를 수차례에 걸쳐 정부에서 인용하였고 특히 문재인 대통령도 수차례 인용하였는데 이것은 조작된 자료로 종합부동산세 폭증의 정당성은 의심받을 수밖에 없다고 하겠다.

　2021년 11월 23일 기획재정부 보도 '2021년 종합부동산세 고지 관련, 사실은 이렇습니다'의 7p를 보면 다음과 같이 설명하고 있다.

10. 우리나라의 보유세 부담은 상대적으로 낮은 수준입니다.

☐ 보유세는 **부동산의 보유에 따른 담세력**에 따라 부과되는 조세이므로 부동산가액 대비 보유세를 비교하는 것이 실제 납세자의 납부 부담을 보여주는 지표 중 하나로 볼 수 있는 측면

○ 우리나라는 부동산가액 대비 부동산 관련 세수 비중이 **주요국에 비해 낮은** 수준인 것으로 평가

OECD 주요국의 보유세 부담(보유세/부동산가액, 2018년 기준) 비교

한국	호주	캐나다	프랑스	독일	일본	미국	영국	OECD 8개국 평균
0.16	0.34	0.87	0.55	0.12	0.52	0.90	0.77	0.53

※ 자료: 조세재정연구원(2021. 4.) (단위: %)

☐ 한편, **경제규모 대비 보유세** 부담 정도 파악을 위해 GDP 대비 보유세 기준으로 비교 시 **우리나라는 0.9%**로 OECD 평균 1.1%를 **다소 하회**하는 수준('19년 기준)

☐ 우리나라의 보유세 부담이 과중하다고 보기 어려우며, 자산 간 **과세형평 제고, 세부담의 적정성 확보** 등을 위해 지속 노력

이 보도자료에서 제시하는 OECD 주요국의 보유세 부담(보유세/부동산가액) 비교표는 OECD에서 공식적으로 발표하는 통계자료도 아니고 OECD 어느 나라도 공식적으로 발표하는 통계자료도 아니며, 다음과 같이 오류가 내포되어 있어 국제적 비교통계자료로는 사용이 매우 곤란하다.

무엇보다도 이러한 통계는 작성 자체가 불가능하다. 부동산가액 대비 보유세 부담비율을 계산할 수 있다면 이것은 보유세의 실효세율이 된다. 따라서 이것을 국제적으로 비교한다면 각국의 부동산보유세 부담 수준을 파악하고 비교할 수 있는 매우 긴요한 자료가 될 수 있는 것이다. 그러나 개인별로도 보유한 부동산의 시가를 쉽게 파악할 수 없어 부동산가액 대비 보유세 부담비율을 계산하기 어려운데, 하물며 모든 납세자를 종합하여 국가별 부동산보유세의 실효세율을 계산할 수 있을까. 이는 불가능하다. 어느 나라도 이것을 계산하지 못하는데, 어떻게 국가 간 비교를 할 수 있다는 말인가. 대략적인 계산 방법으로 정부가 발표한 위의 표와 같이 국가 전체의 부동산가액을 계산해 국가 전체의 부동산보유세의 부담비율을 계산하려면 국가별 부동산가액의 통계자료가 통일적인 기준으로 계산되어 있어야 한다. 더욱이 국민계정에 포함된 국가 전체의 부동산가액에는 우리나라처럼 토지분을 포함하는 나라도 있고 미국처럼 토지분을 포함하지 않는 나라도 있다. 그래서 국가 전체의 부동산가액의 대상과 계산 방법이 매우 상이하기 때문에 나라별로 국가 전체의 부동산가액을 서로 비교할 수도 없는 것이다. 설령 이러한 방법으로 계산이 가능하다고 하더라도 국가 전체의 부동산가액에는 부동산보유세가 과세되지 않는 토지의 부동산가액이 지나치게 많아 사실상

적절한 국제적 비교통계가 되지 못하는 것이다.

국회예산정책처에서 발표한 예산정책 연구자료 '국제 비교를 통한 우리나라 부동산 관련 조세부담의 위상분석 및 평가'에 따르면 OECD 국제기구에서 이러한 부동산 실효세율에 대한 통계자료를 제공하지 않고 있다 한다. 또 국가별 부동산 가치는 OECD 국민대차대조표 자료를 사용하여 작성한 것이나 국가별 통계 생산방식이 서로 달라 직접적인 비교가 불가능한 실정이라고 밝히고 있다. 호주, 캐나다, 프랑스, 독일, 일본, 미국, 영국은 부동산 가치를 추정하는 방식이 다르며 호주와 캐나다, 미국은 부동산 가치에 토지와 기타 구조물 등은 제외하고 주택가격만 포함하고 있다. 하지만 우리나라의 경우 토지가액이 포함되어 있어 직접적인 비교는 사실상 불가능하다. 따라서 모수의 수치가 통일적 기준에 의하여 만들어진 것이 아니고 상이한 기준으로 계산하여 만든 통계자료는 정확성이 떨어져 통계자료로 인정될 수 없다.

'국제 비교를 통한 우리나라 부동산 관련 조세부담의 위상분석 및 평가'(예산정책연구 제10권 제4호, 2021. 12, pp.157~160)를 보면, GDP 대비 조세수입 분석은 국가 간 일관성이 유지되어 국가 간 비교가 가능하나, 부동산가액 대비 보유세 부담 분석 자료는 많은 문제점이 있다고 지적하면서 이렇게 설명하고 있다. 실지 부동산 가치는 알 수 없고 국가별로 추정한 가치이며, 그 가치를 실지 가치보다 상대적으로 낮게 추정한 국가의 실효세율은 높게, 상대적으로 높게 평가한 국가의 실효세율은 낮게 평가된 것일 가능성이 크다. 우리나라의 부동산 가치는 높게 추정된 것으로 보이는데, 2019년 기준으로 우리나라 토지 가치는 캐나다 토지 가치와 호주의 토지 가치를 다 더한 것과 유사한 수준이고 우리나라보다 5.5배 넓은 프랑스 토지의 전체 가치와 같으며, 또한 독일과 네덜란드를 다 합친 토지 가치와 같다고 문제점을 제시하고 있다.

참고로 말씀드리면, 2023. 11. 20. 국토교통부 주관으로 실시된 '부동산 공시가격 현실화 계획관련 공청회'에서 주제를 발표한 한국조세재정연구원 부연구위원은 그날 공청회 참석자가 이 통계자료의 적정성 여부를 질문하자 '부동산가액 대비 부동산보유세의 비율 통계는 이 통계를 발표한 한국조세재정연구원에서 많은 문제가 지적된 잘못된 통계입니다.'라고 답변하였다. 이 통계는 2021. 11. 23., 2021년도분 종합부동산세 폭증에 대한 정당성을 설명한 기획재정부의 공식 발표 자료에 포함된 통계자료인데 사실상 조작된 거짓 통계라는 큰 문제점을 안고 있다.

지난 정부에서 공시가격 대폭 인상과 종합부동산세 폭증의 정당성을 설명하기 위해 제시한 2가지 국제 비교 자료가 모두 왜곡된 것이며 사실과 다른 사실상 조작된 것임이 드러났다(또한 정부가 자료를 제작한 한국조세재정연구원 그리고 국토연구원과 자료 조작을 협력하였다고 의심이 되고 있다). 이러한 국제 비교 자료를 조작한 행위는 현실화율을 적용해 공시가격을 대폭 인상하고 종합부동산세의 세부담을 폭증시킨 2021년분 종합부동산세의 세법개정 등의 조치가 정당하지 않음을 반증하는 것이라 하겠다.

[참조1] GDP 대비 부동산보유세의 세부담 비중 분석

부동산보유세 국제 비교에 관한 OECD의 공식 발표 통계자료는 GDP 대비 보유세 기준 통계자료이다. 이 자료에 의하면 우리나라 부동산보유세의 GDP 대비 비중은 2020년에 1.099%로 이미 OECD 평균 1.00%를 초과하였고 2022년 경우 1.309%로 OECD 평균보다 30% 수준 세부담이 더 과중한 실정이다. 우리나라의 실질적인 부동산보유세의 세부담은 이미 2020년도부터 OECD 평균 수준을 넘었고 2022년 경우 세계 5~7위로 고부담 국가가 되었다. 그런데 문재인 정부에서는 국제통계자료마저 조작해 우리나라 부동산보유세의 세부담 수준이 낮다고 거짓말까지 한 것은 종부세의 세부담 수준을 터무니없이 높인 잘못을 덮자고 한 의도라고 할 것이다.

참조1의 부표1 GDP 대비 우리나라 부동산보유세의 부담비중 분석표[자체 분석 자료]

연도별	2017	2019	2020	2021	2022
명목 GDP	18,356,982	19,244,981	19,407,262	20,716,580	21,505,758
부동산보유세 합계	152,270	188,753	213,316	257,930	281,516
보유세 합계/GDP	0.829%	0.981%	1.099%	1.245%	1.309%
지방보유세 합계/GDP	0.722%	0.814%	0.877%	0.890%	0.929%

※ 출처: TASIS 국세통계포탈, 연도별 지방세통연감   (단위: 억 원)

GDP 대비 보유세 비중의 OECD 통계자료(2010~2021년)

연도	대한민국	미국	영국	프랑스	일본	OECD평균
2010년	0.70	2.93	3.12	2.51	2.05	0.98
2011년	0.70	2.83	3.11	2.54	2.07	1.00
2012년	0.72	2.74	3.11	2.63	1.98	1.04
2013년	0.72	2.72	3.09	2.71	1.95	1.06
2014년	0.75	2.71	3.04	2.72	1.93	1.09
2015년	0.75	2.69	3.04	2.75	1.88	1.09
2016년	0.75	2.74	3.02	2.80	1.89	1.09
2017년	0.78	2.79	3.03	2.79	1.89	1.08
2018년	0.82	2.73	3.09	2.66	1.90	1.07
2019년	0.93	2.71	3.12	2.50	1.92	1.06
2020년	1.05	2.90	2.90	2.40	2.00	1.00
2021년	1.20	2.80	2.00	2.00	1.90	1.00
2010~2021 변동	**0.50**	△0.13	△1.12	△0.51	△0.15	0.02

※ 자료: OECD Stat. Revenue Statistics–OECD countries: Comparative tables

(단위: %)

[참조2] 종부세의 성격과 종부세법의 입법목적

문재인 정부에서 진행한 종부세 과잉과세 조치는 부동산보유세의 세부담 수준을 높이겠다는 목표였음을 분명히 밝힌 것이 바로 2021년 11월 23일 기획재정부의 보도자료 '2021년 종합부동산세 고지관련, 사실은 이렇습니다'이다. 종부세의 주무 부서는 분명 기획재정부이니, 기획재정부의 이러한 주장은 종부세가 부동산보유세이며, 종부세 폭증을 가져온 2020년 8월의 종부세법 개정은 부동산보유세의 세부담 수준을 높이자는 의도임이 분명하다. 그런데 헌법재판소에서는 종부세는 오직 종부세법의 제2의 입법목적인 '부동산 가격 안정 도모'를 위하여 부과되는 세금으로 인식하고 부동산보유세의 세부담 형평성이 아무리 잘못되어도 이것은 아무런 문제가 없다고 평가절하했다. 그리고 부동산 투기 억제라는 종부세법의 입법목적에 매몰되어 헌법에 규정된 재산권과 평등권 등의 기본권마저 침해해도 무방하다는 내용으로 종부세 합헌결정을 내리고 말았다. 이는 종부세의 전체적인 세금의 성격은 살펴보지 않고 오직 종부세의 합헌결정만을 위해 종부세의 본질마저 왜곡한 것임을 기획재정부의 거짓말에 비추어 보아도 잘 나타난다고 하겠다.

제3장

이러한 이유로 종부세와 헌법재판소의 합헌결정은 헌법위반이다

제1절 | 종부세 위헌법률심판의 심사기준에 대한 설명

부과된 세금이 헌법위반에 해당되는지 아닌지 심판기준을 이해하는 것은 쉬운 일은 아니다. 그러나 종부세의 위헌법률심판의 문제점을 이해하기 위해서는 이에 대한 이해가 필요하기 때문에 이에 대한 설명을 간단히 드리고자 한다. 이 내용은 소순무 변호사의 '조세소송'이라는 책의 제5편 제4장의 내용을 요약하는 형태로 설명드리고자 한다. 소순무 변호사는 조세법 이론과 소송 실무에서 대단한 실력을 인정받고 있는 분이다. 이 책의 핵심 내용은 위헌법률심판의 제일 상위 기준은 '재산권의 침해'인지의 여부이며, 그 실천 원리라고 할 수 있는 세법의 기본원칙은 '조세법률주의'와 '조세평등주의'라고 설명하고 있다.

『헌법 제37조 제2항은 기본권을 제한하는 경우에도 본질적 내용을 침해할 수 없음을 규정하여 기본권을 제한하는 입법의 한계를 규정하고 있다. 그런데 헌법 제37조 제2 항은 기본권 일반의 제한에 관한 것으로 재산권에 대하여는 헌법 제23조 제1항이 따로 그 한계뿐만 아니라 내용까지 법률로 정하도록 하고 있으므로 재산권의 내용을 규정하는 입법의 경우에도 기본권 제한의 한계로서 본질적 내용 침해금지가 적용되는지에 관한 문제가 있다. 즉 법률에 의하여 재산권의 내용이 비로소 형성된다고 한다면 입법 이전에 이미 존재하는 재산권의 본질적 내용이라고 하는 것이 존재하는 것인가. 존재한다면 이를 불가침적인 것으로 보아야 할 것인가에 관한 것이다. 헌법재판소는 헌법 제23조가 정하는 재산권의 보장은, "개인이 현재 누리고 있는 재산권을 개인의 기본권으로 보장한다는 의미와 개인이 재산권을 향유할 수 있는 법제도로서 사유재산 제도를 보장한다는 의미를 가지고 있다"고 해석한다(헌재 1993. 7. 29. 92헌바20), 이 점에 관하여 우리 헌법상 법률로써 재산권의 내용을 규정하는 경우에도 그 본질적 내용은 침해할 수 없다고 보는 것이 헌법재판소의 확립된 입상이고 학자들의 지배적 견해이기도 하다. 헌법재판소에 따르면 재산권의 본질서 내용이란 "재산권의 핵이 되는 실질적 요소 내지 근본 요소를 뜻하며, 따라서 재산권의 본질적인 내용을 침해하는 경우라고 하는 것은 그 침해로 사유재산권이 유명무실해지고 사유재산 제도가 형해화되어 헌법이 재산권을 보장하는 궁극적인 목적을 달성할 수 없게 되는 지경에 이르는 경우"를 말한다(헌재 1989. 12. 22. 88헌가13), 재산권의 본질적 내용은 재산권을 보장하는 근본적 취지, 즉 존엄한 존재로서의 인간의 자유와 생존을 위해 재산권이 보장된다는 점에서 추출되어야 할 것이다. 따라서 재산권의 제한 또는 박탈이 재산권 보장을 공허하게 하여 그 재산권이 사실상 빈껍데기에 불과하여 재산권자의 자유와 생존에 기여하지 못하는 정도에 이른 경우에는 본질적 내용의 침해로 보아야 한다.

재산권의 보장과 관련하여 그 위헌심사의 일반적인 기준은 헌법상의 기본권 제한에 관한 헌법 제37조 제2항에서 구할 수 있을 것이다. 즉 ① 재산권의 본질적 침해 금지와 과잉금지의 원칙이 그것이다(헌재 1990. 9. 3. 89헌가95), 헌법재판소는 세법의 목적이나 내용이 기본권 보장의 헌법 이념과 이를 뒷받침하는 과잉금지의 원칙 등 헌법상의 제반 원칙에도 합치되어야 하므로, 조세 관련 법률이 과잉금지원칙에 어긋나 국민의 재산권을 침해하는 때에는 헌법 제38조에 의한 국민의 납세의무에도 불구하고 헌법상 허용되지 아니한다고 정리하고 있다(헌재 2009. 7. 30. 2007헌바15). 이렇듯 세법은 헌법상의 각종 기본권 규정과 제도보장 규정에 합치되어야 하며 이는 조세법률주의, 조세평등주의 등 실천적 원리를 포괄하는 상위개념으로서 위헌심사의 지도 이념으로 기능하고 있다.

세법은 국가의 재정수요 충당이라는 본래의 목적에 기여하는 것뿐 아니라 특정한 국기의 정책목적을 위한 것, 곧 정책적·유도적 조세 역시 종종 그 내용으로 한다. 헌법재판소는 정책적 유도적 조세에 관하여, "국가재정 수요의 충당에서 더 나아가 적극적인 목적을 추구하는 유도적 형성적 기능을 지닌 정책적 조세법규에 있어서는 당해 조세법규가 추구하는 특별한 정책목적과의 관계에서 그 수단인 조세의 부과가 정책목적 달성에 적합하고 필요한 한도 내에 그쳐야 할 뿐만 아니라 그 정책목적에 의하여 보호하고자 하는 공익과 침해되는 사익 사이에도 비례관계를 유지하여 과잉금지의 원칙에 어긋나지 않도록 하여야 한다."라고 하여 과잉금지의 원칙을 심사기준으로 삼아 판단하여야 한다는 입장을 밝히고 있다.

조세법률주의는 법률의 근거 없이는 국가는 조세를 부과·징수할 수 없고 국민은 조세의 납부를 요구받지 아니한다는 헌법상의 고전적인 원칙에 바탕을 두고 있다. 헌법 제59조에서 "조세의 종목과 세율은 법률로 정한다."라고 규정한 것이 그 조세법률주의를 선언한 것으로 받아들여지고 있다. 한편 헌법재판소는 조세법률주의가 갖는 의미가, ① 자의적 과세의 배제에 의한 재산권의 보장, ② 기본권의 적극적 보장, ③ 경제생활의 예측가능성과 법적 안정성의 확보에 있다고 판시하고 있다(헌재 1989. 7. 21. 89헌마38)

조세법의 입법은 물론 그 해석적용에 있어서 조세부담이 국민들 사이에 공평하게 배분되지 않으면 안되고 당사자로서의 국민은 각종의 조세법률관계에 있어서도 평등하게 취급되지 않으면 안 된다는 원칙이다. 이는 근대법의 기본원리인 평등원칙이 세법 분야에서 발현된 것으로 우리 헌법 제11조 제1항의 평등 조항이 그 근거가 된다. 국세기본법 제18조 제1항 및 제19조는 주로 세법의 해석과 집행의 면에서 조세평등의 원칙을 선언하고 있다. 또한 행정기본법 제9조에서도 "행정청은 합리적 이유 없이 국민을 차별하여서는 아니 된다."하여 마찬가지로 평등의 원칙을 규정하고 있다. 조세법률주의를 형식적 조세법률주의와 실질적 조세법률주의로 나누어 설명하는 학자들에 의하면 조세평등주의는 실질적 조세법률주의의 핵심적 내용이다. 이를 널리 보면 실질적 법치주의에 근거하는 재산권 보장의 법리와 밀접한 관련을 갖는다. 따라서 조세법과 재산권 보장의 파생법리가 이에 포함될 수 있다. 오늘날에 있어서도 조세법률주의의 자유권적 보장 기능을 가볍게 볼 수 없을 것이나 법치국가 원리의 확립에 따른 법령 심사의 강화, 조세입법의 전문화, 납세자의 권리의식 향상으로 조세법률주의에 어긋난 입법으로 인한 납세자 권리침해의 가능성은 크게 줄어들었다. 반면 상대적으로 조세부담의 증가에 따른 다양한 세원(稅源)의 발굴, 조세정책적인 차원에서 인정되는 조세감면, 특히 직접세의 부담 가중은 납세자로 하여금 조세평등의 이념에 눈을 돌리게 하고 있다. 조세란 국가나 지방자치단체의 필수적인 공공정비 부담을 위한 강제징수로서 어떠한 형태로든 그 구성원으로부터 조달될 수밖에 없다. 그러나 이러한 공공경비를 국가 구성원들에게 어떻게 분배할 것인가를 정하는 일은 늘 극도로 어려운 과제이다.

조세에 관한 헌법상의 상위개념인 기본권 보정의 이념으로부터 그 실천 원리인 세 법의 기본원칙이 제시된다. 세법의 기본원칙이 어떠한 것을 포함하는지에 대하여서는 학자들마다 견해가 각기 다르지만 조세법률주의와 조세평등주의가 2대 원칙임에는 대체로 이론이 없다. 세법의 해석 적용에 있어서 조세법률주의는 납세자의 기본권 보장 및 경제생활의 법적 안정성과 예측가능성의 보장을 위하여 납세자 입장에서 흔히 강조되는 원칙이다. 이에 반하여, 조세평등주의는 조세 제도의 존립 및 세법의 적정한 집행을 위하여 과세권자 입상에서 흔히 더 강조하는 원칙이므로, 세법 해석적용에서 양자는 긴장 관계에 놓인다고도 볼 수 있다. 그러나 세법의 근본이념이 조세정의의 실현에 있다고 볼 때 양자 중 어느 하나의 원칙만으로는 이를 구현하기 어렵다고 할 것이다. 기본적으로 조세제도란 공공경비의 배분원리라는 점을 염두에 둔다면 공평 부담이 전제되지 아니하는 조세법률주의는 형식적 조세정의에 그칠 우려가 있다. 조세법의 해석에 있어 조세법의 기본이념인 조세정의의 실현수단으로서 전통적인 조세법률주의는 세법의 형식적인 측면을, 조세평등주의의 원칙은 내용적 측면을 담당하고 있는 것으로 이해할 수 있다. 따라서 조세정의의 실현을 통하여 납세자의 기본권을 실질적·적극적으로 보장하기 위한 형식적 수단으로 전통적인 조세법률주의를, 실질적 수단으로 조세평등주의를 택하여 양자의 타당한 조화를 꾀하고 전체를 종합적으로 이해하여 조세정의를 위한 올바른 조세법의 해석적용이 이루어져야 한다』

종합부동산세가 조세평등주의에 위반되는지에 대하여 지금은 고인이 되신 최명근 교수님의 '조세입법권의 한계로서 담세능력의 원칙'에 대한 설명 내용을 추가하고자 한다.

『종합부동산세법의 법적 성질을 재정목적적 조세로 이해한다면, 이에 대한 가장 유력한 합헌성 심사 원리는 담세능력의 원칙이다. 담세능력의 원칙은 근대법의 기본원리인 평등의 원칙이 조세 분야에서 구체화된 것으로 직접적으로는 헌법 제11조 제1항에 근거한 것이고, 내용적으로는 '담세력에 상응한 과세' 또는 '조세의 공평 내지 중립성의 요청'이라 할 수 있다. 따라서 담세능력의 원칙은 조세공평주의의 핵심적인 내용이자 구체적인 구현 원리로서 '조세의 부담은 각자의 담세력에 상응하여 공평하게 배분되어야 한다'는 것을 의미한다. 즉, 조세법에 있어서 담세능력의 원칙은 경제적 급부능력이 큰 사람은 많은 조세를 부담하여야 하고, 같은 크기의 소득 등 경제적 급부능력이 동일한 사람은 조세부담도 같도록 하여야 한다는 것을 의미하는 것이다.』

부과된 세금이 헌법위반에 해당되는지 아닌지 심사기준은 상위개념이 재산권 보장이고 그 실천 원리는 조세법률주의와 조세평등주의라는 것을 알 수 있다. 그리고 이에 못지않은 또 하나의 위헌 심사기준은 납세자의 '신뢰보호의 원칙'이다. 이 내용에 대해서도 소순무 변호사의 책에서 인용하고자 한다.

『헌법재판소는 신뢰보호의 원칙에 대하여 헌법상 법치국가의 원칙에서 도출되는 헌법상의 원리라고 하고 있다(헌재 1995. 6. 29. 94헌바39). 입법과 관련하여서는 "법률의 개정시 구법질서에 대한 당사자의 신뢰가 합리적이고도 정당하며 법률의 개정으로 야기되는 당사자의 손해가 극심하여 새로운 입법으로 달성하고자 하는 공익적 목적이 그러한 당사자의 신뢰의 파괴를 정당화할 수 없다면 그러한 새 입법은 신뢰보호의 원칙상 허용될 수 없다"고 하며, 그 판단기준으로는 한 면으로는 침해받은 이익의 보호가치, 침해의 중한 정도, 신뢰가 손상된 정도, 신뢰침해의 방법 등과 다른 한 면으로는 새 입법을 통해 실현하고자 하는 공익적 목적을 종합적으로 비교·형량하여야 한다고 한다(헌재 1995. 6. 29. 94헌바39; 1995. 10. 26. 94헌바12). 신뢰보호 원칙은 국세기본법 제15조가 규정하는 신의성실 원칙의 한 내용이고, 또 같은 법 제18조 제3항의 규정 역시 마찬가지이다. 행정기본법 제12조도 같은 뜻을 담고 있어서, 행정법 영역에서는 법의 일반원칙처럼 받아들여진다.』

제2절 │ 위헌청구인의 주장과 헌법재판소 합헌결정의 핵심요지

1. 종부세는 위헌이라는 위헌청구인의 주장 요지

① 종부세는 재산권의 본질적 내용을 침해하는 세계 유일의 세금이다

헌법 제37조 제2항을 보면, '국민의 모든 자유와 권리는 국가안전보장, 질서유지 또는 공공복리를 위하여 필요한 경우에 한하여 법률로써 제한할 수 있으며, 제한하는 경우에도 자유와 권리의 본질적인 내용을 침해할 수 없다'라고 규정되어 있다. 세금의 경우에도 재산권의 본질적 내용을 침해할 수 없다. 여기에서 재산권의 본질적 내용의 의미에 대한 헌법재판소의 결정 내용을 보면 다음과 같다. 『조세부과를 통한 재산권의 제한과 관련한 헌법재판소의 확립된 법리에 따르면, 조세의 부과와 징수로 납세의무자의 사유재산에 대한 이용·수익·처분의 권한이 중대한 제한을 받게 되는 경우 재산권의 침해가 될 수 있으며(헌법재판소 1997. 12. 24. 선고 96헌가19 결정 등), 국가가 공익실현을 위하여 조세를 부과·징수함에 있어서는 재산권의 본질적 내용인 사적 유용성과 처분권이 납세자에게 남아있는 한도 내에서만 조세의 부담을 지울 수 있고, 짧은 기간에 사실상 자산 가액의 전부를 조세 명목으로 징수하는 셈이 되어 재산권을 무상으로 몰수하는 효과를 초래하는 경우 헌법상 재산권의 침해에 해당합니다(헌법재판소 1999. 4. 29. 선고 94헌바37 결정 등).』 이 내용에 따르면 세금은 사적 유용성의 범위 내에서 부과되어야 하는 것이다. 사적 유용성이란 사유재산의 이용과 수익권이며 부동산보유세로 보았을 때에는 사적 유용성은 부동산의 임대소득의 범위라

고 할 수 있겠다.

[참고] 재산권의 본질적 내용과 사적 유용성에 대한 용어 설명

헌법상의 재산권 보호는 사유재산제도를 전제로 하고 있는 것이며, 바로 사유재산제도는 재산권의 본질적 내용에 해당한다. 사유재산제도가 세금으로 침해된다면 이 세금은 바로 재산권의 본질적 내용을 침해하는 세금이라고 할 것이다.

전문용어로는 재산권을 사적 유용성과 처분권으로 나누어 볼 수 있으며, 여기에서 사적 유용성이란 재산의 사용권과 수익권을 의미한다고 하겠다. 주택을 예를 들자면, 재산의 사용권은 보유한 주택을 자기가 사용하는 것을 말하며, 재산의 수익권이란 주택을 임대하여 벌어들일 수 있는 임대소득을 말하는 것으로 일반적으로 주택의 사적 유용성이라고 할 때에는 통상적인 기대임대소득(주택을 임대하였을 때에 얻을 수 있는 통상적이고 평균적인 임대소득 수준)을 말하는 것으로 이해되고 있다.

독일에서 부동산보유세인 재산세가 기대임대소득의 절반 수준을 초과하여 부과됨으로써 개인이 사적 용도로 사용해야 할 주택의 사적 유용성을 국가가 50% 수준 이상으로 지나치게 세금으로 흡수하는 결과가 되었다. 이에 대하여 독일의 헌법재판소는 사적 유용성을 지나치게 세금으로 흡수한 독일의 재산세를 재산권의 본질적 내용을 침해하는 세금에 해당된다고 독일의 재산세에 대하여 헌법위반이라고 판결하였는데 이것이 유명한 독일 헌법재판소의 '반액과세원칙' 판결이라고 불리고 있다.

여기에서 독일의 유명한 재산세에 대한 반액과세 위헌결정 내용을 보면 다음과 같다. 『재산에서 생겨난 수익은 한편으로는 조세와 같이 공동체를 위한 부담의 대상이 되기도 하지만, 다른 한편으로는 권리주체에게 사적 수익의 이용가능성이 남아 있어야 한다. 따라서 재산세는 기대가능수익에 대한 모든 조세부담금액을 합한 금액이 유형적 고찰에 의하여 수입, 공제 가능한 비용(손비)과 그 밖의 부담 경감을 고찰하였을 때, 사적 이용과 공적 이용 간에 각각 절반 가까이 귀속되도록 부과되며, 또한 이 경우 평등원칙에 의하여 요구되는 응능부담원칙에 따른 세부담의 배분에 반하지 않는 결과를 초래하는 경우에만, 소득에 대한 그 밖의 조세에 추가하여 부과될 수 있다.』고 판시하였다.

요컨대, 독일 연방헌법재판소는 재산세 세부담이 과중한지 여부를 헌법적으로 검토하기 위해서는, ⅰ) 재산세의 세부담만이 아니라 이와 관련하여 기납부된 소득세 등의 세금을 전체적으로 함께 검토하여야 하고, ⅱ) 그러한 여러 세금의 합계액과 납세의무자가 경제활동을 하여 벌어들인 수입금액과 객관적인 경비, 그 밖에 이와 유사한 성질을 가진 것을 공제한 금액(즉, 납세의무자의 수익 내지는 납세의무자의 소득)을 비교하여야 한다고 보았다. 그리고 그 비교 결과 재산세를 비롯한 여러 세금의 합계액이 납세의무자의 수익의 절반을 초과한다면, 이는 세부담이 과중한 경우에 해당하여 헌법에 위반된다는 원칙("반액과세 원칙")을 함께 제시하였다.

2021년 귀속 종합부동산세는 상당한 경우가 납세자가 보유한 모든 주택을 임대하였다고 가정하였을 때 얻을 수 있는 임대소득(이하 기대임대소득이라 함)을 2~4.5배 초과하여 부과되었다. 독일의 반액과세의 경우는 기대임대소득의 절반을 넘어 재산세가 부과되는 경우 그 세금은 지나치게 재산권의 본질적 내용을 침해한다고 하여 헌법위반이라고 판결하였다. 우리나라 헌법 제37조 2항에는 재산권의 본질적 내용을 침해하여 세금이 부과될 수 없다는 내용으로 규정되어 있으며, 헌법재판소의 그간의 판결은 재산권의 본질적 내용은 사실상 기대임대소득 수준이라 하겠다. 2021년 귀속 종부세는 명백하게 재산권의 본질적 내용을 침해하는 세금이고 세계의 어느 세금도 재산권의 본질적 내용을 침해하여 부과되는 세금은 없다. 예를 들어 소득세의 세율이 200~400% 수준으로 세금이 부과된다면 이러한 소득세를 납부할 수는 없는 것이 바로 조세의 원칙인 것이다. 그러나 종부세의 경우는 주택을 임대하고 얻을 수 있는 기대임대소득의 2~4.5배 수준으로 세금이 부과되었기 때문에 주택을 보유하여 얻은 소득보다 부과된 세금이 2~4.5배가 되는 것으로 이러한 세금은 세상에 있을 수가 없는 것이다. 참고로 프랑스의 경우, 부동산보유세(재산세)의 과세표준 자체가 주택의 매매가격 기준이 아니고 주택의 임대가격을 기준으로 산정한 공시가격으로 그 공시가격은 통상적인 기대임대소득금액이라고 할 것이다. 프랑스의 부동산보유세는 기대임대소득의 1/4 수준으로 세금이 부과되는데, 대체로 세계 각국은 이러한 기준으로 부동산보유세가 부과되고 있다. 우리나라는 재산세를 포함하지 않는 종부세만으로도 프랑스 기준 대비 8~18배 수준 과중하게 종부세가 부과되고 있는 것이라 하겠다.

② 종부세는 조세평등주의에 위배되는 세금이다

조세에 관한 헌법상의 상위개념인 기본권 보장의 이념으로부터 그 실천 원리인 세 법의 기본원칙이 제시된다. 세법의 기본원칙이 어떠한 것을 포함하는지 학자마다 견해가 다르지만, 조세법률주의와 조세평등주의가 2대 원칙임에 이론이 없다. 조세평등주의란 조세법의 입법은 물론 그 해석적용에 있어서 조세부담이 국민들 사이에 공평하게 배분되지 않으면 안 되고, 당사자로서의 국민은 각종의 조세법률관계에 있어서 평등하게 취급되지 않으면 안 된다는 원칙이다. 이는 근대법의 기본원리인 평등원칙이 세법 분야에서 발현된 것으로 우리 헌법 제11조 제1항의 평등 조항이 그 근거가 된다. 헌법재판소의 조세평등주의에 대한 결정 내용을 보면 다음과 같다.

『조세평등주의에 대하여 "이는 헌법 규정에 의한 평등의 원칙 또는 차별금지의 원칙의 조세법적 표현이라고 할 수 있다. 따라서 국가는 조세입법을 함에 있어서 조세의 부담이 공평하게 국민들 사이에 배분되도록 법을 제정하여야 할 뿐만 아니라, 조세법의 해석·적용에 있어서도 모든 의무를 진다."고 하고 있다(헌재 1989. 7. 21. 89헌마38). 이는 조세관계법률의 내용이 대상 납세자에 따라 상대적으로 평등(相對的 平等)하여야 함을 의미하는 것으로서, 비슷한 상황에는 비슷하게, 상이한 상황에는 상이하게 그 상대적 차등에 상응하는 법적 처우를 하도록 하는 비례적·배분적 평등을 의미한다. 또 본질적으로 불평등한 것을 자의적으로 평등하게 취급하는 (내용의) 법률의 제정을 불허함을 의미하는 것이기도 하다. 소위 '응능과세(應能課稅)'의 원칙에 따라 과세권자의 자의가 배제되고 객관적인 사실을 기초로 한 합리적인 근거에 의하여 조세가 부과·징수되는 내용의 법률이라고 할 수 있기 위하여서는, 과세대상을 선정하고 담세력을 산정하는 규정의 내용이 충분히 합리적이어서, 결국 과세에 적합한 대상에 대하여 합당한 과세액이 부과·징수되도록 규정되어 있어야 한다는 것이다(헌재 1990. 9. 3. 88헌가95). 이때 당해 법률의 형식적 모습보다는 그 실질적 내용을 기준으로 그것이 헌법의 기본 정신이나 일반 원칙에 합치되는지의 여부가 검토되어야 한다고 한다(헌재 1990. 9. 3. 89헌가95). 구체적으로 입법자는 세법의 분야에서도 광범위한 입법 형성의 자유를 가지므로 구체적인 조세법률관계에서 납세자들은 동일하게 대우할 것인지 혹은 달리 대우할 것인지를 일차적으로 결정할 수 있는 것이기는 하지만, 이러한 결정을 함에 있어서는 재정정책적·국민경제적·사회정책적·조세기술적 제반 요소에 대한 교량을 통하여 그 조세법률관계에 맞는 합리적인 조치를 하여야만 평등의 원칙에 부합할 수 있다. 다만 납세의무자들 간에 차별 혹은 동등 대우를 함에 있어서 합리적인 이유가 없고 정의의 관념에 합치할 수 없는 조치를 하였다고 인정되는 경우에는 조세평등주의에 위반하여 위헌이 된다고 한다(헌재 1995. 6. 29. 94헌바39; 1996. 8. 29. 95헌바41).』

2021년 귀속 종부세는 조세평등주의를 지나치게 위반한 세금이다. 동일한 금액의 부동산을 소유한 경우도 다주택자는 1~2주택자에 비해 10배 수준 부과 세금이 더 많고 법인납세자의 경우 개인납세자보다 100배 수준 부과세액이 더 과다하게 세금이 부과되었다. 부동산의 담세력은 부동산가액이다. 그런데 보유 형태 및 보유자에 따라서 세금이 10~100배 수준까지 차이가 발생한다면 이것은 담세력에 따른 공평한 세금이라 할 수가 없다. 우리나라 부동산보유세의 최저세율은 0.12%이며, 재산세의 최고세율 0.62%와 종부세 최고세율 7.2%를 더한 부동산보유세 최고세율은 7.82%가 된다. 따라서 우리나라 부동산보유세의 최저세율과 최고세율은 2021년 기준으로 무려 65.1배(7.82%/0.12%)에 달한다. OECD 거의 모든 나라는 부동산보유세의 세율은 다주택자 등 고가주택이든 관계없이 부과세율이 동일한 단일세율이다. 그런데 우리나라 부동산보유세의 세부담 차이가 세율로는 65배, 세액으로는 100배 이상으로 과중하게 세금이 부과된다. 이 세부담 차이는 합리적이라거나 감당할 수준이라고 도저히 납득할 수 없는 것으로 조세평등주의를 위반하여 부과된 세금이라 하겠다.

③ 종부세의 폭증·폭감은 조세법률주의의 근본이념인 법적 안정성을 침해하고 있다

헌법 제38조와 제59조가 규정하고 있는 조세법률주의는 과세요건법정주의와 과세요건명확주의를 핵심적 내용으로 삼는다. 이는 과세요건을 법률로 명확하게 규정함으로써 국민의 재산권을 보장함과 동시에 국민의 경제생활에 법적 안정성과 예측가능성을 보장하는 것을 그 이념으로 하고 있다. 세금은 무엇보다도 법적 안정성이 중요하다. 급여소득자의 갑근세로 예를 들어 보자. 급여소득자는 대부분 연간소득이 일정한 수준으로, 갑근세가 부과된다. 그런데 매년의 갑근세가 상당히 다르게 부과된다면 급여소득자는 생활비 계획을 세우기 어려워 생활의 안정성을 갖기 힘들다. 연간 급여가 7,000만 원인 급여소득자에게 어느 해는 갑근세로 500만 원이, 어느 해는 갑자기 세율을 높여 2,000만 원으로 부과되는 등 매년 그 세금에 상당한 차이가 발생하면, 급여소득자는 매년의 생활비 계획을 세울 수가 없다. 그래서 소득세의 경우 소득세율 2%p를 높이는 세법개정의 경우에도 많은 검토와 여론의 동향을 살피곤 한다. 종부세는 부동산보유세이다. 부동산보유세도 갑근세만큼 법적 안정성이 중요한 세금이다. 보유한 부동산에 매년 반복하여 세금이 부과되기 때문에 이 세금은 생활밀착형 세금으로 인정되는 것이다. 우리나라 종부세처럼 부동산보유세가 3년 사이에 그 세금이 10~100배까지 인상하고 폭락하는 것은 어느 나라에서도 인정될 수 없는 것이다. 그러나 이번 헌법재판소의 합헌결정은 세금의 가장 중요한 요소인 법적 안정성에 대하여 전혀 검토한 바가 없는 것이다.

OECD 국가 대부분의 부동산보유세 실태를 보면, 주택의 고가 여부, 다주택자 여부 등과 관계없이 단일세율이 적용된다. 매년 반복해서 부과되는 생활밀착형 세금이기 때문에 공시가격, 공정시장가액비율 그리고 세율 등의 과세요건은 그대로 유지한다. 즉 국민이 안심하고 살아갈 수 있게 주택 취득 이후 매년 거의 동일한 세액을 납부토록 하여 법적 안정성을 최우선으로 고려하는 것이다. 표9에서 보듯, GDP 대비 부동산보유세의 비중이 거의 일정한 것으로 나타나며 특히 미국, 영국, 프랑스, 독일의 경우에는 그 비중이 조금씩이나마 줄어들고 있다. 이는 OECD 국가의 부동산보유세가 일정 수준으로 유지되어 부과됨을 잘 나타낸다.

표9 **OECD의 GDP 대비 부동산보유세 비중 추이(2010~2021년)**

연도	대한민국	미국	영국	프랑스	일본	OECD평균
2010년	0.70	2.93	3.12	2.51	2.05	0.98
2011년	0.70	2.83	3.11	2.54	2.07	1.00
2012년	0.72	2.74	3.11	2.63	1.98	1.04
2013년	0.72	2.72	3.09	2.71	1.95	1.06
2014년	0.75	2.71	3.04	2.72	1.93	1.09
2015년	0.75	2.69	3.04	2.75	1.88	1.09
2016년	0.75	2.74	3.02	2.80	1.89	1.09
2017년	0.78	2.79	3.03	2.79	1.89	1.08
2018년	0.82	2.73	3.09	2.66	1.90	1.07
2019년	0.93	2.71	3.12	2.50	1.92	1.06
2020년	1.05	2.90	2.90	2.40	2.00	1.00
2021년	1.20	2.80	2.00	2.00	1.90	1.00
2010~2021 변동	0.50	△0.13	△1.12	△0.51	△0.15	0.02

※ 자료: OECD Stat. Revenue Statistics-OECD countries: Comparative tables
※ 참고: 2022년의 우리나라 부동산보유세의 GDP 대비 비중은 1.309%이다.

(단위: %)

2021년 귀속 종부세는 세율인상, 공시가격의 대폭적인 인상, 공정시장가액비율의 인상 등으로 동일한 부동산을 보유한 경우에도 2018년 대비 개인납세자는 10배 수준 그리고 법인납세자는 100배 수준 그 부과세액이 폭증하였다. 이러한 세금 폭증은 법적 안정성을 크게 침해하는 것으로 종부세는 조세법률주의에 정면으로 위반되는 세금이라 하겠다. 종부세는 부동산보유세이고 부동산보유세는 생활밀착형 세금으로, OECD 거의 모든 나라는 동일한 부동산을 보유한 경우 매년 거의 동일한 부동산보유세가 부과된다. 그런데 우리나라 종부세의 경우는 불과 4년 사이에 부담세액이 10~100배 수준 폭증하는 것은 납세자가 그 세금을 사실상 감당할 수 없음을 의미하는 것으로, 합당한 세금이라고 도저히 인정될 수 없는 것이다. 더욱이 이렇게 폭증한 종부세는 재산권의 본질적 내용마저 침해하고 있어 이 세금은 국민의 기본권을 지켜야 한다는 실질적 조세법률주의에 너무나도 위배되는 것이라고 하겠다.

④ 종부세는 납세자 신뢰보호원칙에 위배되는 세금이다

헌법상 법치국가원리로부터 신뢰보호원칙이 도출된다. 법률의 개정 시 구법질서에 대한 당사자의 신뢰가 합리적이고도 정당하며, 법률의 개정으로 야기되는 당사자의 손해가 극심하여 새로운 입법으로 달성하고자 하는 공익적 목적이 당사자의 신뢰의 파괴를 정당화할 수 없다면, 새 입법은 신뢰보호원칙상 허용될 수 없다. 먼저 주택 보유 법인에 대한 과세표준 공제규정의 삭제와 높은 단일세율 적용 규정이 납세자 신뢰보호원칙에 위배되는 문제를 검토하고자 한다. 2020. 8.

18. 개정을 통하여 2021년 귀속분부터 법인에 대한 과세표준에서 6억 원 공제를 배제하는 세제 혜택과 세부담 상한을 전면 폐지하였고, 과세표준 구간과 관계없이 3% 또는 6%의 높은 단일세율을 적용하도록 하였다. 법인이 주택을 취득할 당시(납세의무 성립의 원인행위)에는 이러한 규정이 유지될 것을 신뢰하고 주택을 보유하게 된 것인데 갑작스러운 개정(납세의무자에게 불리한 조세법령의 개정)을 통하여 불측의 피해를 입게 된 것이다. 주택 보유 법인은 유예기간 없는 갑작스러운 법 개정으로 기존에 보유한 주택을 처분할 시간적 여유도 없이 2021년에는 6억 원 공제가 이루어지지 아니하고 세부담 상한 없이 고율의 단일세율이 적용되었다. 그 결과 직전년도 대비 급격히 증가한 종합부동산세를 부담하여야 했는바, 이는 법적 안정성과 예측가능성을 훼손하는 입법이라 할 것이다.

다음에는 갑작스런 주택임대사업자 등록말소에 따른 주택임대사업자의 종합부동산세 세부담의 폭등이 납세자의 신뢰보호원칙에 위배되는 문제를 검토하고자 한다.

종합부동산세법 제8조 제2항 제1호의 규정은 민간임대주택에 대한 과세표준 합산 대상을 시행령과 '민간임대주택에 관한 특별법'에 포괄위임되어 규정되어 있다. 또한 2020. 6. 29. 개정된 종합부동산세법 제8조 제2항과 2020. 10. 7. 대통령령 제31085호로 개정된 종합부동세법 시행령에서도 매입임대주택 중 2020. 7. 11. 이후 아파트를 임대하는 장기일반민간임대주택과 단기민간임대주택을 종합부동산세 합산배제대상에서 제외하여 종합부동산세 과세대상으로 하도록 변경하였다(종합부동산세법 시행령 제3조 제1항 제6호, 제8호 참조).

그 결과 2021년의 주택분 종합부동산세가 임대사업자의 임대소득을 뛰어넘어 재산원본을 잠식하는 수준으로 그 세부담이 증가하였다. 민간임대주택 등록말소로 세부담 폭증 사례를 보면, 전체의 임대주택이 등록되어 있다가 등록말소된 경우에는 세부담이 0에서 무제한으로 증가하였다. 일부만 임대등록된 경우는 최소 20배 이상 많게는 180배까지 세금이 폭증하여 청구인들은 급증한 세금을 감내할 수 없게 된 것이다.

주택임대사업은 국가가 장려한 사업이며 민간임대주택의 공급이라는 국민경제의 근간이 되는 부분이기도 하여, 많은 주택임대사업자들은 정부의 방침을 신뢰하고 임대등록을 한 후 종합부동산세를 면제받아 왔다. 그러나 정부가 갑자기 납세의무자의 법적 안정성과 예측가능성을 모두 무시한 채 임대사업자의 임대등록을 말소하는 개정을 추진하고, 종합부동산세마저 감내할 수 없는 수준으로 부과할 것이라고는 전혀 생각할 수 없었던 것이다. 더욱이 주택의 거래는 매우 까다롭고 고액으로서 매매도 어려운데, 아무런 예고도 없이 준비할 시간을 주지 않고 갑작스럽게 고액의 세금을 부과당할 것이라고는 전혀 예측할 수 없었던 것이다.

소급입법의 결과 임대사업자는 사업을 운영할수록 손해를 보는 구조가 되었고, 임대자산 역시 국가로 무상몰수당하는 형국이 되었다. 종부세에는 주택임대사업자에 대한 과세표준 합산배제 규정이 포괄위임되어 있다. 또한 갑작스러운 소급입법으로 주택임대사업자에게 재산권의 본질적 내용을 침해하는 수준 이상의 세금을 폭증시켜 부과하였다. 이로 인해 주택임대사업자의 재산권 침해는 물론 사실상 임대사업을 영위할 수 없도록 하여, 과잉금지원칙을 위반하고 직업선택의 자유마저 침해하였고 나아가 생존권마저 위협하고 있다. 따라서 민간주택임대 등록말소는 헌법위반의 소급입법에 해당되는 것이며, 또한 재산권의 본질적 내용을 침해하고 재산원본 몰수의 막대한 종합부동산세의 부과로 민간임대사업은 사실상 그 경영이 불가능하고 신규 참여도 불가능하다. 그러므로 과중한 종합부동산세는 임대사업 영위라는 직업선택의 자유를 본질적으로 침해하는 것이라 하겠다.

2. 헌법재판소의 합헌결정의 핵심요지

종부세가 합헌이라는 헌법재판소의 합헌결정의 핵심요지는 종부세는 투기 억제 목적의 정책조세이기 때문에 종부세가 종부세의 제2의 입법목적인 '부동산 가격 안정 도모'에 적합하게 부과되었기 때문에 헌법에 합치된다는 것이다.

 헌법재판소의 합헌 이유 중 먼저 조세법률주의에 대한 합헌결정의 내용을 보고자 한다. 종부세의 과세표준이 되는 공시가격은 정부의 자의적이며 차등적인 결정이 있었다고는 인정이 되나 공시가격이 온전히 행정부의 재량과 자의에 맡겨진 것이라고는 볼 수 없기 때문에 조세법률주의에 위반되지 않는다고 합헌결정을 내렸다.

공정시장가액비율은 조정계수로 매년 탄력적으로 종부세의 부담이 이루어질 수 있도록 규정된 것이기 때문에 포괄위임금지원칙에 위반되지 않는다.

부동산 보유에 대한 조세부담의 형평성 제고 및 부동산 가격 안정의 도모라는 종부세법의 입법목적에 비추어 볼 때 조정대상지역 관련 규정은 조세법률주의에 위반되지 않는다.

주택 수 계산 규정은 하위법령에 위임할 필요성이 인정되며 주택 수 계산의 시행령 법 규정의 내용을 예측할 수 있기 때문에 포괄위임금지원칙에 위반되지 아니한다.

과잉금지원칙 위반 여부에 대한 합헌결정 내용의 요지를 보고자 한다. 다주택자나 법인납세자의 주택 보유는 투기적이거나 투자에 비중을 둔 수요로 규제의 필요성이 인정된다. 조정대상지역은 주택가격이 단기간에 급등하거나 투기 우려가 높은 지역임을 감안하면 추가적 규제의 필요성이 인정되기 때문에 다주택자 등에 대한 차별적 중과세는 종부세법의 입법목적에 적합한 수단이다.

또한 공시가격 현실화율과 공정시장가액비율을 감안할 때 실효세율은 명목세율보다 낮아지고, 재산세와의 중복과세배제 장치 그리고 세부담 상한규정 등을 고려할 때 종부세가 재산원본을 몰수하거나 잠식하는 효과가 초래되어 사적 유용성과 처분권이 위협된다고 보기 어렵다. 따라서 종부세법의 규정은 침해의 최소성원칙에 반한다고 보기 어렵다.

2021년 귀속 종부세의 경우, 심판대상조항에 의한 주택분 세율 및 세부담 상한의 인상, 법인에 대한 과세표준 기본공제 및 세부담 상한의 폐지와 고율의 단일세율 적용 등과 같은 종부세법 그 자체의 개정뿐 아니라 종부세법 시행령상의 공정시장가액비율 인상, 부동산공시법상 공시가격의 상승에 따른 종부세 과세표준의 상승, 민간임대주택법에 따라 등록되어 있던 임대주택의 일부 유형의 등록말소에 따른 다주택자의 증가, 주택법상의 조정대상지역의 추가 지정 등과 같은 요인들이 복합적으로 작용하여 납세의무자의 종부세 부담이 증가하였고 특히 3주택 이상 또는 조정대상지역 내 2주택을 소유한 다주택자 및 법인의 주택분 종부세 부담이 전년 대비 상당히 가중되었음을 부인할 수 없다. 그러나 2021년 귀속 종부세의 세부담의 정도는 재산권의 본질적 내용인 사적 유용성과 원칙적인 처분권한을 여전히 부동산 보유자에게 남겨 놓은 한도 내에서 재산권의 제한이고 또한 부동산 가격 안정을 도모하여 얻을 수 있게 되는 공익은 종부세로 제한되는 사익에 비하여 더 크다고 할 것으로 법익의 균형성도 유지된다고 할 것이며, 따라서 2021년과 2022년 귀속 종부세는 과잉금지원칙에 위배되지 아니한다.

조세평등주의 위반 여부에 대한 합헌결정의 요지는 크게 2가지로 볼 수 있다. 첫째는 법인의 주택 과다 보유 및 투기적 목적의 주택 보유를 규제하여 실수요자를 보호해야 한다는 공익적 요청을 감안할 때 법인인 주택소유자에 대하여 차별취급을 하는 데에는 합리적인 이유가 있다. 둘째 소유주택 수 및 조정대상지역 내에 주택을 소유하는지 여부와 현실적으로 다주택자 또는 고가주택 소유자의 경제적 능력은 1주택자 또는 무주택자보다 높을 가능성이 크다는 점을 고려할 때 다주택자와 조정대상지역 내 2주택자를 달리 취급하는 데에 대하여는 합리적인 이유가 있어 종부세는 조세평등주의에 위반된다고 할 수 없다.

신뢰보호원칙 위반 여부에 대한 합헌결정 내용의 요지를 보면, 부동산 가격 안정 도모라는 종부세법의 정책적 목적을 고려하여 보고 또한 개인납세자인 청구인들이 종전과 같은 내용의 세율과 세부담 상한이 적용될 것이라고 신뢰하였다거나, 법인납세자인 청구인들이 종전과 같이 과세표준 기본공제와 누진세율의 적용 그리고 세부담 상한규정이 적용될 것이라고 신뢰하였다고 하더라도 이러한 신뢰는 국가에 의해 일정한 방향으로 유인된 특별한 보호가치가 있는 신뢰이익으로 보기 어렵기 때문에 2021년과 2022년 귀속 종부세는 신뢰보호원칙을 위반하였다고 볼 수 없다.

3. OECD 국가의 부동산보유세 제도와의 비교분석

① OECD 국가의 부동산보유세의 세부담 수준에 대한 간략한 설명

우리나라의 조세제도는 대부분이 OECD 국가의 조세제도를 그대로 도입하거나 모방하여 도입한 것이 사실이다. 또한 부동산보유세의 경우도 OECD 국가의 부동산보유세의 과세제도를 연구하고 검토하여 도입한 것이 사실이기 때문에 우리나라 부동산보유세 제도의 문제점을 검토하기 위해서는 OECD 각국의 부동산보유세 제도와 세부담 수준을 비교하여 검토할 필요가 있는 것이다. 부동산보유세는 국가마다 다소 고유한 특색이 있어 그대로 비교분석 하기는 어려워도 부동산보유세의 과세 방법은 부동산 평가가액에 세율을 곱하여 세액을 계산하는 과세 방법은 거의 동일하다. 부동산보유세의 과세대상이 되는 부동산의 과세가액을 결정하는 방법은 두 가지 유형이 있는데 하나는 판매가격 기준(Sale Value)을 적용하는 방식이고, 다른 하나는 임대가격 기준(Rental Value)을 적용하는 방식이다. 우리나라와 미국과 일본 등은 판매가격을 기준으로 부동산을 평가하여 과세가격으로 책정한다. 영국, 프랑스, 독일 등은 임대가격을 기준으로 부동산을 평가하여 공시가격을 산정한다. 임대가격을 기준으로 부동산가액을 평가하는 영국, 프랑스, 독일의 경우는 근래 50년간은 부동산보유세의 과세가격인 부동산 공시가격을 재평가하여 인상한 경우가 없다. 그리고 판매가격을 기준으로 공시가격을 산정하는 나라의 예를 보면, 미국의 경우는 주마다 조금씩은 다르나 부동산 공시가격은 물가상승률을 고려하여 매년 2~ 4% 수준의 범위 내에서만 인상할 수 있도록 공시가격 인상의 한도가 규정되어 있다. 일본의 경우는 공시가격을 3년에 한 번 재평가 하여 공시하는데 공시가격을 3년에 5% 범위 내에서만 올릴 수 있도록 규정되어 있어, 공시가격이 사실상 거의 오르는 경우가 없다고 할 것이다.

2021년 귀속분 부동산보유세의 세부담 수준을 다시 한번 검토해 보고자 한다. 미국은 GDP 대비 2.80%의 부동산보유세의 세부담 수준을 보여 세계에서 부담 수준이 제일 높은 실정이다. 영국과 프랑스가 2.0% 수준이고 일본은 1.90% 수준이며, 한국의 부동산보유세의 세부담 수준은 GDP 대비 1.24% 수준이다. 그리고 OECD 평균의 세부담 수준은 GDP 대비 1.00% 수준이다.

미국의 경우와 한국의 경우를 비교하여 보고자 한다. 한국은 지방정부의 세입 중 재산세의 비중이 20% 수준이나 미국의 경우는 우리나라와 같은 자동차세 등의 여타의 지방세는 전혀 없고 오직 부동산보유세만이 지방정부 세수입의 전부이다. 우리나라 부동산보유세의 전반적인 세부담은 미국의 부동산보유세 세부담 수준보다 낮다고 할 수 있다. 그러나 우리 국민이 부담하는 지방세 전체의 세부담을 볼 때에는 미국의 지방세 세부담보다 낮다고 평가할 수 없다. 더욱이 미국의 경우는 재산세의 세율이 단일세율로서 다주택자라든가 주택의 고가 여부를 불문하고 동일한 세율이 적용되어 세부담이 공평하게 이루어져 있다. 우리나라의 경우는 재산세의 세율 자체도 4단계의 누진세율이며, 더욱이 종부세의 경우는 국민의 2%에 대하여 매우 높은 세율로 과다한 세금을 부과해, 부동산보유세의 세부담의 형평성에는 비교할 수 없는 큰 문제점이 있다. 우리나라의 부동산보유세는 일부 국민에게 덤터기 씌우는 세금으로서 세부담의 형평성에 지나친 문제가 있다고 할 것이다.

부동산보유세 세계 2위의 세부담 국가인 프랑스의 경우를 보자. 프랑스는 부동산보유세의 과세표준 평가 방법이 임대가격 기준이므로 프랑스의 부동산 공시가격은 사실상 통상적인 기대임대소득 수준에 해당한다. 프랑스의 부동산보유세의 적용세율은 25% 수준이라고 한다.

우리나라 재산세의 경우는 최고 명목세율이 0.62%이고 공정시장가액비율은 60%가 적용되기 때문에 최고 실효세율은 0.372% 수준이다. 2021년의 기대임대소득률은 0.91%로 계산되었기 때문에 우리나라 재산세의 최고 실효세율은 기대임대소득의 40.9% 수준으로 이 재산세만으로도 사실상 세부담 수준이 프랑스보다 낮다고 말할 수 없을 것이다. 그러나 우리나라 재산세의 경우는 누진세율 구조이기 때문에 재산세의 최저세율의 경우는 0.12%이고 우리나라 재산세의 전반적인 세부담 수준은 프랑스보다 낮은 실정이라고 할 것이다. 부동산보유세의 경우는 편익과세의 원칙이 적용되기 때문에 OECD 대부분의 국가의 경우는 재산세율이 단일세율인 것을 감안할 때, 우리나라 재산세의 누진세율 구조는 상당히 특이한 구조로 사실상 포퓰리즘이 적용된 세율이라고 할 것이다.

프랑스 부동산보유세와 우리나라 종합부동산세의 세부담 수준을 비교해 보자. 우리나라 종부세는 다주택 개인일 경우 부과세액이 1,000만 원 수준이면, 부과되는 세액이 모든 주택의 기대임대소득 수준을 초과한다. 프랑스 부동산보유세의 세부담 수준이 기대임대소득 수준의 25% 수준임을 감안하면, 우리나라 종부세의 부과세액이 1,000만 원 수준인 다주택개인의 세부담 수준은 종부세 경우만 하더라도 프랑스의 세부담 수준보다 4배 수준 더 과중한 세부담 수준이라 할 것이다. 또한 우리나라 종부세의 부과세액이 3,000만 원을 초과하는 다주택자라면 부과된 종부세가 기대임대소득 수준의 2배 수준에 달해 이 경우는 프랑스의 부동산보유세 세부담 수준보다 8배 수준의 과중한 세부담을 보인다. 특히 법인 다주택자의 경우는 부과되는 종부세의 경우 세액 규모와 관련 없이 7.2%(농특세 포함)의 단일세율이 적용되기 때문에 부과된 종부세는 기대임대소득의 4배 수준에 달하며, 이 세부담 수준은 프랑스의 부동산보유세의 세부담 수준보다 16배 더 과중한 세부담 수준에 해당한다. 그러므로 이러한 차별적 중과세는 도저히 인정될 여지조차 없다고 할 것이다.

프랑스는 세계 2위권의 부동산보유세의 세부담 국가인데 우리나라 경우와 비교하여 보면, 우리나라 재산세 최고세율 적용자는 사실상 프랑스의 부동산보유세의 세부담 수준보다 적지 않은 세부담 수준을 보이고 있는 것이다. 여기에 종부세마저 부동산보유세로 중복하여 부과되고 있기 때문에 우리나라 종부세를 부담하는 국민의 부동산보유세의 세부담 수준이 과중함이 자명하다 하겠다.

② OECD 국가의 부동산보유세의 법적 안정성 고려에 대한 내용 설명

다음에는 부동산보유세의 법적 안정성에 대하여 OECD 국가와 비교분석해 보고자 한다. 부동산보유세는 소득세와 함께 가장 대표적인 생활밀착형 세금이라 할 것이다. 주거용 주택을 보유하는 경우를 보면, 주택 보유와 함께 매년 부동산 보유세가 부과된다. 만일 이 세금이 급격히 증가한다면 국민의 생활비를 지나치게 부동산보유세로 흡수하게 될 것이며, 국민은 경제생활을 안정적으로 유지할 수 없게 된다. 그래서 OECD 각국의 경우 부동산보유세는 부동산 취득 이후 거의 동일한 세금이 부과되도록 세금 구조가 짜여 있고 그렇게 부동산보유세의 제도가 운영된다. 영국, 프랑스, 독일의 경우는 근래 50년간 부동산보유세가 증액되어 부과된 사례가 전혀 없다. 그래도 부동산보유세가 조금이라도 증액되어 부과되는 나라는 미국과 일본 정도인데 미국은 대체로 1년에 2~4% 정도 수준만 증액되어 부동산보유세가 부과되며, 일본은 3년에 5% 수준만 증액되어 부과되므로 10년이 경과해도 부동산보유세는 20~30% 수준 미만으로 증액된다. 그러나 우리나라 부동산보유세의 경우를 보면, 재산세의 경우도 매년 꾸준히 부과세액이 증가하고 있고 특히 문재인 정부 들어서 5년간 재산세도 거의 2배 수준 폭증하였다. 더욱이 우리나라 부동산보유세의 하나인 종부세의 경우는 입법 당시에는 모든 주택분 종부세는 1년에 50%의 부과 상한규정을 두고 있었으나 이것을 계속 높여 2021년 귀속 종부세는 1주택자는 1년에 50%, 다주택개인은 1년에 300%의 세부담 상한규정을 두고 있으나 법인의 경우에는 세부담 상한규정조차 없어 종부세가 무제한으로 인상되어 부과될 수 있도록 세법을 개정한 바 있다. 이러한 결과로 2021년 귀속 종부세는 다주택개인은 2020년에 비하여 세부담 수준이 3배 정도 폭증하였고 2018년에 비하여는 10배 수준 세부담 수준이 폭증하는 결과가 되었다. 특히 법인납세자는 2020년에 비하여 2021년 부과된 종부세가 10배 수준 폭증하였고, 2018년에 비하여는 100배 수준까지 폭증하였다. OECD 국가의 부동산보유세의 경우에는 부동산보유세가 생활밀착형 세금임을 고려하여 세부담 수준이 거의 증가하는 경우 자체가 없는데 우리나라의 경우 재산세도 물론이지만 종부세의 경우는 불과 3년 사이에 10~100배 수준까지 세금이 폭증하였다. 게다가 그 세금이 재산권의 본질적 내용마저 침해하였기 때문에 종부세의 세금 폭증은 국민경제 생활의 법적 안정성을 도저히 보장할 수 없는 것이라 할 것이다.

그런데 2021년 귀속 종부세 합헌결정 내용을 보면, 종부세법 규정에 법인에 대한 세부담 상한규정은 없어졌지만 개인 다주택자 경우는 세부담 상한이 1년에 300% 이내로 증액하여 세금이 부과되도록 한 규정이 있다. 이 때문에 종부세는 침해의 최소성의 원칙을 지켰다고 합헌결정을 한 것이다. 그러나 이 합헌결정은 종부세의 본질을 전혀 고려하지 않고, 종부세의 법적 안정성마저 완전히 무시하는 판결이다. 또한 OECD 각국의 부동산보유세의 세부담 실정과 법적 안정성을 고려한 세금 부과 행태를 고려할 때 종부세의 합헌결정은 사실상 국민을 우롱하는 판결에 불과하다 할 것이다. OECD 각국은 부동산보유세가 거의 증가하지 않도록 규정되어 있고 최대 증가한다 하더라도 1년에 2~4% 수준인데, 우리나라의 경우는 1년에 300% 또는 무제한까지 종부세의 세부담을 폭증시킬 수 있다. 세부담 상한규정이 있으므로 종부세는 침해의 최소성을 지켰다는 헌법재판관들의 주장은 억지 주장에 불과한 것으로 도저히 정상적이라고 생각될 수 없는 것이다.

제3절 | 헌법재판소의 합헌결정은 당연무효의 판결에 해당된다

헌법재판소에서 2024년 5월 30일에 2021년 귀속 종부세에 대하여 그리고 2024년 7월 18일 2022년 귀속 종부세에 대하여 합헌이라고 종국결정을 선고하였다. 그러나 종부세 합헌결정은 당연무효의 판결이고, 자유민주주의를 부정하는 헌법파괴의 판결에 불과하며 또한 매우 부실한 판결이며 황당하고 매우 부당한 판결로 국민 무시의 판결이라는 내용을 차례로 설명드리고자 한다. 또한 여기에서도 설명의 편의를 위하여 2021년 귀속 종부세를 위주로 설명하고자 한다(2022년 귀속 종부세는 공정시장가액비율이 95%에서 60%로 낮추어지고 공시가격은 17.22% 인상되어 세부담 수준은 20% 수준 줄어들었으나 재산권 침해 등의 헌법 위반 사항은 2021년 귀속 종부세와 똑같은 실정임).

먼저 헌법재판소의 이번의 합헌결정은 당연무효에 해당한다는 내용에 대해 설명하고자 한다. 헌법 제111조를 보면 '헌법재판소는 다음 사항을 관장한다.'라고 규정되어 있고 제1호에는 법원의 제청에 의한 법률의 위헌 여부 심판, 그리고 제5호에는 법률이 정하는 헌법소원에 관한 심판이라고 규정되어 있어 헌법재판소는 법률에 대한 위헌 여부 심판에 대한 업무를 관장하는 헌법기관이다. 따라서 헌법재판소는 종부세의 경우처럼 과잉과세된 세금이 헌법에 위반되는지를 심판해야 하는 것이지, 종부세가 헌법 규정이 아니고 종부세법의 입법목적에 타당한지를 심판하는 헌법기관은 아닌 것이다. 그리고 위헌청구인들도 2021년 귀속 종부세가 종부세법에 위반된다고 종부세 부과처분취소소송을 헌법재판소에 제기한 것이 아니다. 부과된 종부세는 종부세법에는 위반되는 것이 아니지만 부과된 종부세가 헌법에 규정된 재산권과 평등권의 침해 그리고 조세법률주의 등에 위배된다고 종부세법의 위헌법률심판을 청구한 것이다.

  종부세의 위헌청구에 대한 위헌법률심판은 그 심판대상이 종부세법이 되는 것이고 그 심판기준은 헌법 규정이 되어야 하는 것이다. 그러나 헌법재판소의 이번의 합헌결정을 보면, 종부세법을 심판하는데 심판기준을 헌법으로 심판한 것이 아니고 종부세법의 입법목적으로 심판기준을 삼았다. 그래서 이 합헌결정은 위헌법률심판의 적격성이 전혀 없는 심판결정이라 할 것이다. 2021년 귀속 종부세의 합헌결정문을 보면, 2021년 귀속 종부세가 과중한 것은 사실이나 부동산 투기 붐이 있어 과중하게 부과된 것은 정당하며 특히 다주택자, 법인납세자 그리고 조정대상지역 내 2주택자에 대한 차별적 중과세가 부동산 가격 안정이라는 종부세법의 입법목적에 타당하기 때문에 2021년 귀속 종부세는 합헌이라고 결정하였다. 따라서 이 합헌결정은 2021년 귀속 종부세가 헌법 규정에 어떻게 위반되는지 또는 헌법 규정에 합당한지에 대하여는 구체적이며 실증적인 설명은 전혀 없고, 오로지 부동산 가격 안정이라는 종부세법의 입법목적에 따라 2021년 귀속 종부세가 타당하게 부과되었기 때문에 2021년 귀속 종부세는 합헌이라고 결정한 것에 불과하다. 이것은 종부세의 헌법위반 여부를 따진 것이 아니고 종부세가 종부세법에 타당하게 과세되었는지 아닌지를 따진 것이기 때문에 이것은 위헌법률심판이라는 헌법재판소의 관장업무에 전혀 적합하지 않은 판결이다. 단지 종부세의 적법성을 판결한 것에 불과하기 때문에 이 합헌결정은 적격성이 없는 당연무효의 판결에 불과하다고 하겠다.

2021년 귀속 종부세는 다주택자, 법인납세자, 조정대상지역 내 2주택자에 대하여 차별적인 중과세로 세금이 부과되었다. 재산권의 사적 유용성을 초과하여 세금이 부과되면 이것은 헌법 규정상 재산권의 본질적 내용의 침해에 해당하는 것으로 이해되고 있다. 그리고 2021년 귀속 종부세는 기대임대소득의 2~4배 수준으로 세금이 부과되었기 때문에 2021년 귀속 종부세는 재산권의 본질적 내용을 침해하는 세금임이 분명한 것이다. 또한 조세평등주의는 조세관계 법률의 내용이 대상 납세자에 따라 상대적으로 평등하여야 함을 의미하는 것이다. 비슷한 상황에서는 비슷하게, 상이한 상황에서는 상이하게 그 상대적 차등에 상응하는 법적 처우를 하도록 하는 비례적·배분적 평등을 의미한다고 하겠다. 그러나 2021년 귀속 종부세는 동일한 부동산을 보유하고 있는데도 불구하고 다주택자라고 그리고 법인납세자라고 10~100배 수준 차별적으로 세금이 부과되었다. 따라서 종부세는 조세평등주의에 위반되는 세금이 분명한 것이다.

　　그리고 종부세는 부동산보유세이며 생활밀착형 세금으로, OECD 외국의 사례를 보면 공시가격, 공정시장가액비율, 세율 등을 올리거나 내리는 경우가 없어 부동산보유세의 법적 안정성이 최우선으로 고려되고 있다. 그러나 2021년 귀속 종부세는 2018년에 비해 10~100배 수준으로 세금이 폭증하여 법적 안정성이 크게 침해받는 결과가 되었다. 그러나 2024년 5월 30일의 2021년 귀속 종부세의 합헌결정문의 내용을 살펴보면, 이러한 사실들이 헌법 규정에 위반되는지 여부에 대한 실체적이고 실증적인 분석 및 판단이 누락되어 있는 것이다.

오히려 아래에서처럼 헌법재판소는 다주택자 등에 대한 차별적 중과세가 오로지 부동산 가격 안정이라는 종부세의 입법목적에만 몰두하여, 헌법이 보호하고자 하는 재산권의 본질적 내용의 침해의 금지, 조세법률주의, 조세평등주의 등에 대한 진정성 있는 고찰 없이 합헌이라고 결정한 것에 불과하다. 헌법재판소의 종부세 합헌결정은 종부세법의 입법목적에 적합하게 부과되었다고 합헌결정을 한 것인데 이것은 법률의 위헌법률심판을 한 것이 아니고 종부세 부과 처분의 적법성을 판결한 것에 불과하다. 그래서 이 판결은 위헌법률심판 판결의 적격성이 전혀 없는 당연무효의 판결이라 하겠다. 합헌결정 판결문에 적시된 내용 중 종부세가 종부세법상의 입법목적에 타당하게 부과되었다고 설명하는 주요 내용 등은 다음과 같다. 또한 이 내용이 합헌결정의 핵심적 내용이라 할 것이다.

- 개인납세자의 주택분 종부세 침해의 최소성 설명 항목에 적시된 내용은 다음과 같다. '위와 같은 점들을 모두 종합하여 보면 주택분 종부세의 과세표준 및 세율 등으로 인한 개인납세자의 세부담 정도가 종부세의 입법목적에 비추어 지나치다고 보기 어렵다.'

- 법인납세자와 토지분 종부세의 경우도 위와 똑같은 내용으로 '납세의무자의 세부담 정도가 역시 종부세의 입법목적에 비추어 과다하다고 보기는 어렵다.'라고 적시되어 있다.

- 법인납세자의 높은세율에 대하여 다음과 같은 적시 내용이 있다. '2021년 귀속 법인에 대한 주택분 종부세율이 앞에서 언급한 종부세법의 입법목적 달성에 필요한 정도를 넘는 자의적인 세율이라고 보기는 어렵다.'

청구인들은 종부세의 헌법소원 위헌법률심판을 청구한 납세자들이다. 이번의 합헌결정에는 헌법 규정에 의한 위헌법률심판을 하였다고 인정할 수 있는 어떠한 내용도 포함되어 있지 않다. 2021년 귀속 종부세가 재산권과 평등권 그리고 조세법률주의에 위반되는지에 대하여는 어떠한 검토와 분석한 내용이 전혀 없다. 다만 '납세자의 세부담 정도가 종부세의 입법목적에 비추어 지나치다고 보기 어렵다. 또는 주택분 종부세율이 종부세법의 입법목적의 달성에 필요한 정도를 넘는 자의적인 세율이라고 보기 어렵다'라고 헌법재판소 결정문에 적시하고 있는데 이 내용은 오직 종부세가 종부세법의 입법목적에 따라 적법하게 부과된 세금임을 인정한 것에 불과한 내용이기 때문에 이 합헌결정은 위헌법률심판의 판결이라고는 전혀 인정될 수가 없는 것이다.

종부세법의 입법목적인 부동산 가격 안정이라는 국가정책이 아무리 중요하다고 하여도 국가정책은 헌법보다 더 상위에 존재할 수는 없는 것이다. 대한민국의 최상위 법령은 헌법으로 모든 국가정책은 당연히 헌법 규정을 지켜야 한다. 또한 세금은 헌법상의 규정인 납세의 의무에 의하여 국민들이 스스로 납부하는 것인 만큼 세금이 헌법의 규정에 위반되게 부과되어서는 안 된다는 것이 헌법의 기본 정신이다. 더욱이 헌법재판관이 종부세의 위헌 여부를 판결한다고 하여 헌법재판관이 헌법 위에 존재하는 것도 아니다. 헌법재판관이 무슨 이유에서인지는 몰라도 종부세가 합헌이라고 미리 정해놓고 당치도 않은 합헌 이유를 모아놓은 판결이 이번의 합헌결정이라 하겠다. 헌법재판관은 사실상 헌법을 지키는 파수꾼이 되어야 하는데 오히려 헌법을 무시하고 헌법을 파괴하는 판결을 한 것이 이번의 종부세 합헌결정이라 하겠다.

이번의 합헌결정 내용에는 2021년 귀속 종부세가 헌법의 각 규정에 어떻게 위반되는지에 대한 검토와 분석의 내용이 전혀 없고, 또한 2021년 귀속 종부세가 헌법 규정에 적합한 이유에 대한 설명도 전혀 없다. 합헌결정문의 내용 중 헌법적 규정을 언급한 표현은 다음의 두 가지가 있는데 이 내용들은 너무나 황당한 내용으로 이에 대한 설명을 보완하고자 한다.

어느 법인 납세의무자에게 적용되는 명목세율이 1천분의 60이라 하더라도 실효세율은 이보다 낮아지게 된다. 위와 같이 명목상 세율이 아닌 실질적인 세부담을 고려해 보면, 주택분 종부세 조항들로 인하여 짧은 시간에 재산원본을 몰수하거나 잠식하는 효과가 초래되어 사적 유용성과 처분권이 위협된다고 보기 어렵다.

수요자에게 부동산을 적절히 공급하는 사회경제적 역할을 담당하고 있으나 때로는 부동산 가격 상승을 부추겨 실수요자의 부동산 취득을 어렵게 하는 등 경제의 원활한 성장에 장애물로 기능하기도 하므로, 부동산매매업·임대업과 같은 사업에 대한 규제의 필요성은 상대적으로 크다는 점을 고려해 보면(헌재 2017. 8. 31. 2015헌바339 참조), 부동산매매업 등에 종사하는 법인들에 대한 주택분 종부세 조항들로 인한 기본권 제한의 정도가 헌법상 허용되는 범위를 벗어났다고 보기는 어렵다.

이상의 합헌결정문의 내용도 종부세가 헌법위반인지에 대하여 위헌심판을 한 것이 아니고, 종부세가 부동산 가격 안정이라는 종부세법의 입법목적에 적합하게 부과되었는지를 검토한 내용에 불과할 뿐이다. 법인의 명목세율이 1천분의 60이며, 그 세율이 공시가격에 적용되고 공시가격도 공정시장가액비율 95%가 적용되기 때문에 실효세율은 1천분의 60 이하가 되는 것은 당연한 것으로 위헌청구인들은 이것을 부인한 바가 전혀 없다. 오히려 이렇게 낮아진 실효세율로 부과된 2021년 귀속 종부세가 기대임대소득 즉 사적 유용성을 4배 수준 초과하여 재산권의 본질적 내용을 침해하여 헌법 제37조 제2항의 규정을 분명히 위반하였으며, 대부분의 청구법인은 과다한 종부세의 부과로 모든 재산원본을 5년 내 사실상 국가에 무상몰수된다는 내용을 자세하게 설명하였다. 그러나 헌법재판소의 합헌결정문을 보면, 이렇게 부과된 종부세가 재산권의 본질적 내용을 침해했는지에 대해서는 전혀 그 설명이 없다. 엉뚱하게도 법인에게 부과되는 종부세율이 1천분의 60이지만 공정시장가액비율 95% 적용 등으로 인하여 실효세율이 명목세율보다 낮아지기 때문에 '주택분 종부세 조항들로 인하여 짧은 시간에 재산원본을 몰수하거나 잠식하는 효과가 초래되어 사적 유용성과 처분권이 위협된다고 보기 어렵다.'고 설명하고 있을 뿐이다. 이 판결내용은 매우 추상적인 내용을 나열하여 합헌결정한 것에 지나지 않는 지나치게 황당한 판결이라고 하겠다. 청구인들은 명목세율이 높다고 위헌심판을 청구한 것이 아니고 공시가격을 적용하고 공정시장가액비율 95%를 적용하여 명목세율보다 낮은 실효세율이 적용되어 부과된 그 종합부동산세액이 재산권의 본질적 내용을 침해했다고 주장한 것이다. 그런데 헌법재판소에서는 부과된 종부세액이 재산권의 본질적 내용을 침해했는지 안했는지에 대하여는 전혀 어떠한 언급과 설명을 하지 않았다. 오히려 청구인들이 위법하다고 주장도 하지 않은 실효세율이 명목세율보다 낮아지니, 이것이 합헌의 근본적 이유라고 주장하는 것은 초등학생도 정당하다고 주장할 수 없는 터무니 없는 황당한 앞뒤가 바뀐 합헌결정의 이유라고 하겠다. 이러한 판결은 국민을 속이기 위한 속임수에 불과한 명백한 거짓말 수준의 합헌 이유라고 하겠다. 종부세의 실효세율이 명목세율보다 낮아지는 것은 너무나 당연한 것이다. 이것은 위헌 여부와는 전혀 관련이 없는 것이고 위헌 여부와 관련이 있는 것은 낮아진 실효세율을 적용하여 부과된 종부세액이 재산권을 침해하는지 안하는지의 여부이다. 이러한 청구인들의 주장에 대하여 헌법재판소에서는 실증적인 내용으로 검토하거나 분석은 하지 않고 실효세율이 명목세율보다 낮아진다는 당연한 사실을 종부세 합헌 이유로 제시했다. 이는 종부세의 합헌 이유 자체가 되지 않는 너무나 엉뚱하고 부적합한 합헌 이유의 제시라고 하겠다.

'부동산매매업 등에 종사하는 법인들에 대한 주택분 종부세 조항들로 인한 기본권 제한의 정도가 헌법상 허용되는 범위를 벗어났다고 보기는 어렵다.'고 헌법재판소는 합헌 이유를 제시하였다. 이 역시 청구인들은 부동산매매 및 임대업에 대한 규제의 필요성이 있다·없다를 논의한 것이 아니고, 부동산매매업과 부동산 임대업에 종사하는 법인들에 대하여 부과한 주택분 종부세가 기대임대소득 즉 사적 유용성을 4배 수준 초과하여 부과되어 헌법 제37조 제2항에 규정된 재산권의 본질적 내용을 침해하였고, 사실상 종부세가 5년간 계속 부과되면 이러한 법인들이 보유한 모든 주택은 국가에 완전히 몰수될 수밖에 없다는 내용을 자세하게 설명하였다. 그리고 이렇게 과중하게 재산권을 침해하는 세금은 헌법 위반인 것을 판정해 달라고 요청한 것이다. 그런데 헌법재판소에서는 이렇게 부과된 종부세가 재산권을 침해하는지 않는지에 대해서는 실증적인 검토가 전혀 없고 합헌결정문에 어떠한 언급조차 하지 않으면서 '오직 규제의 필요성이 있기 때문에 헌법상 허용되는 범위를 벗어났다고 보기 어렵다.'고 추상적인 내용으로 판결했다. 이는 적격성이 전혀 없는 매우 잘못된 그리고 매우 부실한 위헌법률심판 판결이라고 하겠다.

또한 부동산매매 법인과 부동산임대 법인에 대하여 투기 억제를 위하여 규제의 필요성이 있다고 하여도 세금을 규제의 수단으로 쓸 수 없다. 헌법상의 '납세의 의무' 규정에 따른 세금의 본질은 국가재정 수요를 충족시키기 위하여 담세력에 응하여 일반원칙을 적용하여 부과하는 것이다. 세금을 부동산 투기 억제의 수단으로 사용하는 것이 타당하지 않다. 설령 세금을 규제수단으로 사용할 수 있다고 하여도 그 세금은 헌법 제37조 제2항에 규정된 재산권의 본질적 내용을 침해할 수는 없는 것이다. 규제가 필요하고 규제에 따라 세금이 중과세된다고 하여도 헌법에 명백히 규정된 재산권의 본질적 내용을 절대로 침해할 수는 없는 것이다.

그런데 헌법재판소에서 규제가 필요하여 중과세가 정당하다고 적시하고 있지만 막상 청구인들이 주장하는 '부과된 종부세가 재산권의 본질적 내용을 침해하여 헌법 제37조 제2항의 규정을 위반했다.'는 내용에 대하여는 어떠한 대답도 없고 분석도 없으며 설명이 없다. 이것은 헌법재판소가 2021년 귀속 종부세가 재산권의 본질적 내용을 침해했다는 것을 스스로 인정한 것으로 생각할 수밖에 없다고 하겠다. 그러나 헌법재판관들은 종부세는 합헌이라는 판결 방향을 미리 정해놓고 여기에 합치되는 내용만을 골라서 합헌결정문에 포함시켰다고 의심이 가는 것이다. 따라서 합헌결정에 결정적으로 합치되지 않는 재산권의 본질적 내용의 문제는 합헌결정문에 거론조차 하지 않은 것이라 할 것이다.

따라서 이번의 헌법재판소의 합헌결정은 타당한 심판기준에 의거하여 판결한 위헌법률심판의 합헌결정이라고 볼 수는 없다. 오히려 종부세가 종부세법의 입법목적에 타당한 세금으로 종부세법에 적법하게 부과된 세금임을 선언한 것에 불과하다 할 것이다. 종부세의 위헌법률심판은 심판대상이 종부세법이고 심판의 기준이 헌법의 규정이 되어야 하는데도 불구하고, 이번의 종부세 합헌결정의 경우는 그 심판의 대상이 되어야 할 종부세법의 입법목적이 오히려 위헌법률심판의 심판기준이 되었기 때문에, 이 합헌결정은 원천무효의 판결임이 분명하다고 하겠다.

제4절 | 헌법재판소 합헌결정의 내용은 헌법파괴에 해당된다

1. 다주택자 등에 대한 종부세의 차별적 중과세는 헌법상의 '납세의 의무' 규정에 위반되는 것이다

① 조세와 재산권 보장

여기에서는 2021년 귀속 종부세에 대한 헌법재판소의 합헌결정이 헌법파괴에 해당된다는 내용을 설명하고자 한다. 현대의 복지국가는 국민의 사회복지의 유지 및 환경의 보전 등을 위하여 막대한 재정지출을 요구받고 있다. 이러한 재정수요를 충족시키기 위하여는 일정한 재정수입원을 확보해야 되는데 그 절대적 비중을 차지하고 있는 것이 바로 세금이다. 따라서 헌법에 '납세의 의무'규정을 두고 있는 것이며, '납세의 의무'는 '국방의 의무'와 함께 국민의 2대 의무에 해당하는 것이다. 그러나 세금만이 국민의 재산을 국가권력이 무상으로 빼앗을 수 있는 것이기 때문에 세금과 재산권 보장의 문제는 고대부터 현재의 자유민주주의 정치체제에서도 항상 국가적 문제가 되어 왔다. 왕조시대와 전제국가 시대에는 '조세고권주의'라고 하여 국가의 과세권은 통치권이라는 절대권력에 속하는 것으로 어떠한 제한도 받지 아니한다는 인식도 있었다. 그러나 현대의 자유민주주의 체제에서는 세금 부과도 헌법상의 각종 기본권 규정과 제도보장 규정에 합치되어야 하며, 이는 조세법률주의와 조세평등주의 등 실천 원리에 부합하여야 하는 것이다. 그러나 종부세의 경우는 많은 국민을 고통 속에 빠지게 하는 결과를 가져왔고, 사실상 헌법 규정에 위반될 뿐만 아니라 헌법파괴에 해당되는 결과가 되어, 우리 국민은 이러한 사실을 명확히 알아야 할 필요가 있기 때문에 이에 대하여 구체적으로 설명하고자 한다.

② 종합부동산세의 본질과 외국의 사례

종합부동산세는 부동산보유세이다. 부동산보유세는 일반적으로 다음과 같은 특징을 가지고 있다. ① 부동산이라는 물건의 소유에 근거하여 과세되는 물세이며 ② 보유재산의 원본을 침식하지 아니하고 통상 그 재산으로부터 기대할 수 있는 수익에 대하여 낮은세율로 세금을 부과하는 성격의 명목적 재산세에 해당되며 ③ 지방정부가 제공하는 각종 공공서비스의 편익의 대가(응익과세원칙)로 지불하는 세금으로 일반적으로 단일비례세율이 적용된다.

그래서 OECD 국가 대부분의 부동산보유세 실태를 보면, 주택의 고가 여부, 다주택자 등과 관계없이 단일세율이 적용되며, 매년 반복해서 부과되는 생활밀착형 세금이기 때문에 공시가격, 공정시장가액비율 그리고 세율 등의 과세요건을 그대로 유지하는 등 국민이 안심하고 살아갈 수 있게 주택 취득 이후 매년 거의 동일한 세액을 납부하도록 법적 안정성이 최우선으로 고려되는 세금이다. 우리나라의 경우 부동산보유세 등의 모든 조세는 미국, 영국, 프랑스, 독일, 일본 등의 OECD 선진국가로부터 모방하여 도입되었다는 사실은 누구나 인정할 것이다.

그렇기 때문에 OECD 선진국가들의 부동산보유세의 법체계, 운영 실태 그리고 법 해석 기준 등의 판단기준은 우리가 의당 참고해야 하는 기준 모델이 될 수밖에 없는 실정이라고 하겠다. 금융위기나 팬데믹 대유행의 위기는 거의 어느 나라도 다 겪었으며 이러한 위기의 경우 부동산 가격이 심하게 등락한 것은 어느 나라나 거의 유사하다. 그런데도 OECD 모든 국가의 경우 부동산보유세는 생활밀착형 세금이기 때문에 법적 안정성이 최우선으로 고려되어야 하므로 부동산보유세가 증액되어 부과된 사례는 없었다.

3 다주택자 등에 대한 차별적 중과세는 헌법상 규정인 '납세의 의무'의 규정에 기초한 세금의 본질에 타당한 세금 부과가 아니다

'납세의 의무'는 일정한 법률 위반을 전제하거나 의무의 이행을 강제하기 위하여 부과·징수하는 것이 아니라 국가가 국민에게 경제활동과 관련된 자유를 포함하는 기본권을 보장하고 실질적인 자유와 평등을 실현하기 위하여 헌법상 부과되는 것으로 이해되고 있다. 조세의 특징은 세원에 대하여 세금을 부과하는 것이며, 담세능력에 응하여 일반적인 기준에 따라 부과되는 것이다. 그러나 헌법재판소에 의하면 조세는 '국가가 재정수요를 충족시키거나 경제적·사회적 특수정책의 실현을 위하여 헌법상 국민의 '납세의 의무'에 근거하여 국민에 대하여 아무런 특별한 반대급부 없이 강제적으로 부과·징수하는 과징금을 의미한다.'라고 정의하고 있다. 여기에서 '경제적·사회적 특수정책의 실현을 위하여'라는 문구에 대한 해석에 문제가 있을 수 있다. 이 문장에 대한 해석을 특정 정책목표의 달성을 위하여 특정 납세자 집단구성원들의 담세능력과 무관하게 그 집단에 속하

는 사실 자체에 근거하여 조세를 부과하거나 중과세하는 것이 합리적이라고 해석한다면 이것은 헌법상 '납세의 의무'규정에 위배되는 것이며, 또한 헌법상 기본권 보장의 관점에서도 허용될 수 없다고 하겠다. 납세자의 담세능력은 법률상 해당 과세의 요건으로 명확히 규정되어야 하는 것이고, 또 합리적으로 측정 또는 구분되어야 하는 것이기 때문이다.

만일 특정 정책목표의 달성을 위하여 담세력과 무관하게 세금을 중과세하는 것을 허용하는 경우에는 이것은 정책목표 자체가 '납세의 의무'를 창설하는 결과가 되는 것이다. 헌법상의 '납세의 의무'규정은 세원에 대하여 담세능력에 응하여 세금이 부과되어야 된다는 의미가 분명하기 때문에 정책목표 자체가 담세력과 무관하다면 정책목표 자체로는 헌법상 규정인 '납세의 의무'의 규정이 적용될 수 없기 때문에 담세력과 무관한 정책목표 자체로 세금의 중과세가 허용되는 것은 사실상 헌법상의 '납세의 의무'규정과는 다른 새로운 '납세의 의무'를 창설하는 것이라고 밖에 볼 수 없는 것이다. 따라서 헌법재판소의 조세정의상 '경제적·사회적 특수정책의 실현을 위하여'라는 문구는 '일반적인 재정수요를 충족하거나 경제적·사회적 특수정책의 실현을 위한 재정수요를 충족하기 위하여'를 의미하는 것으로 해석되는 것이지 경제적·사회적 특수정책의 실현을 위해 세금을 자의적으로 부과할 수 있는 것은 아니라는 의미라고 해석해야 할 것이다(이준봉, "조세법총론", 삼일인포마인, pp. 45~55).

또한 헌법 제37조 제2항에 규정된 '자유와 권리의 본질적인 내용을 침해할 수 없다.'는 헌법상 제한 규정은 조세에 있어서도 분명히 적용되는 것이라 하겠다. 존엄한 존재로서의 인간의 자유와 생존을 위해 재산권이 보장되어야 할 것으로 재산권의 제한 또는 박탈이 재산권 보장을 공허하게 하여 그 재산권이 사실상 빈 껍데기에 불과하여 재산권자의 자유와 생존에 기여하지 못할 정도에 이르는 경우는 재산권 보장의 의미가 없다. 그래서 헌법 제37조 제2항에 규정된 재산권의 본질적 내용을 침해할 수 없다는 기본권 보장 규정은 그간 헌법재판소의 확립된 입장이었고 학자들의 지배적 견해이다. 따라서 종부세의 경우도 부동산 가격 안정이라는 종부세법의 입법목적이 아무리 중요하다고 하여도 부과된 종부세가 재산권의 본질적 내용을 침해하는 것이 허용되어서는 안 되는 것이다.

국가가 국민의 재산을 무상으로 빼앗을 수 있는 것은 헌법상의 '납세의 의무' 규정에 기반을 둔 오직 세금뿐이다. 국가가 집행하는 정책이라고 하여 그 정책만으로 과세권이 창설될 수는 없는 것이다. 세금과 무관한 특정 의무위반 자체를 과세요건으로 하여 조세를 부과하는 것은 헌법상 '납세의 의무' 자체의 속성에 내포된 것으로 볼 수 없다. 또한 담세능력과 상관이 있다 하더라도 입법목적 달성을 위하여 특정 납세 집단에게 중과세하는 경우에는 그 중과세의 한계는 입법목적의 범위가 아니고 일반적인 조세의 입법재량 한계의 범위를 넘을 수는 없는 것이다. '납세의 의무'에 기반하여 부과되는 세금만이 국민의 재산을 무상으로 빼앗을 수 있는 것이다. 정책목표라고 하여 납세의무와 무관하게 별도의 세금부과권을 창설할 수는 없는 것이기 때문에 모든 세금은 조세의 입법재량의 한계 원칙이 적용되어야 하는 것이다.

더욱이 헌법 제37조 제2항의 규정을 보면, '국민의 모든 자유와 권리는 국가안전보장·질서유지 또는 공공복리를 위하여 필요한 경우에 한하여 법률로써 제한할 수 있으며, 제한하는 경우에도 자유와 권리의 본질적 내용을 침해할 수 없다.'라고 명백하게 규정되어 있다. 어떠한 명목의 조세라도 그 세금은 재산권의 본질적 내용을 침해할 수 없다는 것은 너무나 명백한 사실이다. 유도적·형성적 기능의 정책적 조세의 경우 가계나 기업의 경제활동을 규제 또는 유도함으로써 경제적 효율을 높이는 자원배분기능이 인정되고 있다. 그러나 이 기능도 어디까지나 헌법에 규정된 '납세의 의무'규정을 기초로 부과되는 조세의 본질을 벗어날 수 없다 하겠다. 또한 정책목적 자체에 새로운 세금 부과권의 창설을 허용할 수는 없으며, 조세입법재량의 한계를 넘어 사실상 헌법적 제한이 없는 조세고권 수준의 무제한적인 세금 부과권이 인정될 수는 더욱 없는 것이다.

2008년의 종부세 합헌결정문을 보면 종합부동산세의 법적 성격을 다음과 같이 요약하였다.

> 종합부동산세는 일정한 재산의 소유라는 사실에 담세력을 인정하여 부과하는 재산보유세의 일종이라 할 것이나, 일부 과세대상 부동산으로부터 발생하는 수익에 대하여 부과하는 수익세적 성격도 포함하고 있는 것으로 이해되고 있다. 한편, 종합부동산세법 제1조는 '이 법은 고액의 부동산 보유자에 대하여 종합부동산세를 부과하여 부동산 보유에 대한 조세부담의 형평성을 제고하고, 부동산의 가격 안정을 도모함으로써 지방재정의 균형발

전과 국민경제의 건전한 발전에 이바지함을 목적으로 한다.'고 규정하여, 고액의 부동산 보유에 대하여 중과세함으로써 국가재정 수요의 충당 이외에 부동산의 과도한 보유 및 투기적 수요 등을 억제하여 부동산 가격을 안정시키고자 하는 유도적·형성적 기능을 가진 정책적 조세로서의 성격도 함께 지니고 있음을 밝히고 있다.

따라서 종부세는 그 본질이 부동산보유세이지만 정책적 조세의 성격도 가지고 있다고 하겠다. 그러나 '부동산 가격 안정'이라는 종부세법의 입법목적이 '아무리 중요하다 하더라도 이 입법목적이 새로운 납세의무와 또 다른 과세권을 창설할 수 없는 것이다. 정책목적을 위한 규제도 어디까지나 담세력에 응한 세금 부과가 되어야 하는 것이지 국가권력에 의하여 담세력과 무관하게 자의적이며 차별적인 중과세는 헌법상의 규정인 '납세의 의무'에 위반되는 것이라 하겠다. 더욱이 '납세의 의무'라는 헌법적 규정에 위반되어 과세되는 세금이 정책적 조세라고 또 다른 헌법적 규정인 '재산권의 본질적 내용의 침해 금지규정마저 적용되지 않는다.'라고 인정한다면, 헌법파괴의 세금을 국가권력이 자의적으로 부과하는 것을 헌법재판소가 허용하는 결과가 되는 것이라고 하겠다.

그러나 헌법재판소의 종부세 합헌결정문을 보면, 다음과 같은 내용이 반복적으로 적시되어 있으며 사실상 종부세 합헌결정의 내용으로 인정되고 있다고 하겠다.

주택의 면적이나 보유 수는 타인에 대한 주택공급의 장애요인으로 작용할 수 있음을 감안할 때, 일정한 수를 넘는 주택 보유는 투기적이거나 투자에 비중을 둔 수요로 간주될 수 있고 주택가격 안정을 위하여 이에 대한 규제의 필요성도 인정될 수 있다(헌재 2008. 11. 13. 2006헌바112등 참조). 또한 조정대상지역 내 2주택 소유자에게는 3주택 이상 소유자와 동일한 수준의 중과세율 및 세부담 상한이 적용되는데, 조정대상지역은 주택가격이 단기간에 급등하거나 투기 우려가 높은 지역임을 감안하면, 조정대상지역 내에 소재하는 주택가격 안정을 위한 추가적 규제의 필요성 역시 인정될 수 있다 할 것이다. 따라서 소유 주택 수 및 조정대상지역 내에 주택이 소재하는지 여부에 따라 세율 및 세부담 상한을 차등화하여 종부세를 부과하는 것은 위와 같은 입법목적 달성에 적합한 수단이다.

법인에 대해서는 동등한 정도로 인정하기 어렵고, 종부세법의 실질적인 목적은 실수요자가 아닌 자가 투자 내지 투기 목적으로 다른 국민이 절실히 필요로 하는 주택 등을 과다하게 보유하는 것을 억제하고자 하는 데 있음을 상기해 본다면, 주택 시장에서 실수요자라고 할 수 없는 법인의 주택 보유 그 자체를 개인에 비하여 보다 엄격하게 규율할 필요성을 인정할 수 있다. 이와 더불어 일반적으로 법인의 자금동원능력은 개인에 비해 월등한 점, 2020년 이후 전국에서의 법인의 주택 매수 비중이 늘어남과 동시에 아파트 매매 중 개인(매도인)과 법인(매수인) 간의 거래 비중 역시 상당히 늘어남에 따라, 개인이 다주택 소유에 대한 종부세 부담을 회피할 목적으로 법인 명의로 주택을 취득·

보유하는 것 역시 규제하여야 한다는 목소리가 높아졌던 당시 상황 등을 함께 고려해 보면, 입법자가 법인이 보유한 일정 가액 이상의 주택에 대하여 개인에 비해 보다 강화된 기준으로 종부세를 부과하는 것 역시 앞서 언급한 입법목적 달성에 적합한 수단이 될 수 있다.

  과세형평성 제고 및 투기 목적의 주택수요 차단이라는 종부세법 본연의 입법목적과 더불어 법인에 대한 2021년 귀속 주택분 종부세의 강화는 당시 법인을 활용한 부동산 투기 억제 및 실수요자 보호 등을 목적으로 이루어졌던 점 등을 고려해 보면, 법인에 대하여 과세표준 기본공제 및 세부담 상한을 폐지한 입법자의 판단이 불합리하다고 보기 어렵다. 위와 같은 점들을 모두 종합하여 보면, 주택분 종부세의 과세표준 및 세율 등으로 인한 법인 납세의무자의 세부담 정도가 종부세의 입법목적에 비추어 지나치다고 보기 어렵다.

  그러나 부동산 투기를 억제하고 자금을 생산적인 방향으로 흐르도록 유도하려 한 것이 지금까지의 일관된 조세정책이었는바(헌재 1996. 12. 26. 94헌가 10 참조), 종부세와 같이 국가재정 수요의 충당에서 더 나아가 부동산 투기 억제 및 부동산 가격 안정 등의 적극적인 목적을 추구하는 유도적·형성적 기능을 지닌 정책적 조세법규에 있어서는 재정·경제·사회정책 등 국정전반에 걸친 종합적인 정책판단을 필요로 한다. 부동산에 대한 지나친 수요 및 부동산 가격 상승과 이로 인한 부의 편중현상, 서민층의 내 집 마련의 어려움 등을 비롯한 주거생활의 불안정, 토지 이용의 효율성 저하 등과 같은 문제점은 국민 전체의 공공복리를 위해 규제되어야 할 당위성이 있다.

입법자는 전국적으로 부동산 가격이 급등함과 동시에 법인의 주택, 특히 아파트 구매 비중이 증가하는 상황에서 2020년 들어서도 사그라지지 않는 투기적 목적의 부동산 수요 및 법인을 활용한 개인의 부동산 투기를 차단하여 부동산 가격을 안정시킴으로써 결국 무주택자를 비롯한 실수요자를 보호하겠다는 판단에 따라 종부세제를 강화하기로 하는 정책적 결단을 내린 것으로서, 이와 관련된 입법들이 명백히 잘못되었다고 볼 수 없다.

주택 시장에서 실수요자라 할 수 없는 법인의 주택 보유를 개인과 달리 규율할 필요성이 도출될 수 있다. 더욱이 법인은 일반적으로 자연인인 개인에 비하여 월등한 자금동원능력을 보유하고 있어 법인이 취득하는 부동산의 규모도 이에 상응할 것임이 합리적으로 예상될 뿐만 아니라, 법인은 개인과 비교하였을 때 조직과 규모에 있어 대체로 강한 확장성을 가지고 그 활동의 영역과 효과도 다양한바, 법인이 목적사업에 불요불급한 주택을 과다 보유하거나 투기적 목적으로 취득·보유할 경우에는 주택가격의 급격한 상승을 유발하여 부동산시장이 불안정해질 수 있음은 자명하다. 위와 같은 주택의 의미, 법인의 주택 과다 보유 및 투기적 목적의 주택 보유를 규제하여 실수요자를 보호해야 할 공익적 요청, 법인의 담세능력 등을 종합하여 보면, 주택분 종부세 조항들이 개인인 주택 소유자에 비하여 법인인 주택 소유자를 차별취급하는 데에는 합리적인 이유가 있다 할 것이므로, 주택분 종부세 조항들은 조세평등주의에 위반되지 아니한다.

위의 합헌결정문을 보면, 2021년 귀속 종부세가 다주택자와 조정대상지역 내 2주택자 그리고 법인납세자에게 차별적인 과잉세금이 부과된 근본 요인은 담세력의 차별에 따른 차별적 중과세가 아니라고 한다. 일정한 수를 넘는 주택 보유 또는 법인의 주택 보유는 투기적이거나 투자에 비중을 둔 수요로 간주하고, 이에 대한 규제의 필요성을 인정하였다. 그래서 다주택자와 조정대상지역 내 2주택자 그리고 법인납세자에 대한 차별적 중과세는 종부세법의 부동산 가격 안정 도모라는 입법목적의 달성에 적합한 수단이 되기 때문에, 침해의 최소성원칙에 어긋난다고 보기 어렵다고 한다. 또한 차별취급하는 데에는 합리적인 이유가 있기 때문에 조세평등원칙에 위반되지 아니한다는 것이다.

헌법재판소의 이러한 판결내용은 조세의 본질에 매우 부적합한 내용이다. 사실상 부동산 가격 안정 도모라는 국가정책을 위한 규제의 목적으로 다주택자 등에 대한 중과세를 인정한 것으로밖에 볼 수 없다. 헌법상 '납세의 의무'의 규정에 적합한 세금 부과라고는 볼 수 없는 것이다. 이것이 정당한 세금이라고 인정된다면, 국가정책 수행 성공을 위해 정책목적에 따른 세금을 신설하여 정책목적 달성에 지장을 주는 국민의 행동에 대하여 국가가 얼마든지 세금을 부과하여 응징할 수 있게 하는 조세부과 만능권력을 부여하는 결과가 된다. 사실상 국가정책에 헌법상의 '납세의 의무'규정과는 다른 새로운 조세의 부과권을 창설해 준 것에 해당되는 것이다.

헌법상 '납세의 의무'규정은 일정한 법률 위반을 전제하거나 의무의 이행을 강제하기 위하여 국가에 세금 부과권을 주는 규정이 아니고, 국가의 재정수요 충족을 위하여 세금 부과권을 주는 것이다. 그러나 세원에 대하여 담세력에 응하여 공정하고 공평한 세금을 부과해야 하는 세금 부과권을 준 것에 불과하다. 따라서 다주택자 등에 대한 차별적 중과세는 '부동산 투자를 규제하기 위한 수단으로, 종부세법의 입법목적에 타당한 수단이 되기 때문에 헌법에 합치한다.'는 헌법재판소의 종부세 합헌결정은 매우 잘못된 판결이며 헌법 규정에 위반되는 판결에 불과하다.

부동산 가격 안정이라는 종부세의 입법목적이 아무리 중요하다고 하더라도 종부세도 '납세의 의무'라는 헌법 규정에 따라 세금이 부과되어야 한다. 그러므로 부동산 가격 안정이라는 정책 자체에 새로운 세금을 부과할 수 있는 과세권을 창설해 줄 수는 없는 것이다. 또한 부과된 종부세가 재산권의 본질적 내용을 침해하여 헌법 제37조 제2항의 규정을 위반하도록 허용해 줄 수는 더욱 없다. 그러나 2021년 귀속 종부세는 다주택자, 법인 등의 납세 집단을 구분하여 중과세하였고 또한 조정대상지역 내의 2주택자에 대하여 높은세율을 적용하여 중과세하였다. 다주택자 등에게 중과세된 2021년 귀속 종부세는 이 납세자 집단의 세금부담 능력의 차이에 따른 차별과세가 아니고 부동산 투기 조장에 따른 응징적 세금 부과라고 하겠다. 합헌결정문 어디에도 다주택자 등의 담세능력이 차별적으로 더 높다고 분석한 내용이 전혀 없다. 종부세의 담세력은 부동산가액이니, 부동산가액이 동일한 경우에는 다주택자 등의 담세력이 더 높다고 인정할 수 있는 어떠한 근거도 없는 것이다. 그런데 다주택자 등에게 부과된 2021년 귀속 종부세의 경우는 사적 유용성이라고 할 수 있는 기대임대소득의 2~4배 수준을 초과하여 세금이 부과되었기 때문에 이 세금은 재산권의 본질적 내용마저 침해하는 것이 분명하다. 헌법재판소의 합헌결정에는 이러한 내용에 대하여 어떠한 분석이나 설명이 없었던 것으로 이것은 사실상 종부세가 헌법 규정인 '납세의 의무' 규정에 위반되어 부과되었고, 종부세가 정책적 조세이기 때문에 기본권 제한관련 헌법 규정을 전혀 적용하지 않은 것으로 생각되는 것이다. 따라서 헌법재판소의 종부세 합헌결정은 헌법상 규정인 '납세의 의무'규정을 위반한 것이 분명하다고 하겠다.

2. 다주택자 등에 대한 차별적 중과세는 헌법상 규정인 '죄형법정주의'의 규정을 위반하였다

다주택자, 법인납세자, 조정대상지역 내 2주택자(이하 다주택자 등이라 함) 등에 대한 차별적 중과세는 헌법상의 '납세의 의무'규정에 기초한 세금의 부과라고 볼 수 없다면, 이것의 법적 성격은 무엇인가를 살펴보아야 할 것이다. 세금은 납세의무에 기초하여 세원에 대하여 그리고 담세능력에 응하여 부과되어야 한다. 그러나 다주택자 등에 대한 차별적 중과세는 담세력의 차이에 따른 중과세가 아니고 부동산 가격 안정이라는 입법목적에 따른 중과세이다. 따라서 이것은 세금 명목으로 부과되었지만, 부동산 가격 안정이라는 입법목적에 따라 투기 행위 또는 투자 행위를 규제할 목적으로 주택을 과다보유한 납세자에 대하여 차별적으로 중과세한 것이다. 이렇게 중과세한 종합부동산세의 법적 성격은 헌법상의'납세의 의무' 규정에 따른 세금이 아니고, 실질적으로는 처벌 또는 응징하는 성격의 재산형 형벌에 해당한다고 하겠다.

이번의 합헌결정문을 보면 헌법재판소에서는 2021년 귀속 종부세가 과중하게 부과되었다는 사실은 다음과 같이 인정하고 있다.

2021년 귀속 종부세의 경우, 심판대상조항에 의한 주택분 세율 및 세부담 상한의 인상, 법인에 대한 과세표준 기본공제 및 세부담 상한의 폐지와 고율의 단일세율 적용 등과 같은 종부세법 그 자체의 개정뿐만 아니라 종부세법 시행령상의 공정시장가액비율의 인상, 부동산공시법상 공시가격의 상승에 따른 종부세 과세표준의 상승, 민간임대주택법에 따라 등록되어 있던 임대주택의 일부 유형의 등록말소에 따른 다주택자의 증가, 주택법상의 조정대상지역의 추가 지정 등과 같은 여러 요인들이 복합적으로 작용하여 납세의무자의 종부세 부담이 증가하였고, 특히 3주택 이상 또는 조정대상지역 내 2주택을 소유한 다주택자 및 법인의 주택분 종부세 부담이 전년 대비 상당히 가중되었음을 부인할 수는 없다.

또한 이번의 합헌결정문에서 헌법재판소는 다주택자 등에 대한 차별적 중과세의 근본적 이유를 대략 다음과 같이 적시하고 있다.

주택의 면적이나 보유 수는 타인에 대한 주택공급의 장애요인으로 작용할 수 있음을 감안할 때, 일정한 수를 넘는 주택 보유는 투기적이거나 투자에 비중을 둔 수요로 간주될 수 있고 주택가격 안정을 위하여 이에 대한 규제의 필요성도 인정될 수 있다.

조정대상지역은 주택가격이 단기간에 급등하거나 투기 우려가 높은 지역임을 감안하면, 조정대상지역 내에 소재하는 주택가격 안정을 위한 추가적 규제의 필요성 역시 인정될 수 있다 할 것이다. 따라서 소유 주택 수 및 조정대상지역 내에 주택이 소재하는지 여부에 따라 세율 및 세부담 상한을 차등화하여 종부세를 부과하는 것은 위와 같은 입법목적 달성에 적합한 수단이다.

현실적으로 개인이 주거공간으로서의 주택에 대하여 갖는 위와 같은 긴밀한 연관성을 법인에 대해서는 동등한 정도로 인정하기 어렵고, 종부세법의 실질적인 목적은 실수요자가 아닌 자가 투자 내지 투기 목적으로 다른 국민이 절실히 필요로 하는 주택 등을 과다하게 보유하는 것을 억제하고자 하는 데 있음을 상기해 본다면, 주택 시장에서 실수요자라고 할 수 없는 법인의 주택 보유 그 자체를 개인에 비하여 보다 엄격하게 규율할 필요성을 인정할 수 있다.

그리고 헌법재판소에서는 청구인들이 주장한 2021년 귀속 종부세가 재산권의 본질적 내용을 침해하며 조세평등주의와 조세법률주의를 위반한다는 구체적인 분석 내용과 근거 제시에 대하여는 전혀 검토 또는 언급조차 없이, 막연한 내용으로 재산권을 침해하지 않는다고 결론을 내리고 있다. 그 내용을 보면 다음과 같다.

위와 같은 점들을 모두 종합하여 보면, 결국 심판대상조항에 의한 종부세 부담의 정도는 재산권의 본질적 내용인 사적 유용성과 원칙적인 처분권한을 여전히 부동산 소유자에게 남겨 놓은 한도 내에서의 재산권의 제한이다.

여기에서 '위와 같은 점들'이라는 내용은 청구인들의 종부세 위헌청구 이유와는 전혀 관련이 없는 내용으로, 사실상 종부세가 합헌이라는 핑계를 만들기 위한 합헌 이유의 조작에 불과하다고 하겠다. 청구인들은 종부세법상의 명목적 세율이 높다고 그것이 재산권 침해에 해당된다고 주장한 바는 전혀 없다. 청구인들은 공시가격의 현실화율이 70% 수준이며 과세표준 기본공제금액의 공제도 인정하였고, 공정시장가액비율은 95%가 적용된 것도 모두 인정하고 있다. 따라서 명목세율이 높다 또는 낮다는 주장은 종부세 위헌청구와 아무런 관련이 없다. 위헌청구인들은 명목세율이 아닌 실효세율이 적용된 실질적 세부담이 재산권의 본질적 내용을 침해했다고 제기했다. 그러므로 헌법재판소에서는 청구인들에게 부과된 종부세의 실질적 세부담이 과연 사적 유용성을 초과하였는지를 실증적으로 분석해야 했다. 또한 이것이 재산권의 본질적 내용을 침해했는지를 실증적으로 분석하여 종부세의 과도한 부과가 위헌에 해당되는지 또는 합헌에 해당되는지를 검토했어야 한다. 그런데 헌법재판소에서는 이러한 실증적 분석과 판단은 전혀 하지 않고, 오직 '명목세율보다 실효세율이 낮기 때문에 사적 유용성이 위협된다고 보기 어렵다.'는 매우 추상적이며 공허한 이유를 만들어 합헌결정을 내린 것으로 이것은 사실관계의 조작에 해당된다.

또한 부동산매매업과 임대업에 대하여 규제의 필요성이 있다면, 적정한 규제조치를 정부가 취하면 된다. 그런데 세금으로 규제를 하여도 좋다는 것은, 세금의 본질에 벗어난 세금 부과를 허용하는 것에 지나지 않는다고 하겠다. 또한 헌법재판소는 부동산매매업과 임대업에 종사하는 법인들에게 부과된 종부세가 실증적으로 재산권의 본질적 내용을 침해했는지를 분석하고 입증해야 했다. 그러나 막연하고 추상적이며 공허하게 '주택분 종부세의 법조항들로 인해 기본권 제한의 정도가 헌법상 허용되는 범위를 벗어났다고 보기 어렵다.'라고 판결했다. 이는 청구인들의 위헌청구 주장을 제대로 된 검토 없이 일축한 것에 불과한 것이기 때문에 제대로 된 법률심판이라고는 전혀 인정할 수조차 없는 것이라 하겠다.

어느 법인 납세의무자에게 적용되는 명목세율이 1천분의 60이라 하더라도 실효세율은 이보다 낮아지게 된다. 위와 같이 명목상 세율이 아닌 실질적인 세부담을 고려해 보면, 주택분 종부세 조항들로 인하여 짧은 시간에 재산원본을 몰수하거나 잠식하는 효과가 초래되어 사적 유용성과 처분권이 위협된다고 보기 어렵다.

수요자에게 부동산을 적절히 공급하는 사회경제적 역할을 담당하고 있으나 때로는 부동산 가격 상승을 부추겨 실수요자의 부동산 취득을 어렵게 하는 등

경제의 원활한 성장에 장애물로 기능하기도 하므로, 부동산매매업·임대업과 같은 사업에 대한 규제의 필요성은 상대적으로 크다는 점을 고려해 보면(헌재 2017. 8. 31. 2015헌바339 참조), 부동산매매업 등에 종사하는 법인들에 대한 주택분 종부세 조항들로 인한 기본권 제한의 정도가 헌법상 허용되는 범위를 벗어났다고 보기는 어렵다.

이상과 같이 합헌결정문의 내용을 파악해 보면, 다주택자 등에게 차별적으로 중과세한 종부세는 헌법 규정인 '납세의 의무'규정에 따른 세금은 아니다. 오직 종부세법의 입법목적에 따른 중과세로서 그 실질적인 법적 성격은 재산형 형벌에 불과하다고 하겠다. 또한 이렇게 부과된 종부세는 분명히 재산권의 본질적 내용을 침해하는 세금인데도 불구하고 이 내용에 대하여 전혀 분석과 설명 없이 2021년 귀속 종부세는 재산권 침해가 없다고 결론을 내렸다. 이는 사실상 종부세가 명목상의 세금일 뿐 실질적인 세금은 아니며 사실상 재산형 형벌이기 때문에, 헌법상의 재산권 침해의 제한 규정이 적용되지 않는다는 것을 스스로 시인한 것에 불과하다고 하겠다. 이와 같이 다주택자 등에게 차별적으로 중과세된 2021년 귀속 종부세가 처벌 또는 응징 성격의 실질적인 재산형 형벌이라고 볼 수밖에 없는 이유는 다음과 같이 정리할 수 있다.

첫째, 2022년 귀속 종부세의 합헌결정문을 보면, '종부세는 어디까지나 법률이 정하는 세금의 하나일 뿐이어서 이를 형법상의 벌금으로 볼 수 없으므로'라고 적시하고 있다. 그러나 헌법상의 '납세의 의무'규정에 따르면 세금은 담세력에 기초하여 부과되는 것이기 때문에 종부세의 다주택자 등에 대한 차별적 중과세가 과연 담세력의 차별에 따른 중과세인지를 검토해 보아야 할 것이다. 합헌결정문을 보면 '일정한 수를 넘는 주택 보유는 투기적이거나 투자에 비중을 둔 수요로 간주될 수 있고 주택가격 안정을 위하여 이에 대한 규제의 필요성도 인정될 수 있다.'라고 차별적 중과세의 정당성을 설명한다. 하지만 투기적이거나 투자에 비중을 둔 다주택 보유가 담세력의 차이를 표상하는 것은 전혀 아니며, 부동산보유세로서의 담세력의 차이는 오직 부동산가액일 수밖에 없다. 다주택의 투기적이거나 투자에 비중을 둔 보유라는 개념으로는 부동산보유세의 담세력 차이를 분별할 수 없는 것이 분명하다고 하겠다. 따라서 종부세법상의 다주택자 등에 대한 차별적 중과세는 헌법상의 '납세의 의무'규정에 기초한 중과세규정이라고 볼 수가 없는 것이다.'납세의 의무'에 기초하여 부과된 세금이 아니라면 그것은 실질적인 세금이 아니고 명목상의 세금에 불과하다 할 것이다. 국민의 재산을 무상으로 빼앗을 수 있는 것은 오직 헌법상의 규정인 '납세의 의무'에 기초하여 부과되는 세금뿐이다. 다주택자 등에게 차별적으로 중과세된 종부세는 헌법상 규정인 '납세의 의무'에 기초하여 부과된 실질적인 세금이 아니라면, 이 세금은 명목상의 세금일 뿐으로 그 실질적인 법적 성격은 재산형 형벌에 해당될 수밖에 없다 할 것이다. '종부세는 어디까지나 법률이 정하는 세금의 하나일 뿐'이라는 헌법재판소의 합헌결정문의 주장은 헌법상 '납세의 의무'규정에 위반되는 내용이고 이것은 조세고권주의 이론에 따른 잘못된 주장에 불과하다고 하겠다.

둘째, 헌법재판소의 합헌결정문에 따르면 '일정한 수를 넘는 주택 보유는 투기적이거나 투자에 비중을 둔 수요로 간주될 수 있고 주택가격 안정을 위하여 이에 대한 규제의 필요성도 인정될 수 있다.'라고 차별적 중과세의 정당성을 인정하고 있다. 여기에서 '투기적이거나 투자에 비중을 둔 수요'라는 표현은 사실상은 부동산 투자라는 표현으로 이해하는 것이 옳다고 생각한다. 왜냐하면 부동산 투기라면 투기범죄로 처벌할 수 있는 것인데 종부세 과세대상자 중 부동산 투기범죄로 처벌된 사람은 한 명도 없고 부동산 투기자라고 선별한 사람도 한 명도 없기 때문이다. 여기에서 '투기적이거나'라는 표현은 종부세의 차별적 중과세를 정당화하기 위한 수사적 표현일 뿐이다. 사실상 이 내용은 부동산의 투자에 따른 차별적 중과세에 불과하다고 할 것이다.

부동산 투자에 대하여 처벌할 방법은 없다. 더욱이 부동산 투자가 불법일 수는 전혀 없는 것이다. 부동산 투자 행위 자체가 담세력을 표상하는 것은 아니기 때문에 세금 부과의 대상이 될 수 없다. 더욱이 부동산보유세인 종부세의 차별적 중과세대상이 된다는 것은 근본적으로 잘못된 것이라 하겠다. 부동산 투기 행위에 대하여는 투기 행위 처벌법이 적용되어야 하고, 투기 소득에 대하여는 투기 소득환수법이 적용되어야 할 것이다. 그러나 종부세법은 부동산보유세법이기 때문에 투기 행위에 대한 처벌법이 아니며, 또한 투기 소득에 대한 투기 소득환수법도 아니다. 따라서 종부세법은 투기 행위와 부동산 투자 행위에 직접적으로 관련이 있는 법이라고는 인정될 수 없다고 하겠다. 다주택자 등에 대한 종부세법의 차별적 중과세규정은 투기 행위와 직접적으로 관련이 없는 종부세법의 본질로 볼 때 매우 부적합한 규정에 불과하다고 하겠다.

여기에서도 종부세의 본질과 종부세법의 입법목적에 대하여 다시 한번 검토해야 할 것이다. 종부세는 분명한 부동산보유세이지 투기 억제목적세가 될 수가 없다. 2005년 종부세를 처음 입법할 당시에 이헌재 부총리는 부동산보유세의 세부담을 높이기 위하여 종부세법을 신설하였다고 밝혔다. 문재인 정부의 홍남기 부총리도 2021년 귀속 종부세의 세금 부과에 관한 보도자료를 내면서, 우리나라 부동산보유세의 세부담 수준이 OECD의 절반 수준밖에 되지 않기 때문에 부동산보유세의 세부담을 높이는 차원에서 종부세의 세금 부과를 크게 증액하였다고 발표한 바 있다. 종부세법의 제1의 입법목적이 부동산보유세의 형평성 제고이며, 이것이 종부세의 본질적 입법목적이라고 할 것이다. 종부세법의 제2의 입법목적인 '부동산 가격 안정 도모'라는 입법목적은 사실상 부동산보유세의 세부담 형평성 제고라는 종부세법 본연의 입법목적에 부수되는 입법목적에 불과한 것이다. '부동산 가격 안정 도모'라는 입법목적이 종부세법의 본연의 입법목적이며, 제1의 입법목적인 '부동산보유세의 세부담 형평성 제고'라는 입법목적보다 더 상위의 실질적인 종부세법의 입법목적이라고는 볼 수가 없다고 할 것이다.

그러나 2021년 귀속 종부세는 다주택자 등에 대한 차별적 중과세의 정도가 너무나 지나쳐 종부세법의 제1의 입법목적인 '부동산보유세의 세부담 형평성 제고'라는 입법목적을 지나치게 저해하는 결과마저 가져왔다. 이미 설명드렸듯 동일한 부동산을 보유하는 경우에도 그 차별과세의 정도가 10~100배 수준에 이르는 것은 세부담의 형평성을 높인 것이 아니고 지나치게 저해한 것이라 할 것이다. 그런데도 헌법재판소는 2021년 귀속 종부세가 다주택자 등에게 지나치게 차별적으로 중과세된 사실은 인정하면서도 이것은 부동산 투자를 규제하고자 하는 종부세법의 제2의 입법목적에 타당하기 때문에 적합한 중과세라고 판결하였다. 따라서 헌법재판소가 다주택자 등에게 차별적으로 중과세한 종부세는 부동산 투자 규제에 적합한 세금이라고 인정한 것에 불과하다. 결국, 헌법재판소가 주장하는 종부세는 헌법상의 '납세의 의무' 규정에 기초한 세금은 아닌 것은 분명하다 할 것이다. 따라서 이 세금은 정책목적을 위한 규제 또는 의무이행을 강제하는 세금이라 할 것이다. 종부세는 규제를 위한 사실상의 재산형 형벌이라는 것을 헌법재판소가 인정한 것이다.

셋째, 2021년 귀속 종부세의 차별적 중과세는 헌법적 규정을 지나치게 위반했다는 것이다. 2021년 귀속 종부세는 2018년에 비하여 불과 3년 사이에 부과세액이 개인 다주택자는 10배 수준, 법인 다주택자는 100배 수준으로 세금을 폭증시켰다. 이것은 법적 안정성이 최우선으로 고려되어야 할 세금에 있어 법적 안정성을 지나치게 침해한 세금 폭증이다. 헌법상 규정인 조세법률주의에 위반된다고 하겠다. 또한 개인 다주택자는 개인 1주택자에 비하여 3~20배 정도 과중한 세부담을 하며, 법인납세자 부과세액은 개인납세자에 비하여 10~100배 수준이다. 이 지나친 차별적 중과세는 헌법상의 규정인 '조세평등주의'에 크게 위배되는 것이다. 사실상 재산권의 사적 유용성이라 할 수 있는 임대소득 또는 기대임대소득을 2~4배 수준을 초과하여 부과된 이 세금은 재산권의 본질적 내용을 침해하였다고 하겠다. 종부세의 다주택자 등에 대한 차별적 과세의 과중함의 정도가 일반적 조세의 헌법적 한계를 넘어 매우 과중하게 부과된 것이 분명하다고 하겠다.

넷째, 많은 국민들이 막대한 세금 부과로 감내할 수 없는 많은 고통을 받았는데, 이 고통의 정도는 이 납세자가 설령 투기자로 인정되어도 투기범 처벌법에 의한 처벌형량보다도 훨씬 더 과중한 수준의 처벌이라는 것이다. 더욱이 종부세 과세대상자는 분명히 투기자라고 인정될 수 있는 객관적인 근거마저 없어, 사실상 부동산 투자 행위에 대하여 처벌한 것에 불과하다. 부동산 투자자에 대하여는 자유시장 경제체제에서는 어떠한 법으로도 어떠한 방법으로도 처벌할 수 없는 것인데 이에 대하여 세금의 명목으로 재산형 벌과금을 부과한다는 것은 헌법상의 규정인 '죄형법정주의'에 지나치게 위배된다. 또한 부동산 투기자라고 인정되는 경우에도 처벌 규정이 있어야 되고 위법성과 책임성이 인정되어야 하며, 더욱이 재판이라는 적법절차를 통하여 처벌이 가능하다. 그런데도 종부세의 경우에는 오직 무차별적인 세금의 부과로 처벌적 재산형 벌과금을 부과하여, 처벌절차 및 방법이 헌법상의 규정인 '죄형법정주의'에 적합한 적법절차의 방법에 크게 위반된다. 이것은 단순히 입법목적 달성을 위한 조세의 본질에 맞는 차별적 과세 수준이라고는 말할 수조차 없는 것이다.

몇 년 전 국회의원이었던 손혜원씨의 경우 목포지역 부동산 투기 혐의가 대법원에서 확정되어 투기의 벌과금으로 1,000만 원이 부과되었다. 그러나 헌법소원을 청구한 납세자의 상당수는 다주택자 등에 대한 차별적 중과세로 추가하여 부과된 세액이 1,000만 원을 훨씬 넘어 때로는 10억 원 수준까지도 달하고 있다. 더 황당한 것은 이 납세자들은 형사법으로도 처벌 대상조차 되지 않는다는 것이다. 형사법에 따른 처벌 형량도 형평성을 맞추어 고려되는 것인데, 종부세의 다주택자 등에 대한 차별적 중과세는 담세력 차이에 의한 차별적 중과세도 아닐 뿐 아니라, 그 처벌의 형량이 투기범죄자보다 훨씬 더 과중하게 세금의 명목으로 사실상 엄청난 재산형 형벌이 부과되었다. 더욱이 종부세는 일률적이며 무차별적으로 세금이 부과되는 물세 성격의 부동산보유세인데, 범죄조차 저지르지 않은 다주택자 등에 대하여 범죄자에게 부과되는 형량을 훨씬 초과하여 무차별적으로 부과되었다. 이처럼 국민들에게 많은 고통을 안기는 것은 단순히 세금의 유도적·형성적 기능에 따른 정책적 목적 때문이라고는 말할 수 없다. 2021년 귀속 종부세의 차별적 중과세는 매우 과중한 재산형 형벌에 해당한다 하겠다.

종부세법의 경우 2019년 적용법 이전까지는 다주택자 등에 대한 차별적 중과세규정이 없었고, 전반적인 과잉과세의 수준도 용인이 가능한 범위였기 때문에 그때까지 종부세는 정책적 조세로서의 한계를 지켜왔다고 생각된다. 그러나 2019년 적용법 개정 이후 특히 2021년 귀속 종부세는 다주택자 등에 대한 중과세의 수준이 대폭 강화되어 세금 폭탄의 수준을 넘었다. 특히 중과세의 근거가 담세력의 차이가 아니고 부동산 가격 안정이라는 입법목적에 따른 중과세에 불과하다. 그렇게 부과된 세금의 성격이 헌법상의 '납세의 의무'규정에 따른 세금의 성격이 아니고, 또한 입법목적이라고 해도 사실상 새로운 과세권도 창설되는 것이 아니다. 그러므로 2021년 귀속분 종합부동산세의 다주택자 등에 대한 차별적 중과세의 법적 성격은 부동산 가격 안정이라는 입법목적을 위하여 다주택자 등에 대한 처벌적 성격의 재산형 형벌에 해당된다 하겠다.

'죄형법정주의'는 이미 제정된 정의로운 법률에 의하지 아니하고는 처벌되지 아니한다는 원칙으로, 국가 형벌권의 자의적 행사로부터 개인의 자유와 권리를 보장하려는 법치국가의 형법의 기본원칙이다. 이 규정은 헌법 제13조 제1항과 제12조 제1항에 규정되어 있다. 죄로 처벌하기 위해서는 처벌법규가 있어야 하고 범죄구성요건, 위법성 및 책임성이 충족되어야 하며 더욱이 재판을 통해 형량이 선고되어야 한다. 그 형량도 재판을 통해 범죄자의 위법성과 책임성을 비교·형량하여 합리적으로 정해지는 것이다. 범죄의 구성요건에도 도저히 충족되지 않는 국민의 행위 또는 상태가 국가정책에 바람직하지 않다고 하여 국가징책만으로 세금의 명목으로 국민을 처벌할 수는 없는 것이다. 이것은 헌법상의 규정인 '죄형법정주의'에 위반되는 것이다.

종부세는 물세 성격의 부동산보유세이기 때문에 일률적이며 무차별적으로 과세되는 세금이다. 부동산보유세는 법적 안정성이 어느 세금보다도 최우선으로 고려되고 있는 것이 OECD 국가의 선례이다. 그런데, 범죄구성요건에 전혀 해당되지도 않는 국민에 대하여 처벌법도 아니고 세금의 명목으로 처벌 또는 응징한다는 것은 헌법 규정을 떠나서도 도저히 이해될 수 없는 부당한 것이다.

그런데 이번의 헌법재판소 합헌결정에서는 다주택 등에 대한 차별적 중과세

규정이 헌법상의 '죄형법정주의'에 위반되는지에 대하여 판단한 바가 전혀 없었다. 또한 2021년 귀속 종부세가 재산권의 본질적 내용의 침해 등 기본권을 침해했는지에 대하여도 전혀 실질적인 검토가 없었다. 헌법재판소의 종부세 합헌결정에 따르면, 다주택자 등에 대한 종부세의 차별적 중과세가 부동산 가격 안정이라는 입법목적 달성을 위하여 필요하다고 그 정당성을 인정하였고 또한 재산권의 본질적 내용의 침해도 간과하였기 때문에 이 헌법재판소의 합헌결정을 따른다면, 국민의 행위가 범죄의 구성요건에 충족되지 않더라도 세금의 명목으로 얼마든지 처벌할 수 있다고 허용하는 결과가 된 것이다. 그렇다면 헌법재판소의 종부세 합헌결정은 헌법상의 '죄형법정주의'규정을 유명무실하게 만드는 것이며, 재판 없는 처벌도 허용하는 것이며, 무제한적이며 무차별적인 처벌도 가능해지는 것이다. 이것은 사실상 헌법파괴에 해당되는 헌법재판소의 합헌결정이라고 하겠다.

'납세의 의무'의 본질은 무엇인가 다시 한번 검토해 보고자 한다. 국가는 재정수입이 필요할 수밖에 없다. 국가는 국민에게 세금을 납부해 달라고 요청하는 것이다. 국가는 국민에게 '경제활동과 관련된 자유를 포함하는 기본권을 보장하고 실질적인 자유와 평등의 실현을 보장'하겠으며 국민들이 안심하고 생업에 종사할 수 있도록 하겠다 약속하며 세금납부를 요청하는 것이다. 국민은 국가의 이러한 약속을 믿고 자신들이 안심하고 생업에 종사하면서 살아갈 수 있다는 생각으로 세금을 기꺼이 납부하는 것이 '납세의 의무'의 본질이다. 국가가 부동산 가격 안정을 도모하겠다고 세금의 명목으로 국민에게 형벌권을 자의적으로 행사하는 것은 세금의 본질을 벗어난 것이며 또한 헌법상의 '죄형법정주의'의 규정에 위반되는 것이다. 투기 행위에 대한 처벌이나 응징은 당연히 형법이나 행정법의 처벌 규정이 적용되어야 하는 성질의 행위라고 하겠다. 그러나 부동산 투자 행위의 경우는 형법과 행정법으로 처벌하기 매우 어렵다는 판단에서 종합부동산세의 다주택자 등에 대한 차별적 중과세로 국민을 처벌 또는 응징하는 것은 헌법상의 '납세의 의무'규정에 위반된다. 또한 이것은 사실상 재판 없는 처벌에 해당되는 것이며 헌법상의 규정인 '죄형법정주의'에도 위반되는 것이다. 그러므로 종부세법의 다주택자 등에 대한 차별적 중과세규정은 헌법의 규정을 정면으로 위반하는 것이라 하겠다.

제5절 │ 종부세는 재산권의 본질적 내용을 침해하는 세계 유일의 세금이다

1. 개요

종부세 위헌청구인들은 2021년과 2022년 귀속 종부세가 기대임대소득의 2~4배 수준으로 과잉과세되어 재산권의 본질적 내용을 침해한다는 내용을 많은 계산 근거와 사례를 들어 자세히 설명하였고, 종부세는 재산권의 본질적 내용을 침해하는 세계 유일의 세금으로 헌법위반이라고 분명히 밝힌 바 있다. 그리고 헌법 규정을 보면, 헌법 제37조 제2항에 기본권을 '제한하는 경우에도 자유와 권리의 본질적 내용을 침해할 수 없다.'라고 명문으로 규정하고 있다. 국가권력이 국민의 기본권을 제한하여야 할 현실적 필요성이 아무리 크다고 하더라도, 재산권을 포함하는 어떠한 기본권도 그 기본권의 본질적 내용을 침해하는 기본권 제한의 입법은 허용되지 아니하는 것이다. 따라서 종부세가 재산권의 본질적 내용을 침해한다는 것이 입증된다면 종부세에 과잉금지원칙을 적용할 필요도 없이 종부세는 당연히 재산권 침해의 세금으로 헌법위반에 해당된다 하겠다.

종부세는 재산권의 본질적 내용을 침해할 뿐만 아니라 평등권도 침해하고 조세법률주의도 위반하는 등 헌법상의 거의 모든 기본권을 침해하는 세금으로 이러한 세금은 세상에 존재하지도 않으며 또한 세상에 존재할 수도 없는 지나치게 헌법 규정을 위반하는 세금이라 하겠다. 종부세가 침해하는 기본권 중 가장 중요한 기본권은 재산권이라고 하겠으며, 종부세가 헌법위반에 해당되는 가장 큰 이유도 바로 종부세가 재산권의 본질적 내용을 침해하여 재산권을 명백히 침해한다는 사실인 것이다.

그러나 종부세가 재산권의 본질적 내용을 침해한다는 청구인들의 주장에 대하여 헌법재판소는 종부세의 재산권의 본질적 내용의 침해에 대한 어떠한 분석과 답변 등의 검토도 없이, 부동산 투기 억제의 필요성만 강조하여 과잉금지원칙의 적용을 세법규정을 나열하는 식으로 얼버무려 종부세가 과잉금지원칙을 위반하지 않았다고 주장하면서 종부세가 재산권을 침해하지 않았다고 판결한 것은 헌법 제37조 제2항의 규정을 유명무실하게 만든 결정이다. 이것은 헌법파괴에 해당되는 종부세의 합헌결정이라 하겠다. 여기에서는 종부세가 재산권의 본질적 내용을 침해하는 실태에 대하여 설명드리고자 한다.

참고로 여기에서 재산권의 본질적 내용과 관련이 큰 독일 헌법재판소에서의 재산세 반액과세 위헌결정의 내용에 대하여 다시 한번 간단히 설명하고자 한다. 독일 연방헌법재판소는 1995년 독일 재산세 결정을 통하여 재산세에 대한 헌법 불합치 결정을 내리면서 이른바 '반액과세원칙'을 제시하여, 국가 등 과세권자가 재산세를 어느 정도까지 부과할 수 있는지를 판단하고 재산세 세부담의 헌법적 상한선을 설정하였다.

독일 연방헌법재판소는 1995년 독일 재산세 결정에서 "재산세는 반복해서 부과되는 세금으로-보통은 이미 과세된 수입으로부터 형성된-정지된 재산을 과세대상으로 하여 설계되었다. 재산세는 재산에 대한 처분권·수익권과 연결된 일반적 행동의 자유(독일 연방헌법 제2조 제1항)에 영향력을 가진다(독일 연방헌법 제14조). 이것은 납세자가 경제활동을 하여 획득한 성과(=재산)의 본질적 부분은 납세자에게 남겨져 있어야 한다는 것을 의미한다. 경제활동성과의 본질적 부분이 납세자에게 남겨져 있어야 한다는 의미는 경제활동성과는 원칙적으로 경제활동의 주체가 이용하여야 한다는 이용적 측면과, 경제활동에 의하여 형성된 재산적 가치가 있는 법적 지위에 대해서는 원칙적으로 경제활동의 주체가 처분권한을 가져야 한다는 처분적 측면으로 구성된다고 할 수 있다. 재산적 가치가 있는 법적 지위의 재산권자에의 귀속과 재산의 실체는 보존되어야 한다. 이러한 기준에 따르면, 재산은 이미 소득세와 수익세에 의하여, 그리고 구체적인 재산은 대부분 간접세를 통해서도 이미 세부담을 지는 현행 세법하에서, 이처럼 여러 차례 다른 조세에 의해 이미 과세된 재산에 대하여 추가적으로 과세할 수 있는 여지는 헌법적으로 적을 수밖에 없다. 재산세는 그것이 그러한 다른 조세부담과 함께 재산의 실체, 재산의 원본을 침해하지 않으며, 통상적으로 기대할 수 있고, 가능한 수익(기대가능수익)으로부터 지불될 수 있는 한에서만 부과될 수 있다. 그렇지 않은 경우에 재산세는 이를 통하여 납세의무자에게 과도하게 부담을 지우고, 그의 재산 상황을 근본적으로 침해하게 되어 결과적으로 점진적인 몰수에 이르게 될 것이다. 재산세가 이미 과세된 수입으로부터 지불되어야 하는 현행 세법 체계에서도 이러한 존속 보호는 관철되어야 한다. 현행 세법상 재산세를 납부하기 위하여 사용한 소득에 대해서는 소득세 계산 시 세액공제를 하여 반영하지도 않고, 소득세 과세표준 계산에서 공제하지도 않는다. 이러한 사전 부담도 재산세 세부담의 산정에 있어서 고려해야 한다.

재산의 원본에 대한 존속 보호와 상관없이 재산에서 생겨나는 수익도 개인적 자유의 기초로서 재산적 가치가 있는 법적 지위의 보호를 받는다. 독일 연방헌법 제14조 제2항에 따르면 재산의 이용은 사적 이용뿐만 아니라 공공복리에 기여하여야 한다. 따라서 재산에서 생겨난 수익은 한편으로는 조세와 같이 공동체를 위한 부담의 대상이 되기도 하지만, 다른 한편으로는 권리주체에게 사적 수익의 이용가능성이 남아 있어야 한다. 따라서 재산세는 기대가능수익에 대한 모든 조세 부담금액을 합한 금액이 유형적 고찰에 의하여 수입, 공제가능한 비용(손비)과 그 밖의 부담 경감을 고찰하였을 때, 사적 이용과 공적 이용 간에 각각 절반 가까이 귀속되도록 부과되며, 또한 이 경우 평등원칙에 의하여 요구되는 응능부담원칙에 따른 세부담의 배분에 반하지 않는 결과를 초래하는 경우에만, 소득에 대한 그 밖의 조세에 추가하여 부과될 수 있다."고 판시하였다.

요컨대, 독일 연방헌법재판소는 재산세의 세부담이 과중한지 여부를 헌법적으로 검토하기 위해서는, ① 재산세의 세부담만이 아니라 이와 관련하여 기납부된 소득세 등의 세금을 전체적으로 함께 검토하여야 하고, ② 그러한 여러 세금의 합계액과 납세의무자가 경제활동을 하여 벌어들인 수입금액과 객관적인 경비, 그 밖에 이와 유사한 성질을 가진 것을 공제한 금액(즉, 납세의무자의 수익 내지는 납세의무자의 소득)을 비교하여야 한다고 보았다. 그리고 그 비교 결과 재산세를 비롯한 여러 세금의 합계액이 납세의무자의 수익의 절반을 초과한다면, 이는 세부담이 과중한 경우에 해당하여 헌법에 위반된다는 원칙("반액과세원칙")을 함께 제시하였다.

여기에서 이 분석과 독일의 반액과세 위헌판결의 의미에 대한 최명근 교수의 설명 내용을 실어 보도록 하겠다(최명근, "우리나라 종합부동산세제의 위헌가능성", 조세통람, (2007), pp.26~28 참조).

『조세이론의 핵심적 기초라고 할 수 있는 담세력을 기준으로 볼 때 보유하고 있는 부동산에서 얻을 수 있는 소득의 50% 수준까지의 보유과세 및 소득과세의 부담은 국민들의 가처분소득으로 50%가 남기 때문에 감내할 수 있는 수준이라는 것이 독일 헌법재판소의 결론이다. 공공부문이 조세를 수단으로 하여 소득의 반 이상을 흡수하게 되면 헌법이 보장하고 있는 소유권의 사적 효용을 과도하게 침해한다고 할 수 있다. 재산권의 기주(基柱)로서 헌법과 민법이 보장하고 있는 소유권이란 법률의 범위 내에서 소유자가 자유로이 소유물을 사용, 수익, 처분할 수 있는 권리를 의미한다. 그런데 소유물을 소유자가 사용하는 경우에는 현실적으로 수익을 얻을 수 없게 되고, 소유물을 전세 또는 임대하여 수익을 얻는 경우에는 이를 소유자가 사용할 수 없게 된다. 후자의 경우에는 실지수익이 발생하고, 전자의 경우에는 기회비용 개념의 기대수익을 산정할 수 있다. 따라서 소유물에 대한 사용과 수익의 권능은 실질적으로 하나의 권능처럼 작용할 수밖에 없다.

첫째, 만약 부동산 관련 각종 조세의 부담 수준이 기대수익 또는 실지수익을 기초로 산정되는 소득의 100%에 달하는 경우 조세라는 명목을 빌려서 사용·수익권을 몰수하는 결과를 야기하게 된다. 이는 소득(담세력)의 전액을 공공부문이 조세로 흡수하는 모순(세율이 100%인 것과 같은 모순이다.)일 뿐만 아니라 공공복리를 위한 소유권 제한의 헌법적 한계를 넘어서 소유권의 본질적 내용을 침해하는 것에 해당될 것이다.

둘째, 만약 부동산 관련 각종 조세의 부담 수준이 기대수익 또는 실지수익을 기초로 산정되는 소득의 100%를 초과하는 경우에는 소득(담세력)의 전액을 조세로 흡수하는 것도 부족하여 원본을 침식하는 지경에 이르게 된다. 예를 들어 다음 페이지에서 보는 바와 같이 부동산보유세가 기대임대소득의 1.7배(개인) 또는 3.3배(법인)에 이르는 경우 조세부담율이 100%까지는 사용·수익권의 몰수에 해당하고, 100%를 초과하는 세액은 부동산의 원본과세에 해당한다. 조세이론에서는 어떠한 명목으로도 담세력을 발생시키는 기초재산(원본)을 침해할 수 없는 것이 대원칙이다. 따라서 원본을 침식한다는 것은 소유권의 처분권능까지 점진적으로 몰수하는 결과를 야기하게 되는 것이다. 이러한 첫째와 둘째의 경우는 부동산소유권의 본질적 내용 침해에 해당되는 것이다.』

2. 종부세는 재산권의 본질적 내용을 침해하는 세계 유일의 세금이다

Ⅰ 2021년 귀속 종부세의 기대임대소득률과 실효세율 비교를 통한
   재산권의 본질적 내용의 침해 실태 분석

1) 위헌청구인의 2021년 귀속분 기대임대소득률의 계산

표10 산정된 주택분 기대임대소득률

구분	기대임대료 수입율	기대임대소득률
개인분 평균	1.586	0.910
법인분 평균	2.656	1.525

(단위: %)

주1] 임대수입은 주택을 임대하고 받는 월세의 전체 금액(월세 수입)이다. 임대소득은 이 월세의 전체 금액(월세 수입)에서 필요경비를 공제한 순이익 개념의 월세 소득을 말한다. 참고로 국세청에서 정한 임대료 수입의 경비율은 42.6%이기 때문에, 임대소득(월세 소득)은 월세의 전체 금액(월세 수입)의 57.4%에 해당된다.

주2] 개인의 기대임대소득률 0.91%=기대임대료수입률 1.586%×국세청 임대소득률 57.4%

　　표10은 종부세 위헌청구인들의 세부담 실태를 분석하기 위하여 공시가격을 기준으로 5,321명의 위헌청구인 중 가장 양호한 임대사례 개인 268명과 법인 77개의 실제 임대료수입률과 기대임대소득률을 계산한 표이다.기대임대소득률을 계산하는 방법인 전세임대의 간주임대료로 기대임대소득률을 계산하면, 일반적인 기대임대소득률은 0.68%로 계산된다. 이 표의 기대임대소득률 0.910%는 일반적인 기대임대소득률0.68%보다 매우 높은 비율로 계산하였다. 또한 4,532명의 개인납세자의 평균적인 실제적 임대소득률(월세 수입에서 경비를 뺀 순수 소득)을 계산해 보면 0.44% 수준으로 계산된다. 기대임대소득률은 이 실제적 임대소득률보다 2배 이상 더 높은 임대소득률이라 하겠다. 위헌청구인들이 이렇게 기대임대소득률을 일반적인 계산 방법보다 높게 산정한 이유는 2021년 귀속 종부세가 기대임대소득률을 지나치게 초과하여 부과되었기 때문에 어떠한 분석으로도 주택의 실제임대소득률이 기대임대소득률보다 높다는 주장을 완벽히 차단하기 위한 것이고, 정부 또는 과세당국에서 기대임대소득률이 낮다는 주장을 하여 청

구인들이 주장하는 종부세가 재산권의 본질적 내용을 침해한다는 주장을 뒤엎을 수 없도록 하기 위한 것이라 하겠다.

2) 위헌청구인의 평균적 실효세율의 계산

표11 **산정된 실효세율 계산표**

구분	부동산보유세 합계액	종합부동산세 합계액	재산세 합계액
개인의 평균적 실효세율	1.611	1.239	0.372
법인의 평균적 실효세율	5.788	5.416	0.372

(단위: %)

실효세율은 '부과된 종합부동산세 합계액/부동산가액'으로 계산할 수 있으며, 그 부동산의 세부담 수준을 나타내는 지표로 볼 수 있다. 그러나 부동산가액을 객관적으로 산정할 수 없기 때문에 여기에서는 실효세율을 '공시가격 대비 종합부동산세 합계액'으로 통일적으로 계산하고, 또한 통상적인 기대임대소득률도 공시가격을 기준으로 계산하기 때문에 서로 통일적인 기준에 의하여 비교분석하기에 용이하다 하겠다.

표11의 평균적 실효세율은 다주택자와 1주택자 모두를 포함한 종부세 납세자의 평균적 실효세율로 이 실효율의 계산은 분석 대상 모든 납세자의 종합부동산세 합계액을 모든 납세자의 공시가격 합계액으로 나누어 공시가격에 대한 평균적 실효세율을 계산한 것이다. 개인납세자의 실효세율은 사건번호 2022헌바308 개인 청구인 889명 중 토지분을 제외한 주택분의 납세자 865명에 대한 주택

분 종합부동산세 합계액을 이 납세자의 주택분 모든 공시가격의 합계액으로 나누어 평균적 실효세율은 1.239%(865명의 종합부동산세 합계액 194.1억 원/공시가격 합계액 15,661.0억 원)로 산정되었고, 이 수치는 전체 평균에 가깝다고 보아이 수치를 개인납세자의 평균적 실효세율로 정하였다. 법인의 경우에는 사건번호 2022헌바331 법인 청구인 129개 중 주택분 납세자 111개에 대하여 똑같은 방법으로 계산하여 법인의 평균적 실효세율 5.416%(111개 법인의 종합부동산세 합계액 47.3억 원/공시가격 합계액 873.7억 원)를 산정하였다.

다음에는 지방세분 부동산보유세의 실효세율에 대하여 검토하고자 한다. 재산세 본세의 세율은 최저 0.1%에서 최고 0.4%의 누진세율로 이루어져 있다. 그러나 재산세는 응익과세원칙에 따르기 때문에 세계적으로는 단일비례세율이 적용되는 것이 원칙인데 우리나라의 경우에는 이례적으로 매우 심한 누진세율 제도를 이루고 있다. 지방세분 부동산보유세의 경우에는 재산세 본세 외에도 여기에 부가되거나 독립적인 세목으로 부과되는 세목이 있다. 재산세 도시지역분(세율 0.14%), 지방교육세(세율0.08%), 그리고 지역자원시설세(최고세율 0.12%)의 복잡한 지방세가 추가로 부동산보유세로 부과되고 있다. 지역자원시설세 중 소방분은 주택에 대한 부과세액이 미미한 수준이라 주택분 종합부동산세 세부담 분석에서 제외코자 한다. 따라서 주택 등의 건축물에 적용되는 주택분 지방세분 부동산보유세 최고세율은 0.62%이며 지방세의 경우는 공정시장가액비율이 60% 수준이기 때문에 지방세분 부동산보유세의 공시가격 대비 실효세율은 0.372%(0.62%×0.6)로 계산하였다.

따라서 국세와 지방세를 합한 종합적인 부동산보유세의 평균적 실효세율은 개인은 1.611%(1.239%+0.372%)이고, 법인은 5.788%(5.416%+0.372%)이다.

3) 기대임대소득률과 실효세율의 비교분석

표12 기대임대소득률과 실효세율의 비교표

구분	부동산보유세 실효세율	기대임대료수입금액 비율		기대임대소득률	
		비율	실효세율/비율	비율	실효세율/비율
개인	1.611	1.586	1.02배	0.910	1.77배
법인	5.788	2.656	2.18배	1.525	3.79배

(단위: %)

표12는 청구인 납세자의 평균적인 기대임대소득률과 부동산보유세의 실효세율을 비교한 표로 이 표의 의미는 평균적으로 보았을 때 개인납세자의 경우는 부동산보유세가 납세자가 보유한 모든 주택의 기대임대소득보다 1.77배 더 많은 세금이 부과된 것을 말하는 것이며, 법인의 경우에는 부과된 부동산보유세가 법인이 보유한 모든 주택의 기대임대소득보다 3.79배 수준으로 부과된 것을 의미하는 것으로 부동산보유세가 청구인 납세자의 임대소득 이상으로 부과된 것이다. 이것은 사실상 부과된 종합부동산세가 모든 주택의 사적 유용성을 상실시킨 수준 이상이라고 하겠으며 재산권의 본질적 내용을 침해한다고 하겠다. 독일 헌법재판소의 재산세 반액과세 위헌판결의 경우 부과된 재산세가 기대임대소득의 50%를 초과하였다고 이 세금은 사적 유용성을 지나치게 세금으로 흡수한 헌법위반의 세금으로 위헌판결을 내렸다. 독일의 이 기준에 따르면 평균적으로 보았

을 때 개인 위헌청구인의 경우는 독일 기준보다 4배 수준 더 과중하게 종부세가 부과되었다고 할 것이며, 법인 위헌청구인의 경우는 독일 기준보다 8배 수준 더 과중하게 종부세가 부과된 경우에 해당된다. 그러므로 이 세금은 명백하게 재산권의 본질적 내용을 침해하는 헌법위반의 세금이라고 하겠다.

또한 부동산보유세가 기대임대소득 이상으로 부과되기 때문에 임대소득을 초과하여 부과된 세금은 재산원본의 무상몰수에 해당되는 세금이라고 하겠다. 이 표를 이용하여 부과된 부동산보유세 중 재산원본의 무상몰수에 해당되는 세금의 비중을 아래와 같이 계산하여 보면, 개인납세자의 경우에는 부과된 부동산보유세 중 43.5%가 재산몰수의 세금이 되는 것이고, 법인의 경우에는 73.6%가 재산몰수의 세금에 해당되는 것이라고 하겠다. 부과된 종부세는 절반 이상의 세금이 기대임대소득을 초과하여 재산원본의 무상몰수를 가져온 세금으로 이 세금은 분명히 재산몰수의 세금에 해당되는 것이다. 또한 자유민주주의의 근간이 되는 사유재산제도를 유명무실하게 만드는 세금이 되는 것으로 이러한 세금은 세금으로 인정될 수 없다고 하겠다. 이것을 소득세에 빗대어 분석하여 보면, 예를 들어 연간 급여가 6,000만 원이고 필요경비 및 공제금액을 제한 소득세 과세표준이 4,000만 원이라고 할 때 개인납세자에게는 소득세를 과세표준의 2배인 8,000만 원을 부과하여 사실상 4,000만 원은 국민의 저축된 재산을 빼앗는 세금이 된다. 법인납세자라면 과세표준의 4배인 1억 6,000만 원을 법인세로 부과한 것이기 때문에 이러한 세금은 도저히 허용될 수 없는 세금임이 분명하다 할 것이다.

[참고] 종합부동산세 중 재산몰수 비율의 계산

개인납세자: 43.5%	$\dfrac{1.611 - 0.910}{1.611}$	$\dfrac{\text{실효세율} - \text{기대임대소득률}}{\text{실효세율}}$

법인납세자: 73.6%	$\dfrac{5.788 - 1.525}{5.788}$	$\dfrac{\text{실효세율} - \text{기대임대소득률}}{\text{실효세율}}$

이 분석 방법을 적용하여 평균적 위헌청구인의 사례를 만들어 세액을 계산하고 비교해 보고자 한다. 전체 개인 위헌청구인의 주택분 종합부동산세 합계액의 평균세액은 2,713만 원이다. 가장 많은 주택 소유형태는 조정대상지역 내 2주택자이고 1채는 자가사용, 1채는 임대하고 있는 사례이기 때문에 이 사례를 그대로 적용하여 가정하여 보면, 대략 이 세액에 맞는 주택의 공시가격은 1채당 10억 원, 2채 합계는 20억 원이 된다. 이 공시가격을 가지고 부동산보유세를 계산하면 다음과 같은 결과가 된다.

지방세분 부동산보유세는 재산세 본세가 354만 원, 여기에 부과되는 도시지역분과 지방교육세는 239만 원 합계 593만 원이 부과될 것이며, 종합부동산세는 2,294만 원, 농특세 459만 원 합계 2,753만 원이 부과될 것으로 2021년 귀속기준으로 평균적 청구인의 부동산보유세의 납부세액은 3,346만 원으로 계산될 것이다.

2채 모두에 부과된 부동산보유세 합계액은 3,346만 원이며, 1채에 부과된 부동산보유세는 1,673만 원으로 계산된다. 그리고 2채 모두를 월세로 임대하였다고 가정하였을 때 임차인으로부터 받을 수 있는 임대료수입은 1채당 1,586만 원이 될 것이다. 그리고 임대료수입에서 국세청에서 인정하는 임대사업에 따른 각종 경비를 제외하고 임대인에게 소득세가 부과되는 임대소득은 1채당 910만 원으로 계산된다. 2채 모두의 임대소득(사실상의 기대임대소득)은 1,820만 원이며, 부과된 부동산보유세가 3,346만 원이기 때문에 부과된 부동산보유세는 기대임대소득의 1.8배 수준이 된다. 이 납세자가 2채 모두를 임대하고 있다고 가정하면, 2채 모두의 임대소득은 1,820만 원이고 부과된 부동산보유세가 이것보다 1.8배 더 많기 때문에 2채 모두의 임대로 매년 1,526만 원(부과된 종부세 3,346만 원-1년간의 2채의 임대소득 1,820만 원)의 손실이 발생하는 상황이 되는 것이다. 따라서 이 평균적 종부세 납세자는 자기가 보유한 2채 모두의 주택을 월세로 임대하면서 매년 부동산보유세로 임대소득보다 1,526만 원 더 많은 세금을 국가에 납부해야 한다. 이것은 이 납세자의 임대에 따른 손실이고, 이 세금은 국민의 재산원본을 무상으로 몰수하는 세금에 해당된다 할 것이다.

만일 이 납세자가 2채 주택 모두를 자기가 직접 거주하는 등으로 사용한다면, 부동산보유세로 매년 3,346만 원을 납부하면서 살아가야 한다. 만일 이 납세자가 동일한 다른 집을 임차하여 월세를 지급하면서 살아가는 경우에는 2채 모두의 연간 지급해야 하는 임대료가 3,172만 원이다. 그러므로 이 납세자는 자기 집에 자기가 살면서 통상적인 월세보다 1.05배 더 많은 세금을 임차료 격으로 정부에 지급해야 하는 결과가 되는 것이다. 따라서 이것은 자기 집에 자기가 살면서 월세 사는 사람보다 부동산보유세를 더 많이 납부하고 살아야 하는 경우에 해당된다. 이러한 세금은 세상 어디에도 없는 세금으로, 2채 주택 모두의 사적 유용성을 확실히 초과하는 세금이며 재산권의 본질적 내용을 침해하는 세금이라 하겠다. 따라서 이러한 세금이 정당하다고 인정된다는 것은 너무나도 터무니없는 주장에 불과하다 할 것으로 종부세의 합헌결정은 그 정당성이 인정될 수 없다 할 것이다.

여기에서 평균적 개인납세자의 부동산 보유 현황을 법인의 것으로 보아 법인의 부동산보유세 부담 수준을 계산해 보고자 한다. 법인이 10억 원짜리의 주택 2채, 공시가격 합계액 20억 원의 주택을 보유할 경우 종합부동산세 합계액은 1억 3,215만 원이 부과된다. 여기에 재산세 합계액 593만 원이 더해지면 부동산보유세는 1억 3,808만 원이 된다. 개인 2주택 납세자보다 부담하는 부동산보유세가 4배로 증가하는 것이다.

ECOS 한국은행 경제통계시스템의 국민계정에서 찾아본 2021년도분 1인당 명목 국민 총소득(GNI)은 4,048만 원이다. 이것과 평균적 납세자의 부동산보유세를 비교하여 보면 개인납세자의 경우는 부과된 부동산보유세 합계액이 1인당 GNI의 82.7%에 해당되며, 법인으로 보았을 때는 그 비율이 3.4배로 세금이 소득보다 3배 이상 더 많은 것이다. 이것은 너무나 막대한 부동산보유세의 부담 수준이라고 하겠다.

② 납세자 세액 규모별 세부담 실태 분석을 통한 재산권의 본질적 내용 침해 실태 분석

1) 개요

앞에서는 공시가격을 기준으로 기대임대소득률과 실효세율을 비교하여 재산권의 본질적 내용의 침해 실태를 분석하였다. 이 경우 주택분 위헌청구인 5,321명 중 개인납세자 4,532명과 법인납세자 799명에 대하여 평균적으로 기대임대소득률을 계산한 결과 개인납세자는 부동산보유세(재산세와 종합부동산세의 합계)의 실효세율이 1.611%로 기대임대소득 0.910%의 1.77배에 해당하며, 법인납세자의 경우는 부동산보유세의 실효세율이 5.788%로 기대임대소득의 3.79배에 해당되어 종합부동산세가 명백하게 재산권의 본질적 내용을 침해하였다는 것을 증명하였다. 그러나 개인납세자의 경우는 1주택자와 다주택자의 세율이 2배 수준 이상으로 차이가 나며 또한 다주택자의 경우도 누진세율체계로 주택가액이 높아질수록 높은세율이 적용된다. 그러므로 부과세액 구간별로 나누고 또한 1주택자와 다주택자를 나누어 실효세율을 계산하여 기대임대소득과 비교함으로써 다주택자로서 높은세율을 적용받는 개인납세자의 재산권 침해가 얼마나 심각한지를 분석할 필요가 있다고 하겠다. 법인의 경우는 1주택자는 3%(농특세 포함 시 3.6%) 그리고 다주택자는 6%(농특세 포함 시 7.2%)의 단일세율이 적용되기 때문에 세액 구간별로는 세부담률의 차이가 발생하지 않는다. 그래도 1주택자와 다주택자간의 세부담률의 차이가 2배 수준 발생하기 때문에 이것도 나누어 분석함으로써 세액 구간별 그리고 다주택자와 1주택자간의 세부담 차이와 기대임대소득과의 차이를 분석하여 재산권의 본질적 내용을 얼마나 침해하였는지를 분석하여 보고자 하는 것이다.

2) 개인납세자의 주택분 세부담 실태 분석

표13 **다주택 개인납세자 390명의 세부담 실태**

세액 구간별	분석 인원	공시가격 합계액	부과된 종부세 (농특세 포함) 의 합계액	공시가격 기준 종부세 실효세율	실질임대 소득률	기대임대 소득률	종부세 실효세율/ 기대임대소득률
2억 원 이상	16	159,012,469	7,513,623	4.73%	0.92%	0.91%	5.2배
2억~1억	47	218,636,406	6,133,718	2.81%	0.48%	0.91%	3.1배
1억~5천	65	205,684,931	4,798,400	2.33%	0.47%	0.91%	2.6배
5천~3천	73	169,882,684	2,935,019	1.73%	0.42%	0.91%	1.9배
3천~1천	123	204,136,038	2,308,527	1.13%	0.49%	0.91%	1.2배
1천만 원 미만	66	73,226,145	392,018	0.54%	0.38%	0.91%	0.6배

(단위: 천 원)

표14 **1주택 개인납세자 71명의 세부담 실태**

세액 구간별	분석 인원	공시가격 합계액	부과된 종부세 (농특세 포함) 의 합계액	공시가격 기준 종부세 실효세율	실질임대 소득률	기대임대 소득률	종부세 실효세율/ 기대임대소득률
2억~1억	1	10,280,000	159,757	1.55%	0.00%	0.91%	1.7배
1억~5천	1	6,642,000	54,929	0.83%	0.00%	0.91%	0.91배
5천~3천	14	44,587,143	459,376	1.0%	0.00%	0.91%	1.1배
3천~1천	28	80,791,053	575,910	0.71%	0.00%	0.91%	0.8배
1천만 원 미만	27	45,399,042	153,479	0.34%	0.00%	0.91%	0.4배

(단위: 천 원)

주택분 개인납세자 위헌청구인은 4,532명인데 이 중 다주택자 390명과 1주택자 71명에 대하여 상세 분석을 하여 보았다. 주택분 개인납세자의 경우는 누진세율체계이기 때문에 평균적으로 보았을 때는 개인납세자 전체의 종부세 실효세율은 1.239%이다. 다주택자 중 부과세액이 2억 원 이상일 때는 실효세율이 4.73%까지 높아지며 부과세액이 3,000만 원 이하 1,000만 원 이상인 경우에는 실효세율이 1.13%로 계산된다. 주택분 위헌청구인 중 부과세액이 1,000만 원 이상인 납세자는 모두 2,738명으로 위헌청구인의 60.41%의 비중을 차지하고 있다. 종부세 부과세액이 1,000만 원 이상이면 종부세의 실효세율은 1.13%이지만 여기에 지방세분 부동산보유세인 재산세의 실효세율 0.372%를 더한 전체의 부동산보유세의 실효세율은 1.502%로 계산된다. 이 비율은 통상적인 기대임대소득률보다 1.6배 수준 더 많은 세금으로 이 세금은 사적 유용성을 지나치게 초과하여 부과된 세금으로 재산권의 본질적 내용을 확실히 침해하는 세금이라 하겠다.

여기에서 종부세 2억 원 이상이 부과된 납세자가 부과받은 종부세 중 어느 정도가 재산원본의 무상몰수의 세금인지를 계산해 보면, 다음과 같이 계산된다.

$$80.7\% = \frac{\text{종부세 합계액(7,513백만 원)} - \text{기대임대소득(1,447백만 원)}}{\text{종부세 합계액(7,513백만 원)}}$$

다주택개인 고액 종부세 납세자의 경우는 부과된 종부세가 기대임대소득(사실상의 사적 유용성에 해당)을 초과하여 부과되어 재산원본을 무상몰수하는 세금의 비중이 전체 부과된 종부세 중 80.7%에 해당된다. 이것은 사실상 종부세의 거의 전부가 국민의 재산을 국가가 빼앗는 것에 해당되기 때문에 이 종부세는 자유민주주의 국가의 근간인 사유재산제도를 침해하는 반자유민주적 세금이라 할 것이다.

다주택개인 고액 종부세 납세자의 경우는 실효세율이 4.73%이고 부과된 종부세가 사적 유용성이라고 할 수 있는 기대임대소득의 5.2배를 초과하는 수준으로 과잉과세되었다. 부과된 종부세 세액 중 80% 수준이 재산원본의 무상몰수의 세액에 해당되는데, 합헌결정문의 이와 관련된 문구를 보면 다음과 같이 적시되어 있다.

국토교통부 자료에 의하면, 2021년 기준 공시가격 현실화율은 공동주택의 경우 70.2%(2020년 69%), 단독주택(표준주택)의 경우 55.8%(2020년 53.6%)이다. 여기에 100분의 60부터 100분의 100까지의 범위에서 정해지는 공정시장가액비율을 적용하여(2021년 기준 100분의 95, 종부세법 시행령 제2조의4 제1항) 과세표준을 산정하므로, 만일 어느 개인 납세의무자에게 적용되는 명목세율이 1천분의 60(심지어 이는 과세표준 94억 원을 초과하는 구간에 대한 세율)이라고 하더라도 실효세율은 이보다 낮아지게 된다. 위와 같이 명목상 세율이 아닌 실질적인 세부담을 고려해 보면, 주택분 종부세 조항들로 인하여 짧은 시간에 재산원본을 몰수하거나 잠식하는 효과가 초래되어 사적 유용성과 처분권이 위협된다고 보기 어렵다.

또한 종부세법은 주택분 과세표준 금액에 대하여 해당 과세대상 주택의 주택분 재산세로 부과된 세액을 주택분 종부세액에서 공제하도록 규정하여(제9조 제3항), 재산세와의 중복과세가 되지 않도록 하는 장치도 두고 있다.

대통령령으로 정하는 바에 따라 계산한 세액이 해당 납세의무자에게 직전년도에 해당 주택에 부과된 주택에 대한 총세액상당액으로서 대통령령으로 정하는 바에 따라 계산한 세액의 일정 비율(100분의 150, 100분의 300)을 초과할 수 없도록 세부담 상한도 마련하고 있다(제10조 본문).

위와 같은 점들을 모두 종합하여 보면, 주택분 종부세의 과세표준 및 세율 등으로 인한 개인 납세의무자의 세부담 정도가 종부세의 입법목적에 비추어 지나치다고 보기 어렵다.

종부세 납세자에게 부과된 종부세는 헌법재판소의 합헌결정문에서 합헌 이유로 나열한 재산세의 공제 그리고 300% 수준의 세부담 상한을 이미 다 적용한 세액이며, 더욱이 이 세금은 명목세율로 과세된 세금이 아니고 각종 공제 등이 적용된 실효세율이 적용되어 부과된 세금이다. 따라서 헌법재판소에서는 과세할 때 적용된 종부세법의 규정을 나열하여 이 세금이 사적 유용성을 위협하지 않고 재산원본을 잠식하는 효과가 초래되지 않는다고 주장해서는 안 되는 것이다. 이미 이 법규정을 적용하여 부과된 종부세가 재산권의 본질적 내용을 침해하는지 그리고 재산원본을 무상으로 잠식하는지를 실증적인 내용으로 분석하여 위헌 또는 합헌결정을 내렸어야 했다. 그런데도 구체적인 사실관계를 확인하지 않고 다만 추상적인 내용으로 부과된 종부세가 사적 유용성을 위협하지 않는다는 이 판결은 매우 부실한 판결이라 하겠다.

2021년 귀속 종부세 합헌결정은 사실상 부과된 종부세가 재산권의 본질적 내용을 침해한다는 사실관계에 대하여 전혀 검토도 없이 오히려 사실관계의 왜곡을 넘어 사실관계를 조작하고 종부세법 규정의 나열에 지나지 않는 검토만을 거쳐 종부세가 종부세법의 입법목적에 타당하기 때문에 합헌이라고 판결한 것이다. 이 판결은 사실관계를 조작한 불법 판결에 해당되는 것이며, 종부세법의 법규정만 나열에 그친 부실 판결이라고 할 것이다. 더욱이 위헌청구인들이 종부세의 위헌청구는 종부세법의 위헌법률심판을 청구한 것이기 때문에 헌법재판소에서는 종부세의 위헌 여부를 헌법을 기준으로 심판해야 했다. 그런데도 합헌결정의 내용을 보면, 종부세법의 입법목적을 심판기준으로 삼아 합헌결정을 한 것에 불과하기 때문에 이 합헌결정은 당연무효의 판결이라 할 수밖에 없는 것이다.

또한 부과된 종부세가 1,000만 원 이상이면, 그 납세자는 자기 집에 살면서도 통상적인 월세보다 더 많은 종부세를 월세처럼 정부에 납부하면서 살아가야 한다. 자기 집을 임대하고 있는 경우에는 월세 소득보다 2배 수준의 종부세를 정부에 납부해야 하므로, 종부세 때문에 받는 자기 집을 임대하면서도 월세 소득만큼의 임대적자를 보아야 하는 것이다. 이러한 부동산보유세는 세상 어디에도 있을 수도 없고 있지도 않은 세금이라 할 것이다. 그러나 이러한 부동산보유세가 헌법에 합치된다고 판결한 헌법재판관의 그 머릿속에는 무슨 생각이 있는지 그리고 과중한 세금으로 고통받는 많은 국민들의 원성을 그 헌법재판관에게는 자장가 소리로 들리는지 도무지 이해할 수 없다고 하겠다.

이러한 종부세가 미국, 영국, 프랑스, 독일, 일본 등에서 과세되었다면 그 나라 헌법재판관들도 우리나라 헌법재판관들처럼 2%의 국민은 고통을 받지만 많은 국민들에게는 도움이 되는 세금이기 때문에 이러한 종부세는 합헌이라고 판결할 것이라고 우리나라 헌법재판관들은 믿고 있는지 궁금하다.

부과된 종부세가 1,000만 원 이하의 경우에도 2주택자를 기준으로 볼 때 1채는 자가거주하고 1채는 임대하고 있는 것이 통상적인 현실이기 때문에 사실상 임대하고 있는 1채 때문에 종부세가 부과된 것이다. 이 임대주택만을 놓고 보았을 때는 부과된 종부세가 500만 원 수준이라도 이 세금은 1채의 임대주택의 임대소득보다 더 많은 세금이 된다. 납세자 입장으로 보았을 때 그 종부세는 임대주택의 사적 유용성을 초과하여 부과된 세금에 해당되는 것이며, 이 세금도 재산권의 본질적 내용을 침해하는 세금이라고 할 것이다. 서민층의 납세자 중 종부세가 부당하다고 주장하는 납세자의 상당수가 이 계층에 속하는 경우가 많다. 어렵게 장만한 소형 오피스텔을 임대하여 생활비에 보탬이 되고자 하였는데 오피스텔 임대로 얻는 월세 소득보다 훨씬 더 많은 종부세가 부과되어 생활비 보탬을 위한 임대주택이 오히려 과잉세금으로 생활을 궁핍하게 만드는 결과가 되었다. 이 납세자들이 생존권의 차원에서 종부세 위헌청구한 사례가 많은 실정이다. 또한 부과세액이 1,000만 원 미만의 경우에도 종부세만의 실효세율이 0.54%이지만 여기에다가 지방세분 부동산보유세인 재산세의 실효세율 0.372%를 더하면 이 세액구간의 부동산보유세의 실효세율은 0.912%(0.54%+0.372%)가 된다. 따라서 이 실효세율은 동일한 공시가격을 기준으로 산정한 기대임대소득률인 0.91%와 거의 같은 수준의 실효세율에 해당된다고 할 것이다.

1주택자의 경우를 보면, 과세표준 기본공제금액도 높고 세율도 낮기 때문에 1주택자의 종부세 실효세율은 다주택자보다 훨씬 낮은 게 사실이다. 그러나 1주택자의 경우도 부과세액이 1,000만 원 수준이면 함께 부과된 지방세분 부동산보유세인 재산세의 실효세율 0.372%를 더해 부동산보유세 전체로 볼 경우에는 이 세금도 실질적으로 주택의 사적 유용성을 초과하여 부과된 세금에 해당된다. 때문에 1주택자의 경우도 부과세액이 1,000만 원 이상이면 이 세금도 재산권의 본질적 내용을 침해하는 세금에 해당된다고 하겠다.

종부세 납세자 중 과중한 종부세로 피해를 가장 많이 본 납세자는 민간임대주택 임대전문 사업자이다. 임대전문 사업자의 특징을 보면, 빌라형의 소형 주택의 임대가 많고, 전세임대가 많으며 이로 인하여 전세보증금의 금액이 공시가격 수준을 넘어 거의 시가 수준에 달하는 경우가 많다. 따라서 임대전문 사업자의 경우 임대보증금 부채를 공제한 임대주택의 실질적인 재산 가치는 높지 않은 수준이다. 그리고 소형 임대주택이지만 여러 채의 임대로 인하여 공시가격이 높아지고 다주택자 높은세율이 적용되기 때문에 이들에게 부과된 2021년과 2022년 귀속 종부세는 그 주택임대로 벌어들일 수 있는 모든 임대소득보다 3~4배 수준 더 과중하게 부과되었다. 그러므로 임대전문 사업자는 부과된 종부세를 납부할 돈도 없지만, 1년에 부과된 종부세 자체가 임대사업자의 순자산가치의 절반 수준까지도 해당되는 경우가 많은 실정이다. 따라서 대부분의 임대전문 사업자는 2021

년과 2022년에 부과된 과다한 종부세로 파산이 불가피한 어려움에 빠져 있다.

신뢰보호원칙에 대한 종부세 합헌결정문의 적시 내용을 보면 다음과 같이 적혀있다. '위와 같은 신뢰는 국가에 의하여 일정한 방향으로 유인된 특별한 보호가치가 있는 신뢰이익으로 보기 어렵다.' 국가에 의하여 일정한 방향으로 유인된 특별한 보호가치가 있는 신뢰이익이라면 그 신뢰이익은 보호되어야 하는 것이 마땅한 것이라 할 것이다. 임대등록제도는 전·월세 시장 안정화를 위해 1994년 도입되었고 역대 모든 정부에서 종부세는 물론 여러 가지 세금까지 감면해 주면서 지속적으로 장려한 사업이고, 이것은 임차인을 보호하기 위한 국가적 과제이기도 했다. 문재인 정부에서도 2017년 12월 13일 발표한 '임대주택등록 활성화방안'을 통해 임대주택등록을 적극 유도하였다. 따라서 많은 국민이 정부의 이런 약속과 국가 장려정책을 믿고 민간임대주택사업을 영위한 것은 아무런 잘못이 없는 것이다. 그러나 2020년 8월에 '민간임대주택에 관한 특별법'을 개정하여 민간임대주택등록을 강제말소하고 2021년 종부세부터 민간임대주택에 대하여 과세로 전환하였다. 일반주택의 경우도 매매거래가 원천적으로 까다롭고 쉽게 이루어질 수 없지만, 임대사업용 주택은 주로 빌라형 소형주택으로 사실상 임대사업자만이 구매할 수 있는 주택이기 때문에 매매거래가 매우 어렵다고 할 것이다. 따라서 관련법이 개정되었다고 임대사업자가 임대사업용 주택을 쉽게 매각할 수는 절대 없는 실정이다. 그런데도 일정 기간의 유예조치 없이 관련법 개정과 동시에 임대주택에 대하여 임대소득의 3~4배 수준으로 종부세를 부과한다는 것은 임대사업자를 도망갈 수 없게 가두리에 가둬놓고 임대사업자의 모든 임대주택을 국가권력이 무상으로 빼앗겠다는 것과 마찬가지이다. 이것은 국가권력이 국민을 상대로 '폰지사기'를 벌인 것이라고 말할 수 있을 것이다. 20년이 넘도록 국민에게 민간임대주택사업을 장려하고 세금을 감면해 주다가 갑자기 세금을 감내할 수 없는 막대한 금액으로 부과하는 것은 분명 국민의 재산을 불법으로 빼앗는 것과 마찬가지이다. 그러므로 민간임대주택에 대한 종부세의 과세배제는 사실상 헌법재판소의 주장대로 '국가에 의하여 일정한 방향으로 유인된 특별한 보호가치가 있는 신뢰이익으로 보아야 할 것'은 당연한 것이라 할 것이다. 민간임대주택에 대하여 과세로 전환하고 싶다면 기존의 임대사업자의 경우는 정부의 장려정책에 호응하여 사업을 영위한 납세자이며 또한 주택의 특성상 매각이 어렵기 때문에 기존의 임대사업자의 경우는 종부세 과세배제를 유지하고 신규의 민간임대주택 취득에 대하여만 과세로 전환하더라도 국가정책의 수행과 부동산 투기 억제에 전혀 문제가 없다. 그런데 갑자기 기존 사업자에 대하여 과세로 전환하여 그 임대사업자를 가두리에 가둬놓고 모든 재산을 국가가 빼앗는 것은 분명한 국가가 벌인 '폰지사기'에 해당된다고 할 것이다.

그러나 헌법재판소의 종부세 합헌결정의 내용을 분석해 보면, '민간임대주택의 과세전환은 종부세법의 개정으로 발생한 것이 아니고 민간임대주택에 관한 특별법을 개정하여 발생한 것이기 때문에 이 사안은 종부세법의 위헌 여부와는 관련이 없다.'라고 단정하고 민간임대주택 과세전환의 위헌 여부 자체를 합헌결정문에서 논의조차 하지 않았다. 2024년 2월 28일의 민간임대주택에 관한 특별법에 대한 헌법소원에 대하여 헌법재판소는 기각결정을 한 바 있다. 이 내용을 보면 여기에서도 민간임대주택에 대한 종부세의 과세배제에 대하여는 검토를 하지 아니하였고, 다만 임대주택 등록말소 조항에 대한 신뢰보호원칙에 대하여 기각판정을 한 바 있다. 그 내용을 보면 민간임대주택의 공급을 촉진하고 임차인의 주거생활을 안정시킬 목적으로 민간임대주택 특별법을 제정한 것이지만 임대등록에 대한 법적 규율 상태가 앞으로도 존속할 것이라는 기대 또는 신뢰는 변동가능성이 있는 것으로 그 보호가치가 그리 크다고 볼 수 없다고 판결하였다. 20년이 넘도록 국가의 장려사업이었고 임대주택의 매매거래 특성으로 보았을 때 이 제도의 보호가치가 그리 크지 않다고 본다는 것은 도저히 납득할 수 없는 판결이라 할 것이다. 더욱이 임대주택에 거주하는 임차인의 장기적이고 안정적인 주거환경 보장 등이 등록말소 조항이 달성하고자 하는 공익이라고 언급하면서 등록말소 조항은 신뢰보호원칙에 위반되지 않는다고 판결내용에 적시되어 있다. 이 말은 사실관계를 정반대로 표현한 것에 불과하다 할 것이다.

 민간임대주택에 대하여 세금을 감면하여 주택임대사업자가 안정적으로 임대주택을 공급하는 것이 임차인의 장기적이고 안정적인 주거환경을 보장하는 것이다. 그런데 등록말소하여 임대사업자에게 종부세 세금 폭탄을 때려 파산하게 만들어 사실상 임차인의 안정적인 주거환경마저 파괴한 결과를 가져왔는데 어떻게 헌법재판소는 임대등록말소가 임차인의 안정적인 주거환경을 보장한다고 주장할 수 있는가. 도저히 이해할 수 없는 정반대의 주장을 하고 있는 것이다. 2021년부터 전세사기로 많은 임차인이 임차보증금을 받지 못해 큰 손실을 보게 되어 정부에서도 이에 대한 대책을 마련하고 사실상 종부세 세수만큼의 자금을 지원하고 있다. 이것은 바로 임대사업자에게 종부세 세금 폭탄을 때렸기 때문에 발생하는 것이며, 그 결과로 임차인의 안정적인 주거환경이 파괴된 것은 너무나 자명한 것이 분명하다. 헌법재판소에서 이러한 내용을 아는지 모르는지 전혀 들여다볼 생각도 하지 않고, 오직 합헌결정만을 위해 임대등록말소가 임차인의 안정적인 주거환경을 보장한다고 정반대로 기술하고 있는 것에 불과하다 할 것이다. 이것은 이치에 전혀 맞지 않고 사실상 헌법 규정에도 맞지 않는 것이며, 야비하고 비열하며 더러운 판결에 지나지 않는다고 생각되는 것이다.

종부세법은 모든 과세요건이 포괄위임되어 있고 더욱이 부동산공시법, 주택법 그리고 민간임대주택에 관한 특별법 등을 원용하고 있다. 그런데 타 법률을 똑같이 원용한 공시가격과 조정대상지역 내 2주택자 규정에 대하여는 엉뚱한 이유를 붙여 합헌이라고 주장했다. 그러면서 똑같이 타 법률을 원용한 민간임대주택 과세배제규정은 타 법률 소관이기 때문에 종부세의 위헌 여부 자체의 논의 대상이 안 된다고 내용을 쏙 빼버리고 합헌결정을 내린 것이다. 포괄위임 되어있는 종부세법의 규정이 조세법률주의에 위반되지 않는다는 헌법재판소의 합헌결정은 분명히 잘못된 판결이다. 더욱이 타 법률에 원용되어 있기 때문에 타 법률의 개정으로 종부세가 과세전환되어 신뢰보호원칙에 위반된다는 주장에 대하여 헌법재판소에서 검토조차 하지 않는 것은 더 큰 문제라고 할 것이다. 종부세 과세배제의 규정은 당연히 종부세법에 규정되어야 할 과세요건이다. 그런데 이것을 종부세법에 규정하지 않고 타 법률을 원용하여 과세배제하는 자체가 조세법률주의에 위반되는 것이다. 또한, 타 법률이 개정되어 종부세가 과세전환되어도 그것이 헌법위반 자체를 다툴 수 없다고 헌법재판소에서 판결하는 것은 포괄위임규정에 대한 헌법재판소의 판단이 아주 잘못된 판단임이 분명하다 할 것이다.

　주택의 거주권은 자가 주택의 거주자만 인정될 성질의 기본권이 아니고 임대형태로 거주하는 국민의 경우도 주택의 거주권을 인정해야 하는 것이다. 주택임대사업자에 대하여 종부세로 임대사업을 못 하게 하고 저가형의 임대주택의 공급을 차단하는 것은 사실상 임대주택 거주자의 거주권을 부인하는 것과 마찬가지이다. 또한 적법하고 정당한 사업의 경우는 국가가 과중한 세금으로 사업을 못하도록 막아서는 안 된다. 그런데 임대사업의 경우 막대한 종부세의 부과하면 임대사업 자체의 진입은 물론 정상적인 운영을 막는 것으로 이것은 직업 선택의 자유마저 저해하는 세금 부과라고 하겠다. 종부세는 터무니없이 과중한 세금이며 더욱이 다주택자, 조정대상지역 내 2주택자, 법인납세자의 경우에는 지나치게 차별적으로 중과세한 세금으로 재산권을 명백히 침해한 세금이며, 세계의 어느 나라에서도 찾아볼 수 없는 재산권의 본질적 내용을 침해하는 세금이라고 하겠다. 이러한 세금이 헌법위반이 아니라고 헌법재판소에서 판결하는 것은 그 헌법재판소는 자유민주주의 국가의 헌법재판소라고 인정될 수가 없다고 하겠다. 여기에서도 몇 가지 사례만을 예를 들어 설명하고자 한다. 먼저 임대전문 사업자에 대한 사례부터 보고자 한다.

청구인 □□□ (대표 개인 사례 A)

표15 **대표 개인 사례 A 위헌청구인의 2021년 종부세 부과 현황**

주택 수	공시가격 합계	종부세 합계액	실효세율(%)	비고
135	23,375,602	1,554,623	6.65	

(단위: 천 원)

서울 종로구 명륜동 등에 소규모 다세대주택과 오피스텔 등의 주택 135채를 보유하여 임대하고 있는 임대전문 사업자이며 소규모 건축업자이다. 청구인은 땅을 매입하여 그 위에 소규모 다세대주택을 지어 전세로 임대하고 그 자금으로 다시 땅을 매입하여 임대주택을 건축하는 전문사업자이다. 청구인은 전체 공시가격의 1.6배 수준으로 보증금을 받아 전세형으로 임대하고 있으며 보증금 금액이 많기 때문에 간주임대료를 계산하였을 때 연간 임대소득이 2억 6,022만 원이고 소득률도 1.11%로 양호한 실정이다. 이 임대소득률은 통상적인 기대임대소득률보다 높기 때문에 이 임대소득을 기준으로 재산권 침해 문제를 검토하고자 한다. 부과된 종합부동산세 합계액 15억 5,462만 원은 연간 임대소득 2억 6,022만 원보다 6.0배 수준이다. 이는 사실상 모든 주택의 수익권이 종합부동산세로 완전히 박탈된 경우에 해당되기 때문에 이것은 헌법 제37조 제2항에 규정된 재산권의 본질적 내용의 침해에 해당되는 것이다.

청구인은 임대주택을 건축하여 임대하고 「민간임대주택에 관한 특별법」에 의거 임대등록하여 종합부동산세를 과세받지 않아 왔는데 2020년 8월에 관련법이 갑자기 개정되어 청구인에게 감내할 수 없는 수준으로 세금이 부과된 것이다. 연간 임대소득 2억 6,022만 원을 초과하는 종합부동산세가 12억 9,440만 원으로 청구인은 임대사업을 하면서 종합부동산세만으로도 이 금액의 임대 영업손실이 발생하는 것이다. 또한 소득 이상의 세금이기 때문에 재산원본의 무상몰수에 해당되는 세금이라고 하겠다. 청구인의 경우에는 15억 원 수준의 종합부동산세를 납부할 자금이 없어 현재 체납 중이고 사실상 15억 원의 세금이 부과되어 파산위기에 몰린 상태이다. 그런데 전세사기꾼으로 추정되는 사람들이 청구인을 찾아와 135채의 모든 주택을 넘기면 비자금조로 10억 원을 주겠다고 여러 차례 종용하였다. 10억 원을 받고 범죄자가 되어 잠적하는 것이 여생에 편안할 수 있으나 그것은 범죄행위가 되기 때문에 여러 차례 망설였다. 그러다가 이 사건의 위헌청구를 담당하는 소송대리인을 찾아와 하소연을 하고 소송대리인들이 종합부동산세의 위헌결정 가능성이 매우 높다는 설득으로 체납을 고수하면서 135채의 주택을 불법 매각하지 않았다. 종합부동산세는 지나치게 높은 세율로 부과되어 많은 국민이 재산권을 침해하고 일부의 임대사업자의 경우는 전세사기범으로 몰아가는 세금이다. 이러한 세금은 조세원칙이나 조세이론에 전혀 상응하지 못하며 세계 유례가 없는 세금으로 국민의 사유재산권마저 형해화시키는 결과를 가져오고 있다. 또한 주택임대사업의 경우는 부과되는 종합부동산세가 최소한 임대소득의 2배 이상 수준이기 때문에 사실상 임대사업의 영위는 불가능해지는 실정이고, 이것은 헌법이 규정한 직업선택의 자유마저 침해하는 것이라 하겠다.

부과된 종합부동산세가 연간 임대소득보다도 12억 9,440만 원 더 많아 사실상 이 세금은 소득 이상의 세금이기 때문에 재산원본의 몰수에 해당되는 세금이라고 하겠다. 부과된 종합부동산세 15억 5,462만 원 중 83.2%가 재산몰수에 해당되는 세금이 되는 것이다. 이 세금은 손혜원 전 의원의 투기벌과금 1,000만 원보다 129배 더 많은 벌금형 세금으로서 범죄자와의 형평성 측면에서도 비교될 수 없는 수준으로 재산권 침해가 확실하다고 하겠다.

청구인에게 적용된 종합부동산세의 세율은 6.0%로 최고세율이 적용되었고 청구인이 부과받은 종합부동산세의 실효세율은 6.65%로 주택가격의 연평균상승률 3.07%보다도 2.16배 높은 수준이다. 이렇게 사적 유용성을 초과하여 부과된 12억 9,440만 원의 종합부동산세는 명백한 재산원본의 무상몰수의 세금이며 사유재산 제도를 형해화하는 세금이라고 하겠다.

　　이 위헌청구인은 2022년에도 10억 8,562만 원의 종부세를 부과받아 2021년과 2022년에 부과된 종부세 합계액이 26억 4,024만 원이 된다. 이 세액의 거의 전부는 현재 체납되어 있고, 청구인의 임대사업용 주택은 공매처분될 것이다. 135채의 임대사업용 주택이 전부 공매되는 경우 이 위헌청구인은 돈 한 푼 건질 수 없을 뿐만 아니라, 체납된 종부세와 또다시 부과되는 양도소득세로 인해 분명히 거액의 세금이 체납으로 남아 있게 될 것이다. 따라서 이 위헌청구인은 평생을 세금 체납자이고 신불자로 남게 될 것이다. 이 위헌청구인은 2020년 말에 자기를 찾아와 10억 원을 받고 모든 주택을 넘기고 잠적하라는 전문 전세사기범의 꼬임대로 모든 주택을 불법으로 넘기는 것이 차라리 더 좋았을 것이라고 생각할 정도로 지금은 매우 억울한 상황에 빠져 있는 것이다. 세상에 이런 세금을 이렇게 부과해도 되는 것인가. 이 청구인은 선량한 임대주택사업자이고 건실한 임대주택의 공급자로서 국가경제의 밑바탕이 되었던 사람인데 이렇게 불법적인 과다한 종부세로 무참하게 짓밟힌 결과가 되었다. 그런데 이런 세금이 정당하다고 합헌결정을 하는 것은 너무나도 원통한 일이 아닌가 생각되는 것이다.

[참고] 전세사기에 대한 의견

우리나라의 경우 민간이 공급하는 임대주택의 가구 수는 대략 692만 가구로 전체 가구 수의 34.0%이며, 임대가구 수의 80.6%를 차지하고 있다. 그런데 최근 과다한 종합부동산세의 부과로 상당수의 임대사업자가 도산 위기에 놓여졌고, 전세사기도 급증하여 사회적 문제로 대두되고 있다. 지금까지의 전세제도는 저렴한 임대주택의 공급 기능을 하면서 국민적 주거비를 낮추는 효과가 있었으며, 더욱이 국가재정에 부담을 주지 않고 오히려 임대소득세 등을 납부하여 국가재정에 기여하면서 무주택 서민들에 대해 주택을 공급해 왔던 우리나라의 고유한 임대제도로 사실상 사적영역의 부분으로 사회적 순기능이 컸다고 하겠다. 그래서 민간임대주택에 관한 특별법을 제정하여 등록한 임대사업자에게는 세금혜택이 부여되기도 하였으며 전세사기의 문제가 사회적 문제로 제기되지는 않아 왔다.

그러나 2018년 이후 어떠한 이유로든지 주택가격이 상승하였고 정부는 민간임대사업을 투기의 온상으로 보고 2020년에는 민간임대주택에 관한 특별법을 개정하여 임대사업자에 대한 세금혜택을 배제하고 오히려 종합부동산세의 대폭적인 세율인상 등을 통해 2021년도분 종합부동산세를 임대소득의 2~4배 수준으로 과세하여 임대사업자를 도산 위기로 몰아넣었다. 여기에 그치지 않고 국민적 반대에도 무릅쓰고 임대차 3법을 제정하였고, 임대보증보험제도를 강화시켜 사실상 임대사업의 영위를 불가능한 수준으로 몰아간 것이다. 전세보증금 반환 사고를 사적영역의 범위에서 억지로 공공의 영역으로 끌어들이는 결과마저 만든 것이다('집주인은 빌라왕 김대성 지난해 10월 사망'에 대한 2023. 01. 26. 오마이뉴스 참고).

이 신문보도에 따르면 빌라왕 김모 씨는 갑자기 사망하였는데 부과된 종합부동산세가 60억 원 수준이며, 종합부동산세 등의 체납세액이 63억 원이라고 한다. 사실상 김모씨의 전 재산이 과연 63억 원 수준이 될 수 있을까 하는 의심마저 드는 실정이다. 대표 개인 사례 A는 종합부동산세 위헌청구를 의뢰한 임대전문 사업자 중에서 임대가구 수가 제일 많고 부과된 종합부동산세도 가장 많은 납세자 중 1명이다. 이 위헌청구인을 비롯한 위헌청구를 한 많은 임대전문 사업자는 막대한 종합부동산세로 도산위기에 몰렸지만 그래도 종합부동산세의 위헌결정을 받아 회생하겠다는 의지가 매우 강하고 불법은 저지르지 않겠다는 각오가 대단한 납세자로 청구비용을 들여서라도 위헌결정으로 전세사기의 범죄를 저지르지 않겠다는 납세자들이다. 그러나 이분들이 위헌결정을 받지 못해 납부한 종합부동산세를 되돌려 받지도 못하였을 뿐만 아니라 이제는 파산지경에 몰려 사실상 체납자이며 신불자로 평생을 살아야 할 매우 억울한 운명에 처해져 있는 것이다. 그리고 이러한 임대사업자의 경우는 사실상 고의적인 전세사기범은 아니지만 막대한 종부세로 인하여 전세보증금 미반환 사고에 연루될 수밖에 없는 결과가 되었다. 국민을 전세사기로 몰아간 가장 중요한 요인은 바로 막대하게 부과된 종합부동산세이다.

최근의 전세사기와 관련한 기사를 보면 다음과 같은 내용들이 있다. 2024년

8월 22일 뉴시스 보도에 따르면 '전세사기 피해주택 매입 11월 초부터'라는 기사에서 전세사기로 인한 주택의 매입에 따른 예산이 4조 6,000억 원이 소요될 것이라고 보도한 바 있다. 그리고 2024년 8월 26일자 한국경제 신문의 보도 내용을 보면, 곧 가을 이사철인데 전세 품귀현상으로 전셋집 찾기가 어렵다고 보도되고 있다. 또한 2024년 8월 20일자 매일경제 신문을 보면, 전세사기 피해자 지원 및 주거안정에 관한 특별법 일부를 개정하여 전세사기 피해자에게 LH 공공임대주택을 최장 20년간 제공한다는 기사도 있다. 이런 기사를 보면 너무 어처구니가 없다. 민간임대주택에 대하여 종부세 과세로 전환함으로써 국가에서 전세사기를 조장하고 막대한 임차인의 피해를 가져왔으며, 또한 역시 선량한 임대사업자의 경우도 파산으로 몰고 가 체납자이며 신불자로 만들었는데, 이에 대한 반성과 시정조치 없이 막대한 예산과 필요도 없는 법개정을 추진하는 것은 정부가 고의로 사고를 만든 것이며 국민에게 엄청난 피해를 준 것임이 분명하다 할 것이다. 이러한 종부세가 아직도 과세가 되고 위헌결정이 나지 않는 것은 너무나 한심한 일이라고 하겠다.

청구인 □□□ (대표 개인 사례 B)

표16 대표 개인 사례 B 위헌청구인 2021년 종부세 부과 현황

주택 수	공시가격 합계	종부세 합계액	실효세율(%)	비고
19	2,972,100	72,539	2.44	

(단위: 천 원)

청구인은 중규모 수준의 임대전문 사업자이다. 어렵게 돈을 버는 대로 빌라를 취득하여 전세로 임대하고 있는 사업자이다. 임대용 빌라가 모두 42채이나 2021년에는 이 중 19채가 민간임대주택등록이 말소되어 7,254만 원 종부세가 부과되었고, 2022년에는 39채가 민간임대주택등록이 말소되어 1억 3,639만 원의 종부세가 부과되어 2021년과 2022년에 부과된 종부세 합계액은 2억 893만 원이다. 보유한 42채의 임대사업용 주택의 공시가격 합계액이 75억 4,110만 원, 시세가격 합계액이 108억 4,100만 원 정도이고, 임대보증금이 98억 4,800만 원이다. 임대보증금 부채가 공시가격보다 오히려 20억 원 수준 더 많은 실정이며, 임대주택의 시세가격을 고려할 때 이 임대주택의 순자산 가치는 10억 원 수준에 불과하다 할 것이다. 거의 모든 임대자산을 전세로 주고 있어 실질적인 년간 임대수입은 682만 원에 불과하여, 청구인은 고양시에서 100만 원의 월세로 살면서 용역회사에 나가 일용직(설거지 업무)으로 연간 2,400만 원의 수입으로 생계를 유지하고 있는 실정이다. 사실상의 임대수입이 없어 종합부동산세 2억 893만 원을 납부할 능력이 전혀 없으므로 현재 종합부동산세가 체납되어 있는 상태이다.

임대용 빌라 42채 모두를 임대하고도 종합부동산세 때문에 매년 6,000만 원 이상의 적자가 불가피하여 임대자산의 소유권을 사실상 포기한 상태(종합부동산세 2억 893만 원은 청구인의 연간 임대수입 682만 원의 30배 이상으로 감내할 방법이 없음)이다. 빌라형 임대자산은 사실상 매각도 불가능하고 매년 6,000만 원 이상의 적자와 고액의 양도소득세를 감안할 경우에는 5년 이내 모든 임대자산의 국가 몰수는 불가피한 상태이다. 따라서 이 청구인도 모든 임대사업용 주택

이 공매에 처할 것이다. 그렇게 되면 이 청구인도 아무 잘못을 한 것도 없는데 모든 재산을 빼앗길 뿐만 아니라 평생을 체납자이며 신불자로 살아가야 하는 운명에 처하게 되는 것이다. 종부세는 너무나 가혹한 세금임이 분명하다 할 것이다.

종합부동산세는 사실상의 부동산부유세이기 때문에 프랑스와 독일(1995년 위헌으로 법 폐지)의 경우처럼 부채를 공제한 순자산에 대하여 부과해야 하는데, 종합부동산세는 총자산에다 최고세율 7.2%의 대단히 높은 세율을 적용하여 인별 합산하여 과세하기 때문에 본질적으로 세금 계산 구조가 잘못된 세금인 것으로, 사실상 대부분의 주택임대전문 사업자는 5년 이내에 도산이 불가피한 실정이다.

청구인 □□□ (대표 개인 사례 C)

표17 대표 개인 사례 C 위헌청구인의 2021년 종부세 부과 현황

주택 수	공시가격 합계	종부세 합계액	실효세율(%)	비고
78	2,417,422	47,314	1.96	

(단위: 천 원)

청구인은 중소 규모의 임대전문 사업자이다. 그리고 초소형 아파트, 다세대주택 등 78채를 보유하고 1채는 자가 거주하며 77채는 임대하고 있다. 소형 다세대주택 등을 임대함으로써 연간 임대수입금액은 1억 380만 원이며 임대수입율이 4.26%로 매우 높은 실정이다. 그러나 손익계산서를 검토해 보면 임대에 필요한 경비가 3,250만 원이며 이자비용이 6,287만 원으로 실질적인 임대소득은 842만 원에 불과한 실정이다. 부과된 종합부동산세 4,731만 원은 임대소득의 5.6배이며 청구인이 보유한 모든 주택의 공시가격 24억 원에 대한 통상적인 기대임대소득은 2,200만 원이며 기대임대료수입금액은 3,834만 원으로 부과된 종합부동산세가 이 금액들을 훨씬 초과하는 수준으로 재산권의 본질적 내용을 침해하는 세금이 분명하다고 하겠다. 청구인은 70세가 훨씬 넘은 노인으로 초소형 오피스텔 등을 임대하여 어렵게 살아가는 경우에 해당한다. 임대보증금 16억 원과 은행 부채 19억 원 부채합계 35억 원을 감안할 때 임대주택의 순재산가치는 거의 없는 수준이라고 하겠다. 부과된 종합부동산세가 임대소득의 5.6배이고 종합부동산세로 임대사업에서 매년 4,000만 원씩 적자가 불가피하기 때문에 청구인은 생존권의 위기에 놓여있는 실정이라고 하겠다. 2020년까지는 대부분의 임대주택이 임대등록되어 있어 종합부동산세가 500만 원 수준 부과되었다. 그런데, 2020년의 갑작스러운 관련법의 개정과 더불어 납세자의 형편을 고려하지 않고 2주택 이상자에 무조건적으로 부담하기 어려운 과도한 종부세를 부과한 것으로 인해 임대사업자의 재산권과 생존권이 심각하게 침해받고 있다. 이 청구인도 당연히 모든 임대용 주택은 공매처분에 처해질 것이며 돈 한푼도 챙기지 못할 뿐만 아니라 평생을 체납자이며 신불자로 살아가야 할 형편이다. 이 청구인은 70세가 넘은 고령으로 스스로 초소형 다세대주택 등을 임대하면서 스스로 살아갈 수 있었는데 임대등록 강제말소에 따른 매우 부당한 종부세의 과세로 신불자가 되어 정부의 보조금을 받아 겨우 연명해야 할 운명에 처하게 되는 것이다. 이것이 바른 조세 정책인지 심각하게 검토하는 것이 당연한 일이라고 본다.

청구인 □□□ (대표 개인 사례 D)

표18 **대표 개인 사례 D 위헌청구인의 2021년 종부세 부과 현황**

주택 수	공시가격 합계	종부세 합계액	실효세율(%)	비고
78	7,592,000	270,179	3.56	

(단위: 천 원)

다음에는 2주택자의 여러 사례를 검토하고자 한다. 위헌청구인의 절반 정도가 조정대상지역 내의 2주택자에 해당되어 종부세 세금 폭탄을 맞은 납세자이다. 이 중 대표적인 유형으로 나누어 간단히 설명하고자 한다.

청구인은 고가의 아파트 2채를 소유하여 모두 100% 전세로 임대하고 있고 본인은 규모가 작은 아파트에 전세로 거주하고 있다. 완전한 전세이기 때문에 간주임대료뿐이며 임대소득률이 낮아 통상적인 기대임대료수입금액과 기대임대소득으로 분석하고자 한다. 통상적인 기대임대료수입금액은 1억 2,040만 원이며 기대임대소득은 6,908만 원이다. 부과된 종합부동산세 2억 7,018만 원은 기대임대료수입금액의 2.2배 수준이며, 기대임대소득금액의 3.9배 수준이다. 부과된 종합부동산세가 임대하고 있는 2채 모두의 사적 유용성을 완전히 상실시키는 수준 이상이기 때문에 재산권의 본질적 내용의 침해하는 세금에 해당되는 것이다.

청구인은 재산원본 무상몰수 기간을 계산하는 대표 사례로 청구인이 향후 12년간 종합부동산세를 부과받으면 그 세액이 32억 4,200만 원이고 양도소득세가 30억 4,300만 원이다. 세금 합계가 62억 8,500만 원으로, 2채 아파트 중 제일 비싼 아파트 1채는 12년 후에 종합부동산세와 양도소득세로 완전히 무상몰수되는 경우에 해당된다. 다만 이때에는 임대보증금 30억 원을 갚을 길이 없다. 그러나 청구인이 여유자금이 매우 부족한 실정이기 때문에 조만간 체납이 되어 공매처분 당할 경우에는 2채 아파트의 양도소득세와 종합부동산세 그리고 임대보증금으로 2채 아파트 모두가 그대로 무상몰수 될 수밖에 없는 실정이다.

청구인은 별다른 고정 수입이 없어 종합부동산세 때문에 아파트 임대로 매년 2억 5,000만 원의 적자가 발생하고 있다. 청구인의 경우 기대임대소득을 초과하는 종합부동산세 2억 110만 원은 재산원본의 무상몰수 세금으로, 부과된 종합부동산세의 74.4%가 무상몰수의 세금에 해당되는 것이다. 청구인의 경우 고가주택 2채만을 보유하고 있는데 이렇게 막대한 재산원본 몰수형의 종합부동산세가 부과된 이유 중의 하나가 2채 주택이 모두 조정대상지역에 위치한다는 것이다. 조정대상지역에 대한 규정은 종합부동산세법 제9조 제1항 제1호, 제2항 제1호와 제2호에 규정되어 있다. 그러나 이 규정은 지나치게 포괄적으로 위임되어 있고 주택법의 관련 규정은 사실상 국토교통부 장관이 자의적으로 지정할 수 있는 포괄적인 권한이 또다시 위임되어 있다. 이렇게 중복적인 포괄적인 위임으로 2배 이상의 종합부동산세가 자의적으로 결정된다는 것은 조세법률주의에 위반된다고 하겠다(2주택자에 대한 낮은 기본세율을 적용할 것인가 높은 다주택자 중과세 세율을 적용할 것인가를 국토교통부 장관이 자의적으로 결정할 수 있도록 세율 적용 권한을 포괄위임하는 것은 분명한 과세요건법정주의 위반이다). 이렇게 종합부동산세가 재산몰수형의 세금으로 변질된 또 하나의 근본 이유는 종합부동산세로 부동산 투기를 억제하겠다는 목적이다. 그런데 손혜원 전 국회의원의 목포 부동산 투기 혐의에 대한 대법원의 확정 벌과금이 1,000만 원인 것을 감안할 때 청구인은 투기를 했다는 혐의도 전혀 없는데 오직 사회적으로 투기 붐이 분다고 하여 다주택자에게 투기 억제를 위한 벌과금 성격의 세금을 감내할 수 없는 수준으로 부과한 것이다. 사적 유용성을 초과하여 부과된 세금이 2억 110만 원으로 손혜원 전 의원의 투기벌과금보다 20배 더 많은 벌금형 세금으로서 범죄자와의 형평성 측면에서도 비교될 수 없는 수준이며, 과잉금지원칙을 적용한다고 하더라도 재산권 침해가 확실하다고 하겠다.

여기에서 청구인이 종합부동산세 세액계산에 있어 공제되는 재산세의 문제점을 검토하고자 한다. 청구인은 2채의 고가 아파트를 보유하고 있어 납부한 재산세가 2,749만 원이나 종합부동산세 계산 시 공제된 재산세는 그 세액 중 55.9%인 1,537만 원에 불과하다. 청구인이 보유한 2주택의 공시가격이 76억 원이기 때문에 기본공제가 6억 원이므로 납부한 재산세 중 92.2%를 공제해 주는 것이 정당한 계산 방법이다. 그런데 오직 55.9%만 공제해 준 것은 분명한 지방세분 부동산 보유세이며 재산세에 부가되어 부과되는 도시지역분 재산세와 지방교육세가 전체 재산세의 37.5%에 해당되는데, 이 세금을 납부한 재산세로 공제해 주지 않기 때문이다. 또한 일정한 산식에 의하여 순재산세의 일부만 공제해 주기 때문이다. 재산세에 부가되어 부과되는 도시지역분 재산세와 지방교육세도 분명한 지방세분 부동산보유세이고 종합부동산세도 분명한 부동산보유세이다. 또한 납세자도 같고, 과세대상도 같으며, 과세표준도 동일한 공시가격이며, 세액계산도 같은 방식으로 계산하는 사실상 똑같은 부동산보유세인데 공제받지 못한 기납부 재산세는, 분명 이중과세된 것으로 보인다. 같은 세원, 같은 납세자에게 2가지 같은 세금을 부과하는 것은 공평한 세부담을 담보할 수가 없기 때문에 중복과세는 세계적인 금기사항이다. 어느 나라도 이러한 중복과세가 있는 경우는 없다. 2021년도분 종합부동산세가 재산권의 심각한 침해의 문제를 야기하는 것은 이러한 조세원칙을 지키지 않은 결과라고 하겠다.

청구인 □□□ (대표 개인 사례 E)

표19 대표 개인 사례 E 위헌청구인의 2021년 종부세 부과 현황

주택 수	공시가격 합계	종부세 합계액	실효세율(%)	비고
2	2,910,000	55,540	1.91	

(단위: 천 원)

상장기업의 중간 간부급인 청구인은 여러 사례에서 언급되는 대표 개인 사례 중 하나이다. 조정대상지역 내 2주택자이며 1주택은 자가거주하며 다른 1주택은 반전세로 임대하고 있는 납세자이다. 2021년도 부과된 종합부동산세 5,554만 원은 청구인의 연간 급여의 55.3%로 이 세금은 청구인이 감내할 수준을 초과하는 세금이라 하겠다. 청구인의 주택 2채의 공시가격은 29억 원이며 통상적인 기대임대소득은 2,648만 원이고 기대임대료수입금액은 4,615만 원이다. 부과된 종합부동산세는 2채 주택의 사용수익권을 완전히 상실시키는 수준 이상인 것이다. 청구인은 조정대상지역 내 2주택자로 중과세 세율이 적용되었는데 조정대상지역에 관한 법 규정(법 제9조 제1항, 제2항)은 백지 수준의 포괄위임 규정이며, 이 규정으로 막대한 재산권 침해가 발생하였기 때문에 이 규정은 조세법률주의에 위반되는 규정이라 할 것이다.

청구인 □□□

표20 **위헌청구인의 2021년 종부세 부과 현황**

주택 수	공시가격 합계	종부세 합계액	실효세율(%)	비고
2	3,930,000	102,284	2.60	

(단위: 천 원)

　이 청구인은 서초동 아파트를 1+1으로 분양받아 1채는 자가거주, 1채는 임대하고 있는 납세자이다. 실질적인 임대소득은 2,583만 원이고 통상적인 기대임대소득은 3,576만 원인데, 종합부동산세 1억 228만 원이 부과되었다. 따라서 부과된 종부세는 실질적인 임대소득의 4배 수준이며, 2채 모두를 임대하였다고 가정하였을 때의 통상적인 기대임대소득의 2.86배 수준의 세금에 해당되는 것이다. 또한 이 세금은 통상적인 기대임대료수입금액 6,233만 원의 1.6배 수준의 세금이기 때문에 종합부동산세는 재산권의 본질적 내용에 침해하는 세금에 해당되는 것이다. 가계 살림에 보탬이 되고자 1+1으로 분양을 받았는데 임대소득보다 매년 7,600만 원 수준 더 많이 부과되는 종합부동산세로 고통을 받고 있다. 청구인은 조정대상지역 내의 2주택자라고 중과세 높은세율이 적용되었다. 조정대상지역(법 제9조 제1항)의 지정 권한은 국토교통부 장관에게 전적으로 위임되어 있는데 국토교통부 장관이 높은세율을 적용할 것인가 아닌가를 결정할 수 있는 권한을 주는 것은 과세요건법정주의를 위반하는 규정이라 하겠다.

청구인 □□□

표21 **위헌청구인의 2021년 종부세 부과 현황**

주택 수	공시가격 합계	종부세 합계액	실효세율(%)	비고
2	2,308,000	40,142	1.74	

(단위: 천 원)

이 사례도 1+1로 분양받은 사례이지만 앞의 사례는 재건축에 따른 1+1의 사례이고, 이 사례는 재개발에 따른 1+1의 사례이다. 청구인은 2층 단독주택(대지 118㎡, 건평 178㎡)을 30여 년간 보유하다가 '도시 및 주거환경 정비법'에 따라 재개발 조합원의 자격으로 입주권을 얻어 2016년 이주했다. 이후 정부의 방침에 따라 1+1주택을 분양받는 조건으로 추가부담금 4억 4,000만 원을 지급하고 2021년 4월에 34평형에는 청구인이 입주하고, 25평형은 임대하고 있다. 청구인은 2021년 재산세는 550만 원, 종합부동산세는 4,142만 원을 부과받아 부동산보유세로 총 4,692만 원을 납부하였다. 만약 상기 아파트를 분양받을 때 1+1을 포기하고 같은 아파트 최대 평수인 전용면적(115㎡) 1채만 분양받았을 경우, 2021년 기준 공시가격은 17억 원, 종합부동산세 부과세액은 4,142만 원의 3.7% 정도인 150만 원에 불과하다. 이를 감안해 볼 때, 불합리한 정부 정책과 세법 구조로 인해 청구인은 경제적으로 큰 손실을 보고 있다 할 것이다. 청구인의 연간 임대소득은 종합부동산세의 24%인 964만 원 수준이라 임대소득으로는 종합부동산세를 도저히 납부할 수 없다. 그래서 청구인은 금융기관 대출을 받아야 하며, 이와 같은 종합부동산세와 재산세로 매년 거액의 적자를 보는 것이 불가피하다. 청구인은 임대주택의 수익권을 100% 이상 침탈당한 것이니 이는 재산권 침해가 분명한 것이다. 1+1 주택의 작은 평수는 60㎡ 이하의 소형임에도 분양받아 3년 이내 매매나 증여를 할 수도 없는 맹점이 있어 재산권 침해가 분명하다. 청구인은 임대자산의 수익권도 전부 상실한 상태로 계속 종합부동산세가 부과되면 파산은 불가피하다. 살림살이에 보탬이 되기 위하여 1+1 분양을 신청하여 매년 4,000만 원 이상의 손실을 보게 되는 어처구니없는 일이 발생하고 있는 것이다. 종합부동산세로 인하여 향후 모든 분양자가 1+1을 포기할 것인데 주택공급을 줄이고 임대주택공급을 줄이는 이러한 정부 정책은 이성을 잃은 부당한 정책이다. 일정 시간이 지나면 우리나라의 임대주택 부족이 심각해져 조세저항 이상의 심각한 전세난이 도래할 것이 명백하다 할 것이다.

재개발 시 1+1으로 분양을 하는 제도는 주택공급을 늘리고, 오래된 주택을 보유한 사람 중 평형수가 커서 1주택을 분양받을 경우 손실이 크므로 재개발을 반대하는 사람들에게 재개발의 이점을 주기 위한 것이다. 1+1 분양을 받는 대신 3년간 매각을 못하도록 규제하고 있다. 그러나 종합부동산세가 2주택자에게도 조정대상지역 내에 있다고 높은세율로 중과세함으로써 1+1 분양을 받은 납세자에게 크나큰 손실이 되었고 아파트 분양에 있어서 1+1이 완전히 사라지는 결과를 초래하고 있다. 재개발사업에 1+1 제도가 실효성이 없어짐으로 현재 대부분의 재개발사업이 진척되고 있지 않아 주택공급에 매우 큰 애로로 작용하고 있다. 사실상 종합부동산세의 2주택자 중과세 제도는 조세이론에도 맞지 않고 더욱이 조정대상지역의 규정은 조세법률주의를 위반하는 규정으로 헌법위반이 명확하다. 그뿐 아니라, 1+1을 권장하면서 3년간 매각을 금지시키고 종합부동산세를 감내할 수 없는 수준으로 부과하는 것은 서로 상충적인 규정의 충돌이며 또한 앞으로 주택공급에 큰 애로 요인으로 작용하고 있는 것이다. 따라서 종부세는 분명히 위헌결정을 받아야 하는 것이 마땅하였는데도 불구하고 합헌결정을 내린 것은 너무나 부당하고 국가 전체적인 측면에서도 매우 불리한 판결이라고 할 것이다.

청구인 □□□

표22 **위헌청구인의 2021년 종부세 부과 현황**

주택 수	공시가격 합계	종부세 합계액	실효세율(%)	비고
2	5,481,000	160,701	2.93	

(단위: 천 원)

다음에는 일시적 2주택자에 대한 사례를 검토하고자 한다.

청구인은 상속에 따른 일시적 2주택자이다. 청구인은 2005년부터 강남의 아파트 한 채를 소유하였고, 청구인의 남편은 2019년 재개발 완료된 반포지역의 아파트를 소유하다가 2021년 2월 사망하였다. 청구인은 종합부동산세 과세 시점인 6월 1일을 지나 8월에 남편의 소유였던 아파트를 아들에게 상속 등기하였으나 2주택자로 간주되어 1억 6,070만 원의 종합부동산세를 부과받았다. 청구인이 세법을 잘 알아 6월 1일 이전에 상속 등기하였다면 청구인은 1세대 1주택으로 세금 420만 원, 큰아들도 1세대 1주택으로 867만 원의 종합부동산세를 부과받았을 것이다. 상속세법상에는 신고기일 내의 적법한 신고납부를 한 것인데 오직 종합부동산세법상의 상속등기 시점의 차이만으로 12.5배의 세금을 더 납부해야 하는 결과가 되었다. 일반적인 세금의 경우에는 신고지연의 경우도 가산세 10%만 더 납부하면 되는데 이 경우에는 사실상 신고지연도 아닌데 무려 12.5배의 세금을 더 납부하게 되는 매우 불합리한 세금이다.

부동산보유세의 경우는 편익과세원칙이 적용되기 때문에 세계의 공통적인 과세원칙은 부동산보유세를 물세의 과세 방법으로 부동산별로 분리하여 과세하며 단일세율이 적용되는 것이 원칙이다. 그러나 우리나라의 종부세는 이러한 원칙에 따르지 않고 매우 엉뚱한 방법으로 세금만 많이 부과되도록 과세구조가 짜여져 있다. 종합부동산세는 인세과세방식인 인별 합산하여 납세자가 보유한 모든 주택을 합산한 금액에 세율을 적용하여 과세함으로써 부과세액이 대폭 증가하도록 만들어져 있다. 또한 매우 고율의 누진세율이 적용되고 특히 다주택자 등에 대하여는 높은 누진세율마저 적용되어 종부세의 세부담은 OECD 어느 나라와도 비교할 수 없을 만큼 과중한 세금이 부과되는 것이다. 이렇게 부과된 세금은 부동산보유세의 본질에 벗어나는 세금 부과이며 더욱이 재산권의 본질적 내용마저 침해하는 세금이기 때문에 이 세금은 당연히 헌법에 합치되지 않는데도 불구하고 헌법재판소에서는 합헌결정을 내렸는데 이것은 세계 공통적인 부동산보유세 과세원칙에 지나치게 어긋나는 것이라고 하겠다.

청구인은 상속에 따른 일시적 2주택자인데 불과 몇 달 사이의 일시적 2주택자인데도 불구하고 이러한 황당한 세금이 부과된 근본 원인은 첫째 종부세의 과세방식이 인별 합산 등의 잘못된 구조 때문이며, 둘째 2021년 귀속 종부세에 대한 세법규정에 주택 수의 규정이 완전 포괄위임되어 있고 또한 시행령에 일시적 2주택자에 대한 어떠한 배려 조치까지 없었기 때문이다. 물론 2022년부터 포괄위임 규정도 개선되고 일시적 2주택자에 대한 배려 규정이 신설되어서 상당 부분 일시적 2주택자에 대한 억울한 과세가 줄어든 것은 사실이다. 그러나 이 청구인처럼 2021년 귀속의 일시적 2주택자에 대한 종부세 세금 폭탄은 분명히 포괄위임금지의 원칙에 위배되며 실질과세원칙에도 위배되기 때문에 당연히 위헌 결정으로 억울한 세금을 환급해 주어야 하는 것이 당연한 것이라고 할 것이다.

청구인에게 부과된 종부세는 1억 6,000만 원이며 2채 아파트 모두를 임대하였다고 가정하였을 때 벌어들일 수 있는 통상적인 기대임대소득은 4,988만 원에 불과하다. 부과된 종부세는 사적 유용성이라 할 수 있는 기대임대소득보다 3.4배 더 과중한 세금이다. 이 세금은 담세력을 현저히 초과하는 세금이며, 사실상 2채 모두의 아파트의 사용권과 수익권을 국가가 박탈한 것 이상에 해당되기 때문에 명백히 재산권의 본질적 내용을 침해하는 세금이라고 할 것이다.

청구인 □□□

표23 **위헌청구인의 2021년 종부세 부과 현황**

주택 수	공시가격 합계	종부세 합계액	실효세율(%)	비고
2	2,276,000	39,170	1.72	

(단위: 천 원)

청구인은 재건축에 따른 일시적 2주택자로 부당한 종합부동산세를 부과받은 사례이다. 재건축된 일원동 아파트는 2021년 1월 22일 준공되었으나 등기권리증은 2021년 6월 10일에 나왔다. 일원동 재건축된 아파트 매도를 위한 매매계약은 2021년 3월 8일 체결하였으나 매매등기는 권리증이 나온 후인 2021년 6월 13일에 이루어지게 되었다. 청구인은 이사를 가기 위하여 용인 아파트를 새로 취득하였으나 취득등기는 2021년 5월 6일 이루어졌다. 따라서 청구인은 2021년 귀속 종부세의 부과기준일인 6월 1일에는 새로 취득한 용인 아파트와 재건축하여 양도한 일원동 아파트가 13일간 중복되어, 종부세법상 2주택자가 되어 종부세를 3,917만 원 부과받는 결과가 되었다. 청구인의 경우는 재건축 아파트는 매각을 한 것이고, 용인 아파트는 이사를 가기 위하여 새로 취득한 것인데 그 기간이 6월 1일과 6월 13일에 걸쳐 일시적 2주택자가 되었다고 과다한 종부세를 부과받은 것이다. 청구인은 일시적 2주택자가 확실하고 일시적 2주택의 기간도 상당히 짧은 경우이기 때문에 거주이전에 따른 불가피한 절차를 고려하여 유예나 조정규정을 입법화하여 배려해야 했다. 그런데도 종부세법은 일률적이며 무차별적으로 6월 1일 당시 어떠한 이유든지 2채의 주택을 조정대상지역 내에 가지고 있으면 다주택자의 높은세율을 적용하여 과다한 종부세를 부과하도록 세법이 규정되어 있는 것이다. 이 규정은 불가피한 사정을 배려하지 않아 재산권 침해가 분명하고 거주이전의 자유를 침해한 것이 분명하기 때문에 헌법위반이 분명하다 할 것이다. 청구인의 경우는 1주택자로 간주되면 종합부동산세의 부과대상 자체가 되지 않는데도 불구하고 무리하고 부당하게 2주택자로 간주하여 거액의 세금을 부과하였기 때문에 너무나도 부당한 세금이라 할 것이다.

이러한 과중한 세금이 부과된 이유는 첫째 종부세가 물세인데도 불구하고 종부세를 인세처럼 인별 합산하여 부과하면서 상속, 이사 등의 일시적 2주택자에 대하여 어떠한 배려도 없는 세법규정 때문이라 하겠다. 이러한 문제점에 대하여는 너무나도 현실과 괴리되어 있고 부당한 과세임이 분명하다. 2022년 귀속 종부세부터는 세법을 개정하여 상당한 배려가 있었기 때문에 이 개정된 세법이라면 청구인의 경우는 종부세가 부과되지 않았을 것이다. 따라서 2021년의 잘못된 세법규정으로 인하여 청구인에게 막대한 종부세가 부과되었기 때문에 이 세금은 조세원칙에 어긋나는 세금이기 때문에 당연히 위헌판결하여 종부세를 환급해 주었어야 할 것이다. 둘째의 문제는 종부세는 부동산보유세인데도 불구하고 세계의 유례가 없는 다주택자에 대하여 높은세율의 차별과세를 부과하기 때문이다. 다주택자에 대한 차별과세는 담세력에 의한 세금 부과가 아니고 오직 정치적 고려에 따라 부동산 투자를 규제하기 위하여 세금을 부과한 것이기 때문에 이 세금은 조세평등주의를 위반할 뿐만 아니라 헌법상의 납세의 의무 규정도 위반하는 헌법위반의 세금이 분명하다 할 것이다. 또한 조정대상지역 내 2주택자의 경우는 사실상 국토교통부 장관에게 적용세율을 선택할 수 있는 세금 부과권을 준 것이기 때문에 이것은 조세법률주의에도 명백히 위반되는 것이다. 또한 청구인에게 부과된 종합부동산세 3,918만 원은 사실상 2채 아파트 모두의 기대임대소득 수준으로 2채 주택의 사실상의 수익권과 이용권을 종합부동산세로 상실된 수준이기 때문에 재산권 침해에 해당되는 것이다.

청구인 □□□ 부부

표24 **위헌청구인 부부의 2021년 종부세 부과 현황**

주택 수	공시가격 합계	종부세 합계액	실효세율(%)	비고
2	3,837,500	49,808	1.30	부부가 2채의 주택을 각 50%씩 공유하는 경우

(단위: 천 원)

청구인 부부는 중규모 주택 2채를 부부가 각각 50%씩 공유함으로 인하여 부부가 각각 1채씩 소유한 경우보다 3배 수준 종부세를 더 부과받은 경우에 해당되는 사례이다. 부부가 2채의 주택을 공유함으로 인하여 부과받은 종부세 합계액은

4,980만 원이다. 이 세금은 통상적인 기대임대소득을 훨씬 초과하는 세금이기 때문에 주택 소유권 중 수익권 모두를 국가가 빼앗는 결과가 되기 때문에 재산권 침해가 분명하다 할 것이다. 부부가 소유한 2채 아파트의 공시가격은 38억 원 수준이며 통상적인 기대임대소득은 3,492만 원이다. 따라서 부부에게 부과된 종부세 4,980만 원은 기대임대소득의 1.4배 수준에 해당된다. 또한 두 주택을 모두 임대하고 있다고 가정하였을 때 월세로 받는 총 월세, 즉 월세 수입 금액은 6,086만 원이 된다. 그런데 부과된 종부세와 같이 부과되는 재산세 1,200만 원을 합한 부동산보유세가 6,000만 원을 초과하게 된다. 부과된 부동산보유세는 2채 모두를 월세로 임대하고 있다고 하였을 때도 그 월세보다도 많은 세금에 해당되는 것이다. 따라서 청구인은 한 채는 자가거주하고 한 채는 임대하고 있다고 보면, 자가거주하는 주택의 경우는 사실상 월세 수준의 세금을 국가에 월세처럼 납부하면서 살아가야 하는 경우에 해당되며, 임대하고 있는 또 한 채의 주택의 경우는 월세로 임대하여 얻는 월세 소득보다 2배 수준의 세금을 부동산보유세로 국가에 납부해야 한다. 그래서 이 청구인 부부는 한 채 주택의 임대로 임대소득만큼의 손실이 발생하는 어처구니없는 경우에 해당된다고 할 것이다.

이러한 부동산보유세는 세상에 없는 세금이며, 주택을 보유한 부부에게 크나큰 손실을 주기 때문에 이 세금은 분명히 재산권을 침해하는 세금이라고 할 것이다. 청구인의 경우는 부부가 공동소유하여 1인 2주택자보다는 절반 이하 수준의 세금을 부과받지만, 부과된 부동산보유세가 모든 주택을 임대하고 받을 수 있는 통상적인 임대료 수준마저 초과하여, 세부담이 지나쳐도 너무나 지나친 세금이라고 하겠다. 부부가 지분을 정리하여 각 1채씩의 주택을 소유하고, 이혼을 할 경우에는 두 사람이 납부해야 할 종합부동산세가 모두 합하여 100만 원 수준 이하로 줄어드는 결과가 된다. 조정대상지역 내 주택 2채라고 해도 주택 1채에 비하여 10배 이상의 종합부동산세를 중과하는 것은 조세평등원칙에 위배되는 분명한 재산권 침해다. 2주택이라고 해서 10배 이상의 세금을 더 중과세하는 것은 조세평등주의 원칙에 위배되는 것이 분명하며, 또한 재산권의 본질적 내용마저 침해하기 때문에 헌법위반이 분명하다 할 것이다.

표25 **부부 2채 소유의 소유형태별 세부담 차이 분석**

구분	부부 각각 소유	부부 각 50% 소유		부부 1명이 2채 소유	
조정대상지역 유무	불문	지역 외	조정대상지역 내 2주택	지역 외	조정대상지역 내 2주택
종합부동산세 합계액 (2채 합계)	3,667	3,667	9,523	6,621	14,721

주1] 부부가 공시가격 10억 원짜리 주택 2채를 소유한 경우에 소유형태별 종합부동산세(농어촌특별세 포함)의 세부담 차이를 계산한 것임

주2] 남남이 각 1채씩을 소유한 경우 1세대 1주택자이면 종합부동산세의 과세대상이 되지 아니함

　여기에서 부부가 2채의 주택을 소유하는 소유형태별로 세부담 차이가 막대하기 때문에 이것은 분명히 조세평등주의 원칙에 위배된다는 내용에 대하여 간단히 설명하고자 한다. 2021년 귀속 종부세의 법 규정에서는 공동으로 주택을 소유하고 있는 공동소유자들은 각자 1주택씩을 보유하고 있는 것으로 계산하도록 정하고 있다. 그런데 2021년 종합부동산세법은 다주택자에 대한 차별과세를 지나치게 강화한 나머지 납세의무자들이 공동으로 보유한 부동산의 명의를 공동명

의로 설정하는지, 아니면 단독명의로 설정하는지에 따라 주택분 종합부동산세의 세부담 합계가 크게 변동하는 이상한 결과가 도출된다.

예를 들어 표25와 같이 개인 납세의무자 A와 B가 조정대상지역 소재 공시가격 10억 원짜리 주택 각 1채씩을 보유하였을 경우에는 1세대 1주택자로 각자 11억 원의 기본공제를 적용받기에 2021년 주택분 종합부동산세로 납부할 금액은 전혀 없다. 그리고 부부가 각 1채씩을 보유하는 경우에는 1주택자의 세법규정이 적용되기 때문에 과세표준 기본공제가 6억 원이 적용되어 1채당 183만 원의 종부세가 부과되어 2채의 종부세는 366만 원이 된다. 그런데 A와 B가 그 명의를 공동명의로 하여 조정대상지역 내의 각 주택의 지분을 50%씩 보유한다면, 각 납세의무자는 2021년에 농어촌특별세를 포함하여 476만 원의 주택분 종합부동산세를 납부하여야 하므로, 두 납세의무자의 세부담은 총 952만 원에 달한다. 즉, 두 납세의무자가 보유하고 있는 현실의 주택 수는 언제나 2채로 동일하다. 그러나 주택의 명의를 단독명의로 하여 보유하는 경우에는 두 납세의무자가 합하여 주택 총 2채를 소유한 것으로 인정되는 것과는 달리, 주택의 명의를 공동명의로 하여 보유하는 경우에는 사실상 두 납세의무자가 합하여 주택 총 4채[7]를 소유한 것으로 간주된다. 이에 따라 세부담이 1,000만 원에 이를 정도로 크게 달라지는 불합리한 결과가 발생하고 마는 것이다. 더욱이 부부 중 한 명이 2채 모두를 소유하는 경우에는 1,472만 원의 종부세가 부과된다. 이는 동일한 사실관계를 명

7 개인 납세의무자 A, B가 각각 주택 2채를 소유한 것으로 보므로, 그 합계가 총 4채가 된다.

의만을 이유로 다르게 취급하는 경우에 해당하므로 합리성이 있는 차별취급이라 할 수 없다. 설령 그러한 차별취급이 필요하다고 인정하더라도 그 차별취급으로 인한 공동명의 소유자의 재산권의 침해가 극심하여 차별취급의 비례성을 갖추었다 할 수 없다.

청구인 □□□

표26 **위헌청구인의 2021년 종부세 부과 현황**

주택 수	공시가격 합계	종부세 합계액	실효세율(%)	비고
3	4,045,371	110,346	2.73	

(단위: 천 원)

다음에는 다주택자의 2가지 사례를 설명드리고자 한다. 첫 번째는 주상복합 건물을 가지고 있고 주상복합 건물의 3층 이상은 주택으로 임대하고 있어 다주택자가 된 사례이다. 이 청구인은 다른 빌딩의 관리인으로 근무하고 있어 연간 급여 4,648만 원을 받고 있는 실정이다. 또한 상가임대와 주택임대로 연간 임대 소득은 5,359만 원이기 때문에 청구인의 총 연간소득은 1억 7만 원이다. 그러나 임대주택으로 인하여 부과된 종부세가 1억 1,034만 원이다. 이 세금은 임대주택의 임대소득을 2배 이상 초과할 뿐만 아니라 청구인의 급여소득 그리고 상가 임대소득까지 다 더한 모든 소득보다도 1,000만 원 이상 더 많다. 이 세금은 임대주택의 사적 유용성을 완전히 상실시킬 뿐만 아니라 본인의 모든 생활비도 빼앗아 가며, 사실상 재산원본마저 몰수하는 세금임이 분명하기 때문에 이 세금은 재산권을 침해하는 헌법위반의 세금이라고 할 것이다.

부동산보유세는 사실상 명목적 재산세로 소득의 범위 내에서 낮은세율로 응익과세의 원칙에 합당하게 부과되어야 하는 세금이다. 부동산부유세가 부과되는 프랑스의 경우에도 부동산부유세의 세부담 상한이 규정되어 있어 부동산부유세와 재산세 그리고 소득세 등 모든 세금의 합계액이 연간소득의 절반 수준까지만 과세되도록 규정되어 있다. 그래서 프랑스는 물론 미국, 영국, 일본 등의 OECD 국가는 부동산 보유 및 임대 등으로 인해 부과되는 모든 세금이 재산원본의 무상몰수를 가져오는 경우는 절대 발생할 수 없도록 세법에 합리적인 세부담 상한을 규정하고 있다. 그러나 종합부동산세의 경우는 세부담 상한이 전년도 종합부동산세와 재산세 합계액의 300%로 규정되어 있고 특히 법인납세자의 경우는 세부담 상한규정마저 없다. 그래서 상당한 납세자의 경우는 자기의 모든 소득을 다 더해도 부과된 종합부동산세보다 더 적은 경우가 있다. 이는 재산권 침해를 넘어 생존권을 위협하는 세금에 해당된다. 청구인의 경우도 사실상 상당한 수준의 소득자인데도 불구하고 부과된 종합부동산세가 청구인의 모든 소득을 초과하는 세금으로 종합부동산세는 자유민주주의 경제 질서에 정면으로 위반하는 세금임이 분명하다 할 것이다.

청구인 □□□

표27 **위헌청구인의 2021년 종부세 부과 현황**

주택 수	공시가격 합계	종부세 합계액	실효세율(%)	비고
5	2,722,000	35,640	1.31	

(단위: 천 원)

개인납세자 마지막 사례를 보겠다. 자기 땅에 남의 집이 있어 다주택자로 중과세 받아 억울한 종부세를 과다하게 납부해야 하고 분명히 그 세금이 재산권의 본질적 내용마저 침해하는 경우이다. 오랜 지역 연고와 개인 사정 등으로 자기 땅에 남의 집이 있는 사례가 많다. 특히 종중 소유 땅의 경우는 남의 집이 있는 경우가 많아 자기 땅 남의 집으로 종부세가 억울하게 과세되는 경우가 상당히 많은 실정이다. 이 과세 내용은 아직도 개선되지 않고 있으며, 자기 땅 남의 집에 대한 종부세 중과세는 재산권의 본질적 내용마저 침해하는 세금일 뿐만 아니라 실질과세 원칙에도 위반되는 세금이며, 종부세법의 규정에도 명백한 내용이 없어 조세법률주의의 과세요건명확주의에도 위반되는 세금이라 하겠다.

사실상 1주택자인데 자기 땅 남의 집으로 인하여 다주택자의 중과세를 받아 생활이 곤경에 처한 매우 안타까운 사례이다. 청구인은 강남에 중고가 아파트 1채를 가지고 있는 연금 소득자이다. 충청남도에 있는 땅은 상속받은 땅으로 선친 때부터 그 땅에 이웃 주민이 살 수 있도록 편의를 봐주었다. 그런데 지금은 철거를 요구해도 집을 비워주지 않아 철거를 못하고 있다. 이로 인해 종합부동산세를 3,403만 원을 추가로 납부해야 하는 어처구니없는 일이 생긴 것이다. 자기 땅에 있는 남의 집에 대한 종합부동산세의 과세는 자기 땅에 남의 명의로 위장하여 주택을 지어 종합부동산세를 회피하는 것을 방지할 목적일 수는 있다. 설령 이런 경우가 있다면 세무 당국에서 세무조사를 통해 자기 땅에 있는 남의 집이 명의 위장인지를 가려서 세금을 부과하는 것이 마땅하다. 그런데 과세요건명확주의에도 어긋나는 매우 불투명한 규정을 가지고 특히 실질과세 원칙에 전혀 맞지 않는 사실상의 의제 규정으로 세금을 부과한다는 것은 매우 잘못된 것이다.

청구인의 경우에는 오래전에 지역의 어려운 사람들을 위해서 살 수 있는 터전을 마련해 주기 위해 거의 무상으로 토지를 공급해 주는 지역 미담에 해당되는 사례였다. 허나 이제는 엄청난 종합부동산세가 부과됨으로써 지역의 분쟁이 야기되어 미담이 재앙이 되고 말았다. 땅 주인이 엄청난 종합부동산세로 큰 손실을 보고 있기 때문에 집주인에게 집을 철거해 달라고 강력히 요청해도 집주인은 나갈 수 없는 처지이다. 그래서 이와 관련한 종합부동산세의 부담 문제는 해결될 수 없는 억울한 과세로 지역사회의 분쟁만 야기하고 재산상의 손실만 남는 결과가 되고 있는 것이다.

부과된 종합부동산세 3,564만 원은 자기 집을 월세로 주었을 때 받을 수 있는 소득 수준이며, 자기의 연간 연금소득 전액에 해당하는 엄청난 세금으로 종합부동산세가 계속 부과되어 생존권을 위협받는 상황이 되었다. 아직도 자기 땅 남의 집에 대한 종부세 과세규정이 제대로 개선되지 않아 청구인의 경우는 매년 막대한 종부세가 부과되고 있는 실정이다. 따라서 막대한 종합부동산세를 피하기 위해서는 자기 집을 팔아야 한다. 아무런 잘못도 없는 국민이 집에서 내쫓기거나, 자기 집에서 살고 싶으면 월세보다 더 많은 세금을 납부하여야 한다. 사실상 자기 집의 사용권이 자기에게는 없는 것이다.

3) 법인납세자의 주택분 종부세 세부담 실태 분석

표28 다주택 법인납세자 101개의 세부담 실태

세액 구간별	분석 법인 수	공시가격 합계액	부과된 종부세 (농특세 포함) 의 합계액	공시가격 기준 종부세 실효세율	기대임대 소득률	종부세 실효세율/ 기대임대소득률
2억 원 이상	14	75,834,969	5,127,550	6.76%	1.525%	4.4배
2억~1억	16	34,176,691	2,304,463	6.74%	1.525%	4.4배
1억~5천	27	28,602,889	1,870,629	6.54%	1.525%	4.3배
5천 미만	44	21,368,279	1,246,580	5.83%	1.525%	3.8배
합계	101	159,982,828	10,549,222	6.59%	1.525%	4.3배

(단위: 천 원)

표29 1주택 법인납세자 52개의 세부담 실태

세액 구간별	분석 법인 수	공시가격 합계액	부과된 종부세 (농특세 포함) 의 합계액	공시가격 기준 종부세 실효세율	기대임대소 득률	종부세 실효세율/ 기대임대소득률
2억~1억	4	16,264,000	515,000	3.17%	1.525%	2.1배
1억~5천	11	22,234,797	735,936	3.31%	1.525%	2.2배
5천 미만	37	20,967,419	692,827	3.30%	1.525%	2.2배
합계	52	59,466,216	1,943,763	3.27%	1.525%	2.1배

(단위: 천 원)

　　2021년 귀속 종부세의 위헌청구를 한 법인사업자는 799개 법인이다. 이중 부과세액이 1억 원 이상인 고액 납세자는 79개 법인이고, 1억 원 미만 5,000만 원 이상의 종부세가 부과된 법인은 150개 법인이며, 5,000만 원 미만의 종부세가 부과된 법인은 570개 법인으로 이 법인이 71.3%의 대다수를 차지하고 있는 실정이다. 종합부동산세가 5,000만 원 수준 부과된 다주택법인의 경우는 주택의 공시가격이 6억 원 이하이기 때문에 매우 영세한 법인에 해당된다고 하겠다. 더욱이 과세표준이 6억 원 이하이기 때문에 2020년까지 법인의 경우도 과세표준 6억 원 기본공제가 규정되어 있었다. 그러나 2021년부터 법인의 경우 과세표준 6억 원의 기본공제가 삭제되었기 때문에 이 법인의 경우는 종합부동산세를 부과받게 되었고, 더욱이 부과받은 그 세액이 무려 5,000만 원 수준이다. 기준임대소득률을 4배 이상 초과하는 이 세금은 사적 유용성을 지나치게 초과하여 부과된 세금에 해당된다. 분명히 헌법 제37조 제2항의 규정에 의거 재산권의 본질적 내용을 침해하는 세금에 해당된다고 할 것이다. 대부분의 법인사업자는 임대사업을 영위하여 2020년까지는 민간주택 임대등록이 되어 있어 종부세가 과세되지 않았다. 그런데 2020년의 세법개정으로 민간주택 임대등록이 강제말소되고 종부세 과세대상으로 전환되었을 뿐 아니라, 실효세율이 6.59% 수준으로 기대임대소득 수준을 4배 이상 초과하여 종부세가 부과되었다. 이러한 종부세는 재산권의 본질적 내용을 침해했을 뿐만 아니라 막대한 임대적자를 야기시켰다. 주택을 보유한 법인의 경우에는 생존권의 위기에 처해있는 실정이라고 할 것이다.

법인에게 부과되는 주택분 종합부동산세는 기본공제가 없고 세율도 다주택법인은 7.2%(농특세 포함), 1주택 법인은 3.6%(농특세 포함)의 단일세율이 적용된다. 부과된 세액의 규모와 관계없이 일률적으로 실효세율이 다주택법인의 경우에는 6.59%, 1주택 법인의 경우에는 3.27% 수준이다. 이 세액은 모든 주택의 임대소득 대비 다주택법인은 4.3배 수준, 1주택 법인은 2.1배 수준 과다하게 부과되었다. 이는 사적 유용성을 훨씬 초과하여 부동산의 사용수익권을 몇 배 수준으로 박탈하는 세금이 되는 것이다. 또한 평균적으로 보았을 때도 다주택법인의 경우는 부과된 세액의 76.86%가 재산원본의 무상몰수의 세금이고, 1주택 법인의 경우는 53.36%가 재산원본의 무상몰수의 세금이다. 그래서 이 세금은 재산권의 본질적 내용을 침해할 뿐 아니라 재산원본을 무상몰수하는 세금으로 자유민주주의의 기본질서인 사유재산제도를 유명무실하게 만드는 세금이 분명한 것이라 하겠다.

종합부동산세는 명백히 부동산보유세이고 부동산보유세는 부동산가액에 세율을 곱하여 세액을 계산하지만, 현대적 의미에서 명목적 재산세에 불과하기 때문에 부동산의 사적 유용성의 범위 내에서 과세 되는 것이 세계의 공통이다. 독일의 경우에는 그 세금이 사적 유용성의 절반 수준을 국가재원으로 빼앗아 간다고 지나친 과잉과세라고 인정하여 위헌결정 내린 바 있다. 영국·프랑스·독일의 경우에는 부동산보유세의 과세표준 산정 자체를 임대소득을 기준으로 책정하기도 하는 것이다. 세계 어느 나라도 부동산보유세가 사적 유용성의 범위를 초과하여 과세되는 경우는 없는 것이다.

부동산보유세는 부동산가액에 세율을 곱하여 세금을 부과하기 때문에 부동산의 사적 유용성이나 사용수익권과 전혀 관계가 없고, 오직 부동산의 가액의 범위 내에서만 과세되면 재산권의 침해가 아니라는 법리가 인정된다면, 세금으로 국민의 재산을 얼마든지 빼앗을 수 있는 것이 인정되는 결과가 된다. 사실상 자유민주주의의 근간인 사유재산제도가 유명무실하게 되는 것이며, 또한 이것은 헌법 제37조 제2항에서 규정하는 재산권의 본질적 내용의 침해금지 규정도 유명무실하게 만드는 결과가 되는 것이다.

2021년도분 종합부동산세는 개인납세자의 주택분 종합부동산세나 토지분 종합부동산세도 모두 마찬가지로 부동산의 사적 유용성을 확실하게 초과하여 세금이 부과되기 때문에 재산권의 본질적 내용을 침해하고 있는 것이지만, 법인납세자에 대한 주택분 종합부동산세의 경우는 그 정도가 너무나 지나치다. 사적 유용성의 범위를 몇 배 수준으로 초과하여 세금이 부과되고, 부과된 종합부동산세의 70% 이상의 세액 자체가 바로 재산원본의 무상몰수의 세금이 된다. 그러므로 법인납세자에 대한 주택분 종합부동산세의 경우는 더욱 명백하게 재산권의 본질적 내용을 침해하는 세금이 되는 것이다. 법인의 경우에는 부과세액의 규모와 관계없이 거의 일률적으로 실효세율이 동일한 수준이고, 부과된 세금이 재산권의 본질적 내용을 확실하게 침해하여 부과되었기 때문에 업체별로 개별사항을 검토할 필요조차 없지만 몇 개의 법인에 대하여 그래도 사례를 검토해 보고자 한다.

청구법인 □□□

표30 **위헌청구법인의 2021년 종부세 부과 현황**

주택 수	공시가격 합계	종부세 합계액	실효세율(%)	비고
53	3,121,942	205,967	6.60	임대소득 119,320

(단위: 천 원)

청구법인은 지방에 소형아파트 등 53채의 주택을 보유하면서 임대하고 있는 법인이다. 2021년도의 손익사항을 보면, 총매출은 이 사건 임대수입 2억 780만 원을 포함해서 13억 3,393만 원이다. 지급이자는 없고 분납분을 제외한 종합부동산세를 포함한 당기순이익은 3,690만 원이다. 그런데 종합부동산세 전액을 비용으로 인식할 경우에는 상당한 적자가 발생하게 되어 있다. 부과된 종합부동산세 2억 590만 원은 임대소득 1억 1,932만 원의 1.7배 수준으로, 임대사업에서 매년 8,658만 원(20,590만 원 − 11,932만 원)의 적자가 발생한다.

여기에서 몇 가지 쟁점을 검토하고자 한다. 첫째는 법인에 부과된 종합부동산세 중 얼마만큼의 세금이 재산원본의 몰수에 해당되는 세금인가에 대한 검토이다. 다주택법인에게 부과되는 종합부동산세의 세율이 7.2%(농특세 포함)이기 때문에 이 비율은 사적 유용성의 범위를 초과하여 부과될 수밖에 없는 수준이다. 사적 유용성의 범위를 초과하여 부과된 세금은 그 범위가 미실현이득의 범위 이내이든 그 범위를 초과하든 간에 임대소득을 초과하여 부과되는 세금이기 때문에 재산몰수형의 세금에 해당되는 것이다. 미실현이득에 대하여는 최고 82.5%의 양도소득세가 부과되고 있다. 종합부동산세는 미실현이득을 계측하여 부과하는 세금이 아니고 부동산가액에 세율을 곱하여 세금을 계산하는 부동산보유세이다. 따라서 미실현이득은 종합부동산세의 사적 유용성의 범위에는 해당되지 않는 것이다. 그러므로 임대소득 수준을 초과하여 부과되는 종합부동산세는 재산몰수형의 세금에 해당되는 것이다. 청구법인의 경우 무상몰수 세액은 8,658만 원이며 부과된 종합부동산세 중 42.0%(8,658만 원/20,590만 원)가 재산몰수의 세금에 해당되는 것이다.

종합부동산세는 사실상의 부동산부유세인데 부동산부유세를 부과하는 나라는 프랑스가 유일하다. 프랑스의 경우뿐 아니라 일반적 부유세를 시행하는 일부 국가의 경우에도 부유세는 부채를 공제한 순자산에 대하여 세금을 부과하고 또한 대체로 모든 세금은 다 더해서 소득의 50%까지만 과세하는 규정을 두고 있다. 그런데 종합부동산세의 경우에는 부채를 고려하지 않은 총부동산에 대하여 매우 높은 세율로 부과하기 때문에 그 세금의 규모가 너무나 막대하여 자신의 모든 소득의 몇 배에 이르는 금액을 세금으로 무상몰수하는 결과를 가져온다. 이 것은 재산권 침해의 범위를 넘어 재산의 무상몰수에 해당되고 인간의 존엄을 해치는 생존권 침해의 수준이라고 하겠다. 부동산보유세는 일반적으로 응익과세 원칙의 세금이다. 그런데 종합부동산세가 하도 과중하여 모든 소득으로도 납부할 수 없는 과잉세액을 부과하는 것은 부동산보유세의 수익자부담원칙에도 어긋나는 것이다. 그러므로 종합부동산세는 부동산보유세이든 부유세이든 조세원칙에 전혀 적합하지 않은 기준으로 세금을 부과하며 부과된 세금의 금액이 재산권 침해를 넘어 재산원본까지 무상으로 몰수하는 수준이기 때문에 명백히 헌법위반의 세금인 것이다. 임대사업자인 청구인들에게 임대소득의 4배 이상의 부동산보유세를 부과하였는바, 청구인들의 경우는 많은 부채를 고려하고 막대한 양도소득세까지 고려할 경우에는 5년 이내의 파산은 불가피한 상황이라고 하겠다.

다음은 부동산 투기문제와 연관해서 보겠다. 종합부동산세의 경우는 법인과 다주택자에 대하여는 부동산 투기의 우려로 감내할 수 없는 세금을 부과하였다. 2022. 11. 17. 머니투데이 보도에 따르면 추경호 기획재정부장관이 국회에 제출한 '종합부동산세 개편 필요성'이라는 자료에 의하면 '종부세가 세부담을 늘릴 뿐 부동산 가격 안정에 도움이 되지 않는다.'고 설명하였으며 또한 '다주택자 보유세 중과제도는 전 세계에 유례가 없다.', '다주택자 중과는 종부세 도입취지에 배치되는 징벌적 제도'라고 주장했다고 보도하고 있다. 또한 2022. 11. 17. 조선일보 보도에 따르면 손혜원 전 열린민주당 국회의원이 제3자의 명의를 빌려 목포의 땅과 건물을 매입한 투기 의혹에 대하여 대법원에서 벌금 1,000만 원이 확정되었다고 보도하였다. 투기범죄에 대해서는 1,000만 원의 벌금을 부과했을 뿐인데 2021년도분 법인 종합부동산세의 경우에는 투기 우려와 집값 안정이라는 정책적 차원에서 세부담을 3~10배 수준 대폭 증액시켜 세금을 폭증시켰다. 청구법인의 경우에는 이렇게 임대소득 이상으로 부과된 세금이 8,658만 원이다. 청구법인이 투기범죄를 저지른 것도 아니고 사실상 투기한 것도 아닌데 단지 법인들의 투기 우려가 있을 수 있다는 생각 하나로 투기범죄자에게 부과되는 1,000만원 벌과금보다 8배 이상의 벌과금 같은 세금을 부과시킨 것이다. 이는 투기범죄에 대한 처벌에 비하여 이루 말할 수 없게 너무나 지나친 벌금형 세금이라고 하겠다. 이러한 문제는 모든 법인 종합부동산세에 해당된다. 범죄의 경우도 형량을 비교하여 벌금 수준을 정하는데 종합부동산세의 경우는 무조건 7.2%의 매우 높은 세율로 세금을 부과하여, 법인을 파산지경으로 몰고가는 것은 형평성을 따질 수 있는 정도도 아니고 매우 부당하고 타당성이 인정될 수 없는 과잉세금이라고 하겠다.

청구법인 □□□

표31 위헌청구법인의 2021년 종부세 부과 현황

주택 수	공시가격 합계	종부세 합계액	실효세율(%)	비고
70	2,903,400	196,924	6.78	

(단위: 천 원)

청구법인은 하도급사로 건축주가 공사비 지급을 하지 못해 원청사와 하도급사 간에 유치권 행사를 하던 중 은행 대출을 받아 공매를 통해 부득이 소유하게 되었다. 임대소득률은 2.3%로 매우 양호한 수준이다. 청구법인은 투자 목적, 투기 목적도 절대 아닌 공사비 명목으로 받은 주택이 대출이자와 종부세로 1년여 동안 약 1억 9,692만 원의 손실을 보고 있는 실정이다. 임대주택을 매각하고 싶어도 종합부동산세 중과제도로 인하여 누구도 임대주택을 살 사람이 없다. 청구법인은 이 임대주택을 매각하여 종부세 지옥에서 빠져나오고 싶지만 이마저도 불가능한 실정이다. 청구법인은 다주택자로 7.2%의 고세율을 적용받아, 부과된 종합부동산세 1억 9,692만 원은 연간 임대소득 6,719만 원의 2.9배 수준이다. 청구법인은 경영 불능 상태로 조만간 파산이 불가피하다. 종합부동산세로 모든 임대료를 다 빼앗아 가니 이것은 수익권의 상실에 해당되어 재산권 침해가 분명하다. 청구법인이 부과받은 종합부동산세의 6.78%의 실효세율은 실질임대소득률의 3배 수준일 뿐만 아니라, 주택가격 상승에 따르는 평균적인 미실현자본이득률(3.07%)의 2배 수준에 해당되기 때문에 이 종부세는 재산원본을 무상몰수하는 세금에 해당된다 할 것이다. 청구법인은 은행 부채와 임대보증금 등으로 인하여 3년 수준이면 파산하게 되어 있어 과다 부과된 종부세는 생존권 위협이고 사유재산제도의 파괴에 해당되는 것이다. 이와 같이 법인에 대한 차별과세가 지나쳐 임대법인을 3년 내 도산으로 몰고 가는 것은 위헌 수준을 넘어 국가폭력에 해당된다 할 것이다.

종합부동산세는 정부 주장에 따르면 부동산보유세에 해당되기 때문에 사실상 법인세의 보조적인 세금에 불과하며, 그 세금의 성격이 수익자부담원칙에 따르는 세금이라 할 것이다. 그래서 모든 부동산보유세는 원칙적으로 개인이나 법인의 모든 소득을 세금으로 흡수하지 않는 것이 원칙이다. 이러한 성질을 갖는 종합부동산세가 2021년과 2022년의 경우 상당수의 개인납세자와 대부분의 법인납세자의 경우 모든 소득 이상으로 과대한 종부세가 부과되었는데, 이것은 종합부동산세의 본질적 개념이나 세금의 본질적 개념에서 전혀 적합하지 않는 세금이라고 하겠다. 종합부동산세는 아무리 정책적 조세라고 하더라도 응능부담의 원칙이나 조세정의 차원에서 옳고 그름을 따져야 한다. 또한 부동산보유세가 모든 소득을 초과하는 과잉세금으로 생존권을 위협하고 파산지경으로 몰고 가는 것은 자유시장 경제체제에서는 도저히 용납될 수 없는 세금에 해당된다 할 것이다.

청구법인 □□□

표32 **위헌청구법인의 2021년 종부세 부과 현황**

주택 수	공시가격 합계	종부세 합계액	실효세율(%)	비고
2	2,922,000	193,643	6.63	

(단위: 천 원)

청구법인은 2009년 2월경 서울 송파구 소재 58평 단독주택을 취득하였고, 2020년 2월경 서울 강남구 35평 아파트를 취득하여 조정대상지역 내 2주택 법인이 되었다. 청구법인은 2020년경에는 세율 1.8%를 적용받는 등으로 약 1,849만 원의 주택분 종합부동산세를 납부하였다. 그러나, 2021년 주택분 종합부동산세 부과 시부터 기본공제 6억 원의 삭제, 6%의 세율 적용, 세부담 상한 폐지 등의 심각한 차별을 받게 되며 주택분 종합부동산세가 1억 6,137만 원까지 치솟았다. 여기에 농어촌특별세가 3,227만 원 부과되므로, 청구법인은 다른 세금을 전혀 고려하지 않고도 2021년 주택분 종합부동산세 및 농어촌특별세만 총 1억 9,364만 원에 이르는 거액의 세금을 납부해야 하는 것이다. 그럼에도 청구법인은 소유한 주택을 모두 외부에 임대하여 벌어들일 수 있을 것으로 기대되는 연간 임대수입은 7,761만 원, 임대소득은 4,456만 원에 불과하다. 청구법인은 사실상 자신이 벌어들일 수 있는 연간 임대소득의 4.3배를 주택분 종합부동산세로 납부하여야 하는 상황에 놓이고 만 것이다. 심지어 주택분 종합부동산세 및 농어촌특별세가 연간 기대임대소득을 초과하여 부과된 부분은 1억 4,908만 원이다. 향후에도 계속하여 동일한 수준의 세부담이 발생한다고 가정하면, 임대보증금과 양도소득세를 제외하고 순수한 종부세만으로도 서울 송파구 소재 아파트는 단 4년 안에, 서울 강남구 소재 아파트는 17년이라는 짧은 기간 사이에 그 주택 원본의 가치가 모두 사라지게 되는 것이다.

청구법인 역시, 이전과 같은 세율 및 기본공제가 적용되었다면 농어촌특별세를 포함하여 총 3,076만 원의 주택분 종합부동산세를, 하다못해 6억 원의 기본공제만이라도 적용받았다면 총 1억 5,310만 원의 주택분 종합부동산세를 부담하게 되었을 것이다. 2020년과 같이 세부담 상한이 200%가 적용되었다면 2020년 주택분 종합부동산세의 2배가량에 이르는 주택분 종부세(3,697만 원)을 부담하였을 것이다. 그러므로 위 요소들 중 어느 한 요소라도 법인 납세의무자의 세부담을 고려하여 조정이 이루어졌다면, 2021년 주택분 종합부동산세 수준과 같은 폭발적인 세부담 증가에까지 이르지는 않았을 것이다. 청구법인은 2009년에 그리고 2020년에 각 1채씩의 아파트를 취득한 경우다. 종부세 합헌결정문에 따르면 2020년 하반기부터 주택가격이 상승하였고, 법인의 아파트 취득을 규제할 필요성이 커졌다고 한다. 그러나 청구법인의 경우는 그 이전에 아파트를 취득한 경우로서 2020년의 하반기 주택가격 상승과는 관련이 없다고 할 것이다. 법인의 아파트 취득을 부동산보유세로 규제한다는 것 자체가 부동산보유세의 세금 본질에 적합한 것이 아니다. 그뿐 아니라 부동산 가격 안정을 위하여 법인의 부동산 취득을 규제한다고 하여도 입법 당시부터 새로 취득하는 아파트 취득을 사전에 차단하던지, 아니면 이때부터 새로 취득하는 아파트에 대하여 높은세율로 세금을 부과하도록 세법을 만드는 것이 타당한 방법이라 할 것이다. 부동산 가격 상승과 관련이 없이 오래전에 사업목적상 부동산을 취득한 법인에 대하여 무차별적이며 일률적으로 과세요건을 소급적용하여 막대한 종부세를 부과하여 재산원본을 국가가 무상몰수하는 것은 적합한 세금 부과가 아니다. 부과된 이 세금이 재산권의 본질적 내용을 훨씬 초과하기 때문에 분명히 이 세금은 헌법위반의 세금임이 분명하다 할 것이다.

청구법인 □□□

표33 **위헌청구법인의 2021년 종부세 부과 현황**

주택 수	공시가격 합계	종부세 합계액	실효세율(%)	비고
2	1,173,999	74,488	6.34	

(단위: 천 원)

　청구법인은 LH공사에서 분양받은 토지에 상가주택을 2채 지었으나 매각도 안 되고 한쪽 상가가 공실로 남아 있어 경영 상태가 매우 좋지 않은데, 2021년의 경우는 종합부동산세 7,940만 원마저 부과되어 1억 3,470만 원의 적자가 발생하였다. 여기에서 청구법인 대표의 진정 내용을 그대로 적어보도록 하겠다.

　　정부당국의 법인의 부동산 투기 방지를 위한 정책인 점은 이해하지만, 기본공제 6억 원 폐지(개인과 다르게 주택 공시가격에서 기본공제금액을 제하지 않고 주택 공시가격 자체를 과세표준으로 함), 조정대상지역 2주택 일괄 6% 과세, 세금부담 상한 규정의 폐지 등을 일괄 적용하다 보니 저희처럼 투기와 아무 상관 없는 주택을 공급하던 법인은 이유 없이 폐업을 해야 하는 처지가 되어버렸다. 현재 소유하고 있는 상가주택은 예전부터 매물로 내놔 있지만 매매가 수월하지 않고, 또 이 같은 주택이 매매된다 해도 다른 임대인으로 바뀌는 것일 뿐 기존은 주택값 안정에 전혀 도움이 되지 않는 주택 형태임을 말씀드리고 싶다. 이 문제 때문에 저희 같은 법인이 무너지게 되면 이곳에 거주하는 임차인분들 또한 괜히 피해자가 될 것이고, 부채가 많은 저 또한 법인이 폐업하는 것으로 끝나지 않을 것이라 생각되어진다.

'저도 한 가정의 가장으로 아이들과 아내를 생각하면 앞이 너무 캄캄합니다. 사업으로 꼭 성공하고 싶다고 돈을 모두 법인에 몰아넣어 아직 변변한 집 한 채 마련하지 못해 전세를 옮겨 다니며 가족들을 고생시키고 있는데, 이번 종부세로부터 몰락이 시작될 것 같아 죽고 싶은 생각뿐입니다. 주위 분들의 이혼을 하는 방법도 있고, 건물에 불을 지르면 화재보험으로 방법이 생길 것이라는 등의 말씀이 귀에 맴돌고 있습니다. 정말 제가 죽는 방법 밖엔 없는지, 세무서나 시청, 기획재정부 어디에도 도움받을 수 있는 곳이 없습니다. 부디 저희 같은 법인이 무너지지 않도록 법인의 종부세 조정을 부탁드립니다.'

청구법인 □□□

표34 **위헌청구법인의 2021년 종부세 부과 현황**

주택 수	공시가격 합계	종부세 합계액	실효세율(%)	비고
1	887,000	29,298	3.30	

(단위: 천 원)

청구법인은 2020년 7월경 광주시 남구 봉선동 소재 42평 아파트 1채를 취득한 법인으로서, 만약 2020년에 주택분 종합부동산세를 납부하였다면 0.5%의 세율을 적용받아 48만 원가량의 세액이 부과되었을 것이다. 그러나 2021년 종합부동산세법에서 법인 납세의무자에 대한 다수의 차별적인 과세를 용인함에 따라, 2021년 들어 세율이 급격하게 6배 상승하여 3%가 되었다. 그래서 2021년에는 직전년도에 부과되었을 주택분 종합부동산세 48만 원보다 51.1배 상승한 2,442만 원의 주택분 종합부동산세를 부과받았다. 여기에 추가로 농어촌특별세가 488만 원 부과되므로, 청구법인은 총 2,930만 원의 주택분 종합부동산세 세부담을 지게 된 셈이다.

위와 같은 세부담은 청구법인이 보유하고 있는 주택을 임대하여 벌어들일 것으로 기대되는 연간 임대소득 1,353만 원은 물론, 경비를 공제하기 전인 연간 임대수입 2,356만 원마저도 초과하는 수준이다. 청구법인이 주택을 계속하여 보유하기 위해서는 연간 주택 임대수입 전체에다 최소 1,000만 원 이상의 자기자본을 추가로 소모할 수밖에 없는 상황이다. 청구법인은 역시 2021년에 직전년도와 같은 세율과 기본공제를 적용받고 종합부동산세를 부과받았다면, 농어촌특별세를 포함하여 총 85만 원 정도의 주택분 종합부동산세만을 부담하는 것으로 충분하였을 것이다. 더 나아가 만약 청구법인과 동일한 부동산을 보유한 개인 납세의무자가 있었다면, 애당초 그 부동산의 공시가격이 11억 원에 미달하므로 주택분 종합부동산세가 과세조차 되지 않는다.

청구법인은 1주택자이며 2020년 7월에 주택을 취득한 법인이다. 어떠한 이유든 청구법인은 부동산 투기 법인은 아닌 것이며, 부동산 투자 법인이라 할 것이다. 그래도 이 법인이 주택을 취득할 당시에는 막대한 종부세가 부과될 것은 모르고 투자 목적으로 주택을 구입했다고 할 것이다. 아무리 부동산 가격 안정 목적으로 법인의 주택 취득을 규제할 필요가 있다고 할지라도, 관련 규정의 개정 또는 신설은 법개정 이후에 적용하는 것이 바람직하다 할 것이다. 이 청구법인처럼 종전의 법규정을 믿고 주택 취득에 투자를 했다고 하여 이 법인이 죄를 지은 것은 아니고, 이 법인도 투자소득을 얻기 위하여 주택을 취득한 것이기 때문에 자유경제시장에서는 얼마든지 용인되는 것이다. 오직 부동산 가격 안정만을 위하여 법을 개정하면서 사실상 소급적용하여 부동산 취득에 투자한 법인을 세금으로 응징한다는 것은 헌법 규정에 적합한 세금 부과라고 할 수 없다고 할 것이다.

[참고] 종합합산토지분 종부세의 재산권 침해 실태

표35 **종합합산토지분 종부세 세액 규모별 청구인원 및 부과세액 등 분석자료**

세액 구간별	청구인원	공시가격 합계액	종부세 합계액	기대임대소득	기대임대소득 대비 종부세 합계액
1억 원 이상	12	127,708,871	2,818,237	791,795	3.56배
1억~3천만 원 이상	34	138,824,040	1,700,964	860,709	1.98배
3천만 원~ 1천만 원 이상	17	44,407,204	384,069	275,325	1.39배

(단위: 천 원)

이 책은 편의상 주택분 종부세의 위헌문제에 대하여 설명하고 있으나 토지분 종부세의 재산권 침해의 실태도 매우 심각하기 때문에 여기에서는 종합합산토지분 종부세의 재산권 침해 실태에 대해서만 간단히 언급하고자 한다. 토지에 대한 종부세는 상업용 용지에 대한 별도합산토지분 종부세와 유휴토지 등에 대한 종합합산 종부세로 나누어 세금을 부과하고 있다. 상업용 토지에 부과되는 별도합산토지분 종부세의 경우에는 과세표준 공제금액이 80억 원으로 토지의 공시가격이 80억 원을 초과하는 경우에만 별도합산토지분 종부세가 과세된다. 부과세율도 0.5~0.7%의 누진세율이 적용되어 종부세만으로는 부과된 세액이 기대임대소득을 초과하지 않는 경우가 대부분이라고 하겠다. 그러나 유휴토지 등의 종합합산토지의 경우에는 과세표준 공제금액이 5억 원에 불과하여 공시지가가 5억 원을 초과하면 종합합산토지분 종부세가 부과되고, 적용세율도 1~3%로 매우 높은 누진세율이 적용된다. 그러므로 종합합산토지분 종부세의 경우는 표35에서 보는 바와 같이 부과세액 규모별로 다르기는 하지만 토지분 종부세가 기대임대소득을 확실히 초과하여 부과되므로 이 세금은 재산권의 본질적 내용을 침해하는 세금임이 분명하다 하겠다.

더욱이 종합합산토지분의 경우에는 사실상 유상 임대마저 어려운 실정인데도 불구하고 과도한 종부세가 부과되어 납세자의 재산권을 지나치게 침해하는 결과를 가져오고 있는 것이다. 아무리 토지에 대한 투기 억제 정책이 중요하다고 하여도 재산권의 본질적 내용을 분명히 침해하는 이런 세금이 우리나라에서 존재한다는 것은 매우 부당하다고 하겠다. 종합합산토지분 종부세는 국민에게 덤터기를 씌우는 세금이며 세금의 본질을 벗어난 사실상의 벌과금에 해당되는 것이고 자유민주주의 체제에 적합하지 않은 세금임이 분명하다고 하겠다. 여기에서는 대표적인 사례 2건만을 설명하고자 한다.

청구인 □□□

표36 **위헌청구인의 2021년 토지분 종부세 부과 현황**

지목	공시가격 합계	종부세 합계액	실효세율(%)	비고
대지	10,314,513	224,769	2.18	종합합산

(단위: 천 원)

표37 **위헌청구인의 2020~2022년 간의 부동산보유세 부과 현황 비교표**

연도	2020년	2021년	2022년
구분	별도합산	종합합산	별도합산
이유	구형 상가건물 존재	구형 상가건물 멸실	신형 상가건물 신축착공
공시가격	85억 2,055	103억 1,451	121억 9,495
종합부동산세 합계액	124	2억 2,477	1,115
재산세	3,553	4,302	5,148
부동산보유세 합계액	3,677	2억 6,779	6,236
기대임대소득	5,282	6,395	7,560
종합부동산세/기대임대소득	0.68배	4.19배	0.83배

(단위: 만 원)

토지분 종합부동산세와 토지분 재산세가 얼마나 막대한지 그리고 종합합산과세와 별도합산과세가 얼마나 심각한 차별인지를 잘 보여주는 사례이다. 먼저 부동산 보유 실태와 부과받은 세금 실태를 보면, 신청인은 서울 성동구에 대지 1,000㎡의 토지를 보유하고 있다. 이 토지의 지상에 구형 건축물이 신축된 지 30년이 지나 재건축하기 위하여 2020년 5월경에 멸실하여 2022년 6월 1일 종부세 과세 기준일에는 토지가 나대지 상태가 되어

2020년까지는 이 토지가 별도합산과세대상이었다. 2021년 토지분은 나대지가 되어 종합합산과세대상으로 변경되었고, 2022년에는 신형 상가건물 신축공사가 허가를 받아 착공이 이루어져 이 토지가 다시 별도합산과세대상이 되었다. 2020년에는 별도합산과세대상이었기 때문에 별도합산토지분 종합부동산세 124만 원 그리고 재산세 3,553만 원 합계 부동산보유세 3,677만 원을 과세 받았다. 2021년에는 종합합산과세대상이 되었기 때문에 종합부동산세 2억 2,477만 원, 재산세 4,302만 원, 부동산보유세 합계 2억 6,779만 원을 부과받았다. 2022년에는 다시 별도합산과세대상이 되었기 때문에 종합부동산세 1,115만 원, 재산세 5,148만 원, 부동산보유세 합계액 6,263만 원을 부과받았다.

차별과세의 내용을 분석해 보면, 2021년에 종합합산토지로 변경되면서 종합부동산세가 2020년의 120만 원에서 2021년에는 2억 2,477만 원으로 187배가 상승하였다. 2021년의 경우 이 토지의 공시가격이 103억 원이었기 때문에 유사사례로 계산한 나대지의 기대임대소득은 6,395만 원이었다. 부과된 종합부동산세는 기대임대소득의 3.5배 이상이었으며, 부동산보유세로 볼 경우에는 기대임대소득의 4.1배 이상이다. 2021년의 부동산보유세는 명백하게 재산권의 본질적 내용을 침해하는 세금인 것이다. 2020년에 이 토지 위에 있던 상가건물 전체의 임대소득이 2억 5,000만 원 수준이었기 때문에 2021년에는 이 상가건물이 멸실되어 비교하기는 곤란할지는 몰라도, 그 건물이 존재한다면 역시 그 건물 전체의 임대소득은 2억 5,000만 원으로 보아야 할 것이다. 즉 이 토지에 부과된 2021년의 종합부동산세는 건물 전체 수익의 90% 수준의 세금이며 부동산보유세로 볼 경우에는 건물 전체의 수입보다 더 많은 부동산보유세가 부과된 것이다. 이러한 토지분 부동산보유세는 전 세계 어느 나라에서도 볼 수 없는 지나쳐도 너무나 지나친 과중한 세금이며, 세금의 본질에 지나치게 어긋난 세금 아닌 세금이라고 하겠다. 이 토지에 대하여 2021년에 토지초과이득세가 과세되었다면 1년 치의 토지초과이득세는 2억 6,500만 원으로 계산된다. 이 세금은 2021년분 종합부동산세의 118% 수준의 세금에 해당되는 것이다. 신청인이 부과받은 2021년도분 종합부동산세는 기대임대소득의 3.5배 수준이고 토지초과이득세법에 따른 토지초과이득세의 84.9% 수준의 막대한 규모이다. 토지초과이득세의 경우에는 양도소득세를 납부할 때 이중납부세액으로 납부한 토지초과이득세의 80%까지 공제해 준다. 그런데 종합부동산세의 경우에는 거의 같은 수준의 세액을 부동산보유세로 함께 납부하는데도 불구하고 양도소득세의 이중납부세액으로 공제해 주지 않고 있다. 또한 2021년에는 유상 임대가 없는 실정인데도 불구하고 기대임대소득의 3.5배 수준으로 부과된 종합부동산세는 사실상 완전한 재산몰수형의 세금이라고 하겠다. 2022년에는 이 토지가 다시 별도합산으로 전환되어 종합부동산세가 1,115만 원으로 20배 수준 줄어들었다. 별도합산토지분 부동산보유세가 종합합산토지분 부동산보유세보다 1/100 수준 더 적은 세액이다. 그래도 별도합산토지분에 부과되는 부동산보유세의 세금 부과 실태를 보면, 재산세가 기대임대소득의 68.1% 수준으로 부과되고, 그리고 종합부동산세를 포함하는 부동산보유세 전체 부과세액으로 볼 때 그 세액이 6,263만 원이다. 기대임대소득의 82.8% 수준으로 부과된 이 세금도 토지의 사적 유용성을 거의 완벽하게 몰수하는 수준의 세금에 해당된다고 하겠다. 이 세금도 독일의 반액과세 위헌결정의 내용에 따르면 당연히 헌법위반의 세금에 해당되는 것이다. 또한 토지분 종합부동산세 부과에 있어 별도합산과세토지와 종합합산과세대상 토지 등을 달리 취급하는 데에 있어 합당한 목적이 있다 하더라도 그 목적이 위 사례와 같이 어느 토지에 해당하는지에 따라 180배나 되는 세부담 차이를 발생시키고, 나대지의 기대임대소득의 3배, 토지와 건물의 임대소득의 90%나 되는 세부담을 발생시키는 것은 정당화될 수는 없다고 하겠다.

청구인 □□□

표38 **위헌청구인의 2021년 토지분 종부세 부과 현황**

지목	공시가격 합계	종부세 합계액	실효세율(%)	비고
임야	4,206,717	51,882	1.26	종합합산

(단위: 천 원)

청구인은 상속받은 토지가 임야이며, 군사보호지역에 포함되어 있었고 2개의 대형 전기 철탑이 세워져 있어 전혀 경제적 쓸모가 없는 토지이나 2019년 군사시설보호구역에서 해제되면서 2021년 이 토지가 종합합산토지로 변경되어 2021년에 처음으로 종합합산토지분 종합부동산세를 부과받게 되었다. 2021년 귀속 토지분 종합부동산세는 5,188만 원이며, 재산세도 300만 원에서 1,800만 원으로 대폭 폭증하여 부동산보유세 합계액이 6,988만 원이 부과되었다. 그러나 이 토지는 경제적 가치가 전혀 없는 토지이기 때문에 사실상 수익창출이 불가능하다. 기대임대소득 자체를 계산하기에도 어색하지만 그래도 유사사례에 의하여 계산한 기대임대소득이 2,608만 원이고, 부과된 부동산보유세는 기대임대소득의 2.6배 수준을 초과하기 때문에 이 세금은 이 토지의 사적 유용성을 확실히 초과하여 부과된 세금으로 재산권의 본질적 내용을 침해하는 헌법위반의 세금이라고 할 것이다. 따라서 부과된 종부세와 재산세는 부동산보유세 합계 6,988만 원은 납세자가 감내할 수준을 훨씬 넘은 것이기 때문에 납세자가 요청을 하면 국가에서 이 땅을 기준가격으로 매입해 주는 것이 마땅하다고 하겠다. 이와 같이 대부분의 종합합산분토지는 경제적 여건이 매우 나빠 전혀 유상 임대가 안 되는 경우가 많아 임대소득 자체가 없는데 기대임대소득마저 초과하는 막대한 세금을 부과하는 것은 재산권 침해는 물론 실질과세 원칙에도 전혀 맞지 않는 것으로 명백한 헌법위반이라고 하겠다.

3. 2008년 종합부동산세 일부 위헌결정 내용과의 비교분석

① 종합부동산세에 대한 헌법재판소의 결정 내용

1) 2008년의 종부세 일부 위헌판결의 결정 내용

2008년 종부세에 대한 헌법재판소의 판결내용 중 재산권의 본질적 내용 침해 부분에 대한 설명 내용은 다음과 같다.

주택분 종합부동산세 부담의 대강

⟨① 주택가격: 공시가격, ② 부담률: 가격 대비, ③ 인원(개인+법인) 및 세액 누적: 신고 현황 기준으로 해당 주택가격 미만의 누적분⟩

연도	주택가격	과세표준	세율(%)	세액	부담률(%)	인원 누적(%)	세액 누적(%)
2005년	10억 원	5,000만 원	1	50만 원	0.05	36.2	4.2
	15억 원	3억 원	1	300만 원	0.2	86.0	37.7
	25억 원	8억 원	2	1,050만 원	0.402	97.7	62.2
	101억 원	46억 원	3	8,700만 원	0.861	99.8	81.4
2006년	9억 원	3억 원	1	210만 원	0.233	63.0	18.5
	10억 원	4억 원	1.5	315만 원	0.315	72.2	26.6
	15억 원	9억 원	1.5	840만 원	0.560	92.1	59.5
	25억 원	19억 원	2	2,065만 원	0.826	98.8	84.0
	101억 원	95억 원	3	12,775만 원	1.265	100.0	96.2
2007년	9억 원	3억 원	1	240만 원	0.267	58.3	13.9
	10억 원	4억 원	1.5	360만 원	0.360	68.3	21.1
	15억 원	9억 원	1.5	960만 원	0.640	89.3	51.2
	25억 원	19억 원	2	2,360만 원	0.944	98.3	81.5
	101억 원	95억 원	3	14,600만 원	1.446	100.0	97.1

이상에서 살펴본 바와 같이, 전체 재산세 납세의무자나 인구, 세대 중 종합부동산세의 납세의무자가 차지하는 비율, 1인당 또는 1세대당 평균세액, 세액 단계별 납세자 및 납세액의 분포, 부동산 가격 대비 조세부담률(2005년 주택분은 97.8%의 누적인원에서 0.402% 이하, 종합토지분은 95.8%의 누적인원에서 0.74% 이하, 2006년 주택분은 98.8%의 누적인원에서 0.826% 이하, 종합토지분은 93.8%의 누적인원에서 0.60% 이하, 2007년 주택분은 98.3%의 누적인원에서 0.944% 이하, 종합토지분은 93.6%의 누적인원에서 0.68% 이하), 직전년도 총세액 부담액에 대한 150% 내지 300%의 세액 상한의 설정 등에 비추어 보면, 종합부동산세법이 규정한 조세의 부담은 재산권의 본질적 내용인 사적 유용성과 원칙적인 처분권한을 여전히 부동산소유자에게 남겨 놓는 한도 내에서의 재산권의 제한이고, 위 가격 대비 부담률에 비추어 보면, 매년 종합부동산세가 부과된다고 하더라도 상당히 짧은 기간 내에 사실상 부동산가액 전부를 조세 명목으로 무상으로 몰수하는 결과를 가져오게 되는 것이라고 보기도 어려우므로(헌재 2001. 2. 22. 99헌바3등, 판례집 13-1, 226, 238-247 참조), 이와 같은 종합부동산세의 과세표준 및 세율로 인한 납세의무자의 세부담의 정도는 종합부동산세의 입법목적에 비추어 일반적으로는 과도하다고 보기 어려운 것이어서 입법재량의 범위를 일탈하였다고 단정할 수는 없을 것이다.

이상에서 보는 바와 같이 2008년의 헌법재판소 판결내용은 종부세가 재산권의 본질적 내용을 침해하는지에 대하여 만족스러운 내용의 분석은 아니지만, 부과된 종부세가 주택의 사적 유용성을 완전히 초과하지는 않았다는 내용을 구체적으로 설명하면서 부과된 종부세가 재산권의 본질적 내용을 침해하지 않았다고 적시하고 있다고 하겠다.

2) 2021년과 2022년의 종부세 합헌결정의 내용

2022년 귀속 종부세의 합헌결정 내용은 2021년 귀속 종부세의 합헌결정 내용을 그대로 인용하여 결정하였기 때문에 여기에서는 2021년 귀속 종부세의 합헌결정의 내용만 살펴보고자 한다. 2021년의 종부세 합헌결정 내용 중 재산권의 본질적 내용의 침해와 관련성이 조금이라도 있는 내용을 찾아보면 다음과 같다고 할 수 있다.

『국토교통부 자료에 의하면, 2021년 기준 공시가격 현실화율은 공동주택의 경우 70.2%(2020년 69%), 단독주택(표준주택)의 경우 55.8%(2020년 53.6%)이다. 여기에 100분의 60부터 100분의 100까지의 범위에서 정해지는 공정시장가액비율을 적용하여(2021년 기준 100분의 95, 종부세법 시행령 제2조의4 제1항) 과세표준을 산정하므로, 만일 어느 개인 납세의무자에게 적용되는 명목세율이 1천분의 60(심지어 이는 과세표준 94억 원을 초과하는 구간에 대한 세율)이라고 하더라도 실효세율은 이보다 낮아지게 된다. 위와 같이 명목상 세율이 아닌 실질적인 세부담을 고려해 보면, 주택분 종부세 조항들로 인하여 짧은 시간에 재산원본을 몰수하거나 잠식하는 효과가 초래되어 사적 유용성과 처분권이 위협된다고 보기 어렵다.

앞서 살펴본 것과 같이 주택분 종부세의 과세표준은 공시가격 현실화율(2021년 기준 공동주택 70.2%, 단독주택 55.8%)과 공정시장가액비율(2021년 기준 100분의 95)을 토대로 산정된다는 점을 고려하면, 어느 법인 납세의무자에게 적용되는 명목세율이 1천분의 60이라 하더라도 실효세율은 이보다 낮아지게 된다. 위와 같이 명목상 세율이 아닌 실질적인 세부담을 고려해 보면, 주택분 종부세 조항들로 인하여 짧은 시간에 재산원본을 몰수하거나 잠식하는 효과가 초래되어 사적 유용성과 처분권이 위협된다고 보기 어렵다.

위와 같은 점들을 모두 종합하여 보면, 주택분 종부세의 과세표준 및 세율 등으로 인한 법인 납세의무자의 세부담 정도가 종부세의 입법목적에 비추어 지나치다고 보기 어렵다.

종부세는 본질적으로 부동산의 보유사실 그 자체에 담세력을 인정하고 재산의 가치를 조세부담능력으로 파악하여 그 가액을 과세표준으로 삼아 과세하는 것으로서, 여기에 일부 수익세적 성격이 함유되어 있다고 하더라도 미실현이득에 대한 과세의 문제가 전면적으로 드러난다고 보기 어렵고, 미실현이득에 대한 과세 자체도 과세 목적, 과세소득의 특성, 과세기술상의 문제 등을 고려하여 판단할 입법정책의 문제로서, 여기에 헌법상의 조세 개념에 저촉되거나 그와 양립할 수 없는 모순이 있는 것으로는 보이지 아니한다 (헌재 2008. 11. 13. 2006헌바112등 참조).

따라서 심판대상조항은 침해의 최소성에 반한다고 보기 어렵다.』

이상에서 보는 바와 같이 2021년 귀속 종부세 합헌결정에서는 부과된 종부세가 재산권의 본질적 내용을 침해했는지에 대하여 어떠한 구체적인 검토와 설명은 없었다. 오직 종부세법의 법조문만 나열하고 이 법조문에 따라 부과되는 종부세는 주택의 사적 유용성이 위협된다고 보기 어렵다는 내용으로 매우 막연하고 두리뭉실하게 종부세가 재산권의 본질적 내용을 침해하지 않은 것처럼 결론을 내리고 있다. 이것은 매우 엉뚱하고 실소를 금할 수 없는 헌법재판소의 판결이라고 하겠다. 청구인들은 헌법재판소가 말하는 그러한 종부세법의 법조문의 규정에 따라 부과된 그 세금이 기대임대소득의 2~4배 수준이기 때문에 주택의 사적 유용성을 훨씬 초과하여 세금이 부과되었다고 구체적인 근거를 제시하면서 주장하였다. 그렇다면 헌법재판소에서는 당연히 청구인들의 주장에 따라 부과된 세금이 헌법 규정에 적합한지를 검토해야 되는데 엉뚱하게 종부세법의 세법

규정만 나열하고 이 규정에 따라 부과되는 세금은 사적 유용성이 위협된다고 보기 어렵다고 적시한 것이다. 이는 청구인들이 주장한 '부과된 종부세가 재산권의 본질적 내용을 침해한다.'는 구체적인 주장에 대하여 본질적인 분석과 내용 설명 없이 오직 추상적인 결론만 내린 것이다. 이러한 헌법재판소의 판결은 그 정당성을 도저히 인정할 수 없다고 하겠다. 청구인들이 종부세법의 규정에 따라 부과된 종부세가 재산권의 본질적 내용을 침해한다고 주장하는데, 헌법재판소에서는 종부세법의 규정에 따라 부과되는 종부세는 재산권의 본질적 내용을 침해하지 않는다고 막연하게 단정하여 결론만을 주장해서는 안 되는 것이다. 종부세법의 규정에 따라 부과된 종부세가 헌법상의 규정인 재산권을 실질적으로 침해하는지를 구체적이며 실증적으로 분석하고 설명해야 하는 것이 헌법재판소 결정의 정당한 방법이라고 할 것이다. 그러나 헌법재판소에서는 부과된 종부세가 재산권을 침해하는지는 전혀 검토도 하지 않으면서 오직 법조문 규정대로 세금이 부과되면 그 세금이 재산권을 침해할 수 없다고 주장하는 것은 사실관계를 왜곡하고자 하는 의도를 표출한 것에 불과하다고 할 것이다. 법규정만으로는 그 규정이 재산권을 침해하는지 안 하는지 알기 어렵기 때문에 세금에 대한 위헌청구는 세금이 부과된 후에 부과된 그 세금이 재산권을 침해하는지를 위헌법률심판청구를 하도록 헌법재판소법에 규정되어 있는 것이다. 따라서 세금의 위헌법률심판은 부과된 세금이 재산권을 침해하는지 안 하는지를 검토하여, 부과된 세금이 재산권을 침해하는 것으로 결론이 나면 종부세법의 법규정은 당연히 재산권을 침해하는 세법이 되는 것이다. 그러므로 헌법재판소에서는 종부세에 대하여 종부세법의 위헌법률심판을 헌법을 기준으로 심판해야 하는 것이다. 그러나 이번 헌법재판소의 합헌판결은 실질적으로 부과된 종부세가 헌법상의 재산권을 침해하는지에 대하여는 전혀 검토를 하지 않고 오직 종부세법이 종부세법의 입법목적에 타당하기 때문에 종부세는 헌법에 위반되지 않는다고 판결한 것에 불과하다. 이러한 판결은 원천무효의 근본이 잘못된 판결에 불과하다고 할 것이다.

헌법재판소에서 종부세가 재산권의 본질적 내용을 침해하지 않는다고 판정할 경우에는 최소한도 다음의 사항에 대하여 답을 내려야 했을 것이다.

ⅰ) 청구인들이 기대임대소득률이 공시가격을 기준으로 0.91%라고 근거를 제시하며 주장하고 있기 때문에 헌법재판소에서는 실질적인 기대임대소득률이 자체적으로 계산해 보니 이것보다 훨씬 높은 몇 %라고 증빙을 제시하여 설명했어야 한다. 따라서 헌법재판소에서는 청구인들의 기대임대소득률에 대한 주장이 잘못되었는지 아니면 타당한지를 분명히 판정했어야 함에도 불구하고 이에 대한 어떠한 분석과 설명 없이 종부세가 합헌이라고 결정 내린 것은 매우 잘못된 것이라고 할 것이다.

ⅱ) 주택의 사적 유용성이 기대임대소득률인지 아니면 다르게 계산해야 하는지를 밝혀야 했었다. 청구인들은 기대임대소득률을 제시하면서 이 기대임대소득률이 사실상의 주택의 사용과 또는 임대의 실질적인 소득률에 해당되기 때문에 이 기대임대소득률이 사실상의 주택의 사적 유용성이라고 주장하였다. 그에 따라 헌법재판소에서는 주택의 사적 유용성이 기대임대소득률인지 아닌지를 밝

히고 이에 따라 부과된 종부세가 재산권의 본질적 내용을 침해하는지를 밝혔어야 한다.

iii) 청구인들은 2021년 귀속 종부세가 기대임대소득의 2~4배 수준으로 부과되어 이 세금이 재산권의 본질적 내용을 침해한다고 주장하였다. 만일에 청구인들이 주장하는 기대임대소득률이 타당하고 주택의 사적 유용성은 기대임대소득으로 볼 수밖에 없다면, 헌법재판소에서는 기대임대소득의 2~4배 수준으로 부과된 종부세는 그래도 재산권의 본질적 내용을 침해하지 않는다는 근거와 이유를 제시했어야 하는 것이다.

독일의 반액과세 위헌결정의 경우에는 주택의 사적 유용성을 기대임대소득으로 간주하여 위헌결정을 내린 바 있다. 2008년의 종부세 일부 위헌판결의 헌법재판소 결정문에서도 2005~2007년의 종부세가 기대임대소득을 초과하지는 않았다는 근거자료를 제시하며 이 당시의 종부세가 헌법위반이 아니라고 판결하였다. 이번의 헌법재판소 판결에서는 종부세가 재산권의 본질적 내용을 침해하는지 여부에 대한 검토도 이러한 기준에 의하여 분명히 이루어져야 했다. 그런데 앞에서 검토한 바와 같이 이번의 헌법재판소에서는 이러한 내용에 대하여 검토는 물론 언급조차 없었다. 이는 사실상 헌법재판소에서도 2021년과 2022년의 종부세가 재산권의 본질적 내용을 침해하여 헌법위반임이 분명한데도 불구하고, 헌법재판관들이 어떠한 이유에서든지 종부세가 합헌이라고 미리 결정을 해 놓고 종부세 합헌에 붙일 수 있는 이유와 근거를 조작하였다고 할 것이다. 헌법재판관은 재산권의 본질적 내용을 침해한다는 내용 등 종부세가 합헌일 수는 없는 이유와 근거는 쏙 빼놓고 합헌결정문을 쓴 것으로서, 이것은 부당한 결정을 넘어 헌법재판관들의 업무상 배임에 해당한다고 할 것이다.

② 재산권의 본질적 내용 침해에 관한 헌법재판소 결정 내용의 문제점

여기에서는 2008년 헌법재판소의 종부세 결정문에서 검토된 재산권의 본질적 내용 침해부분에 대한 설명 방식 그대로 2021년 귀속 종부세의 부과 현황과 비교하여, 2021년 귀속 종부세가 재산권의 본질적 내용을 침해했다는 사실을 간략히 다시 입증하고자 한다.

표39 **종부세의 세부담률 비교표**

주택가격	종합부동산세 부담률(%)				
	2005	2006	2007	2021년 귀속 종부세	
				개인 다주택자	법인 다주택자
10억 원	0.05	0.315	0.360	0.549	7.014
15억 원	0.2	0.560	0.640	1.053	6.955
25억 원	0.402	0.826	0.944	1.970	6.939
101억 원	0.861	1.265	1.446	4.277	6.919

2008년 종부세에 대한 헌법재판소 결정 내용은 앞에서 설명드렸으며, 2005~2007년간의 종부세 세부담률이 가장 높은 2007년의 기준과 2021년 귀속분 종부세의 세부담률을 비교·분석하고자 한다. 2007년의 종부세 부담률을 보면 대체로 주택 공시가격 25억 원 이하의 경우는 종부세 부담률이 0.944%이기 때문에 그 당

시의 기대임대소득률보다 높은 수준은 아닐 거라고 생각이 된다. 그리고 종부세 부과액이 100억 원 수준에 가까운 매우 고액의 주택소유자 경우만 종부세 부담률이 기대임대소득을 초과하는 수준으로 생각된다. 2007년 귀속분 종부세는 사실상 상당한 수준의 부담세액으로 재산권의 본질적 내용을 침해한다고 볼 수는 있으나, 헌법재판소의 주장대로 미실현이득에 대한 과세 문제가 전면적으로 드러나지 않았다고 할 수 있는 수준이라고 하겠다.

그러나 2021년 귀속분 종부세의 경우는 매우 다르다. 2021년의 개인납세자의 양호한 기대임대소득률은 0.910%로 계산된다. 따라서 공시가격 10억 원 이하의 주택 공시가격에만 조세부담률이 0.549%로 기대임대소득률보다 낮은 경우라고 하겠다. 그러나 주택 공시가격이 15억 원이면 종부세 부담률이 1.053%로 기대임대소득률 0.910%를 초과하며, 주택 공시가격 25억 원이면 종부세 부담률이 1.970%로 기대임대소득률 0.910%를 2.1배 이상 초과하고, 101억 원 이상이면 종부세 부담률이 4.277%로 기대임대소득률의 4.7배 수준이다. 2021년 귀속분 종부세 위헌청구인의 사례를 분석하여 보면 부과세액이 1,000만 원 수준이면 주택의 공시가격이 12억 원 수준이고, 이 세금은 납세자가 보유한 모든 주택을 임대주었다고 가정하였을 때 얻을 수 있는 임대소득의 기대임대소득률을 확실히 초과하는 경우가 된다. 2021년분 종부세의 위헌청구인 중 60.4%가 부과세액이 1,000만 원 이상에 해당되고 있다. 또한 부과세액이 3백만 원 수준이면 2주택자의 경우 1주택은 자가거주하고 다른 1주택은 임대하고 있는 경우에, 그 임대주택의 임대소득률과 부과된 종합부동산세와 함께 재산세를 고려한 부동산보유세의 세부담률이 임대소득을 초과하는 것으로 계산된다. 그리고 2021년 귀속분 종부세의 개인 위헌청구인 중 91.3%는 부과세액이 3백만 원 이상에 해당된다. 따라서 개인납세자 대부분에게 부과된 2021년 귀속 종부세의 경우는 미실현이득에 대해 전면적으로 부과된 세금으로 재산권의 본질적 내용을 확실히 침해하는 세금이라고 할 것이다.

특히, 다주택법인의 경우에는 과세표준 기본공제가 없고 세율이 7.2%(농특세 포함)의 단일세율이기 때문에 모든 구간의 법인납세자의 종부세 세부담률이 6.59% 수준이다. 법인납세자의 기대임대소득률은 1.525%로 계산되기 때문에 법인납세자의 종부세부담률은 기대임대소득률의 4.3배 수준으로, 이 세부담률은 지나쳐도 너무나 지나친 수준이다. 따라서 2021년 귀속분 종부세는 미실현이득에 대하여 전면적으로 세금이 과세되었다고 하겠다.

2021년과 2022년 귀속분 종합부동산세의 경우는 누가 어떻게 분석하더라도 재산권의 본질적 내용을 침해하지 아니하였다고 말할 수 없을 것이다. 2008년의 종부세 합헌결정의 방식으로 2021년 귀속분 종합부동산세를 분석하여 보더라도, 이 세금은 미실현이득에 대하여 전면적으로 부과된 세금이기 때문에 재산권의 본질적 내용을 침해하지 않았다고 누구도 말할 수 없을 것이다. 2021년 귀속분 종합부동산세의 재산권 본질적 내용의 침해는 이렇게 중요하고 확실한 위헌요소인데도 불구하고, 이에 대한 헌법재판소의 합헌결정문에는 이 문제를 언급조차 없었기 때문에 이 합헌결정은 매우 부당하고 부실한 결정이라고 하겠다.

더욱이 재산권의 본질적 내용의 침해는 종부세의 입법목적 때문에 재산권의 본질적 내용이 침해되지 않는다고는 말할 수가 없는 것이다. 부동산 가격 안정이라는 종부세의 입법목적이 아무리 중요하다고 하더라도 그리고 그 입법목적으로 새로운 세금의 과세권이 창설된다고 인정하더라도 재산권의 본질적 내용의 침해는 헌법에 위반될 수밖에 없는 것이다. 더욱이 입법목적으로 또 다른 납세의무와 일반 세금의 조세입법재량의 한계마저 초과할 수 있다는 생각은 조세고권이념에서도 인정되기 어려운 것으로, 어떠한 경우라도 재산권의 본질적 내용의 침해는 분명하게 헌법 제37조 제2항의 조항에 의하여 위헌에 해당되는 것이다.

독일의 반액과세 위헌결정은 부과되는 부동산보유세와 소득세 등의 부과 세금 부동산부유세의 합계세액이 기대임대소득의 50%가 넘어 재산권의 사적 유용성을 지나치게 세금으로 흡수한다고 위헌결정을 내린 것이다. 그런데 2021년 귀속 종부세는 종부세만으로도 재산권의 사적 유용성의 절반 수준이 아니라 2~4배 수준으로 부과되어 지나치게 과중한 세금이 분명하다. 그런데도 헌법재판소의 합헌결정이 이에 대한 어떠한 판단도 없었다는 것으로 볼 때, 이 합헌결정은 잘못된 판결임이 분명하다 할 것이다. 더욱이 재산권의 본질적 내용을 초과하여 부과된 대부분의 세금이 다주택자 등에 대한 차별적 중과세에 해당되는 것이며, 이 세액은 사실상 담세능력에 따른 차별적 중과세가 아니고 입법목적에 따른 '처벌적 또는 응징적' 중과세이다. 그러므로 이는 헌법상 규정인 '죄형법정주의'에도 위반되는 것이다. 따라서 2021년과 2022년 귀속 종부세의 합헌결정은 타당한 합헌결정이라고 인정될 수 없다고 하겠다.

4. 종부세는 재산원본을 무상몰수하는 세금이다

① 2021년 귀속 종부세는 재산원본의 무상몰수의 세금이다

세금으로 납세의무자의 재산을 몰수하는 것은 세계 어느 나라도 인정하지 않고 있으며 우리나라 헌법도 이러한 경우를 인정하지 않는 것은 마찬가지이다. 세계의 어느 나라도 대표적인 세금인 소득세의 경우 최고세율이 100%에 이르는 경우는 존재하지 않으며 납세의무자의 생활비 등을 고려하여 소득세의 최고세율은 대략 50% 내외인 것은 세계의 공통사항인 것이다.

그러나 2021년도 종합부동산세의 최고세율은 7.2%(농특세 포함)이며, 현실화율(70%)과 공정시장가액비율(95%)를 고려한 종합부동산세의 실효세율은 4.78%(7.2%×0.7× 0.95)이다. 그러나 개인납세자의 주택임대에 따른 기대임대소득률은 공시가격을 기준으로 계산하면 0.91%가 되기 때문에 공시가격을 기준으로 한 종부세의 최고세율은 6.84%(최고세율 7.2%×공정시장가액비율 95%)로 계산할 수 있다. 이 실효세율 6.84%는 기대임대소득의 7.52배(6.84%/0.91%)에 달하는 것이다. 따라서 개인납세자의 종합부동산세의 최고세율을 소득세율로 환산하여 비교한다면 기대임대소득의 752%의 세율에 해당된다. 이것은 지나쳐도 너무나 지나친 감내할 수 없는 높은세율이라고 하겠다.

이 사건 청구인에게 부과된 2021년도의 종합부동산세의 경우에는 세계에서 그 유례가 없는 과다한 세금으로 기대임대소득을 초과하여 부과되었다. 따라서 이 세금은 재산권의 사적 유용성의 범위를 초과하여 미실현이득에 대해 전면적으로 부과되는 세금이며 또한 재산원본의 무상몰수를 가져오는 세금에 해당되는 것이다. 종합부동산세는 법 규정을 면밀히 검토해 보면 미실현이득을 계측하여 세금을 계산하는 규정이 전혀 없기 때문에 미실현 자본이득에 부과되는 세금이 아닌 것은 명백하다고 하겠다(미실현 자본이득은 사실상 그 계측이 매우 어렵기 때문에 현실적으로 미실현 자본이득을 계측하여 부과하는 세금은 그 사례를 찾아보기가 어려운 실정이다). 더욱이 우리나라의 경우에는 자본이득에 대하여 최고 82.5%의 압도적으로 과중한 양도소득세가 부과되고 있다. 종합부동산세가 미실현이득에 대한 과세라고 한다면 분명히 양도소득세와 자본이득에 대한 이중과세가 되는 것이다. 이것은 하나의 세원에 대해 두 번 세금을 부과하는 결과가 되기 때문에 명백하게 재산권의 침해에 해당되는 것이다.

헌법 제37조 제2항의 규정에 따르면 종합부동산세는 재산권의 사적 유용성의 범위 내에서 과세가 이루어져야 하는 것이다. 재산권의 본질적 내용인 사적 유용성은 임의적인 수익권과 이용권을 말한다. 독일 연방헌법재판소에서 제시된 이른바 반액과세원칙에 비추어 보면 재산세 등 부동산보유세는 그 재산으로부터 얻을 수 있는 실질적인 임대소득이나 기대임대소득의 절반까지만 부과되어야 한다는 것이다. 만약 국가가 조세를 수단으로 하여 납세의무자 소득의 절반 이상을 흡수한다면 헌법이 보장하고 있는 재산권의 사적 효용을 과도하게 침해하는 것에 해당되어 위헌이 된다는 것이다. 이 기준에 따르면 종합부동산세는 재산권의 사적 유용성의 범위 이내에서 과세되어야 하는데 종합부동산세는 앞에서 검토한 바와 같이 상당한 경우가 사적 유용성의 범위를 초과하여 과세되고 고액의 개인납세자나 법인납세자의 경우에는 미실현 자본이득마저 초과하여 세금이 부과된다. 임대소득을 초과하여 부과된 종합부동산세는 재산원본의 무상몰수에 해당되는 세금이기 때문에 사실상 2021년도 주택분 종합부동산세는 재산원본의 무상몰수에 해당하는 세금이라고 하겠다.

② 2021년 귀속 종부세 합헌결정문의 내용

2021년 귀속 종부세 합헌결정문의 내용 중 재산원본 몰수에 관한 설명 내용은 개인과 법인으로 나누어 아래와 같이 적시되어 있으나 그 내용은 부과된 종부세가 실질적으로 재산원본의 무상몰수를 가져오는지에 대하여는 전혀 검토한 바가 없다. 다만 합헌결정문에서는 '명목세율도 절대적으로 높다고 보기 어려울 뿐만 아니라 공시가격의 현실화율과 공정시장가액비율을 고려할 때 등의 종부세법의 규정만 나열하는 형식적인 검토만 하고, 종부세의 세부담은 짧은 시간내에 재산원본을 몰수하거나 잠식하는 효과가 초래된다고 보기 어렵다.'고 결론을 내린 것에 불과하다 할 것이다.

국토교통부 자료에 의하면, 2021년 기준 공시가격 현실화율은 공동주택의 경우 70.2%(2020년 69%), 단독주택(표준주택)의 경우 55.8%(2020년 53.6%)이다. 여기에 100분의 60부터 100분의 100까지의 범위에서 정해지는 공정시장가액비율을 적용하여(2021년 기준 100분의 95, 종부세법 시행령 제2조의4 제1항) 과세표준을 산정하므로, 만일 어느 개인 납세의무자에게 적용되는 명목세율이 1천분의 60(심지어 이는 과세표준 94억 원을 초과하는 구간에 대한 세율)이라고 하더라도 실효세율은 이보다 낮아지게 된다. 위와 같이 명목상 세율이 아닌 실질적인 세부담을 고려해 보면, 주택분 종부세 조항들로 인하여 짧은 시간에 재산원본을 몰수하거나 잠식하는 효과가 초래되어 사적 유용성과 처분권이 위협된다고 보기 어렵다.

앞서 살펴본 것과 같이 주택분 종부세의 과세표준은 공시가격 현실화율(2021년 기준 공동주택 70.2%, 단독주택 55.8%)과 공정시장가액비율(2021년 기준 100분의 95)을 토대로 산정된다는 점을 고려하면, 어느 법인 납세의무자에게 적용되는 명목세율이 1천분의 60이라 하더라도 실효세율은 이보다 낮아지게 된다. 위와 같이 명목상 세율이 아닌 실질적인 세부담을 고려해 보면, 주택분 종부세 조항들로 인하여 짧은 시간에 재산원본을 몰수하거나 잠식하는 효과가 초래되어 사적 유용성과 처분권이 위협된다고 보기 어렵다.

헌법재판소의 판결내용을 보면, '종부세가 재산권의 본질적 내용을 침해하는 수준으로 과잉과세 되었다.'라는 청구인의 주장에 대하여 사실관계는 전혀 검토하지 않았다. 오히려 법조문만 나열하고 사실관계를 자기 편의대로 과잉과세가 아니라고 사실상 왜곡하여 부과된 종부세가 재산원본을 몰수 또는 잠식하는 수준은 아니라고 단정을 한 것으로 정당한 판결이라고 말할 수 있는 수준은 아니라고 생각된다. 헌법재판소에서는 종부세법의 부과규정을 나열하는 형식으로 추상적으로 설명하면서 종부세가 재산권의 침해를 가져오지 않는다고 결론을 내려서는 안 되는 것이다. 이러한 법규정을 적용하여 부과된 종부세가 실질적으로 재산권의 본질적 내용을 침해했는지 그리고 사실상 재산원본의 무상몰수를 가져오는지를 실증적으로 따지고 분석하여 결론을 내려야 하는 것이다. 여기에서 2021년 귀속 종부세가 얼마만큼 짧은 시간에 재산원본을 몰수하거나 잠식하는 효과가 있는지를 구체적으로 설명하고자 한다.

③ 합헌결정문 내용에 따른 재산원본의 무상몰수 기간의 계산

합헌결정문의 내용은 다주택법인의 명목세율은 7.2%(농특세 포함)이고 개인 다주택자의 경우는 최고세율이 7.2%이나, 공동주택의 공시가격 현실화율이 70.2%이고 공정시장가액비율이 95%이기 때문에 실효세율은 많이 낮아져서 짧은 시간에 재산원본이 무상몰수되거나 잠식되는 효과가 초래되기 어렵다는 것이다. 이 내용에 따르면 최고 명목세율 7.2%에 공시가격 현실화율 70.2%를 곱하고, 공정시장가액비율 95%를 곱하면, 법인종부세율 또는 개인최고세율의 실효세율은 4.80%(7.2%×70.2%×95%)로 계산된다. 이 실효세율이 적용된다면 납세자의 재산원본을 완전히 무상으로 국가에 몰수하는 기간은 20.9년(20.9년×4.80%=100.3)으로 계산된다. 이것은 국민이 자기 집을 보유하고 있는데 21년간 종부세를 납부하여 그 주택을 국가에 완전히 몰수되는 경우에 해당되는 것이다. 과연 그 국민은 이러한 경우가 자기의 재산원본이 과잉세금으로 국가에 빼앗긴다고 생각할 것인가. 아니면 무상몰수 기간이 21년이나 걸리기 때문에 이러한 종부세는 국민의 재산원본을 무상몰수하는 세금으로는 인정하지 않고 이것은 정당한 국가의 세금정책이라고 인정할 것인가. 이에 대하여 필자가 생각해 보면, 재산원본을 빼앗기는 국민의 입장에서는 과잉 종부세는 국민재산을 무상몰수하는 매우 나쁜 세금이라고 생각할 것이 분명하다고 믿고 있는 바이다.

종부세의 심각한 문제는 다주택자의 과잉과세이다. 다주택자가 4채의 주택을 보유하고 있다고 가정하여 보면, 주택에 딸린 부채와 양도소득세 등을 고려하지 않고 오직 종부세의 부과만으로도 4채의 주택 중 1채는 고스란히 5년 정도의 세금으로 국가에 무상몰수되는 것으로 계산된다. 4채의 주택 중 1채씩의 주택이 5년간의 종부세의 부과로 고스란히 빼앗기는 경우가 되는 것인데, 이것이 정당한 세금이라고 인정할 국민은 없다고 생각된다. 더욱이 임대전문 사업자의 경우는 주택 수가 20채는 물론 400채에 달하는 경우도 있다. 보증금과 양도소득세를 고려하지 않더라도 임대전문 사업자가 20채의 주택을 보유하고 있다면, 종부세만으로도 매년 1채를 고스란히 정부에 바치고 그 1채에 딸린 임대보증금과 양도소득세는 자기 자금으로 지급 또는 납부하여야 한다. 이러한 경우의 임대전문 사업자가 과연 견딜 수 있으며 이러한 종부세가 매우 타당한 세금이기 때문에 종부세의 과잉과세는 매우 훌륭한 정부의 정책이라고 인정할 수 있을지에 대하여는 매우 의문이 든다고 하겠다. 매년 자기 주택 중 21분의 1은 종부세로 통째로 무상몰수 당하는 것은 자유민주주의 국가에서 인정될 수도 없고 허용될 수도 없는 것으로 이러한 종부세는 국민의 재산을 완전히 빼앗는 매우 잘못된 세금에 해당된다고 할 것이다.

④ 납세자의 자금 사정, 각종 부채 그리고 양도소득세까지 고려했을 경우의
　 재산원본의 잠식속도의 계산

보증금 부채와 양도소득세 등 현실적인 실정을 전혀 고려하지 않고 헌법재판소
의 판결내용에 따라 오직 부과된 종부세액과 주택의 시가 가액만을 고려하여 재
산원본이 무상몰수 내용만 분석하여도 종부세가 재산원본을 빠른 시간내에 무
상몰수하는 것을 알 수 있었다. 그러니 헌법재판소의 판결내용은 전혀 현실성이
없고 오직 헌법재판소가 종부세의 합헌결정에 맞추어 사실관계를 왜곡한 것에
불과하다고 할 것이다. 현실적인 실정을 고려하기 위하여는 무엇보다도 주택에
딸린 은행 부채와 보증금 부채를 고려해야 한다. 주택의 몰수 또는 매각과 동시
에 주택에 딸린 보증금 부채 등은 바로 갚아야 하기 때문에 주택에 딸린 부채는
납세자가 소유한 순수한 재산의 가액을 계산할 때 주택가액에서 공제되어야 하
는 것은 당연하다 하겠다. 또한 주택이 몰수되거나 매각되게 되면 양도소득세도
필연적으로 부과되기 때문에 주택가액 중 납세자가 소유하는 순수한 재산적 가
치는 당연히 부채와 함께 양도소득세도 공제한 주택가액에 불과하다고 할 것이
다. 따라서 종부세의 부과로 납세자의 재산원본이 얼마만큼 빠른 시간내에 몰수
되거나 잠식되는지의 기간을 계산하기 위해서는 재산원본의 가액에서 주택에
딸린 부채와 양도에 따른 양도소득세를 공제한 납세자의 순재산원본 가치를 계
산하여야 한다. 순재산원본 가치와 부과된 종부세를 비교하여 종부세가 얼마만
큼 빨리 재산원본을 몰수하는지를 계산해야 하는 것은 당연한 것이다.

먼저 양도소득세를 보면, 2021년의 양도소득세는 기본세율이 6~42%이고 주택 수 등에 따라 가산율이 20~30%가 가산되어 양도소득세 최고세율은 72%이며, 여기에 지방소득세가 추가되기 때문에 실질적인 양도소득세의 최고세율은 82.5%라고 보아야 한다. 우리나라 양도세율은 세계에서 가장 높고 또한 실거래가액으로 과세되기 때문에 양도소득세와 종부세만을 고려하였을 때에도 이 두 세금의 부과로 납세자의 재산원본은 매우 빠르게 세금으로 잠식될 수밖에 없다고 하겠다.

예를 들어 보면, 이미 서초동 아크로비스타 2채를 가진 개인이 2021년 말 아크로비스타 1채를 23억 3천만 원에 추가로 취득하였다고 가정하여 보자. 해당 주택을 5년 동안 보유하다가 매각하였다면 원본의 58.89%가, 9년 동안 보유하다가 매각하였다면 원본의 105.23%에 달하는 세부담이 발생한다. 다시 말해 단 9년간 누적으로 발생한 종합부동산세 금액과 해당 시점에서의 양도소득세 및 지방소득세 금액의 합계가 이미 아크로비스타 1채의 예상 시가를 뛰어넘는다. 결국 개인은 9년 전 취득하였던 아크로비스타 1채의 가치를 9년 후에 모두 조세로 몰수당하고 마는 것이다. 더욱이 부과된 종부세만을 고려하더라도 10년간 부과된 종부세는 1채의 아크로비스타 아파트 시세와 거의 맞먹는 세액이 되는 것이다.

서초동 아크로비스타 3채를 가진 경우는 일반적인 예로 볼 수 없으니 이러한 경우는 높은 세부담을 부과하더라도 무방하다고 반론할 수 있다. 그러나 각 가정의 사정에 따라서 투기목적 없이 이 아파트 3채를 가질 수 있는 경우는 얼마든지 있을 수 있다. 이러한 특수상황의 가정에 대해서 주택을 단지 3채 가지고 있다고 국가가 아파트 1채를 몰수한다면 이는 사유재산제가 보장되지 않는 자본주의를 포기하는 국가가 되고 마는 것이다. 설령 단 1세대의 가정이 여기에 해당할지라도 주택 3채를 가지고 있는 것으로 곧바로 투기꾼이 되는 것은 아니며, 이러한 가정으로부터 주택 1채를 몰수하는 것은 자본주의 체제가 허용하는 상황이라고 말할 수 없다. 2021년 종합부동산세법이 이러한 상황을 허용하는 법이라는 점에서 위헌이라고 주장하고 있는 것이다.

표40 2021년 부동산을 새로 취득하고 일정 기간 보유 후 양도하는 1세대 3주택자개인의 세부담

10억 원	2022년 (1년 보유)	2026년 (5년 보유)	2030년 (9년 보유)	2031년 (10년 보유)
1채의 예상 시가	245,939	305,292	378,969	400,014
해당 시점까지의 누적 종합부동산세액	17,293	126,614	285,772	386,677
해당 시점에 양도 시 부담할 양도소득세 등	8,375	53,163	113,024	130,386
해당 시점까지의 누적 세부담	25,668	179,778	398,796	464,538
해당 시점 1채의 예상 시가대비 누적 세부담	10.44%	58.89%	93.86%	105.23%

(금액 단위: 만 원)

다음에는 임대보증금 등 주택에 딸린 부채를 고려하여 보자. 특히 임대주택의 경우는 사실상 5년도 되기 전에 종부세, 양도소득세 그리고 보증금 부채로 임대주택은 그대로 잠식되어 납세자에게 돌아올 재산은 한 푼도 없게 될 것이다. 임대주택의 경우는 임대보증금의 수준이 거의 공시가격 금액과 일치하는 수준이다. 그래서 임대보증금은 임대주택 시가의 70% 수준인 것이 현실적이라고 여러 통계에서 나오고 있다. 그렇기 때문에 주택에 딸린 부채까지 고려하면, 부과된 종부세가 체납되어 주택이 공매처분에 처하면 그 순간 임대주택의 재산 가치는 세금과 부채로 공중 분해되어 납세자는 한 푼도 건질 수 없는 실정이다. 사실상 세금과 부채로 납세자는 임대주택 전체를 국가에 몰수당하는 결과가 된다고 할 것이다. 대부분의 임대전문 사업자는 전세형 임대로 사업을 영위하기 때문에 과도한 종부세가 계속 부과된다면 5년 이내로 납세자의 임대주택 재산원본은 모두 국가에 빼앗길 수밖에 없는 실정으로 사실상 종부세로 인하여 임대사업자의 모든 임대주택을 국가가 무상몰수하는 결과가 되기 때문에 이러한 종부세는 너무나도 명백한 재산몰수의 세금이며, 재산권의 본질적 내용을 침해하는 세금으로 헌법위반임이 분명하다 할 것이다. 여기에서 앞에서 설명드린 대표 개인 사례 A와 B의 경우 부과된 종부세로 임대주택이 무상몰수되는 실태를 예를 들어 설명하고자 한다.

대표 개인 사례 A는 135개의 빌라형 임대주택을 보유하고 있는 규모가 있는 임대전문 사업자이며, 개인 대표 사례 B는 소규모 빌라 42채를 보유하고 있는 중간 규모의 임대전문 사업자이다. A는 거의 모든 임대주택을 자기가 직접 건축하여 임대보증금을 받고 그 보증금으로 또 임대주택을 건축하는 식으로 임대주택을 135개까지 확대한 건설형 임대전문 사업자라고 하겠다. A는 2021년에 주택분 종부세 15억 5,400만 원을 부과받았고, 2022년에는 10억 8,500만 원을 부과받아 사실상 종부세 26억 4,000만 원이 체납되어 있는 실정이다. A의 모든 주택의 공시가격이 233억 원이나 임대보증금이 377억 원이기 때문에 사실상 이 주택의 순자산가치는 별로 없는 수준이다. 그런데 여기에 26억 원의 종부세가 체납되어 있기 때문에 이 임대주택이 공매처분에 처하면, 납세자 A는 한 푼의 돈도 못 건질 뿐 아니라 상당한 세액을 체납되게 되어 있어 평생 빈털터리로 살면서 신용불량자 신세를 면할 길이 없을 것이다. 또한 부과된 종부세는 청구인의 임대소득보다 6.0배 수준 더 많은 세금으로 이 세금은 분명히 헌법 제37조 2항에 규정된 재산권의 본질적 내용을 침해하는 것이 분명하다고 할 것이다.

앞에서 이미 설명드렸지만, 종부세가 부과되는 시점에서 임대사업자인 대표 개인 사례 A는 사실상 파산위기에 몰린 상태나 마찬가지이기 때문에 전세사기꾼으로 추정되는 사람이 사업자 A를 찾아와 135채의 모든 주택을 넘기면 비자금조로 10억 원을 주겠다고 종용하였다. 사업자 A는 종합부동산세가 위헌결정을 받을 것이라는 확신으로 그 범죄의 유혹을 뿌리쳤는데 이제 와서 모든 재산은 세금으로 날아가고 신용불량자가 되게 되었으며 더욱이 임대보증금마저도 제대로 돌려줄 수 있을지가 의심되고 있는 실정이라 하겠다. 종부세가 합헌결정 나기 전까지는 세무서에서 압류한 임대주택을 공매처분에 넘기지 않았다. 그런데 이제 종부세가 합헌결정이 나서 조만간에 임대주택이 공매되면 사업자 A는 사실상 도망자 신세가 될 수밖에 없다고 하겠다. 세금으로 선량한 국민의 모든 재산을 빼앗고 그 국민을 신용불량자로 만들고 도망자 신세로 만든다는 것은 있을 수 없는 일이라고 할 것이다.

임대사업자 대표 개인 사례 B는 현재 용역회사에 나가 일용직으로 연간 2,400

만 원의 수입으로 생계를 유지하고 있는 임대전문 사업자이다. 이 사업자는 평생 모은 돈으로 임대주택을 사서 전세를 주고 그 전세금으로 다시 임대주택을 사는 식으로 하여 임대주택을 42채까지 늘렸다. 그 임대주택이 전부 임대보증금 형태의 전세형 임대인데, 42채의 공시가격은 75억 4,100만 원, 시세가격 합계액이 108억 4,100만 원 정도이고, 임대보증금은 98억 4,100만 원이다. 임대주택의 시세가격에서 임대보증금을 공제한 임대주택의 순수한 자산적 가치는 10억 원(108억 4,100만-98억 4,100만)이 되기 어렵다 하겠다. 임대사업자 B에게 부과된 종부세는 2021년은 7,200만 원이며, 2022년은 1억 3,600만 원으로 체납된 종부세가 2억 원이 넘기 때문에 이 임대주택도 조만간 공매에 처하게 된다. 그리되면 임대사업자 B는 한 푼의 돈도 건지지 못하고 체납된 세금도 제대로 갚을 수 없을 뿐만 아니라 임대보증금도 제대로 되돌려 줄 수 있을지 의문이 들며, 그 역시 신용불량자 신세를 면할 수 없다고 하겠다. 이와 같이 종부세에 더하여 양도소득세와 임대보증금을 고려하여 볼 때, 임대전문 사업자의 경우는 이제 종부세 합헌결정이 내려진 시점에서 압류된 임대주택은 바로 공매처분 될 것이며 공매처분과 함께 임대주택은 세금으로 완전히 몰수되고 그 자신은 신용불량자로 사실상 죄인으로 남은 인생을 살 수밖에 없다고 하겠다.

주택임대사업자의 경우는 역대 모든 정부에서 주택임대사업을 하면 종합부동산세를 과세하지 않겠다고 몇 차례에 걸쳐 공개적으로 약속도 하였고, 종부세법에 임대주택은 종부세 과세배제의 규정을 두었기 때문에 많은 납세자가 정부를 믿고 임대사업을 한 것이다. 그런데, 정부에서 갑자기 하루아침에 임대주택을 등록말소하여 임대사업자에게 종합부동산세를 부과하여 사실상 임대사업자의 재산원본을 몰수해 가는 것이 헌법위반이 아니라고 한다는 것은 어느 나라 세법에도 인정될 수 없는 것이라 하겠다. 임대사업용 임대주택은 주로 빌라형 주택으로 매매거래가 쉽지 않은 물건이며, 또한 주택이라는 것은 매매거래가 원천적으로 까다롭고 쉽게 이루어질 수 없다. 세법이 개정된다고 하여 임대사업자가 임대용 주택을 바로 매각할 수도 없다. 그런데 일정 기간의 유예조치도 없이 세법개정과 동시에 임대주택에 대하여 종부세를 임대소득의 3배 수준으로 세금을 부과한다는 것은 임대사업자를 도망갈 수도 없는 가두리에 가둬놓고 임대사업자의 모든 주택을 국가권력이 무상으로 빼앗겠다는 것과 마찬가지이다. 이러한 정부의 조치가 분명히 국민의 재산을 불법적으로 무상몰수하는 경우가 분명하다 할 것이다. 이것을 합헌이라고 헌법재판소가 인정한 것은 헌법재판소가 국가의 사기 범죄를 국가의 사기 범죄라고 죄에 해당되지 않는다고 판결한 것과 마찬가지의 불법적 판결이라 하겠다.

청구인 □□□(대표 개인 사례 D)의 사례

첫 번째 사례는 고액 아파트 2채를 소유하고 있는 종합부동산세 납세자인 대표 개인 사례 D의 사례이다. 청구인은 도곡동 고가 아파트 1채와 압구정동 고가 아파트 1채 합계 2채를 소유하고 있는데 2채 모두를 임대하고 있다. 청구인은 주택임대차보호법의 4년 임대규정으로 인하여 지금 당장 아파트의 매각도 쉽지는 않은 상황이다. 하지만 도곡동 고가 아파트를 2021년도 최고 시세인 63억 원에 매각한다고 가정하면 취득가액과 필요경비를 합한 금액 15억 8,772만 원을 공제하고, 양도소득세 32억 9,555만 원(실효세율 69.9%)을 납부하면 양도소득세 공제 후의 잔존 금액이 30억 445만 원이 된다. 여기에서 현재 임대보증금 30억 원을 공제하면 매각으로 인한 잔존 금액이 현재의 매각으로 청구인에게 445만 원만 남게 되어 매각 자체도 쉽지 않은 것이 현실이다. 청구인인 부과받은 2021년 종합부동산세 합계액이 2억 7,017만 원이다. 만일 청구인이 향후 12년간 종합부동산세를 납부하고 그때 가서 도곡동 고가 아파트를 2021년도의 최고 시세인 63억 원에 매각한다면, 종합부동산세 12년간의 합계금액이 32억 4,204만 원이다. 양도소득세가 지금 기준 그대로 보아 32억 9,555만 원이 되기 때문에 세금 합계가 65억 3,759만 원이 된다. 12년간 종합부동산세를 납부할 경우에는 2021년 최고 시세 63억 원의 도곡동 고가 아파트 1채는 세금으로 완전히 무상몰수 되는데 이때에는 임대보증금 30억 원을 갚을 길이 없게 되는 것이다.

표41 **2021년 양도 시의 양도소득세 및 잔존가액 계산 근거**

물건 소재지	취득일	취득가액	양도가액(시세)	양도차익	세율	양도세 등	임대보증금	잔존 재산
도곡동 소재	2003	158,772	630,000	471,228	65%	329,555	3,000,000	445

※ 조정대상지역 내 2주택자 중과세율 적용, 장기보유 특별공제 배제

(단위: 만 원)

청구인 □□□의 사례

두 번째 사례의 청구인은 반포 아파트에 자가거주하며, 용산 소재의 P 아파트 2채를 더 보유하고 임대하고 있다. 3채 주택으로 인하여 2021년에 1억 6,574만 원의 종합부동산세를 부과받았다. 2채의 P 임대아파트를 현재의 최고 시세인 44억 원에 양도를 한다면 2채의 아파트의 양도소득세는 14억 4,391만 원이 계산된다. 임대보증금이 18억 6,900만 원이 있어 임대주택 2채를 지금 매각한다면 잔존 재산은 10억 8,718만 원이 남는다(44억 원-양도소득세 14억 4,391만 원-임대보증금 18억 6,900만 원). 2021년 부과된 1억 6,574만 원의 종부세를 계속 7년간 납부하면 종합부동산세 합계액이 11억 6,018만 원이 된다. 양도소득세와 임대보증금 18억 6,900만 원을 제외하고 임대하는 2채 아파트의 잔존 재산은 10억 8,718만 원인데, 7년 동안 납부한 종합부동산세가 잔존 재산을 초과하는 결과가 된다. 따라서 7년간 종합부동산세가 과세된다면 양도소득세와 임대보증금을 고려하여 볼 때 임대아파트 2채는 완전히 무상몰수되는 결과가 되는 것이다. 여기에 근저당 채무 등에 따른 연간 지급이자 2,952만 원 등 관련 비용까지 고려할 경우에 청구인은 보유한 3채의 주택 중 임대주택 2채는 5년간 부과된 종부세와 양도 시에 부과될 양도소득세의 세금으로 인하여 재산원본이 완전히 없어지게 되는 것이다.

따라서 3채의 중·고가 아파트를 보유하는 경우는 대체로 5년간의 종부세를 납부하고 양도소득세까지 납부한다면, 3채의 주택 중 2채의 주택은 세금으로 무상 몰수되는 것이 분명하기 때문에 과도하게 부과되는 종부세는 분명히 재산원본을 무상몰수하는 세금이라 할 것이다.

표42 **2021년 양도 시의 양도소득세 및 잔존가액 계산 근거**

물건 소재지	취득일	취득가액	양도가액(시세)	양도차익	세율	양도세 등	임대보증금	잔존 재산
용산구 소재	2017	1,109,473	2,200,000	1,030,872	65%	662,752	924,000	613,348
용산구 소재	2014	950,000	2,200,000	1,196,485	65%	781,165	945,000	473,839
계		2,059,473	4,400,000	2,227,357		1,443,917	1,869,000	1,087,187

※ 조정대상지역 내 2주택자 중과세율 적용, 장기보유 특별공제 배제

(단위: 천 원)

청구법인 □□□의 사례

세 번째 사례는 2개의 법인 사례이다. 먼저 법인 사례 A를 보면, 법인 A는 경기도 광주와 서초구에 각 1채씩의 아파트를 보유한 위헌청구법인인데 2021년도 종합부동산세를 8,496만 원을 부과받았다. 이 법인은 2022년도에 이미 2채의 모든 아파트를 20억 5,500만 원에 매각하여 양도소득세를 2억 6,400만 원을 납부한 바 있다. 이 법인은 부채가 15억 5,000만 원이라 양도 후 남은 대금이 4억 7,500만 원이다. 이 중 양도소득세를 납부하고 남은 대금은 2억 4,100만 원이나 이 대금으로 8,496만 원의 종합부동산세만을 계산하더라도 3년도 납부할 수가 없는 지경이다. 그래서 법인 A는 2022년도에 아파트를 서둘러 매각할 수밖에 없었다. 이 계산에 의하더라도 법인이 보유한 2채의 주택은 사실상 3년간의 종부세 부과

로 그 재산원본은 무상몰수 될 수밖에 없다고 할 것이다.

　다음은 법인 B의 사례로 이 청구법인은 중랑구 등에 3채의 아파트를 보유하고 있으며, 2021년도분 종합부동산세를 6,941만 원을 납부하였다. 이 법인이 3채의 아파트를 시가인 20억 4,000만 원에 5년 후에 매각한다고 가정하면, 양도소득세가 3억 2,603만 원 수준이고 부채가 12억 7,000만 원이라 양도 후 남은 대금은 4억 4,396만 원이 된다. 이 대금으로는 종합부동산세 6,941만 원과 재산세 및 이자 등 연 8,565만 원을 5년 수준 납부하면 3채의 주택 모두의 원본이 잠식되는 결과가 된다. 따라서 법인 A와 B의 사례로 볼 때 법인의 경우라면 다주택자 중과세 세율이 7.2%(농특세 포함)의 매우 높은세율이며, 과세표준 기본공제마저 없기 때문에 종부세가 3년 내지 5년간 부과되면 그 법인이 보유한 모든 주택은 세금으로 완전히 국가에 무상몰수 된다는 것을 알 수 있는 것이다. 따라서 종부세는 재산원본을 무상몰수하는 세금임이 분명하다 할 것이다.

표43 2021년 양도 시 임대아파트 현황 및 양도소득세 계산

물건 소재지	취득일	취득가액	양도가액 (시세)	양도차익	세율	양도세	임대 보증금	근저당 채무	잔존 재산
중랑구 소재	2020	520,000	775,000	244,100	20%+20% 중과	85,404		100,000	
중랑구 소재	2017	254,000	640,000	379,630	20%+20% 중과	145,037		173,000	
구리시 소재	2020	350,000	625,000	267,250	20%+20% 중과	95,590	797,000	200,000	
합계		1,124,000	2,040,000	590,980		326,031	797,000	473,000	443,969

(단위: 천 원)

제6절 | 종부세는 과잉금지원칙에도 위배되는 세금이다

1. 개요

종부세는 분명히 재산권의 본질적 내용을 침해하는 헌법위반의 세금인데도 불구하고 헌법재판소에서는 이 내용에 대한 분석과 설명은 이번의 합헌결정문에서 완전히 쏙 빼놓았다. 그리고 오직 종부세가 과잉금지원칙에 위배되는지에 따라서 재산권 침해가 해당된다고 주장하면서 2021년 귀속 종부세는 과잉금지원칙에 위배되지 않는다고 결론을 내고 종부세 합헌결정을 하였다. 그러나 종부세가 과잉금지원칙에 위배되지 않는다는 헌법재판소의 판결은 여러 가지 측면에서 매우 부당한 판결로 사실상 이 판결은 원천무효의 판결에 해당된다고 할 것이다. 첫째는 이미 설명했지만 2021년 귀속 종부세는 재산권의 본질적 내용을 확실히 침해하고, 이렇게 침해된 세금은 명백히 과잉금지원칙에 위배 될 수밖에 없는데도 불구하고, 이러한 사실관계에 대한 검토는 완전히 배제했다. 그리고 사실관계를 자신들이 임의로 설정하여 종부세가 과잉금지원칙에 위배되지 않는다고 결론을 내린 것은 너무나 부실하고 너무나 부당한 판결이라 하겠다.

둘째는 2021년 귀속 종부세가 침해의 최소성의 원칙을 제대로 지켰는지에 대하여 실질적인 검토는 없는 실정이다. 헌법재판소에서는 오직 세법규정만 나열하여 이러한 세법규정에 따라 부과된 세금은 종부세의 입법목적에 타당하다는 궁색한 변명을 나열하면서 종부세는 과잉금지원칙에 위배되지 않기 때문에 종부세가 재산권을 침해하지 않는다고 결론을 낸 수준이다. 이러한 합헌판결은 매우 부당한 판결에 불과하다. 여기에서 종부세가 과잉금지원칙에 위배되지 않는 다는 헌법재판소의 주장에 대하여 구체적으로 반박하고자 한다.

2. 입법목적의 정당성과 수단의 적합성에 대한 검토

① 합헌결정문의 주요 내용

종부세는 일정 가액 이상의 부동산 보유에 대한 과세 강화를 통해 조세부담의 형평성을 제고하고 부동산에 대한 투기적 수요를 억제함으로써 부동산 가격 안정을 도모하여 실수요자를 보호하려는 정책적 목적을 위하여 부과되는 것으로서(종부세법 제1조 참조), 2021년 귀속 종부세 과세의 근거조항들인 심판대상조항의 위와 같은 입법목적은 정당하다.

우선 종부세법이 일정 가액 이상의 부동산에 대하여 공시가격을 기준으로 지방세인 재산세에 비하여 높은세율의 국세를 부과하는 것은 부동산의 과도한 보유와 투기적 수요 등을 억제하여 부동산 가격 안정에 기여하고 실질적인 조세부담의 공평을 실현할 수 있게 함으로써, 입법목적 달성에 적합한 수단이 될 수 있다(헌재 2008. 11. 13. 2006헌바112등 참조).

주택의 면적이나 보유 수는 타인에 대한 주택공급의 장애요인으로 작용할 수 있음을 감안할 때, 일정한 수를 넘는 주택 보유는 투기적이거나 투자에 비중을 둔 수요로 간주될 수 있고 주택가격 안정을 위하여 이에 대한 규제의 필요성도 인정될 수 있다(헌재 2008. 11. 13. 2006헌바112등 참조).

또한 조정대상지역 내에 소재하는 주택가격 안정을 위한 추가적 규제의 필요성 역시 인정될 수 있다 할 것이다.

현실적으로 개인이 주거공간으로서의 주택에 대하여 갖는 위와 같은 긴밀한 연관성을 법인에 대해서는 동등한 정도로 인정하기 어렵고, 종부세법의 실질적인 목적은 실수요 자가 아닌 자가 투자 내지 투기 목적으로 다른 국민이 절실히 필요로 하는 주택 등을 과 다하게 보유하는 것을 억제하고자 하는 데 있음을 상기해 본다면, 주택 시장에서 실수요 자라고 할 수 없는 법인의 주택 보유 그 자체를 개인에 비하여 보다 엄격하게 규율할 필 요성을 인정할 수 있다.

② 종부세법 입법목적의 특이한 구조

종부세법 제1조에 종부세법의 입법목적이 다음과 같이 규정되어 있다.

제1조(목적) 이 법은 고액의 부동산 보유자에 대하여 종합부동산세를 부과하여 부동산 보유에 대한 조세부담의 형평성을 제고하고, 부동산의 가격 안정을 도모함으로써 지방재 정의 균형발전과 국민경제의 건전한 발전에 이바지함을 목적으로 한다.

이 규정은 종부세법 제1조의 규정으로 종부세의 입법목적을 나타내는 규정이 다. 종부세법의 제1의 입법목적은 고액부동산 보유자에 대한 조세부담의 형평성 제고이고, 제2의 입법목적은 부동산 가격 안정의 도모이다. 종부세법 입법목적이 2가지인 것도 매우 특이한 구조인데 제2의 입법목적이 부동산보유세와는 전혀 관련이 없는 부동산 투기 억제와 관련된 입법목적이라는 것이다. 일반적인 세법의 입법목적을 보면 소득세법의 경우는 소득세의 적정한 과세와 조세부담의 형평성 도모라는 소득세 본연의 입법목적만 규정되어 있다. 법인세법의 경우도 법인세의 과세절차와 공정한 과세에 대한 법인세 본연의 입법목적만 규정되어 있다. 부가가치세법을 보더라도 부가가치세의 과세절차와 공정한 과세에 대하여 규정함으로써 이 입법목적도 부가가치세 고유의 입법목적에 해당하는 것만 규정하고 있는 것이다.

종부세법의 경우는 첫 번째 입법목적인 '고액부동산 보유자에 대한 조세부담의 형평성 제고'라는 부동산보유세 본연의 입법목적으로서 이 입법목적의 정당성과 타당성은 누구도 부인할 수 없다고 할 것이다. 그러나 제2의 입법목적인 부동산 가격 안정 도모라는 입법목적은 부동산보유세의 입법목적으로서 매우 부당할 뿐만 아니라 제1의 입법목적이며 부동산보유세의 본연의 입법목적인 조세부담의 형평성 제고와는 매우 상충적이기 때문에 종부세법의 제2의 입법목적은 정당성과 타당성을 인정할 수 없는 것으로 이에 대한 문제점을 여기에서 자세히 설명하고자 한다.

③ 종부세는 부동산 투기 억제목적의 세금이 될 수가 없다

종부세가 부동산 투기 억제목적의 세금이 될 수 없다는 이유를 다음의 3가지로 나누어 설명드리고자 한다. 그 첫 번째는 종부세는 부동산보유세이고 부동산보유세의 본질상 투기 억제목적의 세금으로서는 부적합하다는 것이다. 부동산보유세는 동일한 부동산에 대하여 매년 반복적으로 부과되는 세금이기 때문에 이 세금은 생활밀착형 세금으로 법적 안정성이 무엇보다도 중요한 세금이다. OECD 거의 모든 국가는 부동산보유세의 경우 단일세율이 적용되며 편익과세 원칙이 지켜지고 있고 또한 부동산 취득 이후 거의 동일한 세액이 세금으로 부과되어 법적 안정성을 최우선으로 고려되고 있는 세금이다. 생활밀착형 세금으로 가장 대표적인 세금은 매년 반복적으로 부과되는 소득세와 부동산보유세이다. 같은 소득이고 동일한 부동산인데 매년 그 세금이 300% 늘었다가 다시 200% 줄고, 다시 300% 느는 등 제멋대로 세액을 증액하고 감액하여 부과된다면 국민들은 매년 반복되는 소득세와 부동산보유세 때문에 안정적인 경제생활을 유지할 수 없는 것이다. OECD의 대부분 국가는 부동산 취득할 때부터 부과되는 부동산보유세의 금액이 증액되어 부과되는 경우가 없기 때문에 자기의 소득에 맞추어 지출 계획을 세워 안정적으로 가계생활을 유지할 수 있는 것이다. 그러나 우리나라의 종부세는 부동산 가격 안정 도모라는 종부세법의 제2의 입법목적에 따라 부동산 투기 억제 수단으로 이용되다 보니 종부세의 부과세액이 불과 3년 사이에 개인납세자는 10배 수준, 법인납세자는 100배 수준 세금이 폭증하였다. 이렇게 법적 안정성이 완전히 무시된 이러한 부동산보유세는 OECD 어느 나라에서도 볼 수가 없는 것이며 인정될 수도 없다고 하겠다.

　세금은 헌법상의 '납세의 의무'규정에 기초하여 부과되고 세원에 대하여 부과되며 담세력에 응하여 수평적 공평과 수직적 공평을 맞추어 부과되는 특징이 있다. 그렇기 때문에 담세력과 관련이 없는 부동산 투기 행위 또는 부동산 투자 행위에 대하여 세금이 부과될 수는 없는 것이다. 더욱이 규제를 위해서는 세금이 부과될 수 없는 것이 세금의 본질이다. 투기 행위에 대하여는 투기 행위 처벌법이 적용되어야 하는 것이며, 투기 소득에 대하여는 투기 소득환수법이 적용되어야 할 것이다. 그러나 종부세법은 부동산보유세법이기 때문에 투기 행위에 대한 처벌법이 아니며 또한 투기 소득에 대한 투기 소득환수법도 아니다. 따라서 종부세법은 투기 행위와 부동산 투자 행위에 직접적으로 관련이 있는 법이라고는 인정될 수 없다 하겠다. 종부세법은 그 세법의 성질상 부동산 투기 행위와 부동산 투자 행위에 대한 규제수단으로는 적합한 세법이 될 수 없는 것이다. 종부세법에 투기 억제를 위하여 다주택자 등에 대한 차별적 중과세규정을 두고 있는데 이 규정은 부동산보유세법인 종부세법의 적합한 세법규정이 될 수 없으므로 재산권의 본질적 내용의 침해 그리고 조세평등주의 원칙의 위배 등 헌법위반의 과세 문제가 발생하는 것이다. 더욱이 부동산 가격은 수요와 공급에 의하여 결정되는 것이며 주택수요는 무엇보다도 이자율의 변동이 가장 크게 영향을 미치는 것으로 알려지고 있다. 따라서 세금으로는 부동산 가격 안정을 도모할 수도 없는 것이며, 세계 어느 나라도 부동산보유세로 부동산 가격 안정을 도모하는 나라는 없는 것이다. 2008년 9월 23일 기획재정부 '종합부동산세 개편 방안' 발표를 보자.

종부세제는 담세력을 초과하는 과도한 세부담으로 지속이 불가능한 세제이며, 종부세가 극소수의 납세자(전체 세대의 2%)에 대해서만 과도한 세부담을 지우는 것은 보편성이라는 조세원칙에 위배되며, 종부세법의 본래의 입법목적인 부동산보유세의 강화원칙에도 맞지 않는다고 전제하며 부동산시장의 안정은 다음의 원칙에 따라 추진되어야 한다고 밝히고 있다.

① 주택공급 확대로 부동산 가격 안정의 달성

② 실수요자 중심의 자금공급으로 투기수요 억제

③ 결과적으로 발생하는 투기 소득에 대해서는 조세로 환수

이 내용에 따르더라도 종부세로는 투기 억제 효과를 거둘 수가 없다는 것이 명백하다고 하겠다.

종합부동산세는 주택의 가격 안정에 실질적으로 효과가 있지도 않다. 이는 종합부동산세법이 제정된 2005년 이후 주택가격이 계속 상승하였다는 점만 보더라도 실증적으로 입증되었다. 종합부동산세는 2005년 이래 거의 20년 가까이 부과되었는데, 만약 종합부동산세가 주택가격 안정이라는 목적을 달성하기 위한 수단으로 적합하였다면 최근 20년 동안에는 주택가격의 급등이 전혀 없었어야 할 것이다. 그러나 주택가격은 계속 상승하고 있으며, 종합부동산세법 제정 이전과 마찬가지로 일정 주기로 그 가격이 폭등하는 상황도 여전히 발생하고 있다. 이는 2021년에도 마찬가지이다. 세계에 유례가 없는 수준의 공시가격과 세율인

상 등으로 2021년도 주택분 종합부동산세의 세부담이 대폭 상승하였지만, 2022년까지 주택가격은 안정되기는커녕 계속해서 상승하였고, 오히려 주택 수 및 지역에 따른 지나친 차별과세로 인해 '똑똑한 1채'[8] 선호 현상을 두드러지게 하여 서울 강남 등 일부 지역의 아파트 가격 급등을 초래하였다. 결과적으로 주택분 종합부동산세는 주택의 가격 안정에는 전혀 기여하지 못하고 있다.

오히려 주택분 종합부동산세 각 규정의 개정 이후에도 계속 상승하던 주택가격은 2022년 하반기 세계적인 금리 인상으로 안정 국면에 접어들었다가 점차 하락하는 추세로 전환되고 있다. 한국은행도 2022년에 세계적인 금리 인상 추세에 발맞추어 이른바 '빅스텝'[9]을 단행하는 등 6차례에 걸쳐 기준금리를 크게 인상하였다. 이에 따라 대출이자 비용 부담이 증가하자 주택의 매수세가 크게 위축되었으며, 2022년 하반기부터 주택의 거래가격은 하락하는 추세를 보인 것이다. 그러다가 2024년 6월경부터 금리가 다시 하락하기 시작하자 주택가격이 상승하는 경향을 보이고 있다. 따라서 주택가격의 등락은 부동산의 공급, 금리의 변화 등 경제상황에 영향을 받고 있다는 것이 실증적으로 분명히 증명되고 있다고 할 것이다.

---

8 집값과 상관없이 다주택자이면 2배 이상을 세금을 내야 하는 구조로 되어 있으므로 서울 강남 등 고가 지역의 아파트를 사고자 하는 현상을 '똑똑한 1채' 선호 현상이라고 한다.

9 한국은행은 통상적으로 기준금리를 인상할 때 0.25%를 기준으로 하는데, 이것의 2배인 0.5%를 일시에 인상하는 것을 큰 걸음을 간다는 뜻의 '빅스텝'이라고 부른다.

두 번째 이유는 종부세법의 부동산 가격 안정 도모라는 입법목적에 따라 투기 억제목적으로 다주택자 등에 대하여 차별적으로 종부세를 중과세하는 것은 정당하다고 판결한 헌법재판소의 종부세 합헌결정문의 판결내용 자체가 헌법상의 '납세의 의무'규정에 위반된다는 것이다. 종부세는 2005년 처음 부과되기 시작하여 2018년까지는 부동산 보유에 대한 조세부담의 형평성 제고라는 종부세법의 근본적인 입법목적에 상당히 충실하게 충족되는 세금으로 유지되어 왔다. 그러나 2018년에 문재인 정부가 들어서고 투기 억제목적이라는 정책목적을 내세워 다주택자, 조정대상지역 내 2주택자 그리고 법인납세자에게 차별적 중과세가 2019년 귀속분부터 적용되기 시작하였고, 특히 2021년에는 그 차별적 중과세의 정도가 매우 심각해져 종부세는 오로지 투기 억제목적의 세금이 되어 버렸다. 더욱이 다주택자 등에 대한 차별적인 중과세는 담세력에 따른 중과세가 아니다. 그러므로 이 세금은 세금의 본질에 벗어난 명목상의 세금에 불과한 것이고, 사실상은 다주택자 처벌을 위한 재산형 형벌에 지나지 않아, 헌법상의 '납세의 의무' 규정을 위반하는 세금이 되어 버린 것이다.

　2021년 귀속 종부세 합헌결정문을 보면, '일정한 수를 넘는 주택 보유는 투기적이거나 투자에 비중을 둔 수요로 간주될 수 있고 주택가격 안정을 위하여 이에 대한 규제의 필요성도 인정될 수 있다.'라고 차별적 중과세의 정당성을 인정하고 있다. 이 내용을 다음의 두 가지로 나누어 살펴볼 수 있다.

　ⅰ) 여기에서 '투기적이거나 투자에 비중을 둔 수요'라는 표현은 사실상은 부

동산 투자라는 표현으로 이해하는 것이 옳다고 생각한다. 왜냐하면 부동산 투기라면 투기범죄로 처벌할 수 있는 것인데 종부세 과세대상자 중 부동산 투기범죄로 처벌된 사람은 한 명도 없고 부동산 투기자라고 선별한 사람도 한 명도 없기 때문이다. 여기에서 '투기적이거나'라는 표현은 종부세의 차별적 중과세를 정당화하기 위한 수사적 표현에 불과하지 사실 이 내용은 부동산의 투자에 따른 차별적 중과세에 불과하다고 할 것이다. 부동산 투자에 대하여 처벌할 수 있는 방법은 없다. 더욱이 부동산 투자가 불법일 수는 전혀 없는 것이다. 따라서 부동산 투자 행위에 대하여 세금을 부과한다는 것은 부동산 투자 행위 자체가 담세력을 표상하는 것은 아니기 때문에 세금 부과의 대상이 될 수 없고 더욱이 부동산보유세인 종부세의 과세대상이 된다는 것은 근본적으로 잘못된 것이라고 하겠다.

ⅱ) 또한 합헌결정문의 내용을 보면, '주택가격 안정을 위하여 다주택자 등에 대한 규제의 필요성이 인정된다.'고 설명하고 있는데 이것은 부당성을 넘어 불법적인 표현이라 하겠다. 세금은 세원에 대하여 담세력에 응하여 부과되는 것이지 정부 정책을 위한 규제를 위하여 부과될 수는 없는 것이다. 정책목적을 위한 규제를 위해서는 세금이 아닌 벌과금이 부과되어야 하는 것이다. 헌법재판소에서는 종부세를 다주택자 등을 규제하기 위하여 차별적으로 중과세하는 것이 정당하다고 주장하는 것은 세금의 본질과 납세의 의무라는 헌법 규정을 전혀 인식하지 못하는, 매우 잘못된 주장이라 하겠다. 특히 2022년 귀속 종부세의 합헌결정문을 보면, '종부세는 어디까지나 법률이 정하는 세금의 하나일 뿐이어서 이를 형법상의 벌금으로 볼 수 없다.'고 적시하고 있는데, 이 내용은 전제주의 국가에

서나 통용되던 조세고권주의 이론에서나 적합한 주장이다. 자유민주주의 국가인 대한민국에서 세금은 어디까지나 헌법상 규정인 '납세의 의무'의 규정에 적합하여야 하는 것이 정당한 것이지 무조건 법률이 정한 세금이라고 다 정당할 수는 없는 것이다. 헌법재판소의 주장대로라면 국가정책을 위하여 세법만 만들면, 담세력과 아무런 관계가 없이 정부가 원하는 규제를 위해서는 어떠한 세금도 부과할 수 있다는 것이다. 이러한 주장이 자유민주주의 국가인 대한민국에서 허용되고 우리나라 헌법에서 허용되는지 도저히 이해할 수가 없다. 종부세는 2005년부터 2018년까지 부동산 보유에 대한 조세부담의 형평성 제고라는 종부세법의 근본 목적에 맞추어 세금이 부과되었는데 문재인 정부 들어 종부세가 부동산 가격 안정이라는 입법목적만을 위한 세금으로 변질되었다. 더욱이 다주택자 등에 대한 규제의 필요성이 있다고 다주택자 등에 대하여 차별적인 중과세로 재산권의 본질적 내용마저 침해하는 것이 허용된다면, 이것은 세금의 본질을 지나치게 벗어난 것으로 사실상 재산형 형벌에 불과한 명목상의 세금일 뿐이라 하겠다. 따라서 종부세가 투기 억제를 위하여 다주택자 등에 대하여 차별적으로 중과세한 것은 헌법위반에 해당되는 것이기 때문에 종부세는 부동산 투기 억제를 위한 적합한 세금이 아니라는 것이 더욱 분명하다고 할 것이다.

종부세가 부동산 가격 안정 도모에 전혀 도움이 안 되는 매우 중요한 세 번째 이유는 종부세의 과세대상이 주택 보유자의 2% 수준에 불과하다는 것이다. 종부세는 부동산보유세인데도 불구하고 국민의 2%에 대해서만 세금을 부과하는 것은 일부 국민에게 세부담을 덤터기 씌우는 것에 불과하며, 이 세금은 보편부담의 원칙이라는 조세원칙에 지나치게 위배되는 세금이라고 할 것이다. 더욱이 주택 보유자 2%에 대하여 아무리 덤터기를 씌우는 세금이 부과된다고 하더라도 극히 소수의 일부 국민에게 부과되는 세금으로는 부동산 가격 안정 도모라는 정책 효과를 달성할 수는 없다는 것이 분명한 이치라 할 것이다. 주택 보유자 중 2% 수준에 불과한 다주택자와 법인 등에 대하여 아무리 종부세가 과잉과세가 된다고 하더라도 다주택자 등에 해당되지 않는 주택 보유자가 98%에 해당한다. 이 사람들에 대하여는 종부세가 부과되지 않기 때문에 2% 국민에 대한 종부세의 과잉과세는 98%의 국민에 대하여 어떠한 영향도 미칠 수가 없으며, 주택가격의 변동에도 별다른 영향을 미칠 수가 없는 것이다. 2%를 규제하면, 그 규제와 관련도 없는 나머지 98%에게 규제의 효과가 미친다는 것은 이치에 맞지 않는다. 또한 주택수요는 종부세가 부과되는 2% 국민으로부터만 발생하는 것이 아니고 모든 국민에게 발생하는 것이기 때문에, 불과 2%의 국민에게 아무리 과중한 종부세가 부과되어도 부동산 가격 안정을 도모한다는 것은 사실상 불가능할 것이다.

여러 신문의 보도에 따르면 2024년 7월, 8월 중에 신규아파트 가격이 상승하고 있다. 아파트 가격이 오르는 근본적인 이유는 신규아파트 공급 부족이며, 금리 인하에 대한 기대감, 서울지역의 고가 아파트에 대한 수요 증가, 전세가격 상승이라고 하면서, 2030세대의 아파트 매수 수요가 많다고 분석하고 있다. 지금의 아파트 가격 상승에 종부세가 부과되는 2% 국민이 얼마나 기여하고 있는지 분석한 내용은 없지만, 전반적으로 보았을 때 종부세가 부과되는 2% 국민의 추가적인 주택의 매수로 지금의 아파트 가격이 오르는 결과를 가져왔다고는 전혀 생각할 수조차 없다 할 것이다. 지금도 종부세의 세금 부과가 과중한데도 신규아파트 매수 수요가 상당히 증가하는 이유는, 지금 아파트를 사고자 하는 사람은 거의 종부세 부과대상 자체가 되지 않고 있기 때문인 것이다. 따라서 2% 국민에게 부과되는 종부세는 전혀 주택가격 안정에 도움이 될 수 없는 것이다.

종부세로 부동산 가격 안정을 확실하게 도모하기 위해서는 모든 주택소유자에게 중과세하여야 한다. 단 2%의 국민에 대해서만 종부세가 부과되고 있는데, 2021년 귀속 종부세부터 법인의 경우는 보유한 주택이 고가인지 저가인지를 불문하고 종부세가 부과되고 있다. 이러한 종부세 부과방식이라면 주택을 보유한 모든 국민에게 종부세를 부과하지 않을 이유도 없을 것이다. 2021년 귀속 종부세의 경우 법인납세자에 대하여 과세표준 기본공제가 배제되고 다주택자의 경우에는 7.2%(농특세 포함)의 세율이 적용되었다.

합헌결정문에 '법인에 대한 주택분 종부세율이 개인에 비하여 상대적으로 높다고 하더라도 세율 자체가 절대적으로 높다고 보기 어려운 점'이라고 적시한 것을 미루어 볼 때, 헌법재판소에서는 종부세 세율 7.2%는 높은세율이 아니라고 판단한 것으로 보인다. 그렇다면 종부세로 부동산 가격 안정을 확실하게 도모하기 위해서 법인에게 종부세를 부과하듯이 모든 주택소유자에게도 7.2%의 세율로 종부세를 부과하면 종부세의 부동산 가격 안정 효과는 극대화될 것이며, 오히려 주택가격은 대폭 하락할 것이다. 2021년 귀속 법인의 종부세 부과내역을 보면, 과세표준 공제금액이 없고 세율이 7.2%이며, 2021년 공정시장가액비율이 95%이었기 때문에 공시가격에 대한 실효세율은 6.84%가 된다.

이 실효세율로 종부세를 부과하는 사례를 만들어 보고자 한다. 아파트 가격이 상당히 높고 임대료 수준도 상당히 높은 강남구 도곡동의 도곡렉슬 전용면적 84 ㎡ 아파트에 대하여 종부세 부과 사례를 검토하여 보면 다음과 같이 엄청난 결과가 나오는 것을 알 수 있다. 도곡렉슬의 2022년도 공시가격이 23억 7,000만 원이다. 그리고 2022년 당시의 최고 수준 월세는 300만 원으로 연으로 환산하면 3,600만 원이 된다. 그리고 공시가격 23억 7,000만 원이면, 6.84%의 실효세율이 적용되기 때문에 대략 종부세가 1억 6,000만 원 수준(23억 7,000만×6.84%)으로 부과될 것이다. 그렇다면 도곡렉슬 아파트를 소유하여 임대를 하면 수입이 3,600만 원인데 종부세만 해도 1억 6,000만 원의 세금을 납부해야 하기 때문에, 이 납세자는 이 아파트를 보유하긴 힘들 것이다. 따라서 이 아파트의 가격은 부과되는 종부세와 임대수입이 일치하는 수준으로 아파트 가격이 수렴할 수밖에 없다 하겠다. 이렇게 수렴되는 아파트의 공시가격은 5억 5,000만 원 수준이 될 것이다(도곡렉슬 아파트 가격 5억 5,000만 원 ×종부세 세율 6.84%=종부세 3,760 만 원, 이 세금은 이 아파트의 임대수입 3,600만 원과 비슷한 수준이 되는 것임). 그러면 이 아파트 가격은 1/3 수준 이하로 가격이 폭락할 수밖에 없기 때문에 부동산 가격 안정은 손쉽게 달성할 수 있다.

다음에는 이와 같은 방법으로 실효세율 6.84%를 적용하여 모든 주택에 대하여 종부세를 부과한다면 어떠한 결과가 나오는지 자세히 검토하고자 한다. 2021

년 주택 시가 총액은 6,534조 1,877억 원으로, 현실화율을 적용하여 주택의 공시가격을 계산하면 4,318조 5,283억 원으로 추산된다. 여기에 법인 다주택자 종부세 실효세율 6.84%를 곱하여 주택분 종부세를 계산하면 그 세액이 295조 3,873억 원으로 계산된다. 이 세금의 세부담 수준을 계산하여 보면, 이 세금은 2021년 GDP의 14.26%의 세부담 수준을 나타낸다. 종부세만으로도 OECD 평균의 부동산보유세의 세부담률보다 14배 이상 더 많은 세부담률이다. 이렇게 계산한 주택분 종부세만으로도 2021년 국세 합계가 344조 782억 원이기 때문에, 국세 전체의 85.85%에 해당하는 대단히 막대한 세금을 징수하는 결과가 되는 것이다. 따라서 법인 다주택자에게 적용되는 종부세 세율 7.2%가 얼마나 대단하고 얼마나 과중한지는 이 계산을 통하여 쉽게 이해될 수 있을 것으로 본다.

이러한 방법으로 종부세가 과다하게 부과되면 과다한 세금 징수뿐만 아니라 우리나라 국가 경제의 전반적인 면에서 많은 어려움이 발생하게 될 것이다. 먼저 부동산 가격이 폭락하면 국민의 보유재산가액이 크게 줄어들게 되고 소비 수요마저 대폭 감소하여 엄청난 경기 불황을 가져올 것이다. 또한 (임대 수입과 일치하는 5억 5,000만 원 수준으로 가격이 폭락한) 도곡렉슬 아파트에 자가거주하거나 월세로 거주하는 모든 국민은 세금 또는 월세로 연 3,600만 원을 지출해야 하기 때문에 이것은 실질적인 거주 비용이 되는 것이다. 이 금액은 이 국민의 연간 소득의 1/3~1/2 수준을 초과하기 때문에 우리 국민의 거주 비용은 세계에서 압도적인 1등 국가가 될 것이다. 더욱이 이렇게 막대한 종부세가 계속 부과되면 국민의 저축된 재산의 한계로 인하여 대부분의 국민은 5~10년 사이에 자기가 보유한 모든 주택을 국가에 몰수당하는 결과가 될 것이다. 이러한 과다한 종부세의 부과는 자유시장경제에서 인정될 수는 없을 것이지만 부동산 가격 안정이라는 종부세법의 입법목적을 손쉽게 달성할 수 있는 방법이라고는 말할 수 있을 것이다.

종부세는 부동산 가격 안정에 도움이 되지 않으면서 종부세를 부과받는 2% 국민에게는 크나큰 고통만 주고 있다. 2% 국민에게만 세금을 덤터기 씌우는 결과가 되는 것이다. 종부세로 부동산 가격 안정을 제대로 도모하려고 하면, 모든 주택에 대하여 고율의 종부세가 부과되어야 하는데 이것은 자유시장 경제체제에서는 사실상 불가능한 것이라 하겠다. 따라서 2% 수준의 일부 국민에게만 과잉과세되는 종부세의 부과는 더욱 그 정당성이 인정될 수 없다. 더욱이 부동산 가격 안정이라는 종부세법의 입법목적에 따라 다주택자 등에 대하여 차별적으로 중과세하는 것은 부동산 가격 안정에는 전혀 도움이 되지 않는다. 단지 차별적 중과세를 부과받은 국민들에게 크나큰 고통만 안기는, 사실상 재산형의 형벌을 가하는 것에 불과한 것이다. 종부세가 부동산 가격 안정이라는 입법목적을 위하여 다주택자 등에 대하여 중과세하는 것은 타당성이 더욱 없다고 할 것이다.

결론적으로 종부세는 부동산보유세로서 그 세금의 성격상 부동산 투기 억제 목적의 세금이 될 수가 없는 것이며, 더욱이 부동산 투기 억제의 목적으로 다주택자 등에게 차별적으로 종부세를 중과세하는 것은 세금의 본질에 벗어나는 것이며, 헌법상의 '납세의 의무'의 규정에 위배되는 것이라 하겠다. 따라서 '부동산 가격 안정 도모'라는 종부세법의 입법목적은 그 입법목적으로서의 정당성과 수단의 적합성이 없다고 할 것이다. 이러한 이유로 인하여 사실상 종부세는 2018년까지 부동산 투기 억제목적의 수단으로는 이용되지 않았던 것이다. 그러나 문재인 정부에서는 부동산 투기 억제라는 정책목적을 달성할 수 있는 여러 수단 중 오직 종부세만을 거의 유일한 투기 억제 수단으로 활용해, 다주택자 등에게 차별적인 중과세를 퍼부었다. 2021년과 2022년 귀속 종부세는 세계에서 그 유례조차 찾아볼 수 없을 정도로 재산권의 본질적 내용을 침해하는 세금으로 만들어 낸 것이다. 그러면 문재인 정부에서는 왜 다주택자 등에게 차별적 중과세를 퍼부어 2%의 국민에게 크나큰 고통을 주었을까. 그 이유에 대하여 필자의 생각을 다음과 같이 정리해 보았다.

그 핵심적인 이유는 바로 종부세가 2%의 국민에게만 부과되는 세금이기 때문일 것이다. 문재인 정부의 핵심 관계자라 하더라고 종부세는 2% 국민에게 아무리 과중하게 세금이 부과되어도 부동산 투기 억제 효과가 있을 수 없다는 사실을 모를 리가 없었을 것이다. 2005년에 종부세가 처음 부과되고 바로 종부세 과세요건을 대폭 높여 종부세 부담을 크게 늘리고 공시가격도 대폭 인상하였는데도, 주택가격을 잡지 못하고 오히려 주택가격을 크게 올리는 결과를 가져온 것을 잘 알고 있을 것이다. 또한 2020년경에는 사실상 부동산 투기 붐이 심하지도 않았는데 2021년 공시가격을 대폭 높이고 종부세 세금 폭탄을 때렸다. 그렇지만 주택가격은 오히려 급상승하는 결과를 초래했다. 이는 종부세는 투기 억제 효과가 없고 오히려 부동산 가격 앙등만 불러온다는 사실이 입증된 것으로, 이러한 사실을 문재인 정부 당국자가 모를 리는 없을 것이다. 한국부동산원에서 발표한 공동주택 가격상승률을 보면, 서울 주택가격은 2019년에는 1.11%, 2020년에는 3.01% 그리고 2021년에는 8.02%로 상승한 것으로 나타나며 전국 주택가격은 2019년에는 오히려 1.42% 하락하였고, 2020년에는 7.57% 상승하였으며, 2021년에는 14.10% 상승한 것으로 나타난다. 이 주택가격 상승에 대한 통계표를 보더라도 종부세의 중과세 조치는 주택가격을 인하하지 못하고 오히려 상승을 유도하는 것이 분명하다 할 것이다.

좌파 정권의 종부세 세부담 강화 조치는 겉으로는 부동산 투기 억제의 목적을 표방하지만 실제로 숨은 목적은 부동산 투기 억제목적이 아니고 정치적인 목적이라고 할 것이다. 종부세의 설계자인 김수현 전 청와대 정책실장은 '부동산 세금은 매우 정치적인 문제다.'라고 밝히고, 또한 '국민들이 자기 집을 갖게 되면 보수화되고, 그래서 민주당 지지층에서 이탈한다. 그래서 국민들이 계속 셋집에 살게 붙잡아 놓아야 민주당을 찍는다.'라고 수차례 강조한 바 있다. 또한 김수현 전 청와대 정책실장의 인터뷰 기사를 보면, '누구나 자신의 능력에 맞는 집을 사서 거주할 수 있도록 하겠다는 것은 한편으로는 양극화를 고착화시키겠다는 것으로 들린다.'라는 인터뷰 질문에 대하여 김수현은 이렇게 답하고 있다. '어떤 분은 그렇게 묻는다. 그럼 강남사람들은 부자만 살아야 하냐고. 그게 맞다. 외국에선 부자 동네에 부자만 산다. 그런다고 욕먹지 않는다. 그에 상응하는 높은 세금을 내주기 때문이다. 그런데 한국은 그에 상응하는 세금을 물지 않기 때문에 다른 사람들에게 선망과 질시를 받는 것이다.' 김수현의 주장을 검토해 보면, '이 사람은 정말 부동산보유세에 대하여 아무것도 모르는구나.' 하는 생각이 든다. 미국,

영국, 프랑스, 독일, 일본 등 모든 선진국은 부동산보유세의 세율이 똑같고 다주택자라고 세율이 더 높지도 않다. 그런데 우리나라의 경우는 종부세는 물론이고 재산세도 누진세율체계이기 때문에 주택가격이 비싸면 더 많은 세금을 내는 구조이다. 이러한 사실을 모르면서 김수현은 부동산보유세를 정치적으로 악용하는데 앞장서 온 것이다. 오히려 모르기 때문에 더 용감했다고 할 것이다.

문재인 정부의 종부세 폭증 조치는 부동산 가격 안정 목적이 아니고 자기들의 정치적 이득을 위하여 세금을 악용한 것뿐이다. '다주택자는 나쁜 사람, 투기꾼 그리고 악덕 부자'라고 낙인찍고 이들에게 감당 못 할 종부세를 과잉부과하여 고통받는 모습을 보여줌으로써 집 없는 서민들의 속을 확 풀어주고, 투기꾼인 일부 악덕 부자와 선량한 서민으로 국민들을 갈라쳐서 좌파 지지 세력을 규합하여 선거에 이용하겠다는 목적이 바로 종부세의 과잉부과 전략이다. 김수현은 인터뷰 기사에서 다음과 같이 말한 바 있다. '집값에 분노한 사람들을 달래기 위해 누군가의 세금만 계속 높이는 것은 포퓰리즘이다.' 종부세가 부과되는 국민이 2% 수준에 불과하기 때문에 이 국민을 다주택자이며 투기꾼이고 악덕 부자로서 서민의 적이라고 몰아붙이는 것도 가능하다고 좌파 정치 지도자들은 생각할 수 있다. 따라서 종부세의 차별적 중과세는 사실상 국민의 눈을 속이는 정치적 전략에 불과하다. 그러나 종부세라는 세금을 정치에 악용한 것을 언젠가는 국민들이 이해하게 될 것이며 그때에는 오히려 큰 지탄을 받을 것이다.

④ 상충적인 입법목적으로 종부세의 위헌성은 더욱 높아졌다

종부세법 제1조의 입법목적은 그 자체만으로는 그 정당성을 누구도 부인할 수 없다. 다만 그 입법목적이 입법자들의 의도에 의거 법체계에서 구현된 사실상의 입법목적과는 상당한 괴리가 발생하였다. 특히 입법목적 달성을 위한 수단의 적합성 면에서는 전혀 그 타당성이 인정될 수 없게 된 것이다. 더욱이 종부세의 제1의 입법목적과 제2의 입법목적은 매우 상충적이기 때문에 사실 동일한 세법의 입법목적으로 같이 올릴 수가 없다고 할 것이다. 종부세법은 원래부터 조세이론이나 조세원칙에 따른 세금이 아니고, 오직 정치적인 입장에서 국민을 편가름하고 국민을 우롱하는 성격의 세금이기 때문에 매우 상충적인 입법목적을 동시에 올려 놓았다고 할 것이다.

부동산 가격 안정이라는 입법목적에 따라 2021년 귀속 종부세는 다주택자와 법인사업자에 대한 세부담을 매우 크게 높였다. 그 결과 제1의 입법목적인 세부담의 형평성 제고는 매우 악화되었다. 2% 수준의 국민에 대해서만 과도한 세부담을 지우는 종부세는 일부 국민에게만 덤터기 씌우는 세금에 불과할 뿐이며, 이러한 세금은 세부담의 형평성을 매우 악화시키는 결과만 초래한 것이다. 종부세의 세부담이 폭증하였다고 세부담의 형평성이 제고되었다고는 말할 수 없다. 2021년 귀속 종부세가 세부담의 형평성을 매우 크게 악화시켰다는 내용을 다시 한번 설명드리려 한다. 2021년 귀속 종부세의 경우 개인 1주택자와 법인 다주택자의 세부담의 차이를 보자. 개인 1주택자 세액공제 80%인 경우 공시가격 170억 원의 종합부동산세 합계액은 7,293만 원이 된다. 그리고 법인 다주택자 공시가격 11억 원의 종합부동산세 합계액은 7,317만 원이 된다. 따라서 법인 다주택자의 세부담 수준은 개인 1주택자의 세부담 수준보다 15.4배 이상 더 과중한 실정이다. 이것은 법인 다주택자에 대한 과세표준 공제금액의 삭제 그리고 7.2%의 매우 높은 세율의 적용 등 법인 다주택자의 세부담을 사실상 10배 수준 이상으로 대폭 높인 결과이다. 종부세는 부동산보유세이기 때문에 세금의 본질은 보유한 부동산의 가액이다. 그런데 개인 1주택자가 보유한 부동산이 170억 원이고, 법인의 경우는 11억 원인데 둘 사이에 부과되는 종부세가 동일한 수준이라는 것은 세부담의 형평성이 지나치게 악화된 결과가 된 것이다.

다주택소유법인이 공시가격 50억 원의 주택을 보유하였다면 그가 납부하는 종합부동산세는, 공시가격 600억 원의 상가건물을 보유한 경우 납부하는 부동산보유세와 같다. 이것은 부동산 규모의 차이는 물론 수익성의 차이에서도 너무나 큰 차별로 세부담의 역진성이 너무나 크다고 하겠다. 따라서 2021년도분 종합부동산세의 경우는 부동산 보유에 대한 조세부담의 형평성 제고를 위한 수단으로서는 매우 부적합하다 하겠다. 종부세법의 근본 입법목적이 세부담의 형평성 제고였다는 측면에서 보아도 2021년 귀속 종부세는 세부담의 형평성 제고에 역행하는 세금이 분명하기 때문에 이 세금은 헌법위반의 세금에 해당되는 것이다. 표44는 2021년 귀속 종부세의 세부담 역형평성에 대한 세액계산 비교 자료이다. 2021년의 경우 우리나라 부동산보유세의 최저세율은 0.12%이고 최고세율은 7.82%로 그 차이가 65.16배로 세부담의 형평성은 매우 크게 악화될 수밖에 없는 세금 구조가 된 것이다.

표44 **고액부동산 보유에 대한 종합부동산세의 역형평성의 세부담 자료**

구분	공시가격	공제액	과세표준	세율	산출세액	종합부동산세 합계액
개인 1주택 (80%공제)	170억 원	11억	151억 500만 원	3.0%	3억 4,015만 원	7,293만 원
다주택법인	11억 원	없음	10억 4,500만 원	6.0%	6,270만 원	7,317만 원

표45 **다주택법인과 상가건물 소유자와의 세부담 차이**

구분	공시가격	부동산보유 세합계액	종합부동산세	재산세	비고
다주택법인	50억 원	34,616만 원	32,908만 원	1,708만 원	다주택법인의 주택분 부동산보유세가 상가건물 소유자보다 12배 수준 세부담이 과중함
상가건물 소유자	600억 원	39,135만 원	6,834만 원	32,301만 원	

　　부동산보유세로 재산세제가 존재하는 상황에서, 굳이 재산세제와 별도로 종합부동산세를 부과하여 고액의 부동산 보유에 대한 조세부담의 형평을 제고하고자 하는 목적이라면, 그 형식은 부동산보유세와 같게 할 것이 아니라 오히려 부동산부유세와 같게 하는 것이 타당하다. 이미 납세의무자가 보유한 부동산에 대하여 부동산보유세로서 재산세가 부과되고 있으면서도 이와 별도로 부동산 보유에 대하여 종합부동산세라는 추가적인 세금이 부과되는 이유는, 고액의 부동산을 보유한 자는 그에 걸맞은 부를 누리고 있을 것이라는 가정을 근거로 한다. 따라서 그러한 자에 대하여 종합부동산세라는 추가적인 세부담을 부과하여 그 부를 과세하고 이를 통하여 조세부담의 형평을 기하겠다는 취지를 내포하고 있는 것이다.

그렇다면 이는 고액의 부동산 보유라는 사실에 대하여 과세하고자 하는 것이라기보다, 납세의무자가 보유하고 있는 부를 그 과세대상으로 하고자 하는 것이므로, 그 형식은 부동산부유세와 같게 하여야 마땅하다. 종합부동산세제는 부동산의 가격에서 관련 부채를 공제한 나머지 금액만을 과세표준으로 삼는 등 부동산부유세의 형식으로 규정되었어야 하나, 부동산부유세의 형식과 부동산보유세의 형식을 특이하게 결합한 형식을 취하면서 납세의무자가 보유하고 있는 실질적인 부의 크기조차 제대로 측정하지 못하게 되었다. 그 결과 종부세는 일부 국민에게 부동산보유세를 덤터기 씌우는 결과만 가져온 것이지 조세부담의 형평성을 전혀 제고하지 못하게 된 것이다.

종부세법의 입법목적으로 '세부담의 형평성 제고'와 '부동산 가격 안정 도모'라는 두 개의 매우 상충적인 입법목적을 입법화한 자체가 매우 잘못된 것이다. 일반적인 세법에서는 그 세목에 대한 세부담 형평성의 제고라는 단일 입법목적을 규정하고 있는데 종부세법만이 입법목적이 2개일 뿐만 아니라 그 입법목적이 매우 상충적이기 때문에 종부세의 위헌성은 더욱 높아지고 있는 것이다. 특히 종부세법은 근본적인 입법목적은 세부담의 형평성 제고인 것이 분명한 것인데도 불구하고, 2021년과 2022년 귀속 종부세의 경우는 종부세법 제1의 입법목적에 역행하여 부동산 가격 안정 도모라는 제2의 입법목적을 위한 수단이 되고 말았다. 이에 따라 다주택자 등에 대하여 처벌적인 차원에서 차등적인 중과세가 부과되게 된 것이다. 종부세로 인해 부동산 보유에 따른 세부담의 형평성은 지나쳐도 너무나도 지나치게 악화되어, 조세평등주의에 위반될 뿐만 아니라 다주택자 등에 부과된 과잉 종부세는 재산권의 본질적인 내용을 침해하였다. 더 나아가 이 세금은 담세력에 따른 세금이 아니고 다주택자를 규제하기 위한 수단으로서의 세금 부과이기 때문에, 이 세금은 세금의 본질을 벗어난 사실상의 재산형 처벌에 해당하는 것으로 분명 헌법위반에 해당된다 할 것이다. 따라서 부동산 가격 안정이라는 종부세법의 제2의 입법목적은 그 정당성과 수단의 적합성이 인정될 수 없을 것이다.

3. 침해의 최소성에 대한 검토

① 합헌결정문의 주요 내용

개인납세자의 경우

국토교통부 자료에 의하면, 2021년 기준 공시가격 현실화율은 공동주택의 경우 70.2%(2020년 69%), 단독주택(표준주택)의 경우 55.8%(2020년 53.6%)이다. 여기에 100분의 60부터 100분의 100까지의 범위에서 정해지는 공정시장가액비율을 적용하여(2021년 기준 100분의 95, 종부세법 시행령 제2조의4 제1항) 과세표준을 산정하므로, 만일 어느 개인 납세의무자에게 적용되는 명목세율이 1천분의 60(심지어 이는 과세표준 94억 원을 초과하는 구간에 대한 세율)이라고 하더라도 실효세율은 이보다 낮아지게 된다. 위와 같이 명목상 세율이 아닌 실질적인 세부담을 고려해 보면, 주택분 종부세 조항들로 인하여 짧은 시간에 재산원본을 몰수하거나 잠식하는 효과가 초래되어 사적 유용성과 처분권이 위협된다고 보기 어렵다.

나아가 종부세법은 ① 민간임대주택법에 따른 민간임대주택, '공공주택 특별법'에 따른 공공임대주택 또는 대통령령으로 정하는 다가구 임대주택으로서 임대기간, 주택의 수, 가격, 규모 등을 고려하여 대통령령으로 정하는 주택, ② 위 주택 외에도 종업원의 주거에 제공하기 위한 기숙사 및 사원용 주택, 주택건설사업자가 건축하여 소유하고 있는 미분양주택, 가정어린이집용 주택, 수도권정비계획법 제2조 제1호에 따른 수도권 외 지역에 소재하는 1주택 등 종부세를 부과하는 목적에 적합하지 아니한 것으로서 대통령령으로 정하는 주택은 과세표준 합산대상이 되는 주택의 범위에서 제외한다는 규정을 둠에 따라(제8조 제2항), 같은 법 시행령은 합산배제 임대주택(제3조), 합산배제 사원용주택등(제4조)에 관한 자세한 규정을 두고 있다.

또한 종부세법은 주택분 과세표준 금액에 대하여 해당 과세대상 주택의 주택분 재산세로 부과된 세액을 주택분 종부세액에서 공제하도록 규정하여(제9조 제3항), 재산세와의 중복과세가 되지 않도록 하는 장치도 두고 있다.

계산한 세액이 해당 납세의무자에게 직전년도에 해당 주택에 부과된 주택에 대한 총세액상당액으로서 대통령령으로 정하는 바에 따라 계산한 세액의 일정 비율(100분의 150, 100분의 300)을 초과할 수 없도록 세부담 상한도 마련하고 있다(제10조 본문).

한편, 종부세법상 1세대 1주택자에 대한 각종 공제장치는 2020년에 비해서도 상당히 보강되었다.

따라서 주택분 종부세 조항들이 납세의무자의 부채, 일시적·구체적 사정 등을 고려하지 않고 종부세 과세표준 등을 정하고 있다고 하여 담세능력에 상응하지 않는 과세로서 과도한 재산권 제한이라 할 수 없다.

위와 같은 점들을 모두 종합하여 보면, 주택분 종부세의 과세표준 및 세율 등으로 인한 개인 납세의무자의 세부담 정도가 종부세의 입법목적에 비추어 지나치다고 보기 어렵다.

법인납세자의 경우

중과세의 필요성이 인정되는 경우 그 정도를 어느 정도로 할 것인가는 결국 법인의 담세능력과 중과세에 대한 국가적·사회적 요청의 강도를 비교형량하여 결정되어야 할 것인데(헌재 1996. 3. 28. 94헌바42; 헌재 2000. 2. 24. 98헌바94등 참조), 법인에 대한 주택분 종부세율이 개인에 비하여 상대적으로 높다고 하더라도 세율 자체가 절대적으로 높다고 보기는 어려운 점, 1천분의 60의 세율의 경우 3주택 이상 또는 조정대상지역 내 2주택을 취득할 정도의 자력이 있는 법인을 대상으로 하고 있는 점 등을 종합하여 보면, 2021년 귀속 법인에 대한 주택분 종부세율이 앞서 언급한 종부세법의 입법목적 달성에 필요한 정도를 넘는 자의적인 세율이라고 보기는 어렵다.

앞서 살펴본 것과 같이 주택분 종부세의 과세표준은 공시가격 현실화율(2021년 기준 공동주택 70.2%, 단독주택 55.8%)과 공정시장가액비율(2021년 기준 100분의 95)을 토대로 산정된다는 점을 고려하면, 어느 법인 납세의무자에게 적용되는 명목세율이 1천분의 60이라 하더라도 실효세율은 이보다 낮아지게 된다. 위와 같이 명목상 세율이 아닌 실질적인 세부담을 고려해 보면, 주택분 종부세 조항들로 인하여 짧은 시간에 재산원본을 몰수하거나 잠식하는 효과가 초래되어 사적 유용성과 처분권이 위협된다고 보기 어렵다.

또한 종부세법은 과세표준 합산의 대상이 되는 주택의 예외를 두고 있고(제8조 제2항), 같은 법 시행령은 합산배제 임대주택(제3조), 합산배제 사원용주택등(제4조)에 관한 자세한 규정을 마련해 놓고 있는데, 위 규정들은 그 내용상 개인보다는 법인 납세의무자에게 적용될 여지가 큰 조항들이다. 비록 법인이 주거공간으로서의 주택에 대하여 갖는 연관성이 개인에 비해 희박하다고 하더라도, 위 조항들은 주택임차인의 주거안정이라는 목적 달성을 위하여 또는 법인의 원활한 운영에 필수불가결하거나 투기 목적의 주택 보유로 해석하기 어려운 범위 내에서 이루어지는 법인의 주택 보유에 대해서는 종부세가 부과 또는 중과되지 않도록 함으로써 법인 납세의무자에게 과도한 세부담이 발생하지 않도록 하고 있다.

한편, 종부세법 제8조 제1항은 주택분 종부세의 과세표준을 납세의무자별로 주택의 공시가격 합산액에서 6억 원을 공제한 금액을 기준으로 정하면서도(1세대 1주택자의 경우에는 11억 원을 공제한 금액 기준), 납세의무자가 법인인 경우로서 제9조 제2항 각호의 세율이 적용되는 경우는 위와 같은 과세표준 기본공제가 배제되는 것으로 규정하고 있다. 그런데 과세표준 기본공제는 과세표준금액을 낮추어 줌으로써 납세의무자에게 일종의 조세혜택을 부여하는 것이므로, 공제가 허용되는 범위나 공제의 한도 등 그 구체적인 내용의 형성에 관하여는 광범위한 입법재량이 인정된다 할 것이므로(헌재 2008. 7. 31. 2007헌바13; 헌재 2018. 11. 29. 2017헌바517등 참조), 그 내용이 명백히 불합리하거나 불공정하지 않는 한 입법자의 정책적 판단은 존중되어야 한다.

때로는 부동산 가격 상승을 부추겨 실수요자의 부동산 취득을 어렵게 하는 등 경제의 원활한 성장에 장애물로 기능하기도 하므로, 부동산매매업·임대업과 같은 사업에 대한 규제의 필요성은 상대적으로 크다는 점을 고려해 보면(헌재 2017. 8. 31. 2015헌바339 참조), 부동산매매업 등에 종사하는 법인들에 대한 주택분 종부세 조항들로 인한 기본권 제한의 정도가 헌법상 허용되는 범위를 벗어났다고 보기는 어렵다.

위와 같은 점들을 모두 종합하여 보면, 주택분 종부세의 과세표준 및 세율 등으로 인한 법인 납세의무자의 세부담 정도가 종부세의 입법목적에 비추어 지나치다고 보기 어렵다.

② 합헌결정 내용의 문제점 분석

침해의 최소성의 원칙을 검토하기에 앞서 사실상 2021년과 2022년 귀속 종부세는 기대임대소득의 2~4배 수준으로 세금이 부과되어 그 세액이 보유주택의 사적 유용성을 크게 초과한 것에 해당된다. 따라서 이 세금은 재산권의 본질적 내용을 침해하는 세금이기 때문에 종부세가 과잉금지원칙에 위배되는지 여부를 따지기 위하여 침해의 최소성을 지켰느냐를 논의하는 것 자체가 무의미한 정도라고 하겠다. 헌법 제37조 제2항은 국민의 모든 자유와 권리는 법률로서 제한하는 경우에도 자유와 권리의 본질적인 내용을 침해할 수 없다고 규정하고 있다. 이 규정은 세금이 재산권의 본질적 내용을 초과하여 부과되어서는 안된다는 것을 명문으로 규정한 것이라고 할 것이다. 또한 이 규정은 과잉금지원칙의 근거 법규가 되고 있는 것으로, 부과된 세금이 재산권의 본질적 내용을 침해하면 이 세금은 당연히 과잉금지원칙을 위배하는 세금에 해당되는 것이다.

위헌청구인들은 2021년과 2022년 귀속 종부세의 위헌청구를 하면서 부과된 종부세가 재산권의 본질적 내용을 침해한다는 사실을 청구이유서 절반 이상을 할애하여 구체적인 근거와 자료를 제시하면서 설명하였다. 헌법재판소의 합헌결정에서는 이에 대하여는 한마디 답변과 검토 내용 없이, 오직 과잉금지원칙만을 논의하며 종부세가 과잉금지원칙에 위배되지 않기 때문에 종부세는 합헌이라고 결론을 내렸다. 합헌결정문의 내용을 보면, 부과된 종부세가 재산권의 본질적 내용을 침해하는 수준으로 세금이 부과되었는지에 대한 사실판단은 전혀 없다. 오직 종부세법의 과세규정만 나열하고, 이 규정에 의거하여 과세된 세금은 사적 유용성을 초과하여 부과될 수 없으며 또한 종부세는 종부세법의 입법목적에 타당하게 부과되었기 때문에 종부세는 과잉금지원칙에 위배되지 않는다고 결론을 내렸다. 이러한 방식으로 과잉금지원칙과 그 핵심이 되는 침해최소성의 원칙을 설명한다면 세계의 어느 세금도 과잉금지원칙을 위반한다고 판단 내릴 수는 없을 것이다. 왜냐하면 그 세금은 그 세법의 규정에 따라 부과되었고, 그 세법의 입법목적에 맞도록 부과되었기 때문에 당연히 침해의 최소성의 원칙을 지켰고, 과잉금지원칙에 위반되지 않는다고 판단할 수 있는 것이다.

헌법재판소의 이번의 합헌결정은 사실 헌법재판관들이 종부세는 합헌이라고 미리 결론을 내려놓고 종부세가 합헌이 될 수 있도록 그 이유와 근거를 짜맞춘 것이라고 볼 수밖에 없다. 종부세가 위헌에 해당될 수 있는 사실과 근거는 쏙 빼고 오직 세법규정만을 나열하여 합헌으로 짜맞춘 것으로, 국민을 속이기 위하여 내용을 조작한 것에 불과한 것이라고 할 것이다. 2021년 귀속 종부세 합헌결정은 야비하고 비열하고 더러운 판결을 넘어 불법이며 헌법위반이고 헌법파괴의 반자유민주주의적 판결이라 하겠다. 헌법재판관은 헌법 위에 존재한다는 오만한 태도와 자기들이 결정하면 누구도 이의를 제기할 수 없다는 불가항력의 권한을 가지고 있다는 건방짐에서 나온 매우 잘못되고 사실 왜곡, 헌법 파괴의 합헌결정으로 헌법재판관들은 국민에게 업무상 배임의 죄를 지었다고 말할 수 있겠다.

침해의 최소성에 대한 헌법재판소의 주장 내용을 보면 ① 종부세법의 기숙사 및 미분양 주택 등에 대한 합산배제 규정 ② 재산세 공제규정 ③ 세부담 상한규정 ④ 과세표준 공제금액과 1주택자 공제규정 등의 세법규정을 나열하였고 ⑤ 납세자의 일시적·구체적 사정 등을 고려하지 않고 종부세 과세표준을 정하는 것은 정당하다는 등의 사실상의 세법규정을 나열하였다. 그리고 종부세가 이 규정을 적용하여 부과되었기 때문에 종부세는 재산권을 침해하지 않는다는 주장을 하고 있다. 이 규정의 나열은 위헌청구인들의 '과잉과세'라는 주장과 종부세가 아무런 관련이 없다는 것이다. 위헌청구인들은 이러한 규정이 다 적용된 후 부과된 종부세가 과잉과세로 재산권을 침해하였다고 주장한 것이다. 그러므로 이러한 규정이 있다고 하여 침해의 최소성이 지켜졌다고 하는 헌법재판관들의 주장은 국민을 속이기 위한 어처구니없는 엉뚱한 주장과 판결에 불과하다 할 것이다.

또한 헌법재판관들은 ① 공시가격 현실화율이 공동주택의 경우는 70.2%이며 ② 공정시장가액비율은 95%가 적용되기 때문에 실효세율은 명목세율보다 낮아지는 것이기 때문에 주택분 종부세 조항으로 인하여 짧은 시간에 재산원본을 몰수하거나 침해하는 효과가 초래되어 사적 유용성이 위협된다고 보기 어렵다고 종부세의 합헌결정을 내렸다. 그러나 위헌청구인들은 종부세의 명목세율이 높다고 위헌청구한 것이 아니다. 위헌청구인들은 현실화율 70% 수준의 공시가격에 의하여 그리고 공정시장가액비율 95%가 적용되었고 또한 주택분 종부세의 법 조항들이 모두 적용되어 낮아진 실효세율을 적용받았음을 인정했다. 그러나 그 실효세율을 적용받은 2021년과 2022년 귀속의 종부세가 지나치게 과중하여 기대임대소득의 2~4배 수준으로 과세되었고 이것은 독일의 반액과세 위헌결정이나 지금까지의 헌법재판소의 판결내용으로 보았을 때 2021년과 2022년 귀속 종부세는 사적 유용성을 확실히 초과하여 부과되었다고 주장한 것이다. 따라서 헌법재판소에서는 실효세율이 낮아지기 때문에 침해의 최소성의 원칙이 지켜졌다는 엉뚱한 주장을 할 것이 아니라, 위헌청구인들이 주장하고 있는 2021년과 2022년에 청구인들에게 부과된 종부세 자체가 사적 유용성을 초과하였는지에 대한 사실관계를 파악해서 실질적으로 종부세가 침해의 최소성원칙을 지켜졌는지를 검토했어야 하는 것이다.

더욱이 법인납세자의 경우에는 다주택법인에게는 7.2%(농특세 포함)의 단일세율이 적용되고 과세표준 공제금액도 삭제하였고 세부담 상한규정마저 삭제하였다. 헌법재판소의 합헌결정문을 보면, 이 세율이 절대적으로 높다고 보기 어렵고 종부세법의 입법목적 달성에 필요한 정도를 넘는 자의적인 세율이라고 보기 어려우며, 더욱이 낮아진 실효세율은 사적 유용성을 위협한다고 보기 어렵다고 적시하면서 법인분 종부세도 침해의 최소성원칙을 지켰다고 주장하고 있다. 여기에서 두 가지 사례를 들어 다주택법인에게 적용되는 7.2%의 세율이 얼마나 높은지를 설명하고자 한다.

그 첫째는 소득세율과 외국사례와의 비교다. 소득세는 세계의 어느 나라고 그 최고세율이 50%를 넘지 않는다. 우리나라의 경우도 소득세의 최고세율은 50% 미만이다. 그러나 다주택법인에게 부과되는 종부세율 7.2%를 소득세로 환산하여 계산하여 보면, 그 실효세율은 448%(종부세율 7.2%×공정시장가액비율 95%/

법인기대임대소득률 1.52%)로 계산된다. 예를 들어 시세가격 28억 원짜리 아파트라면 공시가격이 20억 원 수준이고 법인종부세율 7.2%를 적용하면 종부세가 1억 3,000만 원 수준이고, 기대임대소득은 3,000만 원 수준이기 때문에 실효세율은 448% 수준으로 계산되는 것이다. 종부세는 부동산보유세이기 때문에 OECD 대부분의 국가는 기대임대소득을 감안하여 부동산보유세를 부과하고 있기 때문에 종부세율을 기대임대소득률과 비교하는 것은 매우 정상적인 분석이다. 따라서 다주택법인에게 부과되는 종부세율 7.2%는 사실상 448%의 세율이기 때문에 이러한 세율은 세상에 존재할 수 없는 지나쳐도 너무나도 지나친 매우 높은 세율이라 하겠다.

또한 영국, 프랑스, 독일의 경우와 비교해 보면, 이 나라의 부동산보유세의 과세표준 자체가 기대임대소득이고, 이 나라들은 기대임대소득의 25% 정도만 부동산보유세로 세금을 부과하고 있다. 따라서 이 나라들과 비교하여 보면 다주택법인에게 적용되는 7.2%의 세율은 프랑스 등의 나라에서 부과되는 부동산보유세의 세율보다 17배(448%/25%)이상 더 과중한 부과세율에 해당된다. 이러한 분석을 통해서 볼 때 다주택법인에게 부과되는 7.2%의 종부세율이 얼마나 높은지 알 수 있다. 헌법재판관들이 이 세율이 높지 않다고 주장하는 것은 사실상 거짓말일 수밖에 없는 것이다.

두 번째는 이미 앞에서 설명은 드렸지만 다주택법인에게 부과되는 종부세율 7.2%(농특세 포함)가 얼마나 높은세율인지에 대하여 도곡렉슬 아파트의 예를 들어 다시 한번 더 설명드리고자 한다. 도곡렉슬 아파트 84㎡의 경우 2022년 공시가격은 23억 7,000만 원이며, 2022년 최고 월세 수준은 월 300만 원으로 연간 임대수입은 3,600만 원이 된다. 다주택법인의 실효세율은 6.84%이기 때문에 이 세율을 적용할 경우 도곡렉슬 아파트의 종부세는 1억 6,000만 원(23억 7,000만 ×6.84%)이 부과될 것이다. 이 세금은 연간 임대소득이 아닌 임대수입보다도 4.4배 더 많은 세금이다(기대임대소득보다는 7.4배). 도곡렉슬 아파트를 보유하고 있는 위헌청구인은 대표 개인 사례 E인데 청구인 E는 대기업 중간 간부로서 연간 급여가 1억 1,000만 원 수준이다. 따라서 다주택법인의 과세요건에 따라 이 위헌청구인에게 종부세를 부과한다면, 이 위헌청구인은 도곡렉슬 자기 집에 살면서 자기의 모든 급여보다도 5,000만 원 더 많은 1억 6,000만 원의 종부세를 납부하면서 살아야 하는 결과가 된다. 따라서 이 위헌청구인은 차라리 3,600만 원의 월세를 주면서 남의 집에 월세로 사는 것이 훨씬 경제적인 선택이 될 것이다. 이러한 세금은 어떻게 보더라도 정당한 세금일 수는 전혀 없는 것이다.

또한 전국의 모든 주택에 대하여 다주택법인에게 적용되는 7.2%의 세율을 적용하여 종부세를 계산하면, 그 종부세는 연간 국세의 85.8%에 해당하는 세금이 징수된다. 또한 전체 종부세 세수입은 GDP의 14.3% 수준으로 OECD 평균의 부동산보유세의 세부담률 1.0%보다 14배 이상 더 많은 세부담률에 해당된다고 앞에서 이미 자세히 분석하였다. 그런데도 헌법재판관들은 이 세율이 높지 않다고 주장하였는데, 헌법재판관이 제대로 현실적으로 이 세율이 얼마나 높은지를 검토하지는 않은 것은 분명하다 할 것이다. 이렇게 매우 높은 부동산보유세를 무턱

대고 높은 세율이 아니라고 주장하는 헌법재판관은 헌법재판관으로서의 자격이 없음이 분명하다. 아마도 이런 헌법재판관에게는 종부세율이 50%가 되어 2년만 종부세를 납부하면 재산원본이 국가에 몰수되는 수준이 되어야만 그 종부세율이 높다고 할 것이다. 이는 헌법재판관이 부동산보유세의 본질을 너무나 모르면서 위헌법률심판 업무를 담당하고 있는 것이라 할 것이다.

합헌결정문을 보면, '종부세의 모든 점들을 종합하여 검토하면 주택분 종부세의 과세표준 및 세율 등으로 인한 납세자의 세부담 정도가 종부세의 입법목적에 비추어 지나치다고 보기 어려우며, 종부세는 과잉금지원칙에 위배되지 않기 때문에 합헌이다.'라고 결정하였다. 앞에서도 검토했듯 이 합헌결정은 종부세가 헌법 규정에 어떻게 위반되는지를 구체적이며 실증적으로 분석하여 설명한 것이 아니다. 오로지 '부동산 가격 안정이라는 입법목적에 따라 종부세가 타당하게 부과되었기 때문에 종부세는 합헌'이라고 결정한 것에 불과한 것이다. 이것은 위헌법률심판이라는 헌법소원에 대하여 심판기준이 되어야 할 헌법을 기준으로 판결해야 하는데도 불구하고 종부세를 종부세법으로 판결한 것에 불과하다 할 것이다. 청구인들은 부과된 종부세가 헌법에 위반된다고 위헌청구하였기 때문에 심판대상은 종부세법이고 심판기준은 헌법의 규정이 되어야 했다. 그런데 헌법재판소에서는 종부세를 심판대상이 되어야 할 종부세법으로 심판기준을 삼아 종부세가 합헌이라고 판결한 것이니, 이는 적격성이 전혀 없는 합헌판결로 원천무효인 것이 당연하다 할 것이다.

③ 주택분 종부세가 침해의 최소성원칙에 위배되는 이유

앞에서 검토한 바와 같이 2021년과 2022년 귀속 종부세는 기대임대소득의 2~4배 수준으로 세금이 부과되었다. 이는 사적 유용성을 확실히 초과하여 부과된 세금이며, 또한 부과된 세액의 절반 수준이 재산원본의 무상몰수의 세금에 해당된다. 그러므로 이 세금은 재산권의 본질적 내용을 침해하는 세금이 분명하다 할 것이다. 따라서 2021년과 2022년 귀속 종부세는 과잉금지원칙을 위반한 세금이며, 침해의 최소성원칙도 위반한 세금이다. 사실상 검토할 가치조차 없지만 그래도 이 세금이 침해의 최소성원칙을 제대로 지키지 못한 내용을 상세히 추가하여 설명하고자 한다.

부동산 투기 억제를 위해서는 주택공급의 확대, 이자율 조정 그리고 자금공급 조절을 통한 투기수요의 억제 등의 여러 가지 정책수단이 있으나 세금으로는 부동산 투기 억제 효과가 매우 적다는 것이 정설로 인정되고 있다. 그런데도 문재인 정부에서는 투기 억제를 위해 이러한 정책수단보다 오로지 종부세의 과잉부과를 통하여 주택가격의 안정을 도모한 것은 매우 잘못된 정책수단의 선택이었다 하겠다. 문재인 정부에서는 종부세의 세부담을 최대한 증대 시키기 위하여 국가적 모든 역량과 권력을 총동원했다. 따라서 문재인 정부의 종부세 세금 부과의 경우 침해의 최소성원칙은 전혀 지켜지지 않았으며, 오히려 피해의 최대성을 추구했다고 하겠다. 여기에서는 문재인 정부가 종부세의 세금 부과액을 최대화하기 위한 조치를 세율, 과세표준 그리고 세부담 상한으로 나누어 설명하고자 한다.

첫째는 종부세의 부과세율이다. 종부세의 부과세율은 2018년까지 개인, 법인 구분이 없고 1주택자, 다주택자 구분 없이 0.5~2.0%의 세율로 세금이 부과되었다. 그러나 2021년에는 개인 1주택자의 세율은 0.6~3.0%로 50% 수준 인상하였고, 개인 다주택자의 경우는 1.2~6.0%로 3배 수준 세율을 높였으며, 법인 다주택자의 경우는 6.0%의 단일세율이기 때문에 그 세율은 3~10배 수준 인상되는 결과가 되었다. 그리고 2021년의 경우 조정대상지역을 125개 지역으로 최대한 늘려 대부분의 2주택자는 다주택자의 높은세율이 적용되게 되었다. 이렇게 세율이 급등함으로써 부과된 종부세는 개인납세자의 경우는 5배 수준 그리고 법인납세자의 경우는 5~20배 수준 세부담의 폭증을 가져오는 결과가 되었다. 여러 번 설명하였지만 종부세는 부동산보유세이며 부동산보유세는 생활밀착형 세금이기 때문에 OECD 어느 나라도 세금이 폭증하는 경우가 없다. 그런데 세율의 인상만으로 세금이 5~20배 수준 폭증시키는 것은 침해의 최소성원칙이 지켜졌다고 볼 수 없는 것이다.

둘째는 과세표준의 폭등이다. 공시가격은 종부세의 과세표준이 되는 과세가격이다. 정부가 공시가격을 산정할 수 있는 권한을 가졌다고 공시가격을 정부가 자의적이며 차별적으로 2배 수준까지 대폭 인상하여 세금을 단기간 내에 3배 수준 폭증시킨 자의적인 공시가격 결정은 분명히 조세법률주의에 위반된다고 하겠다. 또한 공정시장가액비율도 오랫동안 80% 수준으로 유지하였는데 이것도 정부가 시행령을 통하여 얼마든지 높일 수 있다고 매년 5%씩 높여 2021년에는 95%까지 높이고 2022년에는 오히려 60%까지 낮추었다. 이렇게 종부세를

2배 수준 높이고 3배 수준 낮추는 등 세금 부과를 정부가 자의적으로 조정하는 것도 조세법률주의에 분명히 위반된다. OECD 모든 국가도 세계적인 금융위기와 팬데믹 상황을 겪었지만 어느 나라도 공정시장가액비율을 높이거나 낮춘 나라는 없었다. 종부세는 부동산보유세로서 법적 안정성이 최우선으로 고려되어야 한다. 우리나라의 경우는 정부가 정치적 목적으로 종부세를 10배 수준 내지 100배 수준까지 자의적으로 높이고 낮추는 것이 허용되고, 또한 민간임대주택의 경우는 2005년 종부세 신설 때부터 2020년까지 종부세 합산배제되었다. 우리나라 국민의 40% 수준이 임대주택에 거주한다. 임대사업자는 임대주택을 저렴한 수준으로 공급하는 사회적 기능을 정부와 나누어서 역할함으로써 임대주택 거주자의 거주권을 안정적으로 유지시키는 역할을 하였다고 하겠다. 그런데 문재인 정부에서는 2021년에 임대주택을 강제말소 하고 종부세를 과세로 전환시켰다. 이에 따라 민간임대주택 사업자는 파산지경으로 몰렸고 임대주택에 거주하는 거주자의 경우는 거주권이 위협받는 사태가 벌어지고 있는 것이다. 사회적인 큰 문제가 되고있는 전세사기의 경우도 근본적인 원인은 바로 민간임대주택 사업자에 대한 막대한 종부세의 부과 때문인 것이다.

셋째는 세부담 상한도 높였다는 것이다. 더욱이 법인의 경우에는 세부담의 상한규정까지 없었다. 이러한 결과로 2021년 개인 다주택자는 2020년보다 종부세가 3배 수준 증가하였고 법인납세자의 경우는 그 세금이 1년 사이에 11배까지 폭증하는 결과가 되었다. 헌법재판소의 합헌결정문을 보면 세부담 상한규정은 완전한 재량권의 범위 내이기 때문에 법으로 얼마든지 높일 수가 있으며 법인의 경우처럼 없앨 수도 있다고 한다. 그러면서 헌법재판소는 세부담 상한규정이 있기 때문에 종부세는 침해의 최소성의 원칙이 지켜졌다고 주장하고 있는데 이 주장은 사실상 억지에 해당하는 주장이라고 하겠다. OECD 각국의 부동산보유세 세부담의 연간 상한규정은 대략 2% 수준인데, 우리나라 세부담 상한이 300%이고 법인은 상한규정마저 없다. 그런데 이 상한규정 때문에 종부세가 침해의 최소성의 원칙을 지켰다고 주장하는 것은 사실상 말도 안 되는 억지 주장에 불과하다 할 것이다.

기본권 제한을 통하여 추구하고자 하는 정당한 목적의 달성을 위해서라도 가장 적합한 방법을 선택하여야 할 뿐만 아니라 국민의 기본권이 필요한 정도를 넘어서 침해되는 일이 없도록 하여야 한다. 그런데 2021년과 2022년 귀속 종합부동산세는 청구인에게 감내할 수 없는 수준의 막대한 세부담을 발생시키고, 청구인들이 소유한 재산권을 조세 명목으로 단기간 내에 무상으로 몰수하여 청구인들의 재산권의 본질적 내용인 사적 유용성을 완전히 박탈하는 등 헌법 제37조 제2항의 규정마저 위배되는 결과가 되었다. 그러므로 이 세금은 침해의 최소성원칙이 전혀 지켜지지 않은 것은 너무나 분명하다고 할 것이다.

④ 외국사례와의 비교분석

부동산보유세의 경우는 과세되는 부동산의 종류, 부동산의 평가 방법, 부동산 평가가치의 현실화 정도, 매우 복잡한 지역 특성 등을 고려할 때 국가별로 고유성이 어느 세목보다 다양하고 특유하다. 그래서 부동산보유세를 국가별로 직접적이며 명백하게 비교분석하는 것은 매우 어려운 작업이기 때문에 여기에서는 대략적이며 조세원칙 측면에서 비교분석할 수밖에 없다는 점을 밝힌다. 영국의 경우에는 조세체계가 너무 복잡하여 비교 대상에서 제외하였다.

미국의 경우에는 실효세율이 0.9%이고 2018년 기준으로 GDP 대비 부동산보유세의 세부담 비중이 2.73%로 세계에서 가장 높은 것으로 평가되고 있다. 여기에는 2가지 검토 사항이 필요하다고 하겠다. 첫째는 미국의 지방정부의 세수입은 오직 재산세뿐이다. 우리나라의 경우는 지방세의 세입 총계가 102조(2020년 기준)로서 그중 재산세와 그 외 부속되는 부동산보유세가 모두 20조 수준으로 전체 지방세수의 20%에 불과한 수준이다. 따라서 국민 전체의 세부담 입장에서는 80%에 해당하는 기타 지방세도 국민 세금부담이기 때문에 평균적 개념에서는 우리나라의 세부담 비중이 미국의 지방세 세부담 수준보다 낮다고 평가하기 어렵다. 두 번째는 미국의 재산세 경우 부부합산 연간 1만 달러(1,200만 원)까지 납부한 재산세를 연방 소득세 계산에서 소득공제를 해주고 있어 납세자 측면에서는 재산세의 세부담이 사실상 상당 부분 경감된다.

헌법재판소의 합헌결정문에서는 종합부동산세의 최고세율 6%(농특세 포함 시 7.2%)도 그 자체로는 과다하게 높다고 보기 어렵다고 설명하고 있다. 우리나라 부동산보유세에 적용되는 사실상의 최고세율을 계산해 보면 종합부동산세 6.0%, 종합부동산세에 부가되는 농어촌특별세 1.2% 등 국세가 모두 7.2%이다.

2021년도 종합부동산세에 적용된 공정시장가액비율이 95%이었기 때문에 종합부동산세의 합계액의 실효세율은 6.84%(7.2%×0.95)가 된다. 지방세의 경우 재산세 0.4%와 재산세에 부과되는 도시지역분과 지방교육세 등을 고려하여 계산하면 지방세로 부동산보유세는 0.62% 수준이 된다. 그러나 지방보유세의 적용되는 공정시장가액비율이 60%이기 때문에 공시가격 대비 지방세분 보유세의 실효세율은 0.372%(0.62%×0.6)가 된다. 따라서 우리나라의 경우 부동산보유세의 최고 실효세율은 7.212%(6.84+0.372)이다.

미국의 경우는 최고 실효세율이 뉴욕과 뉴저지주로 2.21%이다. 이것을 기준으로 상세 분석을 하면, 우리나라의 경우 공시가격의 현실화율이 2021년 기준 발표된 자료가 70.2%이다. 그리고 공정시장가액비율은 95%이다. 미국 뉴욕시의 경우를 보면 공시가격의 현실화율은 파악되지 않고 있으며 다만 공시가격이 직전년보다 6% 또는 최근 5년간 20% 이상 상승할 수 없도록 한 규정을 볼 때 미국의 경우도 현실화율이 100%가 아닌 것은 자명하다고 하겠다. 미국 뉴욕시의 경우는 납부한 재산세 중 1만불의 범위 내에서 소득공제를 해주고, 그리고 공정시장가액비율이 주거용 주택은 6%이고 임대용 주택은 45%이다. 따라서 이 모든 것을 감안하여 비교할 경우 우리나라 부동산보유세 최고 실효세율 7.212%는 미국의 최고 실효세율 2.21%에 비하여 사실상 몇 배 수준은 높은 것으로 추정된다.

캘리포니아주의 경우에는 취득가액이 사실상의 공시가격이며 그 가격이 매년 2% 이상은 올릴 수 없도록 규정되어 있어 실질적인 현실화율은 취득시점 별로

다 다르다고는 하겠으나 주택이라는 특성으로 보았을 때 평균적 취득시점은 10년전이라고 추정한다고 하여 크게 틀린 것이 아니라고 보았을 때 캘리포니아의 경우에는 현실화율이 50% 수준일 수도 있다고 하겠다. 여기에 적용되는 세율이 1%인 것을 감안하면 캘리포니아의 적용세율은 우리나라의 최고세율보다 1/10 이하에 불과하다고 평가할 수 있다. 세계 최고 수준으로 부동산보유세가 부과되고 있는 미국의 경우보다 우리나라의 부동산보유세의 최고세율이 10배 수준 높다는 결과가 되고, 2021년 부과된 종합부동산세는 재산권의 본질적 내용을 확실하게 침해하는 세금임이 분명하다. 그러므로 우리나라의 부동산보유세의 사실상의 최고 실효세율 7.212%는 감내하기 어려운 수준으로 매우 높아 재산권을 침해하는 것이 분명하다 하겠다.

여기에서는 종부세 위헌청구인의 평균적 부동산보유세의 세부담 수준을 미국의 재산세 세부담 수준과 비교해 보고자 한다. 우리나라 개인납세자 위헌청구인의 부동산보유세의 평균적 실효세율은 공시가격 기준으로 1.661%이고 이것을 시가 기준으로 환산하여 계산하면 1.132%(공시가격 기준 실효세율 1.661%×공시가격의 현실화율 0.703%)이다. 미국의 재산세 실효세율은 0.9%로 알려져 있기 때문에 우리나라 종부세 개인납세자의 실효세율이 미국보다 평균적으로 1.25배(1.132%/0.9%) 더 높은 실정이라 할 것이다. 그러나 우리나라 종부세의 경우는 대단한 누진세율체계이다. 고가주택을 보유한 다주택 개인납세자의 경우는 실효세율이 4%를 넘기 때문에, 이런 납세자의 경우 미국의 납세자보다 부동산보유세의 실 부담 수준이 4배 수준은 더 높다고 할 것이다. 이것도 세계에서 가장 높은 부동산보유세 세부담 수준이지만 위헌청구한 우리나라 법인납세자의 경우는 세부담이 더욱 과중하다. 법인납세자의 평균적 부동산보유세 실효세율이 공시가격 기준으로 5.788%가 되는데, 이것을 시가 기준으로 환산하여 계산하면 실효세율이 4.069%(공시가격 기준 실효세율 5.788%×공시가격의 현실화율 0.703%)가 된다. 이 실효세율은 세계에서 가장 높은 부동산보유세 실효세율인 미국의 실효세율 0.9%보다 4.52배 더 높은 실효세율에 해당된다. 이러한 부동산보유세의 실효세율은 지나쳐도 너무나 지나친 실효세율이기 때문에 종부세가 최소성의 원칙을 지켰다고 인정한다는 것은 도저히 납득할 수 없다 할 것이다.

프랑스 제도와 비교하여 보면 프랑스는 주택 등 부동산의 과세가격은 매매시가가 아니고 임대가치(기대임대소득으로 추정됨)를 산정하여 기대임대소득의 25% 정도로 재산세를 부과하고 있다. 우리나라 다주택자 등의 종부세의 세부담 수준은 기대임대소득의 2~4배 수준이기 때문에 우리나라 종부세의 세부담 수준이 프랑스의 부동산보유세의 세부담 수준보다 8~16배 수준 과중한 실정이다. 부동산보유세의 세부담 수준이 지나치게 높은 것이 분명하며, 이러한 우리나라 부동산보유세가 최소성의 원칙을 지켰다는 것은 말도 안 되는 주장에 불과하다 하겠다. 더욱이 프랑스는 부동산 과세가액을 독일의 경우와 유사하게 1970년대에 한 번 결정하여 공표한 이후 지금까지 그 가격을 그대로 사용하고 있어 재산세의 세액이 변동이 없는 상태이다.

프랑스의 부동산부유세의 경우를 보면 부채를 공제해 주고 과세표준 기본공제금액이 17억 원 수준으로 매우 높다. 세율도 최고 1.5%로 우리나라 종합부동산세의 20% 수준(1.5%/7.2%)에 불과하여 국민이 체감하는 부동산부유세의 세부담 수준이 우리나라와 비교할 수 없을 정도로 낮은 수준이다. 더욱이 부동산부유세를 포함하여 소득세와 재산세 등의 모든 세금이 전년도의 총소득금액의 50% 수준을 넘을 수 없도록 규정되어 있다. 그래서 부동산보유세로 인하여 총소득의 50%를 초과하여 세금이 부과되는 사례는 없는 것이다. 우리나라 종합부동산세의 경우를 보면 임대사업자의 경우는 소득의 3배 이상 수준까지 종합부동산세가 부과되는 등 많은 사례가 납세자의 총소득 이상으로 종합부동산세가 부과되어 생존권을 위협하는 경우도 발생하는데 프랑스의 경우는 이러한 사례가 발생할 여지 자체가 없는 것이다.

일본의 경우를 보면 고정자산세의 경우 적용세율이 1.4%로 우리나라의 부동산보유세 최고세율 7.57%보다 매우 낮으며 더욱이 일본의 경우에는 부동산의 과세가격을 3년에 한 번만 조사·결정하고 그 가액도 3년에 5% 이상을 상승시킬 수 없도록 함으로써 부동산보유세가 폭증하는 경우가 없다.

독일의 경우를 보면 연방재산세의 경우 1996년도에 위헌결정을 받았는데 그 당시의 부동산의 과세가액도 1965년에 결정된 이후 변동된 바 없었다. 토지세의 세율이 0.35%이고 재산세의 세율이 0.7%인데, 같이 부과된 부동산보유세의 세액이 임대소득의 50%를 초과한다고 재산세의 부담이 과중하다는 이유로 재산세에 대하여 위헌결정을 내린 바 있다. 이것이 그 유명한 반액과세 결정이다. 우리나라의 종합부동산세는 부과된 세액이 500만 원만 넘어도 임대소득 자체를 초과하기 때문에 우리나라 종합부동산세는 분명히 헌법위반의 세금이라고 할 것이다.

참고로 2022년 10월 1일자 세정일보 '문 정부 집값 잡으려고 부동산 관련세제 총32회 개정'세정일보 기사에 따르면, 지난 정부 5년 동안 종합부동산세법이 4회 개정되는 등 모두 17회가 개정되었고 세금이 점점 많이 나오는 방향으로 개정되었다고 지적하였다. OECD 주요 각국의 경우 부동산보유세의 세율이 인상되었다는 발표는 한 번도 본 적이 없고, GDP 대비 부동산보유세의 부담 수준이 OECD 평균이 1.1% 수준으로 10여 년간 계속되고 있다. OECD 주요국의 경우는 부동산보유세가 재산권의 침해나 법적 안정성과 예측가능성을 침해하는 사례가 전혀 없는 것이다. 따라서 종부세는 세부담 수준과 세부담 폭증의 실태를 볼 때 침해의 최소성원칙이 지켜졌다는 헌법재판소의 주장은 사실상 일고의 가치도 없는 잘못된 주장임이 명백하다 할 것이다.

[참고] 세종대왕의 공법(貢法) 제정 사례 검토

세종대왕의 국민의 형편을 고려한 세제개혁의 역사적 내용을 간단히 설명드리고자 한다. 세종 12년(1430년)에 조선 최초의 국민투표가 실시되었다. 경작하는 토지에 대한 새로운 세법인 공법(貢法) 제정을 두고 국민들에게 찬반을 물은 것이다. 수확량의 10%를 징수하던 기존의 정률세제 방식(수확량의 10%는 매우 불확정 개념이기 때문에 사또 등 징수관이 마음대로 수확량을 계산하여 징수세액을 부당하게 높일 수 있어 세정의 문란을 초래하곤 하였다.)을 대신하여 토지 1결당 쌀 10두(斗)를 걷는 정액세제 방식인 공법(貢法)을 마련하고 전 국민에게 의견을 수렴한 것이다.

국민투표는 1430년 3월 15일에 시작해 그해 8월 10일까지 총 5개월이 소요되었다. 여론조사 결과는 평지가 많은 경기, 전라, 경상지역은 찬성이 99%였고 산지가 많은 평안, 함경, 강원 지역은 반대 비율이 90% 이상이었다. 세종대왕은 이렇게 반대가 많고 지역적 편차가 큰 정책은 실행할 수가 없다고 말씀하시고, 현장 관리를 파견하고 공법의 문제점과 개선점에 대한 논의를 진지하게 진행하여 세종 26년(1444년)에 법률을 확정 짓고 전국적으로 시행하게 되었다. 무려 14년의 검토와 연구를 거쳐 공법을 시행하게 된 것이다. 개선된 공법은 전분6등법과 연분9등법으로 토지의 비옥도를 6등급으로 나누고 한 해의 풍흉 정도를 9등급으로 나누어 토지 1결당 걷는 정액 세금을 정한 것이다. 세종대왕께서는 백성들의 형편을 섬세하게 살펴 부당한 많은 세금으로 고통받는 백성이 없도록 한 것이다.(김윤태, "조선왕, 그리고 리더십", 성안당, pp.105~109)

문재인 정부는 2020년 8월 종부세법을 개정하였는데 종부세의 세율을 두 배로 올리는 등의 중대한 세법개정을 하였다. 그런데 그것이 국민의 재산권을 침해할지도 모르는데 어느 유형의 납세의무자가 어느 정도의 세금이 증가하는지 등에 대한 세액계산 시뮬레이션을 거치지 않고 그 내용에 대한 검토가 부실한 졸속 입법으로 세법개정을 강행하였다. 이는 다수당의 횡포에 의한 입법권의 남용이며 사실상의 위법행위에 해당할 우려마저 있는 것이다. 세종대왕의 세법개정과 종합부동산세의 졸속 입법은 많은 차이를 보인다고 하겠다. 세종대왕의 세법개정 과정에서 백성의 형편을 얼마나 고려했는지 살펴볼 때 헌법재판소의 부실하고 위선적이며 비열한 불법적인 합헌결정이 얼마나 잘못되었는지가 드러난다고 하겠다.

4. 법익의 균형성에 대한 검토

① 합헌결정문의 내용

2021년 귀속 종부세의 경우, 심판대상조항에 의한 주택분 세율 및 세부담 상한의 인상, 법인에 대한 과세표준 기본공제 및 세부담 상한의 폐지와 고율의 단일세율 적용 등과 같은 종부세법 그 자체의 개정뿐만 아니라 종부세법 시행령상의 공정시장가액비율의 인상, 부동산공시법상 공시가격의 상승에 따른 종부세 과세표준의 상승, 민간임대주택법에 따라 등록되어 있던 임대주택의 일부 유형의 등록말소에 따른 다주택자의 증가, 주택법상의 조정대상지역의 추가 지정 등과 같은 여러 요인들이 복합적으로 작용하여 납세의무자의 종부세 부담이 증가하였고, 특히 3주택 이상 또는 조정대상지역 내 2주택을 소유한 다주택자 및 법인의 주택분 종부세 부담이 전년 대비 상당히 가중되었음을 부인할 수는 없다.

입법자는 전국적으로 부동산 가격이 급등함과 동시에 법인의 주택, 특히 아파트 구매 비중이 증가하는 상황에서 2020년 들어서도 사그라지지 않는 투기적 목적의 부동산 수요 및 법인을 활용한 개인의 부동산 투기를 차단하여 부동산 가격을 안정시킴으로써 결국 무주택자를 비롯한 실수요자를 보호하겠다는 판단에 따라 종부세제를 강화하기로 하는 정책적 결단을 내린 것으로서, 이와 관련된 입법들이 명백히 잘못되었다고 볼 수 없다.

심판대상조항에 의한 종부세 부담의 정도는 재산권의 본질적 내용인 사적 유용성과 원칙적인 처분권한을 여전히 부동산소유자에게 남겨 놓은 한도 내에서의 재산권의 제한이고, 심판대상조항을 통해 부동산의 과다 보유 및 부동산에 대한 투기적 수요 등을 억제함으로써 부동산 가격 안정을 도모하여 실수요자를 보호하고 국민 경제의 건전한 발전을 도모함으로써 얻을 수 있게 되는 공익은 제한되는 사익에 비하여 더 크다고 할 것이다. 따라서 심판대상조항에 의해 제한되는 사익과 심판대상조항이 보호하려는 공익 사이에 법익의 균형성도 유지되고 있다고 할 것이다.

② 합헌결정 내용의 문제점

헌법재판소에서는 2021년과 2022년 귀속 종부세는 법익의 균형성도 유지하고 있다고 판단하였다. 그러나 2021년과 2022년 귀속 종부세는 기대임대소득의 2~4배 수준으로 세금이 부과되어 사적 유용성을 크게 초과하여 부과되었다. 이 세금은 재산권의 본질적 내용을 침해하였기 때문에 헌법 제37조 제2항의 규정을 위반한 것으로 헌법위반의 세금임이 분명하다고 할 것이다. 그러나 헌법재판소에서는 2021년과 2022년의 종부세는 재산권의 본질적 내용인 사적 유용성을 여전히 부동산소유자에게 남겨 놓은 한도에서의 재산권 제한이라고 주장하면서 법익의 균형성도 유지된다고 결론을 내렸다. 헌법재판소의 이 합헌결정은 사실상 사실관계는 완전히 무시하고 법규정 해석도 자기들이 편리한 대로 왜곡하여 내린 결론이기 때문에 이 합헌결정은 정당성을 인정받을 수 없다고 할 것이다. 이에 대하여 검토해 보고자 한다.

여기에서 먼저 공익 측면을 검토해 보겠다. 종부세법의 입법목적은 크게 3가지이다. 재정수입의 확보, 고액부동산 보유에 대한 세부담의 형평성 제고 그리고 부동산 가격 안정이라는 정책목적이다. 재정수입 측면을 보면 2021년도 종합부동산세 세수는 6조 1,302억 원이다. 여기에 20%의 농어촌특별세를 포함하면 종합부동산세 합계액은 7조 3,562억 원이 된다. 이 세금 중 주택분의 세금은 구분하여 계산할 수는 없으나 대략 60% 수준으로 추산된다. 2021년도 총조세는 456조이기 때문에 종부세 세수는 총조세의 1.61% 수준에 불과하다. 따라서 이 세금 규모는 매우 중요한 세수입 규모에는 해당된다고 할 수 없겠다.

다음에는 정책목적에 따른 공익적 측면이다. 제1의 입법목적인 세부담의 형평성 제고와 제2의 입법목적인 부동산 가격 안정이라는 입법목적은 서로 매우 상충적이다. 먼저 세부담의 형평성 제고라는 제1의 입법목적에 대하여 살펴보고자 한다. 부동산 가격 안정이라는 입법목적을 제고하기 위하여 2021년 귀속 종부세는 다주택자와 법인사업자에 대한 세부담을 매우 크게 높였다. 그 결과 제1의 입법목적인 세부담의 형평성 제고는 매우 악화되었다. 종부세의 세부담이 폭증하였다고 세부담의 형평성이 제고되었다고는 말할 수 없는 것이다. 그러면 세부담의 형평성은 무조건 세금만 과잉과세하면 되는 원칙이 되기 때문에 이것은 세금의 본질에 어긋나는 것일 뿐이다.

2021년 귀속 종부세의 경우 개인 1주택자와 법인 다주택자의 세부담의 차이를 보자. 개인 1주택자 세액공제 80%인 경우 공시가격 170억 원의 종합부동산세 합계액은 7,293만 원이 된다. 그리고 법인 다주택자 공시가격 11억 원의 종합부동산세 합계액은 7,317만 원이 된다. 따라서 법인 다주택자의 세부담 수준은 개인 1주택자의 세부담 수준보다 15.4배 이상 더 과중한 실정이다. 이것은 법인 다주택자에 대한 과세표준 공제금액의 삭제 그리고 7.2%의 매우 높은 세율의 적용 등으로 법인 다주택자의 세부담을 사실상 10배 수준 이상으로 대폭 높인 결과인 것이다. 종부세는 부동산보유세이기 때문에 세금의 본질은 보유한 부동산의 가액이라고 하겠다. 그런데 개인 1주택자의 보유한 부동산이 170억 원이고 법인의 경우는 11억 원인데 둘 사이에 부과되는 종부세가 동일한 수준이라는 것은 세부담 형평성이 지나치게 악화된 결과가 된다.

다음에는 부동산 가격 안정이라는 입법목적 측면을 검토해 보겠다. 2021년분 종부세의 부담 강화를 위한 세법개정은 2020년 8월에 이루어졌다. 헌법재판소의 판결문을 보면 '2020년 들어서도 사그라지지 않는 투기적 목적의 부동산 수요 때문에 2020년 8월의 종부세 세법개정은 정당하다.'고 적시하고 있다. 여기에서 두 가지 쟁점에 대하여 검토하고자 한다. 첫째는 2020년 8월에 종부세법을 개정하여 개인납세자에게는 전년 대비 3배, 2018년 대비 10배 수준까지 종부세를 폭증시켰고, 법인납세자의 경우에는 전년대비 10배, 2018년 대비 100배 수준까지 종부세를 폭증시켰는데 2020년 당시에 얼마만큼 부동산 투기 붐이 있었냐는 것이다. 한국부동산원의 통계표(제1장 제2절의 표5 '위헌청구 대표 사례의 공시가격상승률과 공동주택 가격상승률 등과의 비교표')를 보면, 서울지역의 아파트 가격은 2018년에 8.03%, 2019년에 1.11% 그리고 2020년에 3.01%가 상승하여 투기 붐이 있었다고는 전혀 인정될 수조차 없었다고 할 것이다. 또한 전국의 아파트 가격도 2018년에 0.09% 상승, 2019년에 −1.42% 하락 그리고 2020년에 다소 올라 7.57% 상승하였으나 3년 평균을 보면 2.08%의 상승에 불과하여 이 정도의 상승률은 도저히 투기 붐이라고 인정될 수가 없다 할 것이다.

둘째는 2020년에 2021년 공시가격을 19.05% 올린다고 발표하였고 2021년 종부세를 대폭 폭증시켜 과세함으로써 이때부터 전국의 아파트 가격이 본격적으로 폭등하기 시작했다는 것이다. 서울지역은 2021년에 8.02% 올랐고 전국은 14.10% 올라 2020년 이전과는 판이한 상승세를 보였다. 2022년에도 상반기까지는 아파트 가격이 폭등하다가 2022년 하반기에 전세계적인 금리인상으로 아파트 가격이 대폭 폭락하게 된 것이다. 이것은 공시가격 인상과 종부세의 폭증 부과가 오히려 부동산 투기 붐을 대폭 끌어올린다는 것을 분명하게 증명하고 있다 할 것이다. 따라서 헌법재판소에서 2020년 들어서도 사그라지지 않는 투기적 목적의 부동산 수요 때문에 2020년 8월의 종부세 세법개정은 정당하다고 주장하였는데, 이 주장은 전혀 근거가 없는 주장이다. 더욱이 종부세 세법개정으로 부동산 투기 붐만 조성한 결과가 되기 때문에 종부세 폭증을 가져온 2020년 8월의 종부세법개정은 그 정당성이 전혀 없다고 할 것이다. 따라서 종부세의 폭증 조치는 부동산에 대한 투기적 수요를 억제함으로써 부동산 가격 안정을 도모한다는 종부세법의 입법목적에 정반대의 결과를 가져왔다고 하겠다. 또한 다주택자 등에 대한 과중한 종부세의 부과는 오히려 똘똘한 1채에 대한 수요를 높여 주택가격 인상을 유도하고 있다. 그뿐 아니라 종부세는 2%의 국민에 대해서만 부과되고 있고, 나머지 98%의 국민은 종부세와 관련이 없다. 주택수요는 2%의 국민으로부터만 발생하는 것이 아니고 모든 국민으로부터 발생하는 것이기 때문에 2%의 국민에게 아무리 과중한 종부세가 부과되어도 부동산 가격 안정을 도모한다는 것은 사실상 불가능한 것이라 하겠다.

마지막으로 2021년 귀속 종부세의 과잉부과는 그 정당성이 없다는 것이다. 문재인 정부는 우리나라 부동산보유세의 세부담 수준이 0.16% 수준으로 OECD 평균 0.53%의 절반 수준도 되지 않기 때문에 2021년 귀속 종부세의 세부담 수준의 폭증 조치는 정당하다고 주장하였다. 그러나 문재인 정부가 2021년 11월 23일 발표한 보도자료 '2021년 종합부동산세 고지관련, 사실은 이렇습니다.'p7에서 제시한 부동산보유세 세부담 비교 국제통계자료는 완전히 조작된 자료로 문재인 정부의 종부세 과잉부과의 정당성은 사실상 거짓말에 불과한 것이라고 하겠다. 더욱이 2020년의 경우 우리나라 부동산보유세의 세부담 수준은 이미 OECD 평균 수준을 초과하였기 때문에 문재인 정부의 종부세 과잉부과는 더욱 그 정당성이 없는 것이다.

그런데 헌법재판소에서는 종부세 과잉부과의 정당성에 대한 문재인 정부의 거짓말에 대하여는 전혀 검토조차 하지 않았다. 그러나 2019년과 2020년의 경우 부동산 투기 붐이 있었다고는 하나 대단한 투기 붐이라고는 말할 수 있는 수준이 아닌 것은 분명한데도 불구하고 투기 붐 때문에 종부세를 2~10배 수준까지 대폭 인상하여 부과한 정부의 조치가 정당하다고 헌법재판소에서 주장하는 것은 도무지 이해할 수 없는 것이라 하겠다. 부동산보유세는 생활밀착형 세금으로 OECD 어느 나라도 부동산 가격이 오른다고 세금을 폭증시켜 부과하는 사례가 없는 실정과는 너무나도 다른 헌법재판소의 주장이라고 하겠다. 더욱이 종부세는 2%의 국민에게만 부과되어 세금의 보편부담의 원칙에도 어긋나는 세금이다. 또한 2021년 귀속 종부세는 재산권의 본질적 내용마저 침해하는 세계 유일의 세금인데도 불구하고 헌법재판소가 부동산 가격이 조금 오른다고 2~10배 수준까지의 엄청난 세금 폭증 조치가 정당하다고 판결하는 것은 세계적 기준의 조세원칙에도 전혀 부합되지 않는 것이며, 더욱이 국민생활의 법적 안정성을 보장해야 한다는 조세법률주의에도 완전히 상반되는 판결이라 할 것이다. 이것은 정부가 거짓말을 하면서 세금을 마음대로 부과하고 그렇게 부과된 세금이 재산권을 침해해도 괜찮다는 헌법재판소의 판결에 불과하기 때문에 이 합헌결정은 정당성을 인정할 수 없다고 할 것이다.

따라서 합헌결정에서 법익의 균형성을 검토하면서 종부세가 보호하고자 하는 공익이 사익에 비하여 훨씬 더 크다는 주장은 사실을 왜곡한 것이라 하겠다. 종부세의 과잉과세는 종부세법 제1의 입법목적인 세부담 형평성 제고를 매우 크게 악화시켰으며, 부동산 가격 안정이라는 제2의 입법목적에도 역행하였기 때문에 2021년 귀속 종부세의 과잉부과는 사실상 보호되는 공익이 없다고 할 것이며, 더욱이 2021년 귀속 종부세는 폭증시킬 하등의 이유조차 없었다고 할 것이다.

반면에 침해되는 사익에 대하여 간단히 설명드리겠다. 합헌결정에는 재산권의 본질적 내용이 사적 유용성을 부동산소유자에게 남겨진 한도의 재산권의 제한이라고 적시하였다. 2008년의 종부세 합헌결정의 경우에는 이 문제에 대하여 자세한 수치를 제시하면서 2005년~2007년간의 종부세는 미실현이득에 대한 전면적인 세금 부과라고 할 수 없다고 판정한 바 있다. 그러나 2021년분 종부세 합헌결정의 경우는 재산권의 본질적 내용의 침해에 대해서는 전혀 검토되거나 설명된 바가 없다. 앞에서 설명드렸지만 2021년 귀속 종부세는 기대임대소득의 2~4배 수준으로 세금이 부과되어 사실상 이 세금은 미실현이득에 대한 전면적인 세금 부과가 분명하다. 또한 재산권의 사적 유용성은 주택의 경우로 보면, 임대소득을 기준으로 계산하는 것이 정당한 것이다. 그런데 2021년 귀속분 종부세는 기대임대소득의 2~4배 수준으로 세금이 부과되어, 이 세금은 재산권의 본질적 내용을 침해하는 세금임이 분명하기 때문에 헌법 제37조 제2항의 규정에 위반되는 세금임이 분명하다고 하겠다. 또한 2021년 귀속분 종부세는 조세법률주의 기본이념인 법적 안정성을 매우 크게 저해하였으며, 조세평등주의에 크게 위반되는 세금이다. 따라서 2021년 귀속 종부세는 국민의 이익을 침해하는, 사실상 헌법적 가치를 위반한 세금이 분명하다 하겠다. 또 이로 인해 많은 국민이 고통 속에 빠졌는데 이것은 단순한 국민의 이익상실 수준은 아니라고 하겠다. 더욱이 다주택자 등에 대한 차별적 중과세는 세금의 본질에 따라 중과세가 된 것이 아니고 부동산 가격 안정이라는 입법목적에 따른 중과세로, 사실상 '처벌 또는 응징적'성격의 중과세라 하겠다. 따라서 다주택자 등에 대한 차별적 중과세는 앞에서 검토한 바와 같이 국가권력의 형벌권의 자의적 행사로 헌법상의 규정인 '죄형법정주의'에 위반되는 것이라 하겠다.

2021년 귀속 종부세의 법익의 균형성을 자세히 검토해 보면 국민이 침해받은 이익은 재산권과 평등권 침해 등의 헌법적 가치이며, 또한 국민이 겪은 그 고통은 단순한 이익상실 수준이 아니며 사실상 법에 어긋나는 재산형 형벌에 해당되는 것이다. 그러므로 종합부동산세의 과잉부과로 국민이 침해받는 이익은 헌법 규정에도 위반되는 이익의 침해라고 하겠다. 그러나 2021년 귀속 종부세로 보호되는 공익은 세부담 형평성 제고의 악화이며, 부동산 가격의 대폭적인 상승의 유도임을 감안하면 그 공익은 매우 미미한 수준이라 하겠다. 따라서 2021년 귀속 종부세는 법익의 균형성을 검토해 보더라도 이 세금으로 침해받는 국민의 이익은 헌법적 가치로, 공익에 비하여 매우 중대하기 때문에 법익의 균형성은 인정될 수 없다고 하겠다. 2021년 귀속 종부세는 침해의 최소성원칙도 지켜지지 않았고, 법익의 균형성도 유지되지 않았기 때문에 결과적으로 과잉금지원칙에 위배되는 헌법위반의 세금이 분명하다 하겠다.

제7절 | 종부세는 조세법률주의에 위배된다

1. 조세법률주의의 내용

헌법 제38조와 제59조가 규정하고 있는 조세법률주의는 과세요건법정주의와 과세요건명확주의를 핵심적 내용으로 삼는다. 이는 과세요건을 법률로 명확하게 규정함으로써 국민의 재산권을 보장함과 동시에 국민의 경제생활에 법적 안정성과 예측가능성을 보장하는 것을 그 이념으로 하고 있다. 조세법률주의의 핵심 요소는 포괄위임금지의 원칙, 법적 안정성의 보장과 국민의 재산권 보장이라고 하겠다. 이 중 국민의 재산권 보장의 문제는 앞에서 검토한 재산권의 본질적 내용의 침해와 과잉금지원칙의 위배 문제와 내용이 같으므로, 여기서는 조세법률주의 문제는 포괄위임금지의 원칙과 법적 안정성의 보장에 대하여만 검토하고자 한다. 2021년 귀속 종부세의 합헌결정의 내용을 보면, 조세법률주의에 대하여 포괄위임금지의 원칙을 위반하지 않았다고 판단하였으나 종부세의 폭증과 폭감이 국민경제생활의 법적 안정성에 지나치게 위배되며 사실상 재산권 침해의 문제를 야기한다는데 대하여는 검토조차 하지 않았다. 여기에서 헌법재판소의 합헌결정의 문제점과 종부세가 법적 안정성을 어떻게 해치는지에 대하여 검토하고자 한다.

2. 종부세는 포괄위임금지의 원칙에도 위배된다

① 종부세법 규정의 포괄위임의 내용과 문제점 설명

종합부동산세법은 본문 21개 조, 보칙 4개 조, 부칙 2개 조로 이루어진 매우 단순한 형태의 법률인데 그중에서도 과세표준에 대한 제8조와 제13조, 세율 및 세액에 대한 법 제9조와 제14조, 세부담의 상한에 대한 제10조와 제15조의 규정만이 사실상의 과세규정으로 되어있고 대부분의 실질적인 과세요건 등은 '부동산 가격공시에 관한 법률', '민간임대주택에 관한 특별법', '지방세법' 등 타 법률에 의존하는데, 행정부는 이러한 법률로부터 원용한 여러 과세요건들을 자의적으로 변동시키며 납세의무자의 기본권 보호를 도외시하였다. 그래서 실질적 조세법률주의 위반의 문제가 심각하다. 또한 종합부동산세법시행령 등에 포괄 위임되어 규정되어 있는 사항이 매우 많고, 때로는 국토교통부의 업무 내규에 의하여 과세요건이 결정되는 경우마저 상당하기 때문에 포괄위임의 문제가 매우 심각하다 하겠다. 종부세법상 주요한 과세요건은 모두 포괄위임되어 규정되어 있다. 종부세법상의 포괄위임된 규정은 다음과 같다.

종부세법 제8조(과세표준) 제1항

– '종합부동산세의 과세표준은 납세의무자별로 주택의 공시가격을 합산한 금액'

– '대통령이 정하는 1세대 1주택자'

– '부동산시장의 동향과 재정여건 등을 고려하여 100분의 60부터 100분의
100까지의 범위에서 대통령령으로 정하는 공정시장가액비율'

종부세법 제8조(과세표준) 제2항

– 민간임대주택에 대한 종부세 과세배제규정

종부세법 제9조(세율 및 세액) 제1항

– 제1항 '주택법 제63조의 2 제1항 제1호에 따른 조정대상지역 내 2주택'

– 제4항 '주택분 종합부동산세액을 계산할 때 주택 수 계산 및 주택분 재산세로
부과된 세액의 공제 등에 관하여 필요한 사항은 대통령령으로 정한다'

종합부동산세의 경우, 사실상 세금을 계산하는 실질적인 과세표준과 세율은
국토교통부장관이 정한다고 말하는 것도 과언이 아닌 수준이다. 하위법령에 위
임하여 정하는 경우라도 위임의 필요성이 있어야 하며, 납세의무자들이 하위법
령에 정해질 내용을 예측할 수 있도록 구체적인 범위를 정하여 위임해야 마땅하
다. 종합부동산세의 경우는 본법에 과세요건에 대한 구체적이며 명확한 내용의
규정이 없이 일방적이며 포괄적으로 하위법령에 위임했기 때문에 이것은 과세
요건법정주의에 명백히 위반된다 하겠다. 특히 조세는 국가의 재원을 조달하기
위하여 사실상 납세자의 재산 감소를 초래하는 것이라는 점을 감안할 때 납세자

에게 법적 안정성과 예측가능성이 분명히 보장되어야 한다. 종합부동산세의 경우에는 거의 모든 과세요건이 하위법령에 위임되어 연도별로 얼마만큼의 세금이 부과될지 전혀 알 수 없고, 행정권력의 인위적인 조치로 세금의 20배 수준까지 올리고 내릴 수 있어 조세법률주의에 위반되고 헌법위반이 명백하다.

이러한 포괄위임된 과세요건이 최근 5년간 종합부동산세가 많이 나오는 방향으로 행정부의 권한이 사용되어, 종합부동산세의 납세의무자의 권익이 크게 침해되고 법적 안정성과 예측가능성이 크게 훼손되는 결과를 보이고 있다. 종합부동산세법의 포괄위임의 문제는 실질적 법치주의의 근본정신마저 훼손하는 결과가 되어 조세법률주의에 위반되었다 하겠다. 종합부동산세의 성격을 보면 보유재산의 원본을 침식하지 않고 통상적으로 기대할 수 있는 수익에서 세금을 납부하는 명목적 재산세에 해당된다. 납세자가 보유하는 재산은 이미 소득 및 수입에 대하여 여러 종류의 직접세와 간접세를 부과한 후에 형성된 것이고 또한 종합부동산세는 중복적으로 부담을 지우는 보충적인 성격을 지닌 세금이기 때문에 사실상 극히 좁은 범위에서 형성의 여지를 인정해야 할 성질의 세금이라 하겠다. 그런데도 포괄위임된 종합부동산세의 과세요건이 최근 5년간 종합부동산세가 많이 부과되는 방향으로만 행정부의 권한이 사용되어 종합부동산세 납세의무자의 권익이 크게 침해되고 법적 안정성과 예측가능성이 크게 훼손됨으로써 종합부동산세 과세요건의 포괄위임 문제는 매우 심각한 헌법위반에 해당된다 하겠다.

② 공시가격의 조세법률주의 위반 여부

1) 합헌결정문의 내용

> 위와 같은 종부세법 및 관련법률 상의 공시가격의 의미와 절차적 규정들의 내용 등을 종합하여 보면, 법률이 직접 공시가격의 산정기준이나 절차, 한계를 정하고 있지 않다고 보기 어렵고, 그 규정 내용이 지나치게 추상적이고 불명확하여 국토교통부장관이나 시장 등에 의하여 공시가격이 자의적으로 결정되도록 방치하고 있다고 볼 수 없다. 비록 2021년 귀속 종부세 과세표준의 산정에 적용된 공시가격이 2020. 11. 3. 정부가 발표한 '부동산 공시가격 현실화 계획'에 의거하여 2020년에 비하여 전국적으로 상승하였고, 공시가격 현실화율이 지역별·유형별로 차등적용되어 일부 지역이나 고가주택의 경우 예년에 비해 공시가격이 다소 큰 폭으로 상승한 사례가 있음을 부인할 수는 없으나, 그렇다고 하여 입법자가 종부세 과세표준 산정의 기초가 되는 공시가격의 결정·공시의 문제를 온전히 행정부의 재량과 자의에 맡긴 것이라고 볼 수 없다.
>
> 따라서 종부세법 제8조 제1항, 제13조 제1항, 제2항 중 각 '공시가격' 부분은 조세법률주의에 위반되지 아니한다.

2) 합헌결정 내용의 문제점

공시가격에 대하여 앞에서 자세한 설명을 하였기 때문에, 여기에서는 행정부의 공시가격 자의적 결정에 대해서만 다시 한번 설명드리고자 한다.

표46 위헌청구 대표 사례의 공시가격상승률과 공동주택 가격상승률 등과의 비교표

구분		2018년	2019년	2020년	2021년	2022년	누계
공동주택 가격상승률	서울	8.03	1.11	3.01	8.02	-7.70	12.47
	전국	0.09	-1.42	7.57	14.10	-7.56	12.78
공시가격 평균상승률		5.02	5.23	5.98	19.05	17.20	52.48
대표 사례의 공시가격 상승률	중·고가주택	16.30	13.14	20.80	15.32	18.14	83.7
	지방 저가주택	3.16	-0.61	0.99	10.29	33.35	47.18

(단위: %)

표46은 1장 2절의 표5와 같은 내용으로 위헌청구 대표 사례의 공시가격 인상률이 공동주택의 가격상승률과 공시가격의 평균상승률과 매우 다르게 결정되었다는 것을 나타내고 있는 것이다. 이것은 행정부가 공시가격을 자의적이며 차등적으로 인상한 것을 확인하는 내용이라고 하겠다.

또한 아래 표에서 보는 바와 같이 국토교통부가 발표한 '2020년 부동산 공시가격 및 공시가격 신뢰성 제고방안'에서 적시한 2020년의 공시가격을 시세구간별로 차등적으로 인상하였다고 발표하였는데 이것은 행정부가 공시가격을 자의적이며 차등적으로 인상한 것을 스스로 밝힌 것이라고 하겠다.

표47 시세구간별 공동주택 공시가격 변동률

구분	전체	9억 원 미만				9억 원 이상			
		3억 미만	3~6억	6~9억		9~12억	12~15억	15~30억	30억 이상
2019년	5.23	2.87	-2.48	5.45	14.93	16.39	17.38	17.93	15.30	12.86
2020년	5.98	1.96	-1.90	3.93	8.49	21.12	15.19	17.25	26.15	27.40

(단위: %)

공시가격은 종합부동산세의 과세표준이 되는 가액인데 과세표준을 정부가 자의적이며 차등적으로 결정하면 납세자는 부담하는 세금이 폭증할 수밖에 없고 더욱이 차등적으로 인상된 납세자의 경우는 불공평하게 더 많은 세금을 납부할 수밖에 없는 경우가 된다. 따라서 과세표준은 객관적인 증빙에 의하여 객관적으로 결정되어야 하는 과세가격인데 재산세와 종부세의 경우 공시가격을 정부가 결정함으로써 공시가격의 자의적이며 차등적인 결정이 세금 부과의 공평성을 훼손할 수 있기 때문에 그 성격상 공시가격은 더욱 공정하고 객관적으로 결정되어야 할 것이다.

이러한 취지에 의하여 부동산 공시에 관한 법을 제정하였으며 이 법에 따르면 공시가격은 한국부동산원에서 독립적이며 객관적으로 산정하도록 규정되어 있는데도 불구하고 문재인 정부에서는 공시가격을 현실화율로 산정한다는 방침을 정하고 사실상 국토교통부에서 공시가격을 산정하는 결과를 가져왔고 현실화율을 차등적으로 적용하여 공시가격이 시세규모별로 또한 지역별로 차등적이며 자의적으로 결정되는 결과를 가져왔다고 하겠다. 앞에서도 설명드렸지만 종부세는 부동산보유세이며 부동산보유세는 생활밀착형 세금으로 그 법적 안정성이 매우 중요하기 때문에 OECD 국가의 경우는 공시가격을 자의적으로 올리는 경우가 전혀 없는 실정이다. OECD 국가의 경우는 공시가격뿐 아니라 공정시장가액비율 등 부동산보유세의 과세요건을 일정하게 유지하여 부동산보유세가 부동산 취득 이후 거의 일정한 세금이 부과되도록하여 법적 안정성을 최우선으로 고려되고 있는 것이다.

문재인 정부 5년간 9억 원 이상의 공동주택의 경우는 공시가격을 거의 2배 수준으로 올려 공시가격의 인상만으로도 종부세의 세부담을 3배 수준 폭증시켰는데 이러한 부동산보유세의 과세표준과 부과세액의 폭증은 세계의 유례를 찾아볼 수 없다고 하겠다. 그러나 헌법재판소에서는 2021년의 공시가격이 현실화율을 차등적으로 적용하여 일부지역이나 고가주택의 경우 공시가격이 차등적이며 대폭 상승하는 것을 인정하면서도 공시가격 결정과 공시의 문제가 온전히 행정부의 재량과 자의에 맡겨진 것이라고는 볼 수 없다면서 공시가격이 조세법률주의에 위반되지 않는다고 판결하였는데 이 판결의 내용은 사실상 너무나 어처구니없는 판결이라고 하겠다.

공시가격은 종부세의 과세표준이 되기 때문에 분명히 객관적이며 공정하게 산정되어야 하는데도 불구하고 헌법재판소에서는 공시가격이 자의적이며 차등적으로 인상된 것을 인정하면서도 행정부의 자의적이며 차등적인 인상행위가 온전하게 행정부의 재량에 맡겨진 것이 아니라는 표현은 법률적 용어로는 이해할 수 없는 표현이며, 자의적이며 차등적인 인상이지만 헌법재판관들이 감정적으로 이것을 옹호하겠다는 설명과 진배없는 매우 부적합한 판결내용이라고 하겠다. 앞에서 보는 바와 같이 행정부에서 자의적으로 공시가격을 누구는 27%까지 올리고, 누구는 1.9% 오히려 낮추어 주었는데 이것이 온전한 재량에 의한 자의가 아니라면 몇 %를 올리고, 몇 %를 낮추어야 헌법재판소에서는 그것이 온전한 재량에 해당하는지를 밝혀야 마땅하다고 할 것이다. 공시가격이 27%가 올라가면 종부세는 50% 수준 세액이 증가하는데 누구는 세금을 깎아주고 누구는 세금을

50% 증액해서 부과하는데도 불구하고 이것의 온전한 자의적 결정이 아니라면 과연 어느 수준의 초과적인 세금 부과가 이루어져야 온전한 자의적 결정인지는 알 수가 없는 내용이라고 하겠다.

더욱이 우리나라의 공시가격 현실화율은 세계의 최고 수준인데 미국과 대만의 공시가격 현실화율을 정부가 고의적이며 악의적으로 조작하여 미국은 실제적 현실화율은 50% 수준에 불과한데 이것을 100%라고 거짓말하였고, 대만은 정부의 용역에 따른 연구결과가 20% 수준임이 밝혀졌는데도 불구하고 이것을 조작하여 현실화율이 90%라고 새빨간 거짓말을 하여 우리나라 공시가격 현실화율이 세계에서 가장 낮다고 주장하였다. 그러나 이 주장은 문재인 정부의 고의적이며 악의적인 거짓말이고 또한 이에 따라 공시가격을 자의적이며 차등적으로 대폭 인상한 조치는 분명한 범죄에 해당된다고 하겠다. 그런데도 헌법재판관들은 공시가격의 자의적이며 차등적인 인상은 인정하면서도 그 인상이 '온전한 행정부의 자의에 맡겨진 것은 아니다'라고 말도 되지 않는 주장을 하면서 종부세 합헌 이유로 제시하였다. 이러한 헌법재판관의 주장과 판결은 정부의 거짓말도 용인하는 것으로 헌법위반이고 국민 무시의 행태라고 할 것이다. 앞으로 일반 국민이 소득세나 법인세를 신고할 때 과세표준을 조작하여 절반 수준으로 낮추어 세금을 신고하였을 경우, 이 납세자가 이 과세표준의 조작은 온전한 조작이 아니기 때문에 탈세가 아니라고 주장한다면 국가에서는 어떻게 해야되는 것인지 당황스럽다 할 것이다.

③ 공정시장가액비율 규정의 포괄위임의 문제

1) 합헌결정문의 내용

전 세계적인 금융위기와 같은 돌발 상황이 발생했을 경우 종부세 부담률을 탄력적으로 조정하는 데에 어려움이 있을 수 있다는 점을 감안하여, 부동산시장의 동향과 재정 여건 등을 고려하여 '대통령령으로 정하는 공정시장가액비율'이라는 조정기제를 사용하기 위한 것이었다.

매년 탄력적으로 적정한 종부세 부담이 이루어질 수 있도록 전국의 부동산 가격, 시세 변동, 주택 분양률 등과 같은 부동산 관련 경제상황 및 정부와 각 지방자치단체의 재정 상황 등을 종합적으로 고려하도록 한 것임을 알 수 있고, 그 범위 역시 종전 종부세법에서 직접 연도별 적용비율을 적용할 당시의 수준(주택분 종부세 및 종합합산과세대상 토지분 종부세에 대한 각 적용비율은 2006년 100분의 70, 2007년 100분의 80, 2008년 100분의 90, 별도합산과세대상 토지분 종부세에 대한 적용비율은 2006년 100분의 55부터 2014년 100분의 95에 이르기까지 매년 100분의 5씩 순차적으로 상향)과도 유사하므로, 대통령령에 정해질 '공정시장가액비율'의 내용을 충분히 예측할 수 있다 할 것이다.

따라서 종부세법 제8조 제1항, 제13조 제1항, 제2항 중 각 '공정시장가액비율' 부분이 포괄위임금지원칙에 위반된다고 할 수 없다.

2) 합헌결정 내용의 문제점

공정시장가액비율은 종부세 과세표준 산정을 위한 조정계수로, 대부분의 선진국도 부동산보유세 세법에 규정되어 있는 것은 사실이다. 그러나 공정시장가액비율이 종부세의 조정계수라 하더라도, 헌법재판소가 주장하는 것처럼 부동산 가격 안정 도모를 위해, 이 비율을 부동산시장의 상황에 따라 전폭적으로 탄력적, 유동적으로 변동시킬 권한이 정부에 위임되었다고 보기는 어렵다. OECD 국가의 경우 십 수년간 어느 나라도 공정시장가액비율을 높이거나 낮춘 사례가 없다. 공정시장가액비율이라는 조정계수를 법에서 허용하였지만 이는 천재지변 수준의 상황 변화의 경우에만 아주 예외적으로 적용할 수 있을 것이다. 조정계수라고 하여 정부에서 자의적으로 마음대로 높이고 낮추어 세부담을 2배 이상으로 중과세하는 것이 허용되면, 생활밀착형 세금인 부동산보유세는 법적 안정성을 저해하면서, 조세법률주의를 위반하고 정부에게 재량권을 부여하는 결과가 된다. 이는 안 될 일이다.

우리나라의 공정시장가액비율은 문재인 정부 이전에는 안정적으로 80%로 유지하고 있었다. 그런데 문재인 정부 시절, 부동산 투기 붐이 명확하지도 않았는데도 매년 5%씩 높여 2021년에는 95%의 공정시장가액비율이 적용되어, 공정시장가액비율의 인상만으로 종부세 세액을 2배 수준 높였다. 여기에 공시가격의 대폭적인 인상, 조정대상지역의 전국적인 확대 등 오직 정부의 자의적인 조치만으로 종합부동산세가 5배 수준 상승하는 결과가 되었다. 이것은 법적 안정성을 저해하는 것은 물론 부과된 세금이 재산권의 본질적 내용마저 분명하게 침해하고 있기 때문에 조세법률주의에 위반되는 것이다.

앞에서 검토한 바와 같이 미국, 영국, 프랑스, 일본 등의 OECD 국가의 경우

2010년부터 2021년까지 통계자료를 보면 부동산보유세는 GDP의 1% 수준에서 계속 유지된 것으로 나타나고 있다. 이것은 이 국가들이 세율은 물론 공시가격과 공정시장가액비율을 정부가 자의적으로 높이지 않았다는 것을 분명히 입증하는 것이다. 전 세계적인 금융위기는 한국에서만 발생한 것이 아니다. 전 세계적으로 동시에 발생하였는데 OECD 어느 나라도 공정시장가액비율을 조정한 사례가 없고 공시가격 또한 폭등시킨 사례도 없다. 이것은 부동산보유세가 생활밀착형 세금이기 때문에 법적 안정성이 무엇보다도 중요하다는 것을 보여주는 것이다. 우리나라의 경우만 공시가격을 폭등시키고 공정시장가액비율을 인위적으로 높이는 등 부동산보유세인 종부세를 폭증시켜 부과함으로써 국민들에게 크나큰 고통을 안겨 준 것은 외국사례와 종부세의 본질에 비추어 매우 이례적이며 매우 과잉적인 조치라 하겠다.

공정시장가액비율에 관한 종부세법의 규정은 지나치게 포괄위임되어 있고, 문재인 정부에서는 이 포괄위임된 규정을 악용하여 종부세의 세부담을 2배 수준까지 자의적으로 높인 것으로 드러났기 때문에 공정시장가액비율의 규정은 조세법률주의에 위반되는 것이 분명하다 할 것이다.

④ 조정대상지역 내 2주택자 중과세규정의 문제점

1) 합헌결정문의 내용

주택법 개정(2021. 1. 5. 법률 제17874호)을 통해 조정대상지역의 지정은 그 지정 목적을 달성할 수 있는 최소한의 범위에서 시·군·구 또는 읍·면·동의 지역 단위로 지정하되, 택지개발촉진법 제2조 제3호에 따른 택지개발지구 등 해당 지역 여건을 고려하여 지정 단위를 조정할 수 있게 되었는데(제63조의2 제1항 후문), 위와 같은 개정은 조정대상지역의 지정으로 인하여 필요 이상의 과도한 규제가 발생하지 않도록 지정 단위를 보다 명확하게 하고자 조정대상지역의 지정 기준을 개선한 입법이라 볼 수 있다.

위와 같은 관련조항들의 문언을 부동산 보유에 대한 조세부담의 형평성 제고 및 부동산 가격 안정의 도모라는 종부세법의 입법취지에 비추어 볼 때, 종부세법 제9조 제1항 각호 및 제2항 각호 중 각 '조정대상지역'은 주택 분양 등이 과열되거나 과열될 우려 등이 있는 경우 주택 시장의 안정 및 부동산 가격의 형평성 제고 등을 위해 국토교통부장관이 주거정책 관련 전문가들로 구성된 주거정책심의위원회의 심의를 거쳐 지정하는 지역으로서, 법률이 직접 '조정대상지역'의 의미나 그 지정·해제의 절차를 정하고 있지 않다고 할 수 없고, 위와 같이 법률에서 정한 요건과 절차에 따라 국토교통부장관이 조정대상지역을 지정·해제할 수 있도록 하였다는 사정만으로 종부세법 제9조 제1항 각호 및 제2항 각호 중 각 '조정대상지역' 부분이 조세법률주의에 위반된다고 할 수 없다.

2) 합헌결정 내용의 문제점

2021년과 2022년 귀속 종부세의 경우 종부세법의 세율규정에서 조정대상지역에 소재한 주택을 2채 보유한 납세자에 대하여 1.2~6%의 중과세 세율이 적용되도록 규정하고 있었다. 2023년 귀속 종부세에서는 이 규정이 삭제되어 2주택자의 경우는 무조건 낮은세율이 적용되도록 세법이 개정되었다. 따라서 2021년과 2022년의 경우는 주택이 조정대상지역에 소재하였는지 여부가 납세의무자의 적용세율을 결정하는 요소라 할 것이다. 이때 '조정대상지역'은 주택법 제63조의2 제1항 제1호에 따라 정하도록 하고 있다. 그런데 주택법 동 규정에서는 '국토교통부장관'이 6개월마다 주거정책심의위원회의 심의를 거쳐 조정대상지역을 지정할 수 있도록 하고 있고, 국토교통부장관이 필요하다고 판단하는 경우에는 6개월 이내라도 바꿀 수 있도록 규정되어 있다.

다주택 중과세 세율이 적용되는 경우 기본세율이 적용되는 것보다 종합부동산세가 2배 수준 이상으로 세금이 대폭 증가한다. 2주택자에게 낮은세율을 적용하느냐 다주택자의 높은세율을 적용하느냐에 대한 과세요건 규정이 주택법에 포괄위임 되어 있다. 그래서 납세자의 경우는 오래전에 소유하게 된 주택의 소재지가 조정대상지역으로 지정되면 다주택자 중과세 세율이 적용되어 세금이 2배로 늘어나게 된다. 이것은 과세요건법정주의에도 맞지 않을 뿐 아니라, 법치주의의 근간인 법적 안정성과 예측가능성이 너무나 훼손되는 것으로 명백한 헌법위반이라 하겠다. 그러나 주택법에 조정대상지역의 지정은 그 지정 목적을 달성할 수 있는 최소한의 범위 내로 한다고 규정되어 있고, 주거정책 관련 전문가들로 구성된 주거정책 심의위원회의 심의를 거친다. 이 때문에 헌법재판소에서는 조정대상지역 내 2주택자 중과세규정은 사실상 포괄위임금지원칙에 위반되지 않는다고 판결한 것이다. 이와 관련하여 몇 가지 문제점을 검토하고자 한다.

첫째는 조정대상지역 내 2주택자 중과세규정이 세금의 본질에 비추어 타당한 가에 대한 문제이다. 조정대상지역 내 2주택자가 부동산 투기와 관련이 있는지는 알 수 없으나, 조정대상지역 내 2주택자가 기타의 2주택자보다 보유한 부동산 가격이 동등하다고 가정할 때, 조정대상지역 내 2주택자가 담세능력이 더 높다고 판정할 수는 도저히 없는 것이다. 따라서 조정대상지역 내 2주택자에게 중과세하는 것은, 조세는 담세능력에 응하여 일반적 기준에 따라 세금을 부과해야 된다는 사실상의 납세의무 기본 취지에 어긋나는 내용이라 하겠다. 헌법재판소는 조정대상지역 내 2주택자의 담세능력이 어떠한 이유로 또한 어떠한 근거로 더 높은지는 전혀 판단하지 않았다. 더욱이 이 문제에 대하여 전혀 검토하지 않고 조정대상지역 내 2주택자에 대하여 사실상 국토부 장관의 자의에 따라 높은세율을 적용할 수 있도록 허용한 것은 헌법상의 '납세의 의무'규정을 위반한 것에 해당된다 하겠다. 이것은 부동산 가격 안정이라는 종부세법의 입법목적에 따라 '납세의 의무'규정에 기초한 세금과 다른 새로운 세금 부과권을 창설해 준 것이다. 이것이 인정된다면, 정책목적만 내세우면 국민에게 어떠한 세금도 부과할 수 있어서 국민의 모든 재산을 손쉽게 몰수할 수 있게 되는 것이다. 이러한 세금은 조세고권주의 이념이 인정되었던 왕조시대에도 허용될 수 없는 수준이라 하겠다.

세율은 과세요건 중 가장 핵심적인 규정으로 반드시 법률에 규정되어야 한다. 세율을 행정부 마음대로 선택하여 세금을 부과할 수 있도록 허용하는 것이 조세 법률주의에 위반되지 않는다면, 법에 세율 자체를 규정할 필요가 없는 것이다. 이는 세율 적용을 행정부에서 재정수입에 맞추어 마음대로 선택하여 과세할 수 있도록 허용하는 것과 마찬가지라 하겠다. 조정대상지역 지정에 관한 주택법의 규정 중 '최소한의 범위에서 조정대상지역을 지정해야 한다.'는 규정은 오직 선언적인 규정으로 어떠한 제한적 내용이 없어 사실상 국토교통부 장관이 조정대상지역을 마음대로 지정할 수 있는 규정이다. 사실상 국토교통부 장관이 마음대로 지정하고 해제한 것이 결과적으로 드러나고 있는 것이다.

다음에는 주택법에 조정대상지역의 지정은 그 지정 목적을 달성할 수 있는 최소한의 범위 내로 한다고 규정되어 있고, 주거정책 관련 전문가들로 구성된 주거정책 심의위원회의 심의를 거치기 때문에 조정대상지역 내 2주택자 중과세규정은 사실상 포괄위임금지원칙에 위반되지 않는다는 내용에 대하여 검토해 보고자 한다. 주택법에 최소한의 범위에서 조정대상지역을 지정해야 한다는 규정은 오직 선언적 규정에 불과하고 최소한의 범위에서 조정대상지역을 지정했는지를 검토할 방법도 없다. 또한 이 규정을 어겼을 때에 어떠한 처벌 규정도 없기 때문에 이 규정은 사실상 아무 의미가 없는 규정이라 하겠다. 그리고 헌법재판소에서 국토교통부장관이 조정대상지역을 최소화하도록 노력하였는지에 대하여도 검토되었는지가 전혀 확인되지 않고 있다. 주거정책심의위원회가 규정되어 있어도 이 심의위원들은 대부분 공무원이다. 이 심의위원회는 실질적 권한자체도 없는 형식상의 심의위원회에 불과하다 할 것이다. 따라서 조정대상지역의 지정은 사실상 국토교통부장관이 마음대로 지정하고 해제하였던 것이 드러나고 있다 하겠다.

2021년에는 거의 전국적으로 125개의 조정대상지역을 지정하였고, 2022년에는 신정부가 들어서서 서울시 중 서초구, 강남구, 송파구, 용산구 4곳을 제외한 모든 지역을 해제하였다. 이것은 조정대상지역을 국토교통부장관이 마음대로 지정하고 해제한 것에 해당된다 하겠다. 조정대상지역 내 2주택자에 해당되면 종부세 부과세액이 3배 수준 이상으로 높아진다. 그런데도 조정대상지역을 최소한의 범위 내에서 지정해야 한다는 선언적 규정이나 주거정책심의위원회의 형식적인 심의를 거쳤다고 세금 폭증을 허용하는 것은, 생활밀착형 세금인 부동산 보유세의 법적 안정성과 예측가능성을 해치는 것이다.

　더욱이 이 납세자들은 조정대상지역으로 지정되기 훨씬 전에 2주택을 취득한 사람들이고 또한 부동산 투기 붐과도 전혀 관련이 없는데, 국토교통부장관이 조정대상지역으로 지정하였다고 부동산보유세인 종부세를 3배 이상 대폭 인상되어 부과받았다. 재산권의 본질적 내용마저 침해하는 수준으로 부과하는, 재산권의 침해가 분명한 세금을 국토교통부장관이 자의적으로 부과할 수 있도록 종부세법 규정을 포괄위임한 결과이다. 이것이 포괄위임금지의 원칙에 적용되지 않는다고 헌법재판소에서 판결한 것은 사실상 포괄위임금지의 원칙은 유명무실해졌다고 할 수밖에 없는 것이고, 헌법상 규정인 조세법률주의도 사실상 유명무실해진 것이라 할 것이다.

　조정대상지역 내 2주택자 중과세규정은 2023년 귀속 종부세법 규정에서는 삭제되었다. 헌법재판소의 주장대로 이 규정이 포괄위임금지원칙에도 반하지 않고 종부세법 입법취지에도 적합하다면, 왜 이 규정이 바로 삭제되었는지 곰곰이 생각할 여지가 있다. OECD 대부분의 국가에서는 주택을 취득한 이래로 부동산 보유세가 거의 같은 세액 수준으로 계속해서 부과되고 있어, 국민들이 부동산보유세의 폭증·폭감으로 불안하지 않고 경제생활의 계획을 세워 사는데 전혀 지장을 주지 않고 있다. 그러나 우리나라의 경우에는 헌재의 합헌결정으로 인하여 행정부에서 종합부동산세 등의 세금을 자의적으로 얼마든지 올리거나 내리는 것을 허용하는 결과가 되었다. 그래서 국민들이 세금 부과에 대한 불안감을 떨칠 수가 없으며, 언제 얼마만큼의 감당할 수 없는 세금이 부과될지 알 수 없다. 이것은 조세법률주의에 위반되는 것이다. 따라서 조정대상지역 내 2주택자 중과세규정은 분명히 조세법률주의에 위반되는 것이다.

⑤ 주택 수 계산 방법에 관한 규정의 포괄위임의 문제

1) 합헌결정문의 내용

종부세액 계산에 있어 '주택 수 계산'은 주택의 규모나 용도, 주택 소유의 형태 등과 같은 여러 사정들을 고려하여 정할 필요성이 크다. 따라서 주택분 종부세액을 계산할 때 '주택 수 계산'에 관한 사항을 하위법령에 위임할 필요성이 인정된다.

위와 같은 규정 내용들을 종합하여 보면, 하위법령에 규정될 주택 수 계산의 범위는 주택의 유형, 규모, 주택의 구체적 소유형태나 목적 등을 고려할 때 소유 주택 수에 산입하더라도 일정 가액 이상의 부동산에 대한 고율의 종부세를 부과함으로써 조세형평을 제고

한다는 종부세법의 입법취지에 반하지 않는다고 판단되는 경우들이거나, 이와는 반대로 위와 같은 사정들을 고려할 때 소유 주택 수에 산입하는 것이 형평에 반한다고 판단되어 주택 수에서 제외되어야 하는 경우들임을 예측할 수 있다. 따라서 종부세법 제9조 제4항 중 '주택 수 계산' 부분은 포괄위임금지원칙에 위반되지 아니한다.

2) 합헌결정 내용의 문제점

헌법재판소에서는 '주택 수 계산' 규정도 위임의 필요성이 있고 예측가능성이 있다고 인정하며, 포괄위임금지원칙에 위반되지 않는다고 한다. 공시가격, 공정시장가액비율, 조정대상지역 내 2주택자 규정과 주택 수 계산 규정은 종부세의 과세표준과 세율을 정하는 가장 중요한 종부세법의 과세요건이다. 이 모든 규정은 사실상 완전 포괄위임되어 규정되어 있기 때문에, 행정부에서 시행령을 통하여 사실상 종부세 과세요건을 자의적으로 그리고 차등적으로 결정하였다. 그 결과 종부세는 행정부의 자의적인 결정에 따라 부과세액이 최소한 5배 이상 증가하고 감소하는 결과를 가져왔다.

이렇게 포괄위임되어 행정부에서 자의적으로 과세요건을 결정하는 것이 허용된 것임에도 불구하고, 헌법재판소에서는 종부세의 핵심적인 과세요건 모두가 포괄위임금지원칙에 위반되지 않는다고 결정하였다. 사실상 헌법재판소에서 헌법상의 규정인 조세법률주의를 유명무실하게 만든 것이라 하겠다. 헌법재판관들이 헌법 위에 자신들이 존재하고, 자신들이 한번 결정하면 그것은 누구라도 따라야 하는 절대적 헌법해석권을 가지고 있다는 오만과 자만에서 나온, 아주 잘못된 합헌결정에 불과하다 할 것이다. 사실상 헌법재판관들이 제시한 종부세 합헌결정의 근거와 이유 중 어느 것 하나 정당하고 합당한 내용이 없는 실정이다. 헌법재판관들은 종부세 합헌결정을 위해 사실상 사실관계와 법리해석을 왜곡하고 조작하였다고 생각하지 않을 수 없는 실정이다.

주택 수 계산 규정은 종합부동산세의 다주택자 차별과세 구조로 인해 불가피하게 만들어진 규정이다. 그러나 부동산보유세의 과세체계에 있어서 다주택자 차별과세규정을 두고 있는 나라는 없기 때문에, 주택 수 계산 규정은 정상적인 부동산보유세 과세체계에서는 보기 힘든 매우 독특한 세법규정이라 하겠다. 이 규정은 2019년 귀속분에 처음 신설되었으며, 2021년 다주택자 중과세 강화 조치로 인하여 이 규정의 문제점이 드러나게 되었다. 입법과정에서 이 규정의 문제점과 특이성 등이 전혀 검토되지 못하였고 사실상 완전 포괄위임되어 있고 종부세가 무차별적으로 부과되는 세금이기 때문에 이 규정으로 인하여 재산권의 침해가 크게 발생하게 된 것이다.

이사를 위한 주택의 매매거래나 예기치 못한 상속 등으로 일시적 2주택의 발생은 불가피한 것인데도, 2021년 귀속분 세법규정에는 일시적 2주택자에게 무차별적이며 일률적으로 중과세하도록 포괄위임되어 있다. 그래서 당시 일시적 2주택자의 경우는 억울하게 10배 이상 중과세되어, 부과받은 세금이 사적 유용성을 훨씬 초과하는 결과가 되었다. 따라서 주택 수 계산 규정은 납세자의 세부담을 결정짓는 과세요건인데도 불구하고, 종부세법 본법에는 어떠한 제한 규정도 없이 완전히 시행령에 위임하였는데, 사실상 시행령의 관련 규정도 현실적이지도 상식적이지도 않았다. 이 규정에 의하여 2021년 귀속분 종부세를 부과받은 납세자는 매우 억울하게도 세금을 10배 이상 더 납부하게 되었다.

2022년에는 종합부동산세법 관련 규정을 대폭 보완하였고, 또다시 2023년에도 재차 규정을 보완하여 종부세법 본법에 주택 수 계산에 관한 규정을 직접 규정하여 포괄위임의 문제를 해소하였을 뿐만 아니라, 일시적 2주택자의 경우에는 주택 매매의 경우 3년간 그리고 상속으로 인한 경우 일시적 2주택을 적용하지 않거나 경과 기간을 5년으로 정함으로써, 사실상 일시적 2주택자에 대한 억울한 과세를 상당히 해소하였다. 따라서 2019~2021년간의 일시적 2주택에 대한 무차별적 과세규정은 부동산의 거래 현실을 전혀 고려하지 않은 무차별적 과세규정으로, 매우 무리하고 부당한 과세가 이루어졌음이 분명하다. 이러한 과세규정은 더욱이 완전 포괄위임되어 규정되어 있었기 때문에 이것은 조세법률주의에 명백히 위반된다고 하겠다. 그렇기 때문에 2021년 종부세를 부과받은 납세자의 경우는 종부세법의 포괄적 위임규정으로 인하여 납부해야 될 세금보다 10배 이상의 세금을 더 납부하는 결과가 된 것이다. 이런데도 불구하고 헌법재판소에서는 아무런 문제가 없다고 한다는 것은 사실상 포괄위임금지의 원칙과 조세법률주의를 완전히 무시하는 판결을 한 것일 뿐만 아니라, 국민들이 부당한 세법규정으로 억울하고 부당한 세금을 부과받은 것에 대하여 구제해 주지 않는 사실상의 엉터리 합헌결정을 내린 것이라 할 것이다.

주택 수 계산 규정은 예측가능성이 있기 때문에 포괄위임이 가능하다는 것이 헌법재판소의 합헌결정이다. 그러나 2021년 귀속 종부세의 경우 이사 목적과 상속에 따른 일시적 2주택자에 대하여 높은세율이 적용되어 세금이 10배 이상 과중하게 부과되었다. 주택 수 계산 규정이 예측가능성이 있었다면 어떻게 2021년 귀속 종부세의 법 규정을 포괄위임하여 일시적 2주택자에 대하여 종부세를 무차별적으로 부과되도록 시행령을 규정하였다가, 이것에 대한 재산권 침해의 문제가 크게 대두되자 2022년과 2023년에 연속하여 주택 수 계산 규정의 내용을 개정하고 또한 그 내용을 종부세법 본법에도 삽입하였는데, 이는 주택 수 계산 규정은 헌법재판소가 주장하는 바와 같이 온전한 예측가능성이 있는 규정이 아니라는 것이 자명하게 판명된 것이라 할 것이다. 따라서 헌법재판소에서 주택 수 계산 규정은 예측가능성이 있기 때문에 포괄위임도 가능하다는 판결은 명백히 잘못된 판결이며, 이 판결은 포괄위임금지 원칙마저 무용지물화 시킨 잘못된 판결임이 분명하다. 또한 2021년 귀속 종부세의 경우 일시적 2주택자에게 10배 수준의 종부세를 중과세한 것은 명백히 재산권 침해로 조세법률주의에 위반된다 할 것이다.

3. 종부세의 폭증·폭감이 조세법률주의의 근본이념인 법적 안정성을 해치는지에 대하여

① 법적 안정성과 종부세

헌법 제38조와 제59조가 규정하고 있는 조세법률주의는 과세요건법정주의와 과세요건명확주의를 핵심적 내용으로 삼는데, 이는 과세요건을 법률로 명확하게 규정함으로써 국민의 재산권을 보장함과 동시에 국민의 경제생활에 법적 안정성과 예측가능성을 보장하는 것을 그 이념으로 하고 있다. 세금은 무엇보다도 법적 안정성이 중요하다. 급여소득자의 갑근세로 예를 들어 보고자 한다. 급여소득자는 대부분 연간소득이 일정한 수준이다. 그리고 갑근세가 부과된다. 그런데 매년의 갑근세가 상당히 다르게 부과된다면, 급여소득자는 생활비 계획을 세우기 어려워 생활의 안정성을 갖기 힘들다. 연간 급여가 7천만 원인 급여소득자에게 어느 해는 갑근세로 500만 원이 부과되고 어느 해는 갑자기 세율을 높여 2천만 원으로 갑근세가 부과되는 등 매년 그 세금이 상당한 차이가 발생하면, 그 급여소득자는 매년의 생활비 계획을 세울 수가 없다. 그래서 소득세의 경우 소득세율 2%p를 높이는 세법개정의 경우에도 많은 검토와 여론의 동향을 살피곤 한다. 종부세는 부동산보유세이다. 부동산보유세도 갑근세만큼 법적 안정성이 중요한 세금이다. 보유한 부동산에 매년 반복하여 세금이 부과되기 때문에 이 세금은 생활밀착형 세금으로 인정되고 있는 것이다. 우리나라 종부세처럼 부동산보유세가 3년 사이에 그 세금이 10~100배까지 인상하고 폭락하는 것은 어느 나라에서도 인정될 수 없는 것이다. 그러나 이번 헌법재판소의 합헌결정은 세금의 가장 중요한 요소인 법적 안정성에 대하여 전혀 검토된 바가 없다.

OECD 국가 대부분의 부동산보유세 실태를 보면, 주택의 고가 여부, 다주택자 등과 관계없이 단일세율이 적용된다. 매년 반복해서 부과되는 생활밀착형 세금이기 때문에 공시가격, 공정시장가액비율 그리고 세율 등의 과세요건은 그대로 유지하는 등 국민이 안심하고 살아갈 수 있게 주택 취득 이후 매년 거의 동일한 세액을 납부토록 하여 법적 안정성이 최우선으로 고려되고 있는 것이다. 표48에서 볼 수 있듯이, GDP 대비 부동산보유세의 비중이 거의 일정한 것으로 나타나며 특히 미국, 영국, 프랑스, 독일의 경우에는 그 비중이 조금씩이나마 줄어들고 있음을 알 수 있다. 이것은 OECD 국가의 부동산보유세가 일정 수준으로 유지되어 부과되고 있음을 잘 나타낸다(우리나라의 부동산보유세의 부담률은 2010년 0.70%에서 2021년에는 1.20%로 50% 정도 상승하였음).

표48 OECD의 GDP 대비 부동산보유세 비중 추이(2010~2021년)

연도	대한민국	미국	영국	프랑스	일본	OECD평균
2010년	0.70	2.93	3.12	2.51	2.05	0.98
2011년	0.70	2.83	3.11	2.54	2.07	1.00
2012년	0.72	2.74	3.11	2.63	1.98	1.04
2013년	0.72	2.72	3.09	2.71	1.95	1.06
2014년	0.75	2.71	3.04	2.72	1.93	1.09
2015년	0.75	2.69	3.04	2.75	1.88	1.09
2016년	0.75	2.74	3.02	2.80	1.89	1.09
2017년	0.78	2.79	3.03	2.79	1.89	1.08
2018년	0.82	2.73	3.09	2.66	1.90	1.07
2019년	0.93	2.71	3.12	2.50	1.92	1.06
2020년	1.05	2.90	2.90	2.40	2.00	1.00
2021년	1.20	2.80	2.00	2.00	1.90	1.00
2010~2021 변동	0.50	△0.13	△1.12	△0.51	△0.15	0.02

※ 자료: OECD Stat, Revenue Statistics-OECD countries: Comparative tables
※ 참고: 2022년의 우리나라 부동산보유세의 GDP 대비 비중은 1.309%이다.

(단위: %)

② 종부세의 폭증·폭감 실태에 대한 설명

다음에는 우리나라의 종부세가 얼마나 폭등하고 폭감하였는지 설명드리고자 한다.

정부 발표로 본 종합부동산세 총세액의 폭증·폭감 실태

2017년~2023년간의 주택분 총부과세액 변동 실태

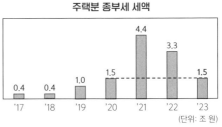

주1] 2017~2022년 결정 기준, 2023년 고지 기준

주2] 이하 도표의 자세한 내용은 2023. 11. 29. 기획재정부 보도자료 '올해 주택 종부세 납부자 3분의 1로 감소' 참조

다주택자의 주택분 총부과세액 변동 실태

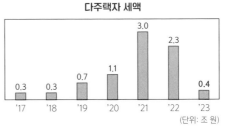

주1] 2017~2022년 결정 기준, 2023년 고지 기준

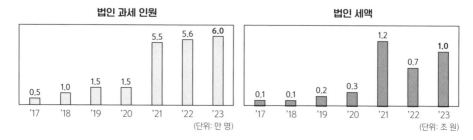

법인의 주택분 총부과세액 변동 실태

법인 과세 인원

'17 0.5
'18 1.0
'19 1.5
'20 1.5
'21 5.5
'22 5.6
'23 6.0

(단위: 만 명)

법인 세액

'17 0.1
'18 0.1
'19 0.2
'20 0.3
'21 1.2
'22 0.7
'23 1.0

(단위: 조 원)

주1] 2017~2022년 결정 기준, 2023년 고지 기준

주2] 법인은 고지서를 받은 후 특례 신청하는 경우가 많아 법인의 결정세액은 고지세액보다 감소

　　이것은 2023. 11. 29. 기획재정부가 발표한 '올해 주택분 종부세 납세자 3분의 1로 감소'의 내용을 요약한 것이다. 주택분 종부세 전체로 보았을 때 2018년의 세액은 0.4조 원이며 2021년의 세액은 4.4조 원으로 11배가 상승한 것으로 나타난다. 다주택자의 경우를 보면 10배 수준 상승한 것으로 나타나며 법인의 경우를 보면 12배 정도 상승한 것으로 나타난다. 이것은 세금의 폭등 수준이다. 보유한 부동산은 동일한데 불과 3년 사이에 부동산보유세가 10배 이상으로 폭증한 것인데 이것은 법적 안정성을 침해해도 지나치게 침해한 수준이라 하겠다. OECD 국가의 예를 보면 이 기간 동안에 똑같이 팬데믹 위기 상황을 겪었는데도 부동산보유세의 부과세액은 전혀 변동된 바가 없다.

　　다음에는 2017년과 2023년간 동일한 부동산을 소유한 청구인에 대한 분석 사항을 요약해 보고자 한다.

표49 대표 사례 다주택자 청구인들의 연도별 주택분 종합부동산세 부과내역

○ 개인납세자

청구인	유형 구분 (세액 규모별)	2018	2019	2020	2021	2022	2023
AOO	2주택(고액)	12,171	29,859	45,607	126,037	97,902	25,226
BOO	2주택(중규모)	2,187	6,457	8,957	34,732	22,178	4,105
COO	2주택(소액)	1,278	2,048	3,838	16,591	13,392	1,525
DOO	다주택(고액)	22,616	55,968	80,004	207,417	144,226	71,499
EOO	다주택(중규모)	10,786	27,748	33,237	104,894	83,467	17,741
FOO	다주택(중규모)	3,773	9,558	11,850	40,154	29,951	5,065
GOO	다주택(소액)	1,514	3,149	5,686	8,590	5,594	825
소계		54,325	134,787	189,179	538,415	396,710	125,986

(단위: 천 원)

주1] 대표 사례 청구인들은 2017~2023년간 과세대상이 동일한 납세자이다(그 기간 동안에 동일한 부동산을 보유).

○ 법인납세자

청구법인	유형 구분 (세액 규모별)	2018	2019	2020	2021	2022	2023
법인A	2주택(중규모)	2,314	7,649	12,874	156,699	113,260	40,029
법인B	2주택(소액)	과세미달	과세미달	과세미달	31,809	27,411	10,226
법인C	다주택 (중규모,수도권)	189	556	828	68,448	52,287	36,443
법인D	다주택 (중소규모, 수도권)	618	409	343	48,794	47,262	31,797
법인E	다주택 (소액, 수도권)	과세미달	과세미달	과세미달	34,106	26,415	18,713
법인F	다주택 (소액, 비수도권)	과세미달	과세미달	과세미달	28,555	18,205	14,541
소계		3,121	8,614	14,045	368,411	284,840	151,749

(단위: 천 원)

표49는 위헌청구인 중 2017~2023년간 동일한 부동산을 보유한 납세자들이다. 다주택 개인납세자의 경우는 2018년 대비 2021년의 종부세는 9.9배 인상된 것으로 나타나며 다주택 법인납세자의 경우는 118.0배 인상된 것으로 나타난다. 이 세금은 부동산보유세이다. OECD 외국의 경우 부동산보유세는 법적 안정성을 최우선으로 고려하기 때문에 매년 거의 같은 세액이 부과되는데 우리나라 종부세는 동일한 부동산보유세인데도 불과 3년 사이에 10~100배 수준 부과세액이 폭증하였다. 이것은 누구도 감내할 수 없는 세금 폭증이며 조세법률주의 기본이념인 법적 안정성을 너무나도 침해하는 것이기 때문에 헌법위반이 분명하다고 하겠다.

그러나 헌법재판소의 이번 합헌결정에는 종부세의 법적 안정성의 헌법위반 여부가 전혀 검토되지 않았다. 이것은 헌법재판소에서 종부세는 부동산 가격 안정이라는 입법목적을 위한 정책적 조세로서 이 세금은 헌법이 규정한 '납세의 의무'규정이 적용되지 않으며 입법목적에 새로운 세금 부과권이 창설되는 것으로 인정하기 때문에 이 문제 자체를 검토하지 않은 것으로 생각될 수 있다. 그러나 국민의 재산을 무상으로 빼앗을 수 있는 것은 오직 세금뿐이며 이 세금은 헌법상의 '납세의 의무' 규정에 기초하는 것이기 때문에, 세법의 입법목적이 아무리 중요하다고 하여도 입법목적이 새로운 납세의 의무를 창출할 수 없으며 새로운 세금 부과권을 창설할 수 없는 것이다. 부과된 세금이 헌법상의 '납세의 의무'규정을 위반하여 부과되는 경우, 이것은 분명히 헌법위반에 해당되는 것이다.

표50 **주택분 종합부동산세 폭증·폭감에 영향을 미친 주요 과세요건 변동 내역**

구분		2018년	2019년	2020년	2021년	2022년	2023년
세율	개인 낮은세율	0.5~2.0%	0.5~2.7%		0.6~3.0%		0.5~2.7%
	개인 높은세율		0.6~3.2%		1.2~6.0%		0.5~5.0%
	법인 낮은세율	개인과 같음			3.0%		2.7%
	법인 높은세율	개인과 같음			6.0%		5.0%
조정대상지역 내 2주택자 중과세규정		규정 없음	규정 신설 및 존치				규정 삭제
공시가격 변동률		5.02%	5.23%	5.98%	19.05%	17.20%	−18.63%
공정시장가액비율		80%	85%	90%	95%	60%	
과세표준 기본공제	1세대 1주택자	9억				11억	12억
	다주택개인	6억					9억
	법인	6억			없음		
세부담 상한	**1세대 1주택자**	150%					
	개인 1, 2주택자	150%	200%		300%		150%
	개인 3주택 이상	150%	300%				150%
	법인	개인과 같음			무제한		

표50은 2018~2023년간의 종부세 과세요건의 변동 내용을 정리한 표이다. 먼저 세율을 보면, 2018년에는 개인, 법인 그리고 다주택자와 1주택자 간의 구분 없이 적용세율이 0.5~2.0%로 동일하였다. 2021년에는 개인납세자의 세율도 낮은세율(1~2주택자) 0.6~3.0%, 높은세율(조정대상지역 내 2주택자와 다주택자)은 1.2~6.0%로 차등화하였고, 법인납세자의 경우 다주택자 세율은 6.0%의 단일세율로 정하는 등 세율이 급등하였고 2023년에는 세율을 조금 낮추어 주었다.

조정대상지역 내 2주택자 중과세규정은 2019년에 신설되었다가 2023년에는 삭제되었다. 공시가격은 오랜 기간 동안 2~4% 수준에서 인상되어 안정적으로 유지되었는데 2021년과 2022년은 19.05%와 17.20%로 대폭 올렸으며, 2023년에는 -18.63%로 대폭 낮추는 등으로 공시가격이 크게 요동쳤다. 공정시장가액비율도 80% 선을 계속 유지하다가 문재인 정부에서는 매년 5%씩 올려 2021년에는 공정시장가액비율을 95%까지 올려 적용하였으며, 2022년 윤석열 정부에서 공정시장가액비율을 60%로 낮추어 이 또한 크게 요동치는 결과가 되었다. 과세표준 공제금액과 세부담 상한규정도 제멋대로 올리고 내리는 세법개정을 반복하였다. 종부세는 부동산보유세로서 대표적인 생활밀착형 세금이다. OECD 모든 나라는 부과 세금의 변동이 거의 없는데, 우리나라 종부세는 이와 같이 모든 과세요건을 단기간에 대폭 올리고 내려 국민이 부담하는 종부세를 10~100배 수준까지 폭등시켜 국민이 안심하고 살아갈 수 없도록 하였다. 사실상 세금으로 국민의 재산을 무상으로 빼앗는 결과가 되었기 때문에 종부세는 법적 안정성을 전혀 고려하지 않는 세금이 된 것이고 조세법률주의는 물론 재산권의 본질적 내용마저 침해하는 헌법위반의 세금이 된 것이다.

종부세가 이런 세금이 되었는데도 불구하고 헌법재판관들은 종부세가 종부세법의 입법목적인 부동산 가격 안정 도모에 도움이 된다고 합헌결정을 내린 것이다. 헌법재판관들은 종부세가 재산권의 본질적 내용을 침해하였는지 그리고 법적 안정성을 해쳐 헌법위반에 해당되는지는 전혀 검토조차 하지 않았다. 헌법재판소에서는 종부세의 과잉과세가 오직 종부세법의 제2의 입법목적에 합당하다고 합헌결정을 내린 것인데 이것은 종부세의 본질이 부동산보유세임을 망각한 것이고, 종부세가 오직 투기 억제목적세라고 오판한 결과이다. 헌법재판소에서 종부세가 투기 억제목적의 정책조세라고 재산권, 평등권 그리고 조세법률주의를 아무리 침해해도 무방하다고 허용한 것인데, 이러한 헌법재판소의 판결은 헌법상의 '납세의 의무'규정과 조세의 본질을 고려할 때 도저히 납득할 수 없는 판결이라 할 것이다.

4. 재산세와의 이중과세의 문제점에 대한 설명

① 2008년의 종부세 일부 위헌결정의 관련 내용

2021년 11월 23일 기획재정부에서 발표한 '2021년 종합부동산세 고지 관련, 사실은 이렇습니다'의 제7항에 2008년 종부세 일부 위헌결정 내용 중 재산세와의 이중과세 문제에 대한 판결내용을 다음과 같이 설명하고 있다.

---

7. 종부세는 재산세와 이중과세 되지 않습니다.

□ 재산세와 종부세가 이중으로 과세되지 않도록 **종부세 과표에 부과된 재산세 상당액은 종부세액에서 공제**

□ **헌법재판소**에서도 동일한 과세대상 부동산이더라도 재산세 과세 부분과 종부세 과세 부분이 **나뉘져** 있으므로 **이중과세 문제는 발생하지 않으므로 합헌**이라고 판시[2006헌바112('08.11.13)]

---

② 종부세법과 시행령의 관련 규정

종부세법 제9조 제3항을 보면 '주택분 과세표준 금액에 해당 과세대상 주택의 주택분 재산세로 부과된 세액은 주택분 종합부동산세에서 이를 공제한다.'라고 규정되어 있고, 종부세법시행령 제4조의 3의 규정을 보면 '지방세법 제111조에 규정된 주택분 재산세를 아래의 방법으로 공제금액을 계산한다.'라는 의미로 종합부동산세 세액계산에서 공제되는 주택분 재산세의 계산 방법을 규정하고 있다.

③ 포괄위임 규정과 헌법재판소의 엉터리 판결

헌법재판소의 2008년 종부세 일부 위헌결정의 내용이나 기획재정부의 발표 내용을 보면, 종부세 세액계산에서 재산세 상당액을 공제해 주어 재산세와 종부세의 이중과세는 발생하지 않으므로, 동일한 부동산에 대하여 재산세와 종부세가 중복하여 과세되더라도 이중과세 문제가 발생하지 않는다. 그래서 종부세와 재산세의 중복과세는 문제가 없고 종부세의 과세는 합헌이라고 했다.

그러나 이러한 판결과 기획재정부의 주장은 공제되는 재산세에 대하여 정확한 내용을 제대로 알지 못해 사실과 다른 판결을 한 것이다. 특히 세법의 주무 부서인 기획재정부에서도 이러한 내용을 제대로 알지 못해 사실상 거짓말을 한 것으로 한심하다 할 것이다. 분명히 알아야 할 것은 지방세분 부동산보유세는 순재산세(지방세법 제111조)만 부과되는 것이 아니라는 것이다. 순재산세에 부가되어 부과되는 재산세는 도시지역분 재산세(지방세법 제112조)와 지방교육세(지방세법 제150조 제6호)도 분명한 지방세분 부동산보유세인 것이다. 이 세액은 전체 지방세분 부동산보유세의 36~38% 수준을 차지하는 상당한 금액의 세금이다. 종부세법 시행령에는 종합부동산세 세액계산 시 지방세법 제111조의 순재산세만 공제해 주고, 지방세법 제112조의 도시지역분 재산세와 지방세법 제150조 제6호의 지방교육세는 공제대상에서 제외되도록 잘못 규정되어 있다. 그래서 종합부동산세 세액계산 시, 전체 재산세 중 62~64% 수준만 공제해 주고 있는 것이다.

표51 **2021년 귀속 종합부동산세 계산 시 공제되는 재산세분 공제 비율 계산표**

구분	개인납세자			법인납세자		
	주택분	종합합산토지분	별도합산토지분	주택분	종합합산토지분	별도합산토지분
공제 비율	50.58	45.0	31.4	56.7	59.7	37.9

(단위: %)

표51은 2021년분 종합부동산세의 세액계산 시 공제되는 재산세의 공제 비율을 평균적으로 계산한 것이다. 따라서 이 재산세 공제 비율은 재산세 중 도시지역분 재산세와 지방교육세는 제외하고 공제해 준 것이다. 따라서 종합부동산세 세액계산 시, 지방세분 부동산보유세 중 36~38%는 제외한 일부의 재산세만 공제된 것이다.

2008년의 헌법재판소 결정이나 기획재정부의 발표 내용에 따르면, 사실상 당초의 종부세법의 의도는 지방세분 부동산보유세의 전체 금액을 종부세 세액계산 시 공제해 주는 것이었다. 그런데 시행령 규정의 잘못으로 36~38% 수준의 도시지역분 재산세와 지방교육세가 공제금액에서 포함되지 않게 되었다. 이것은 분명 종부세법 제9조 제3항의 규정이 완전히 포괄위임된 세법규정이었기 때문에 발생한 잘못이라고 할 것이다. 세법규정은 시행령에 위임하여 정하는 경우에도 구체적인 범위를 정하여 위임해야 마땅하다. 그러므로 종부세법의 규정에 최소한 부과된 재산세 전체세액 중 종부세의 과표에 겹치는 세액은 전부 공제해 주어야 한다는 내용을 명백하게 종부세법에 규정해야 했으며, 다만 그 계산 공식에 대한 세부 규정만을 시행령에 위임했어야 마땅했을 것이다.

④ 2021년 귀속 종부세 합헌결정의 관련 내용

위와 같이 종부세법은 동일한 과세대상 주택 및 토지에 대하여 종부세와 재산세가 중복하여 과세되지 않도록 일응의 기준을 직접 마련하고 있다.

위와 같은 지방세법상의 관련규정들의 내용을 종부세 세액에서 재산세 세액을 공제하도록 한 종부세법 제9조 제3항, 제14조 제3항, 제6항의 문언과 입법취지에 비추어 보면, 하위법령에 규정될 '주택분 재산세로 부과된 세액의 공제 등' 및 '토지분 재산세로 부과된 세액의 공제 등'에 관한 사항은 지방세법상 주택분 및 토지분 재산세의 계산 절차 및 그 과세방식 등을 고려한 주택분 및 토지분 재산세액의 공제 산식 등에 관한 내용이 될 것임을 어렵지 않게 예측할 수 있다고 할 것이다.

따라서 종부세법 제9조 제4항 중 '주택분 재산세로 부과된 세액의 공제 등' 부분 및 종부세법 제14조 제7항 중 '토지분 재산세로 부과된 세액의 공제 등' 부분 역시 포괄위임금지원칙에 위반되지 아니한다.

종부세법 제14조 제3항, 제6항은 토지분 과세표준 금액에 대하여 해당 과세대상 토지의 토지분 재산세로 부과된 세액 '전부'를 공제할 것을 각 전제하고 있음에도, 종부세법 제9조 제4항 및 제14조 제7항의 위임에 따른 같은 법 시행령 제4조의2 제1항, 제5조의3 제1항, 제2항이 실제 과세된 재산세액의 '일부' 비율만을 공제하도록 하고 있어 법률유보 원칙에 위반된다는 취지로도 주장한다.

그러나 위와 같은 주장은 실질적으로 헌법재판소법 제68조 제2항에 따른 헌법소원의 대상이 될 수 없는 대통령령의 위헌성에 관한 주장으로서, 법률조항의 위임에 따라 대통령령으로 규정한 내용이 헌법에 위반될 경우라도 그 대통령령의 규정이 위헌으로 되는 것은 별론으로 하고 그로 인하여 정당하고 적법하게 입법권을 위임한 수권법률조항까지도 위헌으로 되는 것은 아니다(헌재 2011. 2. 24. 2009헌바289 참조). 따라서 청구인들의 위와 같은 주장은 받아들이지 아니한다.

⑤ 재산세와의 이중과세의 문제점에 대한 설명

먼저 2021년 귀속 종부세 합헌결정의 관련 내용을 요약해 보면, 종부세법에는 종부세와 재산세가 중복하여 과세되지 않도록 규정되어 있고 이것은 포괄위임금지원칙에 위반되지 않는다는 내용이며, 시행령의 잘못된 규정은 종부세법의 위헌사유가 되지 못한다는 것이다. 또한 종부세법에 재산세 공제 관련 규정이 있어 종부세는 침해의 최소성원칙을 지킨 것이다. 다만 재산세가 이중과세된다고 하여도 그것은 입법재량의 범위내이기 때문에 문제가 없다는 내용이다.

이에 대한 문제점을 하나씩 검토해 보면, 먼저 동일한 세원에 대하여 2가지 세목으로 중복하여 세금을 부과하는 것이 정당한가의 문제에 대하여 검토하고자한다. 동일한 세원에 대하여 2가지 세목으로 세금을 중복하여 과세하는 경우 세부담의 공평성을 확보할 수가 없기 때문에 이러한 중복과세는 세계적으로 금기사항이 되어 있고 조세원칙과 조세이론에도 부합되지 않는 것이다. 또한 이것은 사실상 조세법률주의에 위반되는 것이 분명하다 할 것이다. 동일한 세원에 대하여 여러 가지 세목으로 세금을 중복하여 과세할 하등의 이유도 없다. 그렇게 중복하여 과세되면 아무리 중복되는 세금을 공제한다고 하여도 담세력에 따른 공평한 세부담을 제대로 계산할 수도, 비교할 수도 없어 세부담의 형평성을 맞추기는 매우 어렵게 된다.

종부세와 재산세의 중복과세의 경우만 보더라도 재산세는 모든 부동산에 대하여 과세되지만 종부세는 2%의 국민에 대하여 과세된다. 재산세의 세율은 0.1~0.4%에 도시지역분 재산세와 지방교육세가 부가되어 부과되기 때문에 최고세율이 0.62%(순재산세율 0.4%+도시지역분 재산세율 0.14%+지방교육세율 0.08%)이다. 종부세는 최고세율이 7.2%(농특세 포함)가 되어 부동산보유세 전체로 볼 때에는 최저세율은 0.12%이며 최고세율은 7.82%이기 때문에 그 세율 차이가 무려 65.1배(7.82%/0.12%)에 달하는 결과가 나온다. OECD 모든 나라는 부동산보유세의 부과세율이 단일세율이 원칙인데 우리나라의 경우는 부동산보유세의 세율 차이가 무려 65.1배기 때문에 이 세금은 조세평등주의에 위반될 수밖에 없다. 그러나 헌법재판소는 이 세금도 조세평등주의에 위반되지 않고 재산세와 종부세의 중복 과세도 문제가 없다고 판결하였는데 조세원칙과 조세이론 그리고 조세법률주의 규정에 지나치게 위반되는 합헌결정이라 하겠다. 이러한 문제는 바로 동일한 세원에 대하여 2가지 세목으로 중복하여 세금이 부과되는 데에서 발생한 것으로 동일한 세원에 대한 2가지 세목의 중복과세는 헌법위반이 분명하다 할 것이다.

[참고] 이태리 헌법재판소의 이중과세 위헌결정

OECD 어느 나라도 동일한 세원에 대하여 2가지 세목으로 이중으로 세금이 부과되는 것은 허용되지 않고 있다. 이에 관련된 이태리 헌법재판소의 판결에 대하여 2024년 6월 29일자 한국경제에 보도된 내용이 있어 간단히 설명하고자 한다.

한국경제신문 2024. 6. 29. "유럽발 '횡재세 열풍' 급제동. 이탈리아 헌재 '이중과세 위헌'"기사에 따르면 『이탈리아 헌법재판소는 27일(현지 시간) 정부가 2022년 주요 에너지 기업에 민생 고통 분담을 명목으로 부과한 횡재세가 위헌이라고 판결했다. 헌법재판소는 "소비세가 선반영된 이익을 기준으로 다시 세금을 부과하는 것은 이중과세 성격을 띤다."며 "상황의 특수성과 부과금의 한시적 성격이 과세도입을 정당화하는 근거가 될 수 없다."라고 판시했다. 』고 한다. 이 내용을 자세히는 알 수 없으나 분명한 것은 동일한 세원에 대하여 2가지 세목으로 이중으로 세금을 부과하는 것은 위헌에 해당된다는 것이다.

종부세와 재산세 중복과세는 조세법률주의에 분명히 위반되는 것이다. 더욱이 지방세분 부동산보유세의 36~38% 수준 자체를 공제대상에서 제외하여 종부세와 재산세의 실질적인 이중과세가 발생하는 결과가 되는 것은 더욱 조세법률주의에 위반된다. 이러한 이중과세는 입법자가 의도하지 않았을 것이지만, 포괄위임의 결과로 발생한 것이 분명하므로 이 규정의 포괄위임은 명백히 조세법률주의에 위반된다 할 것이다. 또한 종부세법의 모든 과세요건은 지나치게 포괄위임되어 있어 재산세와 이중과세 문제, 이사 또는 상속에 따른 일시적 2주택자에 대한 일률적이며 무차별적인 과세, 관련 규정의 반복적인 세법개정, 조정대상지역의 지나친 확대 지정에 따른 무리한 과세와 규정 삭제, 공정시장가액비율의 재량적 조정, 공시가격의 자의적이며 차등적인 산정의 문제 등 종부세의 잘못된 세금 부과 문제가 발생하고 있다. 이렇게 부과된 종부세가 재산권의 본질적 내용마저 침해하고 있기 때문에, 종부세법의 포괄위임 규정이 아무런 문제가 없다는 헌법재판관의 판결은 조세법률주의 규정을 무용지물로 만들고 있는 것이므로, 헌법재판소의 종부세 합헌결정은 분명히 헌법위반이라 할 것이다.

종부세와 재산세의 이중과세의 문제에서 드러난 헌법재판관의 태도는 더욱 큰 문제라 하겠다. 2008년 종부세 결정에서는 종부세와 중복되는 재산세 모두가 종부세의 세액계산 시 공제된다고 하여 종부세가 합헌이라고 결정하였다. 그렇다면 2021년 귀속분 종부세 합헌결정에서는 2008년 종부세 결정의 재산세 관련 내용이 잘못되어 있다는 것에 대하여 반성이라도 해야 하며, 또한 최소한도 재산세와 종부세의 이중과세 문제가 더 이상 발생하지 않도록 입법부와 행정부에 세법개정을 요구했어야 했다. 그런데 헌법재판소에서는 재산세와 종부세의 이중 과세는 분명히 발생하는 것을 인정하면서도 이 이중과세는 입법재량의 범위라고 위헌성이 없다고 주장하는 것은 헌법상의 '납세의 의무'규정을 무시하는 것이며, 세금을 납부하는 모든 국민을 모독하는 것이라 하겠다. 헌법재판소의 이 합헌결정에 따르면, 앞으로는 동일한 세원에 대하여 여러 가지 세목으로 중복과세도 가능하고 이중과세가 발생해도 재산권 침해 그리고 조세법률주의에 위반되지 않는다는 것을 허용한 것이다. 이러한 판결은 세상에 어느 나라에서도 인정될 수 없는 것은 분명한 것이며 조세원칙, 조세이론 그리고 헌법 규정에도 명백히 위반되는 것이라고 할 것이다. 이것은 국가가 부과하는 세금은 국민은 무조건 납부하라는 판결이고, 세금이 국민의 재산권을 침해하고 평등권도 침해해도 아무런 문제가 없다는 판결로, 국민 무시의 판결이며 국민의 신성한 납세의 의무를 모독하는 판결이다.

더욱이 종부세 세액계산 시 중복하여 과세되는 재산세 중 38% 수준은 공제도 안 해주어 종부세와 재산세가 이중과세 되는 것이 분명하다. 그런데 헌법재판소에서는 종부세와 재산세의 이중과세는 무방하다는 주장을 넘어, 종부세 계산 시 재산세를 공제해 주는 규정이 있기 때문에 종부세가 침해의 최소성원칙을 지켰다고 판결하였는데 이것은 더욱 국민을 우롱하는 판결이라 할 것이다. 그래서 이번의 종부세 합헌결정은 비열하고 야비하며 더러운 판결임을 헌법재판소가 스스로 자인한 것이다.

헌법재판관에게 묻겠다. 종부세가 OECD 각국의 헌법재판소에서도 합헌결정될 것으로 당신들은 믿습니까? 종부세와 재산세의 이중과세, 종부세법의 모든과세요건의 포괄위임의 문제, 재산권의 본질적 내용의 침해, 정부 마음대로 부과되는 세금 구조와 법적 안정성 무시 그리고 조세평등주의 위반 등 모든 헌법규정을 위반한 종부세가 OECD 각국의 헌법재판소에서 합헌결정 될 가능성은전무하다 할 것이다.

제8절 | 종부세는 조세평등주의에 정면으로 위배된다

1. 헌법 제11조의 규정

① 모든 국민은 법 앞에 평등하다. 누구든지 성별·종교 또는 사회적 신분에 의하여 정치적·경제적·사회적·문화적 생활의 모든 영역에 있어서 차별을 받지 아니한다.

② 사회적 특수 계급의 제도는 인정되지 아니하며, 어떠한 형태로도 이를창설할 수 없다.

2. 합헌결정문의 내용

○ 법인인 주택소유자와 개인인 주택소유자와의 차별

주택은 인간의 존엄과 가치를 지닌 개인과 그 가족의 주거공간으로서 행복을 추구할 권리와 쾌적한 주거생활을 할 권리를 실현하는 장소로서의 의미를 가지는 점, 개인이 주택에 대하여 갖는 위와 같은 긴밀한 연관성을 법인에 대해서는 동등한 정도로 인정할 수 없는 점 등을 고려해 보면, 주택 시장에서 실수요자라 할 수 없는 법인의 주택 보유를 개인과 달리 규율할 필요성이 도출될 수 있다.

위와 같은 주택의 의미, 법인의 주택 과다 보유 및 투기적 목적의 주택 보유를 규제하여 실수요자를 보호해야 할 공익적 요청, 법인의 담세능력 등을 종합하여 보면, 주택분 종부세 조항들이 개인인 주택 소유자에 비하여 법인인 주택 소유자를 차별취급하는 데에는 합리적인 이유가 있다 할 것이므로, 주택분 종부세 조항들은 조세평등주의에 위반되지 아니한다.

○ 2주택 이하 소유자와 3주택 이상 또는 조정대상지역 내 2주택 소유자와의 차별

위와 같은 소유 주택 수 및 조정대상지역 내에 주택이 소재하는지 여부에 따른 주택분 종부세 중과 제도의 도입취지와 더불어, 현실적으로 다주택자 또는 고가주택 소유자의 경제적 능력은 1주택 소유자 또는 무주택자보다 높을 가능성이 큰 점 등을 고려해 볼 때, 주택분 종부세 조항들이 2주택 이하 소유자와 3주택 이상 또는 조정대상지역 내 2주택 소유자를 달리 취급하는 데에는 합리적 이유가 있으므로, 주택분 종부세 조항들이 조세평등주의에 위반된다고 할 수 없다.

3. 합헌결정의 문제점

2021년과 2022년 귀속 종부세는 1주택자에 비하여 다주택자는 동일한 금액의 주택을 보유하였을 경우에도 10배 이상의 종부세를 더 납부해야 했고, 법인의 경우에는 개인납세자보다 10~100배 수준까지 더 과중한 종부세를 납부해야 했다. 그래서 청구인들은 이 세금은 헌법 제11조에 규정된 평등권에 위배된다고 위헌법률심판청구를 한 것이다. 그러나 헌법재판소에서는 다주택자와 법인 등에 대하여는 차별취급을 하는 것에 합리적인 이유가 있다고 하면서 합헌결정을 내렸다. 이 합헌결정은 종부세가 부동산보유세임을 부인하고 종부세는 오직 부동산투기 억제세임을 인정하는 판결에 불과하다고 할 것이다. 기획재정부에서 수차례에 걸쳐 우리나라 부동산보유세의 세부담 수준이 너무 낮기 때문에 종부세의 세부담을 크게 늘릴 수밖에 없다고 계속 주장을 했다. 이 주장을 미루어 생각해 보면, 종부세는 부동산보유세임이 분명히 확인된다 할 것이다. 2008년의 종부세 일부 위헌결정에서도 종부세는 분명한 부동산보유세이나, 유도적·형성적 기능을 가진 정책적 조세의 성격도 함께 지니고 있음을 밝힌 바 있다. 따라서 종부세는 어디까지나 그 근본은 부동산보유세이지 그 근본이 정책적 조세로서 부동산투기 억제세는 아닌 것이다. 따라서 평등권을 위반했는지를 따질 때, 종부세는 근본적으로 부동산보유세이기 때문에 이 부동산보유세의 본질을 고려해 담세력에 의하여 판단하는 것이 우선일 것이다. 그러나 헌법재판소에서는 이러한 판단은 완전히 배척하고, 오직 종부세는 투기 억제목적의 세금이기 때문에 종부세가 조세평등주의에 위반되는지를 전적으로 투기적 또는 투자적 목적의 주택 보유 규제만으로 판결했다. 이러한 판결은 종부세의 본질에 지나치게 어긋나는 것으로 이 합헌판결은 분명 잘못된 것이라고 하겠다.

세금은 헌법상의'납세의 의무'규정을 기초로 하여 부과되는 것으로, 세금은 세원에 대하여 부과되어야 하는 것이며 담세력에 응하여 수직적, 수평적 공평성에 맞게 부과되어야 하는 것이다. 그러나 합헌결정에서 드러나는 헌법재판소의 입장은 종부세는 부동산 가격 안정이라는 정책적 입법목적으로 다주택자와 법인 납세자 등에게 차별적으로 중과세하는 것이 가능하며, 더욱이 그 차별적 중과세의 범위도 일반적 조세와 달리 조세입법재량의 한계가 적용될 여지가 없다고 보는 것 같다.

투기 억제 정책을 위해서는 투기 행위를 규제하고 투기 소득을 환수할 수 있다. 그러나 세금은 세원에 대해서만 부과되어야만 한다는 것이 헌법상의'납세의 의무'규정에 부합되는 것이며, 부동산 투기 행위 자체는 세원이라고 할 수 없기 때문에 세금이 부과될 수 없다. 헌법재판소에서는 종부세의 본질을 부동산보유세로 보지 않고 투기 억제목적세로 보는 것 같은데 이것은 매우 잘못된 판단이다. 종부세는 분명한 부동산보유세이다. 종부세 납세자는 부동산 투기자라고 인정할 수 있는 아무런 근거가 없기 때문에, 합헌결정문에서 적시하듯 종부세 납세자는 오직 부동산 투자자에 불과하며, 부동산 투자자에게 투기 억제세의 목적으로 부동산보유세를 차등적으로 중과세하는 것은 부당하다 할 것이다. 투기 행위의 단속과 처분을 위해서는 투기 억제 처벌법 등을 만들어 그 법에 따라 벌과금 등의 처벌이 가능하다. 그러나 투기 행위가 세원일 수는 없기 때문에, 세금의 본질적인 면에서 아무리 입법목적이 부동산 가격 안정이라 할지라도, 종부세로 는 투기 행위에 대하여 세금을 부과할 수는 없는 것이다. 종부세라고 세금의 본 질과 헌법 규정을 위반하여 세금을 부과할 수는 없다. 다주택자, 법인사업자, 조 정대상지역 내 2주택자의 경우도 보유한 부동산의 가액을 따져, 그에 합당한 세 금을 부과하는 것이 부동산보유세인 종부세의 본질이라 하겠다.

조세평등주의 원칙에 종부세가 합당한 세금인지 아닌지를 판정할 때에는, 세 금 본질에 따른 합리적인 차별과세인지의 판정과 함께 그 차별의 정도가 '비례의 원칙'에 비추어 적합한지도 검토해야 한다. 그러나 이번의 헌법재판소의 합헌결 정에서는 '비례의 원칙'에 비추어 다주택자, 법인납세자, 조정대상지역 내 2주택 자에 차별적으로 부과된 종부세의 중과세가 용인될 수 있는지 아니면 조세입법 재량의 한계를 초과했는지에 대하여 전혀 검토된 바가 없다. 다주택자, 법인납세 자, 조정대상지역 내 2주택자에게 차별적으로 부과된 종부세의 세액이 동일한 부동산을 보유한 경우에도 개인 1주택자 대비 다주택자의 경우는 3~20배를 초 과하는 수준이고, 법인납세자의 경우는 10~100배의 수준을 초과하며, 조정대상 지역 내 2주택자도 2배 이상의 중과세 수준이다. 그래서 이 세금은 비례의 원칙 에 비추어 볼 때 지나쳐도 너무나 지나친 차별적 중과세라고 하겠다. 더욱이 이 렇게 차별적으로 중과세된 종부세는 재산권의 본질적 내용마저 침해하였기 때 문에 헌법위반이 더욱 분명하다 할 것이다.

OECD 다른 국가의 사례를 보면, 우리나라와 같이 전 세계적인 금융위기와 팬데믹 위기를 다 같이 겪었고 또한 부동산 가격의 등락도 다 겪었다. 그러나 부동산보유세는 생활밀착형 세금으로 법적 안정성이 무엇보다도 최우선으로 고려되어야 할 세금이고 조세평등주의 원칙을 지켜야 할 세금이기 때문에 다주택자, 법인납세자, 조정대상지역 내 2주택자라고 차별적으로 중과세하는 경우가 없다. 더욱이 주택가액의 고가 여부나 다주택자 등과 관계없이 동일한 세율이 적용되고, 공시가격, 공정시장가액비율, 세율 등의 과세요건이 전혀 변동이 없어 매년 거의 동일한 수준의 부동산보유세가 납세자에게 부과되고 있다. 이러한 OECD 각국의 부동산보유세 부과 사례와 비교해 보면, 2021년과 2022년 귀속 종부세의 차별적 중과세는 너무나 지나치게 조세평등주의 원칙을 위반한 것이라 하겠다.

제9절 | 종부세는 납세자 신뢰보호원칙에 위배된다

1. 신뢰보호원칙의 내용

헌법상 법치국가원리로부터 신뢰보호원칙이 도출된다. 법률의 개정 시 구법질서에 대한 당사자의 신뢰가 합리적이고도 정당하며 법률의 개정으로 야기되는 당사자의 손해가 극심하여 새로운 입법으로 달성하고자 하는 공익적 목적이 그러한 당사자의 신뢰의 파괴를 정당화할 수 없다면 그러한 새 입법은 신뢰보호원칙상 허용될 수 없다.

2. 합헌결정문의 내용

주택임대사업자에 대한 혜택 배제 관련 주장은 그 자체로 종부세법의 위헌성에 관한 주장이 아닌 점(주택임대사업자에 대한 규정은 '민간임대주택에 관한 특별법'에 완전히 위임되어 있고 이 규정이 변경되어 민간임대주택이 과세전환 되었기 때문에 이에 대한 과세 문제는 종부세법의 위헌청구 대상이 되지 않는다는 헌법재판소의 주장임)

종부세법은 2005. 1. 5. 법률 제7328호로 제정될 당시부터 납세의무자별로 과세표준에서 일정금액을 공제하는 기본공제를 두었고(제8조), 2020. 8. 18. 법률 제17478호로 개정되기 전까지 공제금액의 범위에 관하여 변동이 있었을 뿐 납세의무자가 법인인지 개인인지에 따라 기본공제를 달리하는 규정이 존재하지 않았다.

이러한 종부세법의 개정 경과를 감안하면, 청구인들은 소유 주택에 대하여 종부세가 부과되는 경우 납세의무자가 개인인지 법인인지 여부에 관계없이, 어떤 금액 내지 한도로든 과세표준 기본공제가 이루어지고 누진세율이 적용되며 세부담 상한을 적용받는다는 내용의 기대 내지 신뢰를 가졌다고 볼 수는 있다.

그러나 조세가 갖는 정책적 기능, 변동성이 큰 부동산 가격 등 우리나라의 경제상황, 월등한 자금동원능력을 이용한 법인의 부동산 과다 보유의 규제, 법인을 활용한 부동산 투기의 억제 및 이를 통한 부동산시장의 안정과 실수요자 보호 등과 같은 정책적 목적을 함께 고려해 보면, 개인 납세의무자인 청구인들이 종전과 같은 내용의 세율과 세부담 상한이 적용될 것이라고 신뢰하였다거나, 법인 납세의무자인 청구인들이 종전과 같이 과세표준 기본공제, 누진세율 구조를 갖춘 세율, 세부담 상한이 적용될 것으로 신뢰하였다고 하더라도, 위와 같은 신뢰는 국가에 의하여 일정한 방향으로 유인된 특별한 보호가치가 있는 신뢰이익으로 보기 어렵다.

3. 합헌결정 내용의 문제점

① 민간임대주택의 등록말소와 과세전환에 따른 문제점

종부세가 납세자 신뢰보호원칙에 위배되는 내용에 대하여 민간임대주택에 대한 과세전환, 법인납세자에 대한 과세표준 공제금액 삭제와 세부담 상한규정의 삭제에 대하여 검토하고자 한다. 먼저 민간임대주택의 등록말소와 과세전환에 따른 문제점을 설명하고자 한다.

민간임대주택에 대하여는 '민간임대주택에 관한 특별법'에 규정되어 있고, 2005년 종부세가 신설된 이후부터 2020년까지 종부세법 제8조 제2항의 규정에 의거 종부세 과세표준 합산대상에서 배제되어 민간임대주택 사업자에 대하여는 종부세가 부과되지 아니하였다. 그런데 2020년 7월 10일에 민간임대주택에 관한 특별법을 개정하여 임대주택 제도를 대폭 개편하여 2021년 귀속 종부세부터 민간임대주택 사업자에 대하여 전면적으로 종부세가 부과되었다. 그 결과 민간임대주택 사업자의 경우 최소 20배부터 180배 이상으로 종부세 부과가 폭증하여 파산위기에 몰리게 되었다.

2021년 말 기준으로 우리나라 전체 가구 수는 2,034만 가구이며, 이 중 임대주택 가구 수는 858만 가구로 전체 가구 수의 42.2%를 차지한다. 이 임대가구 수 중 80.6%가 민간임대주택 가구이다. 따라서 국민의 34% 수준은 민간임대주택에 거주하기 때문에(42.2%×80.6%=약 34%) 민간임대주택의 공급은 국민경제의 근간이 되는 부분이다. 따라서 2020년까지 모든 정부는 국가가 장려하는 사업으로 지정하여 민간임대주택사업 참여를 적극 권장하였고, 또한 종합부동산세 면제를 모든 정부마다 약속하였다. 문재인 정부에서도 2018년 이후 수차례에 걸쳐 민간임대주택사업을 장려하였고 또한 종합부동산세 면제를 약속하였는데, 갑자기 2020년 7월에 민간임대주택에 관한 특별법을 개정하여 민간임대주택등록을 강제로 말소하고 2021년 귀속 종부세부터 과세전환하여 막대한 세금을 부과하고 있는 것이다. 부과된 세금 실태를 보면, 대표 개인 사례 A와 B에서처럼 2020년까지는 종부세가 부과되지 않다가 2021년 귀속 종부세가 기대임대소득의 2~4배 수준으로 과잉과세되었다.

대부분의 민간임대주택 사업자는 매우 영세한 사업자로 전세 위주로 임대하고 있기 때문에 사실상 실질적인 임대소득은 거의 없는 실정이다. 임대주택 자체가 대부분 소규모 임대용 빌라이기 때문에 매매거래는 활발하지 않지만, 임대보증금은 매우 높아 사실상 시가의 90% 수준의 보증금을 받고 있는 현실이다. 따라서 대표 개인 사례 A와 B의 사례처럼 2021년과 2022년에 걸쳐 막대한 종부세가 부과됨으로써 A와 B처럼 대부분의 임대전문 사업자는 파산위기에 몰려 있는 실정이다. 임대전문 사업자의 주장에 따르면, 자기들에게 임대주택사업을 장려하고 세금을 면제해 준다고 하여 모든 재산을 털어 사업을 하였는데 갑자기 막대한 세금 부과로 자기들의 모든 재산을 국가가 세금으로 빼앗아 가는 형국이 되었다고 한다. 이들은 국가가 임대사업자에게 폰지사기를 벌인 것이고, 사실상 자기들을 가두리에 가두어 놓고 모든 재산을 빼앗은 것으로 분명히 국가의 사기라고 주장하고 있다.

종부세 부과 이래로 민간임대주택사업을 모든 정부가 장려하였고 종부세 과세대상에서 제외하였는데, 갑자기 국가정책의 방향을 바꾸었다고 민간임대주택사업자에 대하여 감내할 수 없는 세금을 부과하는 것은 민간임대주택 사업자의 신뢰이익을 침해하는 사실상의 소급입법에 해당된다 할 것이다. 주택의 거래는 매우 까다롭고, 고액 거래이기 때문에 매매도 어려우며 특히 임대용 빌라는 매매 자체도 어려운 자산이다. 그런데 아무런 예고도 없이 준비할 시간도 주지 않고 감내할 수 없는 세금을 부과할 것이라고는 어느 임대사업자도 예측할 수 없었을 것이다. 이는 국가가 민간임대주택 사업자를 가두리에 가두어 놓고 세금으로 파산시켜 그 임대주택을 국가가 무상으로 빼앗는 것과 같다 하겠다. 사실상 지금까지의 세법규정 특히 주택 관련 조세입법의 경우, 감면에서 과세로 전환되는 경우에 경과규정을 두어 과세를 유예하는 것이 보편적이었다. 민간임대주택사업은 국가의 계속적인 약속이었고 모든 정부마다 장려한 사업이었는데, 경과규정 없이 갑자기 과세로 전환한 것은 분명히 납세자 신뢰보호원칙에 위배된다 하겠다.

그러나 헌법재판소의 합헌결정문의 내용을 보면, 주택임대사업자에 대한 혜택 배제는 종부세법의 개정으로 발생한 것이 아니고 주택법의 개정에 따라 주택임대등록이 말소되고 과세배제에서 제외된 것뿐이기 때문에, 민간임대주택 사업자에 대한 종부세의 과세가 위헌이라는 주장은 종부세법 위헌에는 해당되지 않는다고 한다. 종부세법의 규정을 보면, 제8조는 주택분 종부세의 과세표준 규정으로 종부세의 과세표준은 ⅰ) 공시가격 ⅱ) 과세표준 공제금액 ⅲ) 공정시장가액비율 ⅳ) 민간임대사업자 합산배제의 과세요건으로 산정되며, 제9조는 주택분 종부세의 적용세율로 ⅰ) 조정대상지역 ⅱ) 주택 수 계산 규정에 의하여 결정되는 것인데 이 모든 과세요건이 완전히 포괄위임되어 있다. 특히 공시가격, 민간임대주택에 대한 합산배제 규정 그리고 조정대상지역과 주택 수 계산 규정의 경우는 민간임대주택에 관한 특별법, 부동산 가격공시에 관한 법률, 주택법 등의 규정을 원용하여 과세요건으로 규정하고 있다. 그런데 유독 민간임대주택에 대한 과세요건만을 주택법의 개정에 따라 과세배제된 것이기 때문에 이에 대하여는 종부세법의 위헌 여부와 관계없다는 헌법재판소의 주장은 상당한 문제가 있다고 하겠다.

민간임대주택에 대한 종부세의 과세제외 규정은 당연히 종부세법의 법 규정으로 규정되어야 하는데도 불구하고, 이 규정을 포괄위임하여 민간임대주택에 관한 특별법의 규정을 원용하고 원용한 법이 개정되어 종부세 과세제외에서 과세대상으로 전환된 것이다. 이것은 의당 종부세법에 규정되어야 할 것을 포괄위임에 지나지 않기 때문에 민간임대주택 과세전환의 문제는 당연히 종부세법의 위헌문제에 직결됨이 분명하다 할 것이다.

앞에서 검토한 바와 같이 종부세의 경우 과세표준과 세율 적용에 관한 과세요건 모두가 포괄위임되어 있고, 이 포괄위임된 것을 기화로 행정부에서는 시행령 또는 관련 법을 개정하여 종부세를 정부 마음대로 5배 수준 증액하여 과세하였다. 이것이 법 규정의 포괄위임금지원칙에 위반되지 않고, 또한 정부가 20년간의 약속을 저버리고 종부세 과세전환한 것에 대하여, 종부세법의 위헌성과 관련이 없다고 판결한 헌법재판소의 태도는 국민의 신뢰를 저버리는 국가권력의 만행에 지나지 않는다 하겠다.

헌법재판소에서는 종부세법의 위헌법률심판에서 민간임대주택에 대한 종부세 과세배제에 대한 내용을 개정한 것에 대하여 판단했어야 했지만, 이에 대한 판단 자체를 하지 아니하였다. 다만 2024. 2. 28. 일자의 '민간임대주택에 관한 특별법 제6조 제5항 등 위헌확인'사건에 대한 합헌결정에서, 민간임대주택에 관한 특별법 제6조에서 규정된 민간임대주택등록규정의 개정이 과잉금지원칙에 위배되지 않는다고 합헌결정을 내렸다. 이 합헌 이유의 문제점을 여기서 설명드리고자 한다.

첫 번째 문제점은 2020년 8월의 '민간임대주택에 관한 특별법'의 개정에 따른 민간임대주택의 등록말소 조치는 '기존의 법적 규율 상태가 앞으로도 존속할 것이라는 기대 또는 신뢰는 변동가능성이 있는 것으로 그 보호가치가 그리 크다고 볼 수 없다.'는 합헌결정 내용이다. 헌법재판소의 지금까지의 확고한 판례는 '국가에 의하여 일정한 방향으로 유인된 특별한 보호가치가 있는 신뢰이익'에 대하여는 신뢰보호원칙이 적용되는 것이 원칙이었다. 따라서 민간임대주택의 등록과 종부세의 과세배제는 '임차인의 주거환경 보호를 위하여' 모든 정부에서 30년이 넘도록 지속적으로 적극 장려해 온 국가정책이었다. 문재인 정부에서도 2017. 12. 13. '임대주택등록 활성화 방안'을 발표하여 임대주택등록을 적극 유도한 바 있다. 따라서 민간임대주택에 대한 종부세 과세배제규정은 분명히 '국가에 의하여 일정한 방향으로 유인된 특별한 보호가치가 있는 신뢰이익'임이 분명하다 할 것이다.

그러나 헌법재판소는 '정부가 2020. 7. 10. 발표한 '주택시장 안정보완대책'에서 단기민간임대주택 및 아파트 장기일반민간임대주택을 폐지하고 임대의무기간을 연장하는 등 종전 임대사업자 제도의 개편을 단행하는 한편, 이와 관련한 후속 입법이 이루어질 수 있다는 점에 대하여 청구인들과 같은 임대사업자를 포함한 일반 국민이 전혀 예측할 수 없었다고 보기 어렵다.'라고 주장하면서 민간임대주택의 등록규정은 '국가에 의하여 일정한 방향으로 유인된 특별한 보호가치가 있는 신뢰이익'에 해당하지 않는다고 판결한 것이다. 이 판결의 내용은 비열하고 야비하며 더러운 판결이라고 밖에 말할 수 없다 할 것이다.

민간임대주택의 등록규정은 임차인의 주거안정을 위하여 30년 넘도록 모든 정부가 장려한 정책인데 이것이 '국가에 의하여 일정한 방향으로 유인된 특별한 보호가치가 있는 신뢰이익'에 해당되지 않는다고 주장한 것은 사실관계를 완전히 왜곡한 것에 불과하다. 또한 헌법재판소는 '임대사업자를 포함한 일반 국민이 전혀 예측할 수 없었다고 보기 어렵다.'라고 표현했는데, 이것은 전혀 상식적이지 않은 내용이다. 분명히 합헌 이유를 억지로 만들어 내기 위하여 야비하게 사실관계를 왜곡한 것에 불과하다 할 것이다. 일반 국민도 임대사업자도 민간임대주택사업은 국가의 30년 넘은 장려 사업이고 임차인의 주거환경을 보호하기 위한 정책이므로 당연히 국가적 과제라 생각했다. 문재인 정부에서도 장려했던 국가정책이기 때문에 하루아침에 뒤집힐 정책이라고는 누구도 알 수 없었다. 또한 임대용 주택은 주로 빌라형 주택으로, 임대사업자가 아니면 매입할 여지가 적어 매매가 쉽지 않은 주택이다. 국민이 정부의 정책적 장려 조치를 믿고 사실상 자기의 전 재산을 투입하여 영위한 사업인데, 어떻게 하루아침에 임대용 주택을 매각하고 청산할 수 있다는 것인지 도통 알 수가 없다. 도무지 현실 파악이 안 되는 헌법재판관의 일방적이며 기만적인 주장과 판결이라 할 것이다.

두 번째 문제점은 '민간임대주택에 관한 특별법'에 대한 합헌결정에서 법익의 균형성을 언급한 부분을 보면, '임대주택에 거주하는 임차인의 장기적이고 안정적인 주거환경 보장과 같이 민간임대주택 등록말소조항이 달성하고자 하는 공익에 비하여 침해받았다고 하는 청구인들의 신뢰의 정도가 더 크다고 할 수 없다.'는 헌법재판소의 주장이다. 이는 너무나도 어처구니가 없는 완전 앞뒤가 바뀐 엉터리 내용이라 할 것이다. 민간임대주택에 대한 종부세 과세배제의 정부 정책은, 임대주택에 대한 세금을 감면해 주어 임대사업자가 임대사업을 안정적으로 영위하게 함으로써 임차인도 안심하고 임대주택에 안정적으로 주거할 수 있도록 한 정부조치이다. 그런데 헌법재판소는 오히려 민간임대주택을 등록말소하여 임대주택에 종부세 폭탄을 때려 임대사업자를 파산에 빠뜨리는 것이 임차인의 장기적이고 안정적인 주거환경을 보장한다고 주장한다. 헌법재판소의 이러한 주장은 너무나 어처구니 없는, 완전 거짓말이라 할 것이다.

임대사업자에 대한 차별적인 종부세 중과세가 임대사업자를 파산지경에 몰고 갔고, 이로 인해 전세사기가 유행처럼 번져 임차인이 전세보증금을 돌려받지 못해 큰 손실을 입으며 주거 불안정이 매우 커졌다. 이런 사실을 헌법재판관들은 아는지 모르는지 묻고 싶다. 전세사기에 따른 큰 손실을 입은 임차인의 주거가 불안정한 상태에 대하여 오히려 '임차인의 장기적이고 안정적인 주거환경을 보장한다.'라고 말하는 것은 정반대의 내용으로, 헌법재판소의 주장을 도대체 이해할 수 없다. 민간임대주택 말소가 달성하고자 하는 공익이 '임차인의 장기적이고 안정적인 주거환경 보장'이라고 주장한 헌법재판관의 주장은 사실관계를 반대로 이해한 거짓말에 불과하고, 민간임대주택 말소의 법익의 균형성은 전혀 유지되지 않는다 할 것이다. 그러므로 헌법재판소의 '민간임대주택에 관한 특별법'에 대한 합헌결정은 완전히 잘못된 판결이다. 또한 민간임대주택에 대한 종부세 과세전환도 헌법위반이 분명하다 할 것이다.

② 법인납세자에 대한 과세표준 6억 원 공제금액 삭제의 문제점

종부세법은 제1조의 입법목적을 '고액의 부동산 보유자에 대하여 종합부동산세를 부과하여 부동산 보유에 대한 조세부담의 형평성을 제고'라고 규정하였고, 입법 당시인 2005년부터 2020년까지 개인과 법인에 대해 과세표준 공제금액도 거의 같은 금액이었고, 같은 세율이 적용되었다. 그러나 2021년 귀속 종부세의 경우 법인과 개인의 적용세율이 달라졌다. 또, 법인에 대하여 적용되었던 과세표준 기본공제금액 6억 원의 공제금액이 삭제되고, 세부담 상한규정마저 삭제되었다. 따라서 2021년 귀속 법인 주택분 종부세의 경우, 과세표준 공제금액이 없어져 과세대상이 사실상 재산세와 동일해졌다. 또한 입법목적에 고액의 부동산이라고 규정되어 있는데도, 법인의 경우에는 주택을 보유한 모든 법인이 전부 종부세의 과세대상으로 전환되었고, 이에 따라 종부세법의 제7조 규정이 '주택분 재산세의 납세의무자는 종합부동산세를 납부할 의무가 있다.'라고 개정되는 결과를 가져왔다.

종합부동산세법이 계속 변화되어 온 추세에 비추어 기본공제에 대한 개정 입법도 충분히 예상 가능했을 것으로 보인다는 헌법재판소의 견해에 대하여 검토하여 보려 한다. 종합부동산세법 제1조(목적)의 규정에 종합부동산세법의 입법의 제1 목적은 "고액의 부동산 보유자에 대하여 종합부동산세를 부과하여 부동산 보유에 대한 조세부담의 형평성을 제고하고"라고 규정되어 있다. 또한 2021년도 이전의 법에서는 제7조(납세의무자)의 규정을 보면 "과세기준일 현재 주택분 재산세의 납세의무자로서 국내에 있는 재산세 과세대상인 주택의 공시가격을 합산한 금액이 6억 원을 초과하는 자는 종합부동산세를 납부할 의무가 있다."라고 규정되어 있다. 종합부동산세법은 입법 당시부터 고액의 부동산에 대하여 과세를 목적으로 하였다. 종부세법 제7조의 규정은 입법목적상의 근본취지에 해당하는 규정이지, 이로 인해 과세표준 공제금액이 삭제될 것이라고는 누구도 예상할 수 없었다.

종부세법의 근본적 입법취지는 종부세법 제1조의 입법목적에서 분명히 밝혀져 있듯 고액의 부동산 보유자에 대하여 부동산보유세인 종부세를 부과한다는 것이다. 부동산보유세로서 재산세가 이미 존재하는데, 동일한 부동산에 대하여 재산세와 동일하게 종부세가 부과된다면 이는 부동산보유세의 완전한 이중과세에 해당된다. 그렇다면 종부세라는 새로운 부동산보유세를 입법화해야 할 필요성 자체가 없다 할 것이다. 종부세법의 입법은 당연히 고액부동산에 대한 차별적인 부동산보유세의 부과가 그 근본 목적이 되고, 종부세법 입법 타당성이 유지될 것이다. 종부세법 제7조에서 이 내용을 명확히 하고자 '주택의 공시가격 6억 원을 초과하는 자는 종합부동산세를 납부할 의무가 있다.'라고 규정하고 있다.

종부세법 제1조와 제7조는 종부세법의 과세요건을 정하기에 앞서 종부세의 근본 원칙을 정한 규정으로 이것은 국가정책 수준이 아니라 근본적인 입법목적이라 할 것이다. 헌법재판소에서 확고한 판례로 밝히고 있는 신뢰보호원칙이 적용되는 신뢰의 수준은 '국가에 의하여 일정한 방향으로 유인된 특별한 보호가치가 있는 신뢰이익'이라 할 것이다. 종부세법상의 과세표준 기본공제금액 6억 원의 규정은 국가에 의하여 일정한 방향으로 유인된 특별한 보호가치가 있는 신뢰이익의 수준을 넘어 종부세법의 근본 원칙에 해당되는 규정이다. 그러므로 이 규정의 변경으로 법인납세자에게 과세표준 기본공제금액 6억 원을 적용하지 않는 세법개정은 종부세법의 입법의 근본 원칙마저 훼손한 것이다.

이 규정의 개정으로 종부세는 재산세와 동일하게 중복적으로 부과되는 부동산보유세가 되어, 결과적으로 종부세 부과 자체가 정당성을 유지할 수 없게 되었다. 따라서 종부세법 과세표준 기본공제는 단순한 세금감면 규정이 아니고, 종부세법의 체계정당성에 해당되는 규정이라 할 것이다. 체계정당성의 원리란, (종부세)법의 구조나 내용의 근거가 되는 원칙 면에서 상호배치되거나 모순되어서는 안 된다는 헌법적 원리를 말하는 것이다. 이는 입법자의 자의를 금지하여 규범의 명확성과 예측가능성을 확보하기 위하여 헌법이 일정하게 법체계를 구성하도록 하는 것이다. 종부세법은 입법 당시부터 그리고 재산세와 함께 이중으로 부과되는 부동산보유세임을 감안할 때, 고액의 부동산 보유자에게 부과하는 부동산보유세임이 분명하다. 그러므로 법인에 대하여 과세표준 6억 원 공제규정을 삭제하는 것은 종부세법의 근본구조와 원칙 면에서 상호배치된다. 즉 공제규정 삭제는 헌법위반이 되는 것이 분명한 것이다.

종부세법의 입법목적은 제1의 입법목적이 세부담의 형평성 제고이고, 제2의 입법목적이 부동산 가격 안정의 도모이다. 종부세법은 부동산보유세법이기 때문에 부동산보유세의 세부담의 형평성 제고는 종부세법의 근본적인 입법목적이라 하겠다. 그러나 종부세법은 부동산 투기 억제를 위한 처벌법도 아니고 부동산 투기이익 환수법도 아니다. 그러므로 부동산 가격 안정의 도모라는 입법목적은 사실상 종부세법의 적법한 입법목적이 될 수 없고, 종부세법의 근본적인 입법목적은 더더욱 될 수 없다. 부동산 가격 안정의 도모라는 정책적 목적 때문에 부동산 보유에 따른 세부담의 형평성을 지나치게 훼손하는 경우에 그 정당성이 인정될 수 없는 것이다.

다주택 개인납세자의 경우, 주택의 공시가격이 6억 원인 경우에는 종부세가 과세되지 않는다. 그런데 법인 다주택자의 경우, 과세표준 기본공제금액 6억 원을 공제받지 못함으로써, 주택의 공시가격이 6억 원이 되면 4,000만 원 수준의 종부세를 부과받는다. 법인납세자는 사실상 4,000만 원의 종부세를 최소한도 추가 납부하는 경우에 해당된다 할 것이다. 동일한 부동산을 보유하는데, 개인은 세금이 없고 법인은 4,000만 원의 종부세를 납부하게 되는 것은 세부담의 형평성 측면에서 보았을 때 도저히 정당성을 인정할 수 없다. 그 차별의 정도가 지나쳐도 너무나 지나치다. 그러므로 법인납세자에 대한 과세표준 기본공제금액 6억 원의 삭제는 종부세법의 기본구조에 위배되고, 조세평등주의에 위배되는 세금 부과로 헌법위반이 분명하다 할 것이다.

③ 법인납세자에 대한 세부담 상한규정 삭제의 문제점

종부세법이 신설된 2005년의 종부세법 주택분 세부담 상한규정을 보면, 개인과 법인을 불문하고 일괄적으로 100분의 150을 초과하는 경우에는 그 초과하는 세액에 대하여 이것을 없는 것으로 본다고 하였다. 종합부동산세에 대한 세부담이 늘어날 때마다 세부담의 상한을 300%까지 높였다. 특히 2020년 12월 29일의 세법개정에서는 법인의 경우 과세표준 공제금액을 없애고 세율을 높은 단일세율로 정하여 세부담이 크게 높아지자 세부담의 상한을 없애는 법 개정이 있었다.

먼저 외국의 세부담 상한규정과 비교해 보고자 한다. 미국 뉴욕시는 주거용 부동산의 과세표준은 직전년도보다 6% 또는 최근 5년 동안 20% 이상 상승하지 못하도록 하고, 임대용 주택의 과세표준은 직전년도 보다 8% 또는 최근 5년 동안 30% 이상 상승하지 못하도록 하여 매년 과세표준이 일정 수준 이상으로 증가하는 것을 방지하고 있다. 미국 캘리포니아주에서도 주민 발의안 13호를 통하여 재산세를 과세할 때 그 과세표준을 매년 2% 이상 상승하지 못하도록 하고 있다. 프랑스 역시 소득세, 순부유세, 주택에 대한 지방세의 총합계액이 직전년도의 연간 총소득금액의 50%를 초과할 수 없도록 하여, 최대로 과세 가능한 세액의 상한을 정하고 있다. 일본의 경우에는 공시가격을 3년에 한 번 조사하는데 그것도 5년에 5% 이상은 인상하지 못하도록 규정되어 있다. 또한 영국, 프랑스, 독일의 경우에는 최근 50년간 부동산보유세가 증액되어 과세된 사례조차 없는 실정이다.

이와 같이 각국에서 부동산보유세의 과세표준 또는 세액의 상한을 두는 규정들은 우리나라 종합부동산세법 세부담 상한규정(종합부동산세법 제10조, 제15조)에 대응되는 것이다. 그런데 우리나라의 경우 그 세부담 상한을 직전 연도의 1.5배 및 3배 또는 법인의 경우는 무한대로 정하고 있어 타국의 입법례에 비추어 그 상한이 지나치게 높아 납세의무자의 부담은 더욱 과중해지고 있다. 매년 3배씩 종합부동산세가 급증하는 것이 허용된다면 그 세부담은 감내할 수준을 넘을 것이며 세부담의 예측가능성마저 상실되어 법적 안정성이 훼손되고 납세순응성은 크게 떨어질 것이다.

더욱이 주택을 보유하고 있는 법인의 경우에는 세부담 상한규정 자체가 없어져 2021년의 경우에는 임대등록이 안 되어 있던 법인도 3배 내지 11배까지 종합부동산세가 증가했고 임대등록이 되어 있던 법인은 무제한으로 세부담이 폭증했으며, 2006년의 세부담에 비하여 172.5배까지 세부담이 증가하였다. 이것은 법적 안정성과 예측가능성을 너무나 훼손하는 것이며 이렇게 부과된 세금이 재산권의 본질적 내용마저 침해했기 때문에 국민의 재산권도 심각하게 침해하는 세금으로 변질된 종합부동산세는 헌법위반의 세금이 되는 것이며 세부담 상한규정이 있어 국민의 재산권이 보장된다는 헌법재판소의 주장은 사실을 왜곡하는 주장에 불과하다고 하겠다.

헌법재판소의 종부세 합헌결정문을 보면, 특히 침해의 최소성의 원칙의 경우 종부세의 경우는 세부담 상한규정이 있어 종부세가 사적 유용성을 초과하여 세금이 부과될 수 없다고 주장하면서 종부세는 침해의 최소성의 원칙을 지켰다고 반복적으로 주장하고 있다. 세부담 상한이 50% 또는 300%가 되는 것도 도저히 침해의 최소성원칙을 지킬 수 없는데, 이 규정이 있다고 침해의 최소성을 지켰다고 헌법재판소에서 주장하는 것은 사실을 왜곡하고 국민을 기만하는 주장이라 할 것이다. 더욱이 법인의 경우는 세부담 상한규정도 삭제되었는데, 종부세 합헌판결문에서 세부담 상한규정이 있다고 침해의 최소성원칙을 지켰다는 주장은 너무나도 터무니없는 주장이라고 할 것이다. 그러면서도 법인납세자의 경우에는 세부담 상한규정도 일종의 조세우대조치이기 때문에 입법자가 여러 경제 상황이나 조세의 기술적 측면 등을 고려하여 합목적적으로 결정할 입법정책의 문제이고, 법인의 세부담 상한규정을 삭제했다고 하여 이것에 대한 입법자의 판단이 비합리적이라고 보이지 않으며 납세자 신뢰보호원칙에도 위반되지 않는다고 적시하고 있다.

 종부세는 부동산보유세이며 부동산보유세는 생활밀착형 세금으로 보유한 부동산에 매년 반복적으로 세금이 부과되기 때문에 법적 안정성이 무엇보다도 중요한 세금이다. 그렇기 때문에 OECD 각국은 부동산보유세가 매년 증가하는 사례가 거의 없는 실정으로 GDP 대비 부동산보유세의 세부담률은 평균적으로 1.0% 수준을 유지하고 있는 것이다. 그런데 문재인 정부에서는 2021년 귀속 종부세의 경우 법인의 세부담 상한규정을 삭제하여 2021년 귀속 법인의 종부세가 2020년 대비 10~100배까지 부과세액이 폭증하였는데 이러한 세금의 폭증은 특히 종부세가 부동산보유세임을 감안할 때 법적 안정성을 지나치게 훼손하는 과잉세금 부과이다. OECD 어느 나라도 이러한 세금 부과가 정당하다고 인정될 수 없을 것이다. 세부감 상한규정의 삭제, 과세표준 기본공제금액의 삭제 그리고 세율의 대폭 인상 등으로 세금이 폭증한 2021년 귀속 법인 종부세가 타당하다는 헌법재판소의 판결은 국민의 납세의 의무를 무시하는 헌법파괴의 합헌판결이라고 할 것이다.

제10절 | 종합 검토 및 결론

여기에서는 지금까지 검토한 것을 종합하여 정리해 보고자 한다. 종부세는 과세 표준에 세율을 곱하여 세액을 계산한다. 그런데 종부세법은 과세표준은 물론 세율마저 행정부에서 결정할 수 있도록 규정되어 있다. 먼저 과세표준을 보면, 종부세 과세표준은 공시가격, 공정시장가액비율, 주택 수, 민간임대주택의 등록 여부 등으로 결정되는데 이 모든 과세요건이 포괄위임되어 있고 문재인 정부에서는 자의적이며 차등적으로 결정하는 등으로 사실상 종부세의 과세표준은 행정부의 자의에 의하여 결정되었다. 또한 세율마저 조정대상지역 내 2주택자의 경우는 행정부가 조정대상지역을 자의적으로 지정하여 대부분의 2주택자가 다주택자의 높은세율을 적용받는 결과가 되었다. 2주택자가 종부세 과세대상자의 거의 절반 수준을 차지하기 때문에 사실상 종부세 과세대상자 중 절반 수준이 행정부의 자의에 의하여 2배 수준 높은세율이 적용되는 결과가 된 것이다. 따라서 종부세는 행정부의 자의적 결정으로 부과세액이 10~20배까지 증액시켜 세금을 부과할 수 있도록 구조가 짜여져 있고 또한 문재인 정부에서는 그 권한을 최대한 활용하여 2021년과 2022년 귀속 종부세를 2018년에 비해 10배 수준 폭증시켜 부과하는 결과를 가져왔다.

종부세는 부동산보유세인데 OECD 거의 모든 나라는 부동산보유세가 생활밀착형 세금이기 때문에 법적 안정성을 최우선으로 고려하여 세계 금융위기나 팬데믹 상황에서도 부동산보유세를 증액하여 과세한 사례가 없다. 그런데 우리나라의 종부세의 경우는 행정부의 자의적 결정에 의하여 3년 내에 10배 수준까지 세액을 대폭 증액하여 부과되었기 때문에 종부세는 누가 어떻게 주장하더라도 조세법률주의에 위반되지 않는다고 말할 수는 없다 할 것이다. 여기에서는 과세요건 하나하나씩에 대하여 다시 요약하여 검토해 보고자 한다.

먼저 공시가격의 문제다. 헌법재판소에서는 공시가격이 행정부의 자의에 따라 그리고 차등적으로 인상된 것을 분명히 인정하고 있다. 2018~2022년간의 9억 이상의 아파트의 경우는 매매가격은 25% 수준 상승하였는데 공시가격은 행정부에서 현실화율을 차등적으로 적용하여 100% 수준까지 인상하였으며, 이로 인하여 부과된 세금도 최소 2배 이상 증액되는 결과를 가져왔다. 더욱이 우리나라의 공시가격 현실화율은 세계의 최고 수준인데 미국과 대만의 공시가격 현실화율을 정부가 고의적이며 악의적으로 조작하였다. 미국은 실제적 현실화율은 50% 수준에 불과한데 이것을 100%라고 거짓말을 하였고, 대만은 정부의 용역에 따른 연구결과가 20% 수준임이 밝혀졌는데도 불구하고 이것을 조작하여 현실화율이 90%라고 새빨간 거짓말을 하여 우리나라 공시가격 현실화율이 세계에서 가장 낮다고 주장하였다.

그러나 이 주장은 문재인 정부의 고의적이며 악의적인 거짓말이고, 또한 이에 따라 공시가격을 차등적으로 조작한 것은 분명한 범죄에 해당된다고 하겠다. 그런데도 헌법재판관들은 공시가격의 자의적이며 차등적인 인상은 인정하면서도 그 인상이 '온전한 행정부의 자의에 맡겨진 것은 아니다.'라고 말도 되지 않는 주장을 하면서 종부세 합헌 이유로 제시하였다. 이러한 헌법재판관의 주장과 판결은 헌법위반이고 국민 무시 행태라고 할 것이다. 앞으로 일반 국민이 소득세나 법인세를 신고할 때 과세표준을 조작하여 절반 수준으로 낮추어 세금을 신고하였을 경우 이 납세자가 이 과세표준의 조작은 온전한 조작이 아니기 때문에 탈세가 아니라고 주장한다면 국가에서는 어떻게 해야 되는 것인지 당황스럽다 할 것이다.

공정시장가액비율은 OECD의 대부분의 국가에서 부동산보유세법에 규정되어 있다. 그러나 OECD 어느 나라도 세계 금융위기나 팬데믹 상황에서도 공정시장가액비율을 높이거나 낮춘 경우가 없었다. 이것은 부동산보유세가 생활밀착형 세금이라는 특성을 고려한 결과라 하겠다. 그러나 우리나라 종부세 경우는 공정시장가액비율을 80%로 유지해 오다가 문재인 정부에서 매년 5%씩 높여 2021년에는 95%가 적용되었고 윤석열 정부에서는 60%까지 낮추었다. 따라서 부동산보유세의 과세표준은 행정부의 자의에 따라 얼마든지 높일 수 있고 낮출 수 있는 것이 되었다. 헌법재판소가 이것을 정당하다고 인정한 것은 헌법재판소가 부동산보유세의 본질을 전혀 모르는 결과라 할 것이며, 또한 세금은 정부가 마음대로 결정해도 된다는 잘못된 인식을 가지고 있기 때문이라 할 것이다.

주택 수 계산 규정도 종부세법상의 모든 과세요건과 마찬가지로 완전 포괄위임되어 있다. 그런데 헌법재판관들은 시행령에서 규정될 주택 수 계산 규정은 얼마든지 그 내용을 예측가능하기 때문에 포괄위임금지 원칙에 위반되지 않는다고 결정하였다. 그러나 이사와 상속에 따른 일시적 2주택자 규정은 2021년에는 시행령에 예외적 규정을 거의 두지 않아 대부분 과세대상으로 인정되어 10~20배의 추가 세금을 납부하여 재산권 침해가 분명한 결과가 되었다. 이런 상황을 보면 헌재의 결정은 거래 현실을 완전히 도외시한 규정이 되었다 하겠다. 이에 따라 2022년에는 주택 수 계산 규정을 대폭 개정하고 종부세법 본법에도 규정함으로써 포괄위임의 문제도 해결되었다. 따라서 2021년 귀속 종부세의 일시적 2주택차 과세 문제의 경우는 시행령의 규정이 잘못 규정된 것이 분명하다. 그러므로 시행령에 규정될 주택 수 계산 규정이 얼마든지 예측가능하기 때문에 종부세법의 주택 수 계산 규정은 포괄위임 금지원칙에 위반되지 않는다는 헌법재판관의 주장은 분명히 틀렸다. 주택 수 계산 규정이 헌법에 합치된다는 헌법재판소의 판결은 잘못된 것이 분명하다 할 것이다.

매우 심각한 문제 중 하나는 민간임대주택의 등록과 종부세 과세배제규정이라 할 것이다. 종부세법의 이 규정은 '민간임대주택에 관한 특별법'에 규정된 내용을 완전히 원용하여 적용하고 있기 때문에, 완전 포괄위임 규정이라 할 것이다. 또한 종부세법의 과세배제규정은 당연히 종부세법에 규정되어야 할 매우 중요한 과세요건이기 때문에, 포괄위임금지원칙에 위반되는 것이 분명하다 할 것이다. 그런데 헌법재판관들은 민간임대주택 과세배제의 문제는 종부세법의 개정이 아니라 '민간임대주택에 관한 특별법'의 개정으로 인하여 발생한 것이기 때문에 종부세법의 위헌 여부와는 전혀 관련이 없다고 종부세법 합헌결정에서는 이 문제에 대한 검토마저 제외하였다. 그러나 2024. 2. 28.의 '민간임대주택에 관한 특별법'에 대한 합헌결정에서 민간임대주택의 등록말소 규정이 합헌이라고 판결하였다. 그러나 민간임대주택의 과세전환은 납세자 신뢰보호원칙에 위배되는 것이 분명하다 할 것이다.

헌법재판소에서는 '민간임대주택의 과세전환이 임대주택에 거주하는 임차인의 장기적이고 안정적인 주거환경을 보장한다.'라고 언급하면서 민간임대주택 등록말소를 합헌으로 결정하였다. 그러나 민간임대주택에 대한 종부세의 과잉과세는 전세사기를 불러왔고 임차인에게 크나큰 손실을 안겼으며, 주거 불안은 물론 주거비의 앙등마저 불러왔다. 헌법재판관들은 이러한 사실 내용을 완전히 반대로 주장하고 있는 실정이다. 또한 민간임대주택에 대한 종부세 등의 세금 면제는 30년 동안 문재인 정부를 포함한 모든 정부에서 국가정책 사업으로 국가에서 적극 장려하여 왔다. 따라서 민간임대주택 종부세 세금 면제는 국가에 의하여 일정한 방향으로 유인된 특별한 보호가치가 있는 신뢰이익임이 분명하다 할 것이다. 또한 임대주택의 경우는 빌라형 주택이 주를 이루고 있기 때문에 매각이 매우 어려운 실정으로, 임대주택에 대한 갑작스러운 과세전환은 임대사업자를 가두리에 가두고 세금 폭탄으로 파산으로 몰고 간 것이라 할 것이다. 그러나 헌법재판관들은 '임대사업자를 포함한 일반 국민이 임대사업자 제도의 개편을 전혀 예측할 수 없었다고 보기 어렵다.'라고 주장하면서 합헌결정을 내렸는데 이 합헌결정은 분명히 매우 잘못된 판결임이 분명하다 할 것이다.

다음에는 적용세율을 검토해 보고자 한다. 적용세율은 분명히 최고 중요한 과세요건으로 당연히 법에 규정되어 있어야 하며, 행정부가 자의적으로 적용세율을 결정한다는 것은 조세법률주의에 정면으로 위반하는 것이 분명하다 할 것이다. 그런데 2021년과 2022년의 종부세법의 규정은 조정대상지역 내 2주택자에 대하여 다주택자 높은세율을 적용하도록 규정되어 있고, 조정대상지역에 대한 지정은 주택법의 규정을 완전히 원용하고 있어 사실상 이 규정도 완전 포괄위임 규정이라 할 것이다. 주택법의 규정을 보면, 조정대상지역의 지정은 국토교통부 장관이 얼마든지 자의적으로 지정할 수 있는 것이 분명하기 때문에 2주택자에게 적용되는 세율은 국토교통부 장관이 자의적으로 선택할 수 있는 재량권을 가지고 있다 할 것이다. 2021년의 경우에는 거의 전국적으로 조정대상지역을 지정하여 2주택자의 대부분에게 높은세율이 적용되었다. 그리고 종부세 과세대상자의 거의 절반 수준이 2주택자이기 때문에 종부세는 적용세율의 선택을 국토교통부 장관에게 일임한 것이라 할 것이다.

　종부세의 경우는 높은세율이 낮은세율보다 2배 이상 더 높기 때문에 부과되는 세액은 3배까지도 증액하는 결과가 된다. 따라서 종부세는 정부가 과세표준도 자의적으로 결정하며 또한 적용세율마저 자의적으로 결정할 수 있기 때문에 부과세액을 10배 수준까지 행정부의 자의대로 결정할 수 있는 세금이 되었으며, 문재인 정부에서는 이러한 종부세법의 포괄위임 규정을 악용하여 종부세를 폭증하여 부과하게 된 것이다. 이렇게 세금을 행정부에서 자의적으로 결정하여 부과할 수 있는 사례는 세계 어느 나라에서도 찾아볼 수 없는 것으로 종부세는 조세법률주의에 위반되는 것이 너무나 명백하다 할 것이다. 그러나 헌법재판관들은 조정대상지역의 지정에 대하여 주택법에 최소한으로 지정하라는 규정이 있고,

또한 주거정책심의위원회의 심의를 거쳐 지정되기 때문에 조정대상지역 내 2주택자 중과세규정은 헌법에 합치된다고 결정하였다. 그러나 주택법상 조정대상지역을 최소한으로 지정하라는 규정과 주거정책심의위원회는 사실상 형식적인 규정이며 형식적인 심의위원회에 불과하기 때문에 조정대상지역의 지정은 국토교통부장관의 재량에 의하여 결정된다고 할 것이다. 따라서 종부세법은 적용세율을 국토교통부장관에게 일임한 결과가 되기 때문에 이 규정도 조세법률주의에 분명히 위반된다 할 것이다. 이러한 문제점으로 인하여 2023년에는 이 규정이 삭제되었는데 이것은 조정대상지역 내 2주택자의 중과세규정이 위헌이라는 사실을 반증한다 할 것이다.

종부세는 과세요건이 모두 포괄위임되어 있어 과세표준은 물론 적용세율까지 행정부에서 자의적이며 차별적으로 결정하여 부과세액을 10~20배까지도 증액하여 부과할 수 있는 구조로 짜여져 있는 세금이다. 또한 문재인 정부에서는 이러한 종부세법의 규정의 맹점을 이용하여 2021년과 2022년 귀속 종부세를 2018년에 비하여 10~100배 수준까지 증액하여 부과하였다. 과세요건을 하나하나씩 볼 때도 조세법률주의에 위반되는 것이 분명하다 할 것이나 2021년과 2022년에 부과된 종부세 그 세액이 헌법 규정에 합치되는지도 종합적으로 검토해 보고자 한다.

문재인 정부에서는 종부세법의 과세요건을 상향조정하여 2021년과 2022년 귀속 종부세를 개인납세자의 경우는 다주택자와 조정대상지역 내 2주택자에게 부과된 종부세는 기대임대소득의 2~3배 수준까지 초과하여 부과되는 결과를 가져왔고 법인납세자의 경우는 예외 없이 부과된 종부세가 기대임대소득의 2~4배 수준까지 초과하여 부과하는 결과를 가져왔다. 세금은 사적 유용성을 초과하여 부과할 수 없다는 것이 기본원칙이며, 헌법 제37조 제2항의 규정에도 세금은 재산권의 본질적 내용을 침해할 수 없다고 규정되어 있다. 또한 독일 헌법재판소의 재산세 반액과세원칙 판결에서도 부과된 세금이 기대임대소득의 절반 수준을 초과하였다고 이 세금은 지나치게 재산권의 사적 유용성을 세금으로 흡수한 결과를 초래하였기 때문에 헌법위반에 해당된다고 결정한 바 있다. 따라서 2021년과 2022년 귀속 종부세는 재산권의 사적 유용성이라고 할 수 있는 기대임대소득을 2~4배 수준까지 초과하여 부과되었기 때문에 종부세는 재산권의 본질적 내용을 침해하여 헌법위반이 되는 것이 분명하다 할 것이다.

그러나 헌법재판관들은 위헌청구인의 이러한 주장과 객관적인 근거에 대하여 어떠한 검토도 없이 오직 종부세의 경우는 공시가격의 실효세율이 70.2%이며, 공정시장가액비율이 95%가 적용되기 때문에 실효세율은 명목세율보다 낮아지고 따라서 낮아진 실효세율을 적용하여 부과한 종부세는 재산권의 본질적 내용을 침해할 수 없다고 추상적으로 단정하여 합헌결정을 내렸다. 그러나 이 판결은 너무나도 위선적이며 비열하고 더러운 잘못된 판결이라 할 것이다. 위헌청구인들은 종부세법에 규정된 내용대로 낮아진 실효세율이 적용되어 부과된 실질적인 종부세가 기대임대소득의 2~4배 수준 초과한다고 객관적인 자료에 의거하여 주장하였는데 이에 대한 어떠한 검토와 언급 없이 추상적으로 종부세는 재산권의 본질적 내용을 침해하지 않는다고 결론을 내려 합헌결정을 한 것은 매우 부당한 판결임이 분명하다 할 것이다.

더욱이 종부세는 덤터기 씌우는 세금으로 조세평등주의 원칙을 위배한다. 세금은 보편성의 원칙이 지켜져야 한다. 2%의 소수의 국민에게만 덤터기 씌우는 세금을 부과하여 재산권의 본질적 내용마저 침해하는 것은 조세원칙에 어긋날 뿐만 아니라 헌법상의 규정인 조세평등주의 원칙에도 어긋나는 것이다. 우리나라 부동산보유세의 세율을 보면, 더욱 조세평등주의에 위반되는 것을 알 수 있다. OECD 국가의 경우는 대부분의 국가가 부동산보유세 세율을 다주택자의 경우나 1주택자의 경우나 동일한 단일세율이다. 우리나라의 종부세도 2018년까지는 다주택자와 법인 등을 구분하지 않고 누진세율이지만 적용세율은 동일했다.

그러나 2021년의 경우는 종부세 세율을 차별적으로 대폭 인상하여 부동산보유세의 세율 차이가 지나치게 확대되었다. 예를 들어 2021년의 부동산보유세 최저세율은 0.12%인데 최고세율은 7.82%(종부세 7.2%+재산세 0.62%)로 차별적 차이가 65.1배 수준이고, 2023년의 경우는 6.62%(종부세 6.0%+재산세 0.62%)로 55.1배로 그 차이가 55.1배나 된다. 이 세율 차이는 부동산보유세의 본질을 감안하고 OECD의 외국사례와 비교하여도 지나쳐도 너무나 지나친 세율차이로 2%의 국민에게 종부세를 덤터기 씌우는 것이 분명하다 할 것이다.

더욱이 문재인 정부에서는 국제통계자료마저 조작하여 우리나라 부동산보유세의 세부담 수준이 OECD 평균의 절반도 안 된다고 거짓말까지 하면서 부동산 보유세의 세부담을 높여야 한다면서 종부세를 과잉과세하였다. 부동산보유세의 세부담 수준을 높이기 위해서라면 모든 국민이 부동산보유세의 세부담을 공평하게 높여야 하는 것이 조세원칙에 맞는 것이라 할 것이다. 그런데도 국가가 국제통계자료마저 조작하여 2%의 소수 국민에게 종부세를 차별적으로 중과세하여 부동산보유세의 세부담 수준을 세계 5위권까지 높인 것은 조세평등주의 원칙에 어긋날 뿐 아니라 이것은 사실상의 국가 범죄에 해당한다 할 것이다. 더욱이 이렇게 차별적으로 2% 소수 국민에게 덤터기 씌운 세금이 재산권의 본질적 내용마저 침해하는 결과를 가져왔는데 이 세금이 종부세법의 부동산 가격 안정 도모라는 입법목적에 타당한 세금이라고 합헌결정을 내린 헌법재판관들은 국가 범죄행위에 가담한 결과가 된다고 할 것이다.

종부세는 모든 과세요건이 포괄위임되어 있고 사실상 정부가 자의적으로 결정하여 세금을 부과하였으며, 부과된 세금이 2%의 국민에게 덤터기를 씌워 조세평등주의에 위반될 뿐만 아니라 그 세금이 재산권의 본질적 내용마저 침해했기 때문에 종부세는 너무나도 분명하게 헌법위반에 해당된다 할 것이다.

헌법재판소에서 이러한 종부세가 '부동산 가격 안정 도모'라는 종부세법상의 입법목적에 타당하게 부과되었기 때문에 종부세가 합헌이라고 결정을 내렸다. 부동산 투자 행위는 실수요자의 거주권을 침해하기 때문에 규제되어야 하고 그래서 다주택자, 조정대상지역 내 2주택자 그리고 법인납세자에게 차별적으로 중과세된 종부세는 타당하다는 것이다. 그러나 이러한 헌법재판소의 주장은 세금의 본질에 어긋나는 주장이며 사실상 헌법 규정인 '죄형법정주의'규정에도 어긋나는 것이라 할 것이다.

세금은 헌법상의 '납세의 의무'규정에 기초하여 국민의 재산을 국가가 사실상 빼앗을 수 있는 것이지만 세금은 세원에 대하여 담세력에 응하여 부과되어야 하는 것이며, 세금은 일정한 법률 위반을 전제하거나 의무의 이행을 강제하기 위하여 부과·징수 할 수는 없는 것이다. 국민의 부동산 투자 행위는 담세력을 표상하는 것이 아니고, 부동산 가격 안정 도모라는 종부세법의 입법목적에 따라 다주택자 등을 규제하기 위하여 차별적으로 중과세하는 것은 헌법상의 규정인 '납세의 의무'규정에 위반되는 것이 분명하다 할 것이다. 더욱이 부동산 투자 행위를 규제하기 위하여 차별적으로 중과세된 종부세의 법적 성격은 '재산형 형벌'에 해당한다 할 것이다. 따라서 부동산 투자 행위를 규제하기 위하여 다주택자 등에게 차별적으로 중과세된 종부세는 헌법상의 규정인 '납세의 의무'규정은 물론 '죄형법정주의'규정도 위반한 세금에 해당되기 때문에 종부세법의 합헌결정은 헌법위반이며 헌법파괴의 판결이라 할 것이다.

제4장

자유민주주의를 지지하는 국민이라면 분노해야 한다

제1절 | 종합부동산세는 자유민주주의 기본질서에 위배되는 세금이다

1. 사유재산제도가 무너지면 자유민주주의도 무너진다

자유민주주의의 기본질서는 사유재산제도와 시장경제를 그 골간으로 한다. 근대의 자유민주주의 국가는 사유재산제도가 정착되고 시민계급이 중추적 정치세력으로 자리 잡으면서 발전할 수 있었다. 사유재산제도가 무너지면 자유민주주의 근간이 무너지는 결과가 되는 것이다. 재산권은 국민 개개인의 자유실현의 물질적 바탕을 의미하는 것으로 사실상 자유와 재산권은 상호 보완관계이자 불가분의 관계라고 하겠으며 재산권은 자유보장 기능을 갖는 기본권의 본질적 요소라고 할 것이다. 우리나라 헌법 제23조 제1항에 '모든 국민의 재산권은 보장된다.'라고 규정되어 있으며, 이 규정은 개인이 현재 누리고 있는 재산권을 개인의 기본권으로 보장한다는 의미와 개인이 재산권을 향유할 수 있는 법 제도로서의 사유재산제도를 보장한다는 의미를 가지고 있는 것이다.

세금만이 국민의 재산을 국가권력이 무상으로 빼앗을 수 있기 때문에 세금과 재산권 보장의 문제는 고대부터 현재의 자유민주주의 정치체제에서도 항상 국가적 문제가 되어왔다. 왕조시대와 전제국가 시대에는 '조세고권주의'라 하여 국가의 과세권은 통치권이라는 절대권력에 속하는 것으로 인정되어 어떠한 헌법적 제한도 받지 아니한다는 인식도 있었으나, 현대의 자유민주주의의 국가 체제에서는 어떠한 세금도 재산권이 보장되는 범위 내에서 부과되어야 한다는 원칙이 존중되고 있다. 우리나라 헌법 제37조 제2항의 규정을 보면 '자유와 권리의 본질적 내용은 침해할 수 없다.'라고 규정되어 있다. 법 규정에 따른 세금의 부과일지라도 그 세금이 재산권의 본질적 내용은 침해할 수 없다고 규정되어 있는 것으로 이 규정은 세금으로부터 국민의 재산권을 보장하는 규정이라 할 것이다. 따라서 법에 규정된 세금일지라도 담세력을 발생시키는 재산원본을 침해하여 부과할 수는 없는 것이다.

세금으로 재산원본을 침식한다는 것은 재산권의 사적 유용성의 범위를 넘어 부과된 세금이 재산권의 이용권과 수익권을 몰수하고, 더 나아가 재산권의 처분권능까지도 점진적으로 몰수하는 결과를 가져와 사유재산제도를 유명무실하게 만드는 것을 의미한다. 사유재산제도가 없어지면 사실상 경제적 자유권을 잃게 되는 결과가 되어 참다운 자유권이 보장될 수 없는 결과를 가져오게 되는 것이다. 그래서 세계의 어느 세금도 사적 유용성의 범위를 넘어 부과되는 경우가 없는 것이다. 독일의 반액과세 위헌결정의 경우도 부과된 재산세 등의 세금의 합계액이 사적 유용성의 범위를 완전히 초과하였기 때문에 위헌결정을 받은 것이 아니고, 부과된 세금이 사적 유용성의 절반 수준을 초과하였기 때문에 그 세금이 개개인이 누려야 할 재산권의 사적 유용성을 지나치게 공공부문으로 흡수하였다고 위헌결정을 내린 것이다.

2021년과 2022년의 종부세의 경우를 보면 다주택자, 조정대상지역 내 2주택자의 상당수의 개인납세자와 모든 법인납세자의 경우는 재산권의 사적 유용성이라 할 수 있는 기대임대소득 수준을 2~4배 수준까지 초과하여 부과받았다. 이 세금은 사실상 재산원본마저 잠식시키는 세금에 해당되는 것이다. 이미 앞에서 설명드렸지만 개인납세자의 경우는 부과된 종부세 중 43% 수준이 그리고 법인납세자의 경우는 73% 수준이 기대임대소득을 초과하여 부과됨으로써 재산원본을 무상몰수하는 세금에 해당되는 것이다. 특히 민간임대주택전문 사업자의 경우는 부과된 종부세가 너무나도 지나쳐 그 납세자의 모든 임대주택은 5년 내에 완전히 몰수되는 결과마저 가져오는 것이다. 따라서 종부세는 완전히 재산원본을 무상몰수하는 세금이고 이 세금은 사유재산제도마저 유명무실하게 만드는 결과를 가져오고 있는 것이다. 종부세는 단순히 재산권의 침해 수준을 훨씬 초과하여 사유재산제도마저 유명무실하게 만드는 수준으로, 지나쳐도 너무나 지나치게 과잉과세되고 있는 것이며 이 세금이 계속 과세되는 경우 자유민주주의의 근간은 무너진다고 할 것이다.

2. 덤터기 씌우는 세금은 국민만 분열시킨다

조세부담은 국민들 사이에 공평하게 배분되지 않으면 안 되며, 당사자로서의 국민은 각종의 조세법률관계에 있어서도 평등하게 취급되지 않으면 안 된다는 원칙이 조세평등주의 원칙이다. 우리나라 헌법 제11조의 평등 조항이 조세평등주의의 근거가 되고 있는 것이다. 조세평등주의는 실질적 조세법률주의의 핵심 내용이며 실질적 법치주의에 근거하는 재산권 보장의 법리와 밀접한 연관성을 갖고 있는 것이다. 또한 담세능력의 원칙은 조세평등주의의 핵심적인 내용이자 구체적인 구현 원리라 할 것이다. 조세의 부담은 각자의 담세력에 상응하여 공평하게 배분되어야 하는 것이다. 부과된 세금이 재산권의 본질적 내용을 침해하지 않는다고 하여도 세부담의 상대적 형평성을 지나치게 일실한 경우에도 조세평등주의 원칙에 의거 재산권 침해가 인정된다 할 것이다.

종부세는 조세평등주의 원칙을 지나치게 위반하여 부과되었다. 종부세는 2%의 국민에게만 세금이 부과되어 보편성 원칙이라는 조세원칙에도 전혀 맞지 않는 세금이다. 더군다나 2021년과 2022년의 종부세는 다주택자, 조정대상지역 내 2주택자 그리고 법인납세자에게 지나치게 차별적으로 중과세하여 동일한 부동산을 보유하는 경우에도 종부세의 세부담이 개인납세자의 경우에는 10배 수준 그리고 법인납세자의 경우는 100배 수준까지도 벌어져 그 차별과세의 정도가 세계의 어느 세금에서도 찾아볼 수 없을 만큼 지나친 경우라 하겠다. 2021년 귀속 기준으로 볼 때 우리나라 부동산보유세의 최저세율은 0.12%인데 비하여 최고세율은 7.82%로 무려 65배의 차이를 보이기 때문에 이렇게 차별적인 누진세율은 더욱이 부동산보유세에서 그 정당성이 인정될 수가 없다 할 것이다. 부동산보유세의 경우는 편익과세원칙이 적용되기 때문에 OECD 대부분의 국가는 단일세율로 부동산보유세가 과세되고 있는 것이다.

종부세는 2005년 도입 당시 부동산보유세의 세부담을 높이기 위하여 도입되었고, 기획재정부의 역대 부총리들도 부동산보유세의 세부담을 높이기 위하여 종부세를 과세 강화한다고 주장하여 왔다. 심지어 종부세의 설계자인 김수현 전 청와대 정책실장도 '부동산보유세의 강화와 부동산 거래세의 인하는 경실련이 만들어진 무렵부터 이루어진 사회적 합의였다.'라고 인터뷰 기사에서 밝히고 있어 종부세는 부동산보유세의 세부담을 높이고자 하는 목적이 있었다고 주장하였던 것이다. 종부세는 부동산보유세이다. 부동산보유세의 세부담을 높이기 위해, 종부세는 보편성의 원칙에 따라 공평하게 세금이 부과되어야 하는 것이 마땅하다 할 것이다. 종부세가 2%의 국민에 대해서만 부과되어 왔지만 그래도 2018년까지는 세율과 과세표준 공제금액 그리고 세부담 상한규정 등의 규정이 사실상 모든 납세자에게 거의 동일한 수준이었다. 그래서 부동산보유세의 세부담 수준에서 차별은 있었다고 하지만 그 차별의 정도가 그래도 감내할 수 있는 범위였다 할 것이다. 그러나 2021년의 종부세가 세율의 차등적 인상 그리고 과세표준 공제금액의 삭제 등의 과세요건을 대폭 차등화하여 다주택자, 조정대상지역 내 2주택자 그리고 법인납세자 등의 매우 일부 국민에게 재산권의 본질적 내용마저 확실하게 침해하는 수준으로 매우 차등적으로 세금이 부과되어 조세평등주의 원칙을 크게 훼손하는 결과가 되었다.

이러한 차별과세를 문재인 정부에서는 부동산 투기 억제목적에 따른 것으로 종부세법에 타당한 과세라 주장하고 있다. 그러나 종부세는 부동산보유세이기 때문에 부동산 투기 억제목적의 세금으로서의 정당성이 없고 더욱이 국민 전체의 2%밖에 안 되는 소수에게 아무리 세금을 때려도 부동산 가격 인하 효과는 거둘 수 없는 것이다. 문재인 정부의 부동산 가격 안정 목적의 종부세 차별적 과잉과세의 주장은 사실 자기들의 정치적 목적의 종부세 부과를 호도하는 것에 불과한 거짓 주장이라 할 것이다. 문재인 정부의 종부세 과잉과세는 국민을 주택을 가진 국민과 주택이 없는 국민으로 편을 가르고 특히 다주택자 등에게 투기꾼, 악덕 부자라고 지목하여 세금 폭탄을 때림으로써 자기편의 지지세력에게 환심을 사고자 하는 정치적 목적이 있었다고 필자는 생각하고 있는 것이다. 이렇게 국민을 편가르고 다주택자를 악덕 부자라고 지목하여 세금 폭탄을 때리는 정치 행태는 다시 한번 언급하지만 레닌의 다음 주장과 김수현 전 청와대 정책실장의 주장을 연상시키는 것으로 자유민주주의 근간을 훼손하는 것이라 할 것이다.

"중산층을 세금과 인플레이션의 맷돌로 으깨버려라"

"더 이상 노력으로 계층 상승이 불가능한 사회를 만들어라"

"중산층을 과도한 세금과 집값 상승으로 척살하고,
다수의 빈민층들이 가진 자를 혐오하게 만들어라"

From
러시아 공산주의 지도자 블라디미르 레닌

김수현 전 청와대 정책실장의 주장

국민들이 자기 집을 갖게 되면 보수화되고, 그래서
민주당 지지층에서 이탈한다. 그래서 국민들이 계속
셋집에 살게 붙들어 놓아야 민주당을 찍는다.

집값에 분노한 사람들을 달래기 위해 누군가의 세금만
계속 높이는 것은 포퓰리즘이다.

3. 종부세는 자원배분의 왜곡을 넘어 '초과부담'을 극대화하는 세금이다

조세가 자원배분에 영향을 미친다는 사실은 중세의 영국에서 부과된 창문세의 예에서 생생히 드러나고 있다. 창문세의 부과로 창문의 개수를 극도로 줄인 집을 짓게 만드는 결과를 가져와 국민들이 햇빛을 누릴 수 없어 국민 건강이 악화되는 결과를 가져왔다. 여기에서 창문세의 부과로 국민들의 건강 악화에 따른 국민적 손실이 창문세의 세금 징수 금액보다 초과하는 경제적 금액을 '초과부담'이라고 부른다. 조세의 부과로 민간 부분의 자원배분이 왜곡되어 국가 경제의 효율성이 상실되는 경우가 발생한다. 이렇게 조세부과로 세금 징수액을 초과하는 국가 경제의 효율성 상실분을 사회적 후생손실액이라고도 하며, 이것을 조세의 초과부담이라고 하는 것이다. 세금의 부과로 민간부문의 자원배분에 미치는 나쁜 영향을 최소화하는 것이 경제효율을 높이고 경제성장을 촉진한다는 것은 누구나 다 아는 사실이다. 따라서 초과부담 발생이 큰 조세는 당연히 폐지하는 것이 국민경제 전반의 효율성을 높이고 국가 이익이 된다 하겠다. 일반적으로 세부담의 공평성이 높을수록 자원배분의 왜곡이 적고 세부감의 공평성이 악화될수록 자원배분의 왜곡은 더욱 심해지는 것이다. 따라서 특정 경제활동 등에 대한 차별적 세금 부과는 자원배분의 효율성을 크게 저해하는 결과를 가져오게 된다.

2021년과 2022년 귀속 종부세는 다주택자 등에 대하여 막대한 차별적 중과세 세금을 부과하였다. 소득세 법인세 등은 세부담의 차별 정도가 낮은 수준이라 할 것인데, 종부세의 경우는 최저세율이 0.12%이고 최고세율이 7.82%로 그 차별의 정도가 65배 수준이기 때문에 종부세는 매우 극심한 차별적 세금이라 할 것이다. 이에 따라 발생하는 종부세의 초과부담은 막대하기 때문에 종부세의 부과는 국가 전반적인 경제의 효율성을 크게 저해한다 할 것이다. 응당 윤석열 정부에서는 종부세의 초과부담을 계산하여 종부세가 국가 경제에 주는 사회적 후생손실액을 밝혀내야 할 것인데도 불구하고 이러한 정책 차원의 연구가 없다는 것은 매우 아쉽다고 할 것이다.

종부세의 부과로 인한 자원배분의 왜곡과 초과부담의 내용을 살펴보면, 첫째는 똑똑한 1채에 대한 국민의 선호도를 너무나 높이는 결과를 가져와 주택의 고급화와 주택가격의 상승을 유도하고 있다. 둘째는 다주택자에 대한 과잉세금의 부과로 재건축과 재개발의 1+1 분양이 없어지는 등 주택공급에 막대한 지장을 초래하고 있다는 것이다. 특히 재개발의 경우에는 주택 또는 대지면적이 큰 재개발 대상자가 1+1 분양을 꺼려 재개발사업 자체가 제대로 이루어지지 못하는 경우마저 발생하여 주택공급에 막대한 지장을 주고 있다. 셋째는 민간임대주택의 경우는 빌라라고 불리는 다세대와 다가구 주택이 주류를 이루는데 이러한 주택은 사실상 임대사업자만이 취득할 수밖에 없다. 그런데 민간임대사업자에게 막대한 종부세를 부과함에 따라 사실상 민간임대주택의 신축은 중단된 상태라 할 것이다. 따라서 이러한 종부세의 초과부담 효과로 인하여 주택가격은 오를 수밖에 없고 주택공급은 줄어들 수밖에 없다. 임대주택의 공급이 중단되면 전세난과 전세금액의 앙등을 불러올 수밖에 없을 것이다. 종부세는 차별적인 중과세가 너무나 지나쳐 이 세금으로 야기되는 초과부담은 종부세 세수입 금액보다 비교할 수 없을 정도로 매우 크기 때문에 그 경제적 손실은 막대하다 할 것이다. 지금이라도 윤석열 정부에서는 종부세 초과부담 금액을 산정하여 종부세를 빨리 폐지해야 할 것이다.

4. 종부세는 임차인의 거주권을 침해하는 반 자유시장 경제적 세금이다

종부세는 임차인의 거주권을 심각하게 침해하고 있으며 또한 종부세의 차별적인 중과세로 인하여 가장 큰 피해를 본 사람들은 주택을 임차하여 거주하는 주택

임차인이라고 할 것이다. 합헌결정문을 보면, 헌법재판관들이 종부세의 부동산 투기 억제목적을 지나치게 강조하다 보니 임차인의 거주권 자체를 부인하는 모순을 주장하는 결과가 되었다. 임차인의 거주권을 부인하는 것은 반인륜적 행태이고 반자유시장경제적 행태라고 할 것이다.

헌법재판소의 합헌결정의 내용을 보면 "주택의 면적이나 보유 수는 타인에 대한 주택 공급이 장애요인으로 작용할 수 있음을 감안할 때, 일정한 수를 넘는 주택 보유는 투기적이거나 투자에 비중을 둔 수요로 간주될 수 있고 주택가격 안정을 위하여 이에 대한 규제의 필요성도 인정될 수 있다."라고 적시하고 있으며 또한 "현실적으로 개인이 주거공간으로서의 주택에 대하여 갖는 긴밀한 연관성을 법인에 대해서는 동등한 정도로 인정하기 어렵고, 종부세법의 실질적인 목적은 실수요자가 아닌 자가 투자 내지 투기 목적으로 다른 국민이 절실히 필요로 하는 주택 등을 과다하게 보유하는 것을 억제하고자 하는 데에 있음을 상기해 본다면, 주택 시장에서 실수요자라고 할 수 없는 법인의 주택 보유 그 자체를 개인에 비하여 보다 엄격하게 규율할 필요성을 인정할 수 있다."라고 적시하고 있다. 이 내용에 따르면 다주택의 보유는 투기적이거나 투자에 비중을 둔 것이며, 사실상 개인의 주거공간을 침해한다고 단정하고 있는 것이라 하겠다. 대부분의 2주택자는 노후의 안정적인 경제생활을 계속하고자 하는 목적에서 자기의 재산 중 일부를 부동산에 투자하는 것으로 이것은 경제적으로 사실상 권장되고 또한 시장경제적으로도 바람직한 것이라고 하겠다. 그리고 다주택자와 법인납세자의 경우는 상당수가 민간임대주택 사업자이다. 민간임대주택 사업자와 주택을 임대하고 있는 다주택자들을 투기적이거나 투자에 비중을 둔 것으로 더 엄격하게 규제하여야 한다는 생각은 사실상 민간임대주택에 거주하는 임차 거주인의 거주권을 규제하고 무시하는 결과를 가져올 수밖에 없는 것이다.

국토연구원의 '국토이슈리포트'(2022. 01. 28.)를 보면 전체 가구 수는 2,034만 가구이고 그 중 임대가구 수는 857만 가구로 전체 가구 수의 42.1%를 차지한다. 또한 전체 임대가구 수 중 민간임대가구 수는 692만 가구로 전체 임대가구 수의 80.63%에 달한다. 따라서 전체 임대가구 수 중 민간임대주택 가구 수는 34.0%를 차지하여 민간임대주택에 거주하는 국민의 수는 사실상 전체 국민의 34.0%를 차지하기 때문에 이 국민들의 거주권은 분명히 보장되어야 하는 것이다. 그러므로 종합부동산세가 신설된 2005년부터 2020년까지 모든 정부에서 민간임대주택 사업자에 대하여 종합부동산세의 부과를 배제하여 왔던 것이다. 또한 민간임대주택사업은 분명하고 정당한 사업으로 국민 누구나 참여하여 이 사업을 영위하는 것은 정당한 것이다.

헌법재판소에서는 민간임대주택 사업자를 사실상 투기꾼 또는 부적절한 투자꾼으로 몰아붙이고, 주택을 임대하는 다주택자와 법인 특히 민간임대주택 전문 사업자의 경우는 주택공급의 장애요인이 된다고 주장하며, 타인의 거주권을 빼앗는 사람들이기 때문에 종부세를 중과세하는 것이 타당하다고 주장하고 있다. 그러나 주택을 임대하는 다주택자의 경우는 사실상 임차거주인에게 거주권을 제공하는 사람들로서 국가 경제와 사회 전체적인 측면에서 매우 정당하고 도움이 되는 경우가 되는 것이 분명하다 할 것이다. 다주택자 등이 타인의 거주권을 빼앗는다는 사고는 사실상 반시장경제적 사고이며 경제 원리에 적합한 사고는 전혀 아니라는 것은 분명하다 할 것이다.

주택은 사람이 거주하는 공간이고 주택거주자는 자기 집에 자가 거주하는 경우도 있으나 상당한 경우에는 타인의 집을 임차하여 거주하고 있는 것이 현실이라 할 것이다. 따라서 주택의 거주권을 자가거주자의 거주권이나 임차거주자의 거주권이나 다 똑같은 거주권이기 때문에 국가는 이들의 거주권을 다 같이 보호해야 하는 것이다. 헌법재판소의 종부세 합헌결정의 취지에 따르면 자가거주권은 보호되어야 하나, 다주택개인이나 법인이 보유하는 임대주택의 경우는 그 주택에 임차 거주하는 임차인의 거주권은 보호될 가치가 없는 것으로 판결한 것이다. 따라서 임차인의 거주권은 인정되지 않는 결과가 초래되었다고 할 것이다. 헌법재판소는 사실상 임차인이 거주하는 주택에 대하여 막대한 종부세 부과를 정당하다고 인정하여 결과적으로 임차인에게 커다란 경제적 손실을 초래하였다.

2021년 귀속 종부세가 다주택자 등에게 차별적으로 과잉과세 됨으로써 과잉 종부세가 전세사기를 부추겼으며 전세사기로 큰 손실을 보고 고통을 받는 임차인이 크게 증가하는 결과를 가져왔다. 이 모든 결과는 바로 다주택자와 법인 등이 보유하는 주택은 투기꾼의 주택이며 그 주택에 거주하는 사람들마저 거주권이 인정되지 못하도록 차별적 과잉과세가 이루어진 결과라 할 것이다. 이러한 정부의 종부세 과잉과세 조치를 헌법재판소가 정당하다고 용인한 것은 결과적으로 임차인의 거주권을 부인하는 것도 정당한 것으로 인정되는 결과가 되었다고 하겠다. 윤석열 정부에서는 전세사기로 피해를 본 임차인에 대하여 여러 가지 경제적 지원을 추진하고 있는데 이 지원에 따른 정부의 손실 규모가 종부세의 세수입 금액보다 결코 적은 금액이 아니라는 것이 더 심각한 문제라 할 것이다. 사실상 이 문제도 종부세의 초과부담의 문제인 것으로 윤석열 정부는 종부세의 초과부담에 대하여 제대로 검토를 하여 종부세의 폐해를 밝혀야 할 것이다.

지금까지의 우리나라의 전세제도는 저렴한 임대주택의 공급 기능을 하면서 국민적 주거비를 낮추는 효과가 있었으며 더욱이 국가 재정에 부담을 주지 않고 오히려 임대소득세 등을 납부하여 국가 재정에 기여하여 왔던 우리나라의 고유한 임대제도로 사실상 사적영역의 부분으로 사회적 순기능이 컸다고 하겠다. 그래서 민간임대주택에 관한 특별법을 제정하여 등록한 임대사업자에게는 종부세 합산배제 등 세금혜택이 부여되기도 하였으며 전세사기의 문제가 사회적 문제로 제기되지 않아 왔던 것이다. 그러나 2021년 귀속 종부세는 대부분의 민간임대주택 사업자를 갑자기 종부세 과세대상자로 전환시켜 임대소득의 2~4배 수준으로 중과세하여, 임대사업자를 도산 위기로 몰아넣고 사실상 임대사업의 영위를 불가능한 수준으로 만든 것이다. 전세보증금 반환 사고는 막대한 종부세의 부과 때문이며 종부세는 전세보증금 반환 사고를 사적의 영역에서 억지로 공공의 영역으로 끌어들이는 결과마저 만든 것이다.

제2절 | 헌법재판관을 고발한다

1. 종부세 합헌결정 헌법재판관

성명	비고
이영진	주심재판관
이종석	헌법재판소장
김기영	재판관
문형배	재판관
이미선	재판관
김형두	재판관

2. 종부세 합헌결정은 국가의 세금 폭력을 용인하는 판결에 불과하다

앞에서 많은 검토와 설명을 해드렸지만 종부세는 헌법위반의 세금이고 사실상 재산형 형벌에 해당하는 국가 세금 폭력이라 할 것이다. 2021년과 2022년 귀속 종부세는 다주택자, 조정대상지역 내 2주택자 그리고 법인납세자의 경우는 대부분 기대임대소득의 2~4배 수준으로 세금이 부과되어 재산권의 본질적 내용을 침해하였고 또한 다주택자와 법인의 경우는 동일한 부동산을 보유하였는데도 불구하고 10~100배 수준까지 세금이 차별적으로 과잉과세되어 평등권도 위배하는 것이 분명한 세금이라 할 것이다. 종부세는 다주택자와 법인에 대한 차별적 과잉과세는 담세력에 의한 세금의 차별적 부과가 아니고, 헌법재판소의 합헌결정문에서 밝히듯이 부동산 투자 행위를 규제하기 위하여 차별적으로 과잉

411

과세된 세금이다. 그러므로 이 세금은 헌법에 규정하고 있는 '납세의 의무'규정에 반하며, 이 세금의 본질은 재산형 형벌에 해당할 수밖에 없다는 것이라고 누차 설명드린 바 있다.

재산형 형벌은 분명 처벌 규정이 법에 명백히 규정되어 있어야 하며, 또한 재판을 통해 위법성과 책임성이 규명되어 판결에 의해 벌금이 부과되어야 하는 것이 헌법상의 규정인 '죄형법정주의'라 할 것이다. 그런데 헌법재판소에서는 종부세는 종부세법에 규정된 명백한 세금이고 종부세법의 제2의 입법목적이 '부동산 가격 안정 도모'이기 때문에 투기 억제를 위하여 사실상 정부가 자의적으로 세금을 부과해도 된다고 용인해 준 것이라 하겠다. 더욱이 이 종부세 합헌결정은 국가가 세금 명목만 달면 헌법상의 '죄형법정주의'의 규정에도 불구하고 국민에게 재산형 형벌을 세금으로 부과해도 무방하다고 인정한 것으로, 헌법재판관들은 국가의 세금 폭력의 정당성도 용인한 결과가 되었다. 종부세는 명백한 헌법위반의 세금인데도 불구하고 헌법재판관들이 종부세는 합헌이라고 매우 잘못된 판결을 내리다 보니, 헌법재판관들이 제시한 종부세 합헌 이유는 사실관계와 법리해석을 왜곡하였고, 거짓말 수준의 주장에 지나지 않는 결과를 가져왔다. 여기에서는 헌법재판관들이 제시한 합헌 이유의 부당성을 요약하여 정리해 보고자 한다.

종부세 합헌결정 내용을 보면, 청구인들이 종부세는 위헌이라고 주장하는 핵심적 내용에 대하여는 헌법재판관들이 검토조차 하지 않았다. 종부세는 재산권의 본질적 내용을 침해하며 종부세의 차별적 중과세는 비례의 원칙에 지나치게 위배한다는 청구인들의 주장에 대하여 헌법재판소는 어떠한 분석과 설명이 없었다. 그러면서 헌법재판소는 공시가격 현실화율이 70% 수준이며, 공정시장가액비율은 95%이기 때문에 종부세의 실효세율은 명목세율보다 낮아지게 되어 있으며, 이렇게 낮아진 실효세율을 적용한 종부세는 재산권의 본질적 내용을 침해할 수 없다고 판결하였다. 이 판결은 사실상 사실관계를 왜곡하는 내용의 판결에 불과한, 불법적 판결이라 할 것이다. 또한 헌법재판소에서는 종부세법에 각종 공제 또는 과세배제규정이 있고 세부담 상한규정도 있으며, 재산세를 공제해주는 규정도 있어 종부세는 과잉금지원칙에 위배되지 않는다고 합헌결정을 내렸는데 이 합헌결정도 국민을 호도하는 내용의 기만적 합헌결정이라 할 것이다.

위헌청구인들은 실효세율이 적용되어 부과된 그 종부세가 재산권의 본질적 내용을 침해하며 조세평등주의 원칙을 침해하였다고 주장한 것이며, 각종 공제와 과세배제규정 그리고 세부담 상한규정 그리고 재산세 공제규정 등 종합부동산세법에 규정된 모든 규정이 적용된 후에 부과된 세금이 헌법에 위반된다고 주장하였다. 종부세법에 이러한 규정이 있다는 것만으로 종부세가 과잉금지원칙에 위배되지 않는다는 헌법재판소의 주장은, 종부세가 합헌이라는 객관적인 주장이 될 수 없으며, 그 실체가 전혀 없는 주장이라 할 것이다. 헌법재판관들이 제시한 합헌 이유는 기만적 내용이고, 국민 호도용으로, 오직 종부세법의 규정만 나열하고 사실관계는 전혀 검토하지 않은, 잘못된 판결이라 할 것이다.

더욱이 OECD 국가의 부동산보유세 세부담 상한규정이 연간 2~4% 수준인데 비하면 우리나라 세부담 상한규정은 300% 수준이며, 법인의 경우는 세부담 상한규정마저 없어 비교할 수준이 되지 않는다고 하겠다. 이러한 세부담 상한규정이 있다고 종부세가 과잉금지원칙을 위반하지 않는다고 주장하는 헌법재판관의 주장 내용은 설명 자체가 되지 않는 너무나 무책임한 주장에 불과하다 할 것이다. 종부세가 매년 300%씩 늘어나면 그 세금을 부과받는 납세자는 과연 그 세금을 부담할 능력이 있는지도 의심스럽고 국민은 매년 폭증하는 종부세로 인하여 가계 살림을 어떻게 계획하여 살아갈 수 있는지 도대체 생각할 수조차 없다. 종부세는 생활밀착형 세금으로 OECD 각국은 부동산을 취득한 이래 거의 동일한 세금을 부동산보유세로 부과하여 오고 있는데 우리나라는 매년 300%씩 부동산보유세를 폭증시켜 부과하는 것이 정당하다는 헌법재판관의 생각에는 과연 국민의 경제생활을 고려하고 있는지 의심스럽다 할 것이다.

또한 재산세 공제규정이 있어 종부세가 과잉금지원칙에 위배되지 않는다고 헌법재판관들은 주장하고 있다. 동일한 부동산에 대하여 재산세와 종부세라는 부동산보유세가 2개의 세목으로 중복하여 과세하는 자체도 분명 조세법률주의에 위반되는 것이 분명하다 할 것이다. 특히 재산세 중 38% 수준 자체를 공제대상에서 제외하여, 재산세 중 62% 수준만 공제해 주고 있는 것이 현재의 종부세법의 규정이다. 헌법재판관들이 재산세와 종부세의 이중과세 자체도 아무런 문제가 없고 또한 재산세와 종부세가 분명히 이중과세 되는데도 불구하고 재산세 공제규정이 종부세법에 규정되어 있다는 것만으로 종부세가 과잉금지원칙에 위배되지 않는다고 주장하고 있는데 이러한 헌법재판관들의 막말은 이해할 수조차 없다 할 것이다.

다음에는 입법목적과 관련된 사항으로 합헌결정문에 다음과 같은 내용이 있다. '높은세율의 종부세를 부과하는 것은 부동산 가격 안정에 기여하고 실질적인 조세부담의 공평성을 실현할 수 있다.'는 내용인데 이 내용의 문제점에 대하여 검토해 보고자 한다. 2021년과 2022년 귀속 종부세는 다주택자 등에게 기대임대소득의 2~4배 수준의 차별적인 중과세를 부과하였다. 이 세금이 과연 실질적인 조세부담의 공평성을 실현하였는지 도무지 이해할 수가 없다. 동일한 부동산을 보유하는 경우에도 누가 그 부동산을 보유했는지에 따라 10~100배 수준까지 차별적으로 중과세가 되었는데, 헌법재판관은 이 세금이 실질적인 조세부담의 공평성을 실현했다고 주장한 결과가 된다. 헌법재판관의 이러한 주장은 조세원칙과 조세이론 그리고 세금의 상식으로 보았을 때도 완전한 거짓말에 해당한다 하겠다. 국민 2%에 대한 종부세의 과잉과세는 오히려 주택가격 앙등만 불러왔는데, 종부세 중과세가 부동산 가격 안정을 가져온다는 헌법재판관들의 주장은 앞에서도 자세히 설명드린 바와 같이 사실과 매우 다른 것이다.

다음에는 종부세의 조세법률주의 위반에 대하여 간략하게 살펴보고자 한다. 조세법률주의는 국민의 재산권 보장과 경제생활의 법적 안정성을 보장하는 것을 그 이념으로 하고 있다고 할 것이다. 위헌청구인들은 2021년과 2022년의 종부세가 지나치게 폭증하여 법적 안정성을 크게 침해하였기 때문에 종부세는 조세법률주의에 위반된다고 주장하였으나, 이에 대하여는 헌법재판관들은 한마디 언급도 없었다. OECD 대부분의 국가는 부동산보유세는 생활밀착형 세금이기 때문에 부동산보유세가 증액되어 과세되는 경우가 거의 없기 때문에 세금을 10~100배까지 폭증시켜 부과하는 종부세는 명백한 헌법위반이라 할 것이다. 그리고 종부세법은 공시가격, 공정시장가액비율, 조정대상지역, 주택 수 및 재산세 공제규정 등 거의 모든 과세요건을 완전 포괄위임하여 규정하고 있기 때문에, 청구인들은 종부세법이 포괄위임 금지원칙에 위배된다고 주장하였다. 이 주장에 대하여 헌법재판관들은 종부세법의 경우는 시행령에 규정될 내용을 충분히 예측가능하기 때문에 포괄위임금지 원칙에 위배되지 않는다고 판결하였다. 그러나 주택 수 계산 규정의 경우를 보더라도, 이사 또는 상속에 따른 일시적 2주택자에 대한 시행령 규정이 2021년에는 예외 규정 없이 모든 일시적 2주택자에게 무차별적인 과세가 이루어져 재산권 침해가 극심해지자 2022년에는 일시적 2주택자에 대한 상당한 예외적인 규정을 법과 시행령에 보완하여 규정하였다. 헌법재판관의 말대로 시행령 규정의 내용을 충분히 예측가능하였다면 이러한 경우는 발생할 수 없다는 것은 자명하다. 헌법재판관들의 주장은 사실과 너무나도 다른 것으로서, 이것은 종부세의 합헌결정을 위하여 포괄위임의 문제를 호도한 것에 불과하다 할 것이다.

공시가격의 문제를 보더라도 부동산 공시법에 한국부동산원에서 독립적인 위치에서 어떠한 간섭없이 공시가격을 산정하도록 규정되어 있으나 문재인 정부 시절에는 국토교통부 장관이 현실화율이라는 제도를 만들어 사실상 공시가격을 국토교통부 장관이 직접 결정한 결과가 되었다. 더구나 공시가격을 아파트 규모별로 차등적으로 인상함으로써 세부담의 불공평성이 크게 확대되는 결과를 가져왔다. 헌법재판관들도 공시가격이 국토교통부장관에 의하여 자의적이며 차등적으로 산정된 것은 분명하다고 인정하면서도 '공시가격이 온전히 행정부의 재량과 자의에 맡긴 것이라고 볼 수 없다.'라며 합헌결정을 내렸다. 이것은 국가가 종부세의 과세표준을 자기 멋대로 산정해도 무방하다고 허용한 것으로 조세법률주의에 분명히 위반되는 것이다. 또한 재산권의 침해도 분명하고 또한 부동산공시법의 규정에도 위반되는 것도 분명한데 이런 판결을 내린 헌법재판관은 헌법과 법 규정을 무시한 것이 분명하다 할 것이다.

조정대상지역 내 2주택자의 중과세 과세규정의 경우도 헌법재판관들은 주택법에 조정대상지역을 최소화해서 지정하라는 규정이 있고 또한 심의위원회를 통하여 조정대상지역을 결정하도록 규정되어 있다고 헌법위반이 아니라고 판결하였다. 그런데 조정대상지역의 지정권이 사실상 국토교통부 장관에게 위임되어 있기 때문에 2주택자에 대한 종부세 세율의 적용권이 국토교통부장관에게 부여된 것이라 하겠다. 이것은 세율을 행정부가 결정하는 결과가 되기 때문에 조세법률주의에 근본적으로 위반되는 것이 분명하다 할 것인데 이것을 헌법에 합치된다고 합헌결정을 내린 헌법재판관들은 조세법률주의 자체를 유명무실하게 만든 불법적인 판결을 내린 것이라 할 것이다.

다음에는 마지막으로 납세자 신뢰보호원칙에 대하여 설명드리고자 한다. '국가에 의하여 일정한 방향으로 유인된 특별한 보호가치가 있는 신뢰이익'은 신뢰보호원칙상 보호되어야 한다는 것이 헌법재판소의 확립된 판례라 할 것이다. 민간임대주택에 대한 종부세 과세배제는 지난 30년간 문재인 정부를 비롯한 모든 정부에서 민간임대사업을 장려하면서 지속적으로 부여한 세금혜택 정책이다. 민간임대사업자들은 이러한 세금 면제 규정이 없었다면 당연히 임대사업을 영위하지 않았을 것이기 때문에 민간임대주택 과세배제규정은 국가에 의해 일정한 방향으로 유인된 특별한 보호가치가 있는 신뢰이익임이 분명하다. 그러나 헌법재판관들은 종부세 합헌결정문에서, '민간임대주택에 대한 과세전환은 임대사업자나 일반 국민이 전혀 예측할 수 없었다고 보기 어렵다.'고 주장하였다. 민간임대주택사업은 국가적 장려정책이고, 임대주택은 손쉽게 매매할 수 있는 재산이 아니므로, 민간임대주택에 대한 종부세 과세배제규정이 갑자기 변경될 것이라고 누구도 예측할 수 없음이 상식적이며 통상적이라 할 것이다.

 '민간임대주택에 관한 특별법'에 대한 합헌결정문에서, '임대주택에 거주하는 임차인의 장기적이고 안정적인 주거환경 보장과 같이 임대주택 등록말소 조항이 달성하고자 하는 공익에 비하여 침해받았다고 하는 청구인들의 신뢰의 정도가 더 크다고 할 수 없다.'라고 한 헌법재판관들의 주장은 앞뒤가 바뀐 엉터리 내용임이 분명하다. 민간임대주택에 대한 종부세 과세배제의 정부 정책은 임대주택에 대한 세금을 감면해 임대사업자가 임대사업을 안정적으로 영위하게 함으로써 임차인도 안심하고 임대주택에 안정적으로 주거할 수 있도록 한 정부조치이다. 그런데 헌법재판소는 오히려, 민간임대주택을 등록말소하고 임대주택에 종부세 폭탄을 때려 임대사업자를 파산에 빠뜨리는 것이 임차인의 장기적이고 안정적인 주거환경을 보장한다고 주장하였다. 이는 어처구니가 없는 완전 거짓말이다. 임대사업자에 대한 차별적인 종부세 중과세가 임대사업자를 파산지경에 몰고 가, 이로 인해 전세사기가 유행처럼 번졌다. 임차거주인이 전세보증금을 돌려받지 못해 큰 손실이 발생하였고 또한 임차인의 주거 불안정이 매우 커진 사실을 헌법재판권들은 전혀 모르는 것인가. 아니면 이렇게 임차거주인의 전세사기에 따른 큰 손실과 거주 불안정 자체가 '임차인의 장기적이고 안정적인 주거환경을 보장한다.'라고 말하는 것인지 도대체 이해할 수 없다.

법인 종부세의 경우 과세표준 기본공제금액 6억 원에 대한 규정을 검토해 보도록 하겠다. 종부세법의 입법목적이 고액부동산 보유자에 대한 부동산보유세의 과세이며 이에 따라 종부세법 제7조에 '주택분 종부세의 경우 주택의 공시가격을 합산한 금액이 6억 원을 초과하는 자는 종부세의 납세의무가 있다.'라고 규정하고 있다. 만일 종부세의 경우 과세표준 기본공제금액이 없다고 하면 재산세와 종부세의 과세대상은 동일한 부동산이 되기 때문에, 동일한 부동산에 대하여 2가지 세목의 부동산보유세를 부과해야 할 이유 자체가 없다 할 것이다. 따라서 과세표준 기본공제금액에 대한 규정은 특별한 보호가치가 있는 신뢰이익의 수준을 넘어 종부세법의 입법기반이 되는 근본적인 규정이라 할 것이다. 이 근본적인 규정의 개정이 신뢰보호원칙에 위반되지 않는다는 헌법재판관들의 주장은 지금까지의 헌법재판소의 확립된 판례에 어긋나는 것이 분명하다 할 것이다.

이상과 같이 2021년 귀속 종부세의 합헌결정 내용 중 왜곡되고 부당하며 사실상 거짓말 수준의 헌법재판관들의 주장에 대하여 간략하게 살펴보았다. 헌법재판관들은 종부세가 합헌이라는 주장을 위하여 사실관계와 법리해석을 왜곡한 내용이 너무나도 많다는 것을 이해할 수 있을 것으로 믿는다. 사실상 헌법재판소에서 종부세 합헌 이유로 제시한 것 중 타당하고 합당한 내용은 하나도 없다고 하겠다. 종부세 합헌결정은 국민을 우롱하는 판결에 불과하다 할 것으로 이 합헌결정을 찬성한 6명의 헌법재판관들은 지탄받아 마땅하다 할 것이다.

3. 헌법재판관을 고발한다

앞에서 거명된 6명의 헌법재판관들은 종부세가 합헌이라고 합헌결정에 찬성한 재판관들이다. 이 중 이영진 재판관이 종부세 합헌결정을 주도한 것으로 보인다. 이영진 재판관은 바른미래당 추천으로 헌법재판관에 임명되었고 골프 접대 문제로 공수처의 조사를 받은 바 있다. 이영진 재판관이 종부세 합헌결정문을 읽으면서 히쭉히쭉 웃는 모습을 볼 때 마치 고통받고 있는 종부세 위헌청구인들을 우롱하는 모습처럼 보였다. 이종석 헌법재판소장은 자유한국당 추천으로 헌법재판관이 되었고, 윤석열 대통령이 헌법재판소장으로 임명하였다. 윤석열 대통령은 종부세는 헌법위반이라고 수차례에 걸쳐 주장했음에도 불구하고 이종석 헌법재판소장은 종부세 합헌결정의 대열에 참여하였고 사실상 자기의 임기가 2024년 10월에 종료되는데도 그 임기 종료 전에 종부세 합헌결정을 이끌어낸 것을 보면, 마치 배신자의 모습을 보는 것 같다.

6명의 헌법재판관들이 종부세 합헌결정에 찬성을 한 근저에는 어떠한 이유와 동기가 있었는지를 필자 나름대로 검토해 보고자 한다. 첫 번째는 이 헌법재판관들이 조세고권주의를 신봉하는 것으로 보인다. 조세고권주의는 왕조시대나 전제국가 시절에 통용되던 조세이론 중 하나로, 조세징수권이 전제군주의 통치권이라는 절대권력에 속하는 것이기 때문에 그 조세징수권은 헌법 위에 있다는 이론이다. 자유민주주의 국가에서는 통용될 수 없는 이념이라 할 것이다. 조세고권주의 이념에 따르면 조세는 담세력과 무관하게 부과될 수도 있고, 재산권과 평등권의 침해도 용인된다 할 것이다. 그러나 우리나라는 자유민주주의 국가이고 납세의 의무 규정이 헌법에 명시되어 있으며, 조세도 분명 헌법의 규정에 따라야 할 것으로 세금은 응당 세원에 대하여 그리고 담세력에 응하여 부과되어야 하는 것이 분명하다 할 것이다.

헌법상에 규정된 '납세의 의무'의 규정의 본질을 보면, 조세는 일정한 법률 위반을 전제하거나 의무의 이행을 강제하기 위하여 부과·징수되는 것이 아니라 국가가 국민에게 경제활동과 관련된 자유를 포함하는 기본권을 보장하고 실질적인 자유와 평등을 실현하기 위하여 부과되는 것이다. 그러므로 조세 자체가 국민의 재산권을 침해하고 평등권을 침해해서는 안 된다는 것이다. 세금은 국가가 국민의 재산을 무상으로 빼앗을 수 있는 유일한 수단이다. 그렇다고 하여 세원도 아니고 담세력을 표상하지 않는 부동산 투자 행위에 대하여 그 행위가 부동산 가격 안정에 도움이 안 된다고 국가가 세금의 이름을 빌려 부동산 투자 행위를 한 국민을 응징적 차원에서 세금 아닌 사실상의 재산형 형벌을 부과하는 것은 절대로 인정될 수 없다고 할 것이다. 따라서 헌법재판관들이 신봉한다고 생각되는 조세고권주의 이념은 우리나라 헌법 규정에 전혀 적합하지 않음이 분명하다 할 것이다. 그러나 이 6명의 헌법재판관은 세금으로 국민의 재산원본을 무상몰수하는 것을 허용하였으며, 100배 수준의 차별적 중과세도 평등권에 적합한 세금 부과라고 옹호하는 종부세 합헌결정을 내린 것이다.

부동산 투자 행위는 자유시장 경제체제에서 어떠한 잘못에도 해당되지 않는 것이다. 정부가 자의적이며 무차별적으로 재산형 형벌을 부과하는 것이 무방하다고 합헌결정을 내린 이 6명의 헌법재판관들은 사실상 국가가 국민들에게 가한 세금 폭력도 정당하다고 인정한 것이다. 종부세의 합헌결정은 헌법파괴의 판결이고 이 판결에 찬성한 6명의 헌법재판관은 자유민주주의에 전혀 적합할 수 없는 조세고권주의 조세이념을 지지한다고 할 것이다.

이 6명의 헌법재판관들이 이러한 판결을 하였다는 것은 자기들이 우리나라 헌법 위에 있다는 오만함 때문이라고 생각이 된다. 헌법재판관의 판결은 사실상 불가쟁력을 갖고 있기 때문에, 자기들이 헌법 규정을 해석하면 그것이 바로 헌법 위에 있다고 믿는 것이다. 부동산 투자 행위에 대하여 재산형 형벌을 세금 명목으로 부과해도 무방하다는 합헌결정은 분명히 헌법상의 '납세의 의무' 규정에 위배되는 것이 분명하다. 그런데도 헌법재판관들이 이러한 판결을 내릴 수 있었던 것은 그들이 오만하기 때문인 것이라 할 것이다.

또한 이 헌법재판관들은 자기를 최고위의 재판관의 자리에 임명해 준 정당의 진영 논리에 따라 위헌법률심판 결정을 내리는 경향이 있다는 것이다. 헌법재판관은 사실상 우리나라 최고위의 재판관이기 때문에 이들은 자기를 임명해 준 정당의 정치 논리보다는 국민에게 봉사하고 국민의 권익을 보호하는 자세가 무엇보다도 중요하다. 그것이 이들 최고위 재판관들의 덕목이 되어야 할 것이다. 헌법재판관들이 정치 진영 논리에 빠져 국민의 권익을 잊어 버린다면 헌법재판소의 존재의 의미는 없다고 할 것이다. 앞으로 헌법재판소의 존치 여부도 재검토되어야 할 것이며, 최소한도 헌법재판관들이 정치적으로 임명되고 정치 진영 논리에 앞장서는 일이 발생하지 않도록 제도적 개선도 검토해야 할 것이다. 이러한 측면에서 필자는 양심적인 국민이 참여하는 헌법재판관 임명 추천 기구라도 만들어야 하지 않을까 생각하는 것이다.

이 6명의 헌법재판관들은 2%의 국민은 희생되어도 괜찮다는 전체주의적 사고 방식에 빠진 것이 아닌가 생각된다. 종부세는 2%의 국민에게만 부과되는 매우 비정상적이며 매우 이상한 세금인데 사실상 그중 절반 수준인 1%의 국민은 종부세의 부과로 극심한 고통을 받고 있다. 세금은 1명의 국민이라도 그 국민을 타겟으로 재산권 또는 평등권을 침해해서는 안 되는 것이다. 예를 들어 삼성그룹의 총수인 이재용 회장을 타겟으로 하여, 보유재산 100조의 국민에 대하여는 그 국민의 모든 재산을 몰수하는 법을 만든다면 어떻게 될 것인가. 이재용 회장의 모든 재산을 세금으로 빼앗을 수 있으며 그 빼앗은 재산을 국민에게 1인당 100만 원씩 나누어 준다고 할 때 이 세금은 오직 1명에게만 피해를 주고 나머지 국민 모두에게는 이득이 된다. 이런 법이 생길 수 있다고 한다면 사실상 세금으로 한 사람씩 사유재산을 빼앗을 수 있으며, 궁극적으로는 세금으로 모든 국민의 사유재산을 빼앗을 수 있게 되는 것이다.

종부세는 다주택자, 조정대상지역 내 2주택자 그리고 법인납세자 등 사실상 1%의 국민에게 차별적으로 중과세되어 그들의 재산권과 평등권을 심각하게 침해하는 세금이다. 다주택자 등에게 차별적으로 중과세되는 종부세는 재산권의 본질적 내용을 침해해 재산원본을 무상몰수하고, 동일한 부동산을 보유해도 10~100배까지 차별적으로 세금을 부과하고 있다. 그런데도 이 6명의 헌법재판관들은 이러한 내용에 대하여는 전혀 검토한 바 없이 오직 종부세법의 규정만을 나열하는 수준으로, 그리고 종부세가 종부세법의 입법목적에 타당하다고 하면서 종부세의 합헌결정을 내린 것이다. 이 합헌결정은 분명한 불법의 판결인데 이 밑바탕에는 부동산 투기 억제를 위해서는 1%의 국민은 희생되어도 괜찮다는 전체주의적 사고방식이 깔려있다고 생각된다.

종부세 납세자는 부동산 가격 앙등의 원인을 제공하지 않았다. 그들은 대부분 오래전에 주택을 취득하여 다주택자가 된 것이지, 2021년의 부동산 앙등과는 관련이 없다 할 것이다. 이들은 부동산 투자를 한 것인데 이 행위는 위법성과 불법의 책임성이 전혀 없는 것이 분명하다. 그런데도 이들에게 다주택자라는 주홍색 딱지를 붙여 본보기로 응징함으로써 전체 국민의 인기를 얻고 정치적으로 이용한 것이, 다주택자 등에 대한 종부세의 차등적 중과세의 본질이라 할 것이다. 더욱이 2% 국민에게만 아무리 응징적으로 종부세를 중과세해도, 부동산 투기를 막을 수단이 되지 않는다. 이러한 사실을 6명의 헌법재판관들이 모를 리가 없을 것은 분명하다. 그래도 종부세 합헌결정을 내린 것은 이들이 정치 진영 논리를 추종하고 2%의 국민은 희생해도 괜찮다는 전체주의적 사고방식에 빠져있는 것이 아닌가 생각된다.

앞에서 검토한 바와 같이 종부세는 분명한 헌법위반의 세금이며, 6명의 헌법재판관들이 종부세 합헌결정을 내린 것은 잘못된 것이 분명하다 할 것이다. 사실상 헌법재판소의 종국결정은 불가쟁력이 발생하지만, 이러한 참담한 국민 무시의 합헌결정을 그대로 놔둘 수는 없다고 하겠다. 따라서 필자는 합헌결정에 대하여 무효소송을 제기하고 이들 6명의 헌법재판관들에게 업무상 배임의 죄와 배상책임을 묻는 데 앞장서고자 한다.

제3절 | 대통령 선거와 종합부동산세

필자는 종부세 위헌청구를 주도하여 왔기 때문에 2022년 대통령 선거에서 종부세 위헌청구인들이 어떻게 움직였는지에 대하여 가장 잘 알고 있는 사람이다. 2022년 대통령 선거 전까지인 2021년과 2022년의 2년간의 위헌청구 건수는 1만여 건 이상이었다. 위헌청구인 중에는 수도권 거주 인원이 가장 많았지만, 전국 지역별로도 골고루 위헌청구인이 분포되어 있었으며 호남에 거주하는 분도 있었고, 호남에 거주하지 않지만 호남 분들도 상당수 있었다. 그리고 위헌청구인들은 초부자라고 알려졌지만 위헌청구인 중 상당수는 영세한 납세자가 많았다. 그래서 위헌청구인의 투표 성향으로 보았을 때 보수와 진보가 거의 비슷한 수준이었을 것으로 생각된다. 위헌청구인 중 상당수는 종부세의 과잉과세만 없었다면 당연히 이재명 후보를 찍었을 사람도 상당히 많았을 것이다. 그러나 막대한 종부세의 부과로 생존의 위협에 처한 종부세 납세자의 경우 상당수가 자기의 보수와 진보의 성향과 관계없이 이재명 후보의 낙선을 위하여 열심히 개별적인 선거운동을 한 것으로 보인다. 필자는 2022년 대통령 선거의 당선과 낙선은 바로 종부세의 과잉과세였다고 확신하고 있다. 이와 같은 내용의 신문보도 내용이 있어 그 신문기사를 원문 그대로 싣고자 한다.

[참고] 한강벨트 종부세 대상 3~5배 늘자…
李, 중산층 공략 나서

이재명은 왜…부동산의 정치학

더불어민주당 이재명 당대표 후보가 15일 자신의 종합부동산세 완화 언급을 두고 당내 일각에서 반대 목소리가 나오는 것과 관련해 "다양한 입장을 조정해 가는 게 정치인이고, 국민 뜻을 존중해서 합리적인 결론을 내는 게 우리가 해야 될 일"이라고 했다. 이 후보는 지난 10일 출마 선언에서 종부세와 관련해 "근본적으로 검토할 때가 됐다."고 밝혔다. 이를 두고 당내 일각에서 반대 목소리가 나오자 물러서지 않겠다는 뜻을 다시 밝힌 것으로 풀이된다.

　야권 일각의 반발에도 이 후보가 종부세 완화를 밀어붙이는 건 지난 대선 패배 경험 때

22대 총선 서울 한강벨트 당선 정당

● 더불어민주당
● 국민의힘

강서병　중·성동을　광진갑
마포을　마포갑　중·성동갑　강동갑
강서을　용산
강서갑　동작을　광진을　강동을
영등포갑　영등포을　동작갑

문으로 보인다. 이 후보는 당시 국민의힘 후보로 나선 윤석열 대통령에게 득표율 0.73%포인트 차로 패했다. 두 사람의 전국 전체 득표수 차는 24만여 표였다. 하지만 이 후보는 서울에서만 윤 대통령에게 31만 표 차이로 졌다. 서울 득표수 차를 줄이거나 이겼다면 대선에서 승리할 수도 있었던 셈이다. 민주당에선 이 후보가 대

선 때 국민의힘 강세 지역인 서울 강남 3구(강남·서초·송파)뿐 아니라 강북 지역의 이른바 '한강 벨트(마포·용산·성동·광진)'에서 패한 것도 뼈아프게 받아들이고 있다.

마포·용산·성동·광진구는 문재인 정부의 부동산 정책 실패로 집값이 급등하면서 2022년 기준 종 부세 고지 대상자가 각각 2만 명을 넘기거나 육박한 곳이다. 마포구 2만 6082명(2017년 대비 307% 증가), 용산구 2만 6029명(172% 증가), 성동구 2만 2942명(345% 증가), 광진구 1만 6294명(22.2% 증가)이 종부세 고지 대상이었다. 민주당 관계자는 "한 자치구의 종부세 고지 대상자가 2만 명이면 이들의 가족뿐만 아니라 조만간 종부세 과세대상에 포함될 수 있는 유권자까지 포함해서 자치구 당 대략 5만 표는 잃었을 가능성이 크다."고 했다. 서울 전체로 봐도 2022년 종부세를 낸 사람은 57만 5081명으로, 2017년(18만 4,500명)보다 211.7% 늘어났다.

서울 25구 종부세 대상 인원 증가율(2022년)
※2017년 대비 증가율(%)
※괄호는 종부세 대상 인원(명)

순위	구	증가율
①	강동구	416.9% (2만4329명)
②	노원구	400.9 (1만4183)
③	금천구	367.9 (4024)
④	도봉구	346.6 (6512)
⑤	성동구	344.8 (2만2942)
⑥	구로구	335.5 (9983)
⑦	동대문구	316.8 (1만443)
⑧	동작구	314.7 (2만1424)
⑨	마포구	306.9 (2만6082)
⑩	중랑구	304.7 (6083)
⑪	영등포구	298.7 (2만4222)
⑫	양천구	292.2 (3만1514)
⑬	송파구	282.4 (8만1895)
⑭	은평구	275.1 (9616)
⑮	서대문구	265 (1만1992)
⑯	강북구	254.1 (3949)
⑰	성북구	235.3 (1만3563)
⑱	광진구	221.9 (1만6294)
⑲	강서구	214.5 (1만5427)
⑳	관악구	212.9 (9672)
⑳	관악구	212.9 (9672)
㉑	용산구	172.2 (2만6029)
㉒	중구	166.7 (6640)
㉓	강남구	137.3 (10만4259)
㉔	서초구	131.8 (7만4291)
㉕	종로구	116.2 (8661)

자료=국세청, 고지 대상자 기준

그래픽 = 박상훈

종부세 완화와 관련한 이 후보 입장은 지난 4·10 총선 승리 이후에 더 확고해진 것으로 전해졌다. 정권 심판론이 일면서 총선에서 대승을 거두긴 했지만, 세부 내용을 뜯어보면 종부세에 대한 근본적 입장 변화가 불가피했을 것이란 얘기다.

가령 서울 중·성동을에서 민주당 박성준 의원(6만 1728표)은 국민의힘 후보(5만 8971표)를 2757표 차로 이겼지만, 고가 아파트가 밀집한 옥수동에서는 2155표 차이로 졌다. 강동갑에서도 민주당 후보가 승리했지만, 고가 아파트가 모여 있는 고덕2동에서는 국민의힘 후보에게 1000표 이상 졌다. 이 후보가 총선 캠페인 기간에 6번 방문한 동작을은 '흑석 뉴타운'이 있는 흑석동에서 민주당 류삼영 후보(6633표 득표)가 1만 456표를 받은 국민의힘 나경원 후보에게 패했다.

지난 총선 때는 여유 있게 이겼지만 앞으로 선거에선 민주당이 어려움을 겪을 가능성이 있는 선거구도 있다. 지난 총선 때 서울 강동을에서 민주당 후보는 국민의힘 후보를 1만 1825표 차로 이겼다. 하지만 '단군 이래 최대 재건축 단지'로 불리는 올림픽파크포레온(둔촌주공·1만 2032가구)이 오는 11월 준공을 앞두고 있다. 문재인 정부 때 강화된 실거주 규제로 인해 최근 신축 아파트 단지엔 대부분 집주인이 입주하고 있다. 이런 상황에서 서울 강남권 신축 아파트들은 종부세 부과 단지가 될 가능성이 커 종부세 개편 없이는 이들의 지지를 끌어내기 어렵다는 분석이 나온다. 노량진 뉴타운이 들어서는 동작갑도 비슷한 상황이다.

이 후보가 2026년 치러야 할 지방선거 전략 차원에서도 종부세 개편이 불가피하다고 보는 것 같다는 분석도 있다. 이 후보측 관계자는 "지방선거 때 유권자는 다른 선거에 비해 지역 개발이나 세금 이슈에 민감하다."며 "서울시장을 가져오지 못하면 이 후보 대선 전망도 장담할 수 없어 지금부터 세제 개편을 준비해야 한다."고 했다. 이 후보가 대선을 염두에 두고 중산층으로 외연 확장에 나서려는 측면도 있다고 민주당 관계자들은 말한다. 이 후보 측 관계자는 "종부세 완화는 '산토끼'를 잡는 전략이라 반대로 '집토끼'를 달아나게 할 수 있다."면서도 "지지층의 충성도가 강한 이 후보라면 집토끼를 안 놓치고, 산토끼를 잡을 수 있다."고 했다.

2021년과 2022년의 종부세는 상상하기 어려울 만큼 막대한 세금이 부과되었다. 이러한 종부세를 부과받은 납세자는 혹독한 고통을 맛보게 되었고, 꿈속에서도 종부세의 악몽을 떠올린다. 종부세가 완화된다고 하여도 더불어민주당이 집권하면 언제 또다시 종부세를 폭증하여 세금을 부과함으로써 본인들을 크나큰 고통으로 또다시 몰고 갈지 모른다는 우려로 인하여, 이 납세자들은 종부세의 악몽을 결코 잊을 수 없을 것이다. 따라서 2027년의 대통령 선거에서도 종부세는 대통령 당락을 결정지을 매우 중요한 쟁점이 될 것으로 본다. 선거 때에 가서 아무리 당선 후 종부세 폐지를 주장한다고 공약을 내걸어도 한번 속은 국민들의 마음을 돌이킬 수 없을 것이다. 종부세는 총선에서 민주당에게 유리하게 작용할지는 모르나 불과 20만 표 차이로 당락이 결정될 수 있는 대통령 선거에서는 더불어민주당에게 치명적인 상처를 줄 핵심 이슈가 바로 종부세일 것이다.

종부세 이슈는 2022년 대통령 선거에서는 민주당에 치명적 결과를 가져왔지만 2027년 대통령 선거에서는 국민의힘도 방심할 수는 없는 상황이 되고 있다. 윤석열 정부와 여당은 2024. 7. 19. 일자의 2024년의 세법개정안 추진방향에 대한 기획재정부의 설명회에서 2024년 중 종부세 개편을 추진하겠다고 발표한 바 있었는데, 2024. 7. 22.의 브리핑에선 종부세 개편방안이 제외되고 2024년 중에는 종부세 개편을 추진하지 않겠다고 발표한 바 있다. 종부세 개편 중단 이유는 첫째 최근 들어 서울 아파트 매매가격이 오르고 있다는 것이며, 둘째 종부세를 폐지하면 지방자치단체에 교부하는 종부세가 없어져 지자체 재정 악화가 우려된다고 정부 여당에서는 보고 있기 때문으로 생각된다. 2024. 6. 12. 일자 동아일보를 보면, 국민의힘 송언석 재정세제 개편 특별위원장이 종부세 폐지에 따른 지방 재정의 우려를 강하게 주장하고 있는 것으로 보도된 바 있다.

　여기에서 우리가 한번 다시 살펴보아야 할 내용은 첫 번째는 종부세의 부과가 과연 주택매매가격 상승 억제에 도움이 되느냐의 문제이다. 앞에서 살펴보았지 만 국민 2%에게 부과되는 종부세는 주택매매가격 상승을 억제하는 효과는 없고 오히려 '똑똑한 1채'에 대한 선호도를 높여 고가주택 신규 분양아파트에 매수세 가 몰려 아파트 가격을 선도적으로 상승시키는 결과를 가져오고 있다. 종부세 과 잉과세는 부동산 붐을 자극하는 효과만 있다는 것이 분명하다 할 것이다. 둘째는 지방자치단체의 지나친 예산 낭비는 모든 국민이 우려하고 있는 실정이다. 지자 체의 지역별 축제가 이루 말할 수 없이 중첩적으로 개최된다. 예를 들어 출렁다 리는 거의 모든 지자체마다 많은 예산을 투입하여 세워 놓았으나 관광객 발길은 뚝 끊어졌고 출렁다리는 예산만 잡아먹는 하마가 되고 있다. 지금의 여당인 국 민의힘은 보수정당이기 때문에 예산만 퍼주는 포퓰리즘에 빠지는 정당이 되어 서는 안 되는 것이다. 지자체의 예산 낭비를 막는 조치는 하지 않고, 매우 부당하 며 헌법위반의 세금이 분명한 종부세마저 유지하며 지자체에 예산 지원을 강행 하고자 하는 것은 이것은 포퓰리즘 정책에 불과한 조치이다. 좌파 정권이 정치적 목적으로 만들어 놓은 국민 편가르기용 종부세마저 국민의힘에서 타당성을 실 어주는 것은 잘못된 정책적 판단이라 할 것이다.

　이재명 민주당 대표마저 2027년 대통령 선거를 대비하여 종부세 폐지를 주장하고 있는데 보수정당인 국민의힘에서 종부세 유지를 당론으로 내세우는 것은, 보수정권이 좌파 정권의 쓰레기 정책마저 지지하고 옹호하겠다는 의미로 받아들여질 수밖에 없다. 이제 국민의힘은 완전 지역정당이 되었다. 국민의힘은 국민을 위한 정치적 어젠다(Agenda)에 관심마저 두지 않는 웰빙 정당으로 자리매김하더니 전국정당에서 이제는 일부 특정 지역의 지역정당으로 전락한 수준이 되었다. 국민의힘은 보수적 가치를 지키는 정당이 되지 못하고 좌파 정책의 쓰레기나 돌봐주는 좌파 정권의 하수인 수준이 되어, 보수·중도성향의 국민으로부터 외면받는 결과마저 초래하였다. 보수정당의 가치는 공동체의 번영과 사회정의의 구현이라 할 수 있다. 보수정당이라는 국민의힘 국회의원들은 이러한 보수의 가치를 진작하겠다는 의지가 없고 오직 자기의 영달만을 생각하는 웰빙 국회의원이 되고 말았다. 보수정당인 국민의힘이 지역정당 수준으로 쪼그라든 것은 당연하다 할 것이다. 국민의힘 국회의원들에게 다음과 같이 한마디 하고 싶은 심정이다.

이제 당신들은 내려갈 만큼 다 내려갔다. 당신들이 비록 잘 못해도 지금 수준의 지역정당은 유지될 수 있을 것으로 본다. 그렇다고 당신들이 지역정당에 만족하고 안주하여 좌파 정당의 들러리나 서는 그런 지역의 국회의원으로 만족한다고 한다면 대한민국의 앞날은 매우 우려스럽다고 할 것이다. 그래도 보수정당인 국민의힘이라도 믿고 있는 국민들은 얼마나 한심한 국민이 되겠는가. 국민의힘 정치인들은 이제 더 이상 몸을 사리지 말고 눈치나 보지 않아도 된다. 왜냐하면 당신들은 떨어질 만큼 바닥까지 떨어진 실정이기 때문에, 이제라도 보수정당의 본분을 찾아 공동체의 번영과 사회정의 구현에 적극 나선다고 해도 당신들의 지지표는 더 이상 떨어질 우려가 없기 때문이다. 보수정당이 우선 해야 할 국가과제는 종부세의 폐지 등 악법인 재산제세의 개편 추진, 지자체 제도의 개선과 예산 낭비 방지 대책, 국회의원 수의 대폭적 축소, 국회의사당의 세종시 이전, 국회의원의 기득권 내려놓기, 재정준칙 법제화 등 예산 낭비 막기 대책강구 그리고 공동체 번영을 위한 비전의 제시라고 할 것이다. 보수정당인 국민의 힘은 정치싸움에는 더 이상 관심을 두지 말고, 국민을 직접 바라보고 국민의 미래에 도움이 되는 정책의 개발만을 위해 노력해야 할 것이다. 중국의 과학기술이 괄목하게 발전하고 있는데, 현재에 만족하여 국가 웰빙만을 추구하는 자세로는 대한민국 후손들의 미래가 어두워질 수밖에 없다고 할 것이다. 국민의힘 정치인들은 국민의힘이 바닥까지 떨어진 지금이 기회가 될 수 있다. 사즉생이라는 이순신 장군의 말을 귀담아들어 보기 바란다. 국민의 힘에서 종부세의 폐지 어젠다(Agenda)마저 민주당에 빼앗긴다면 2027년 대선에서는 필패가 분명하다 할 것이다. 당신들은 종부세 폐지에 앞장서서 종부세 어젠다(Agenda)를 확실히 잡고 2027년 대통령 선거에서 민주당 대통령 후보에게 이렇게 말해야 한다.

"국민 여러분 지금 국회의원 의석수는 민주당이 압도적인 수준입니다. 여기에다 대통령마저 민주당이 되면 종부세보다 더 센 놈이 옵니다. 세금 태풍이 불어 국민 여러분의 재산을 탈탈 털어 갈 것입니다. 국민의 재산을 지켜주는 국민의힘 후보가 대통령이 되어야 국민 여러분은 안심하고 살아갈 수 있을 것입니다."

지금 국민의힘의 행동과 자세를 보면, 오히려 종부세 어젠다(Agenda)까지 민주당에 빼앗겨 지역정당으로 고착화되고 대통령까지 만들어 내지 못할 우려가 매우 커지고 있다 할 것이다. 종부세는 헌법적 가치를 모두 위반하고 2%의 국민에 대하여 세금을 덤터기 씌우는 매우 잘못된 세금이며, 헌법위반의 세금이고 조세원칙과 조세이론 그리고 글로벌 스탠다드에 너무나 어긋나는 세금이라 할 것이다. OECD 각국의 경우는 부동산보유세는 생활밀착형 세금이기 때문에 부동산보유세를 폭증시켜 국민을 불안에 빠뜨리게 하는 경우가 없다. 따라서 종부세는 분명히 폐지되어야 한다.

제5장

종부세 폐지 촉구 100만인 서명운동에 동참해 주십시오

국가가 국민의 재산을 무상으로 빼앗을 수 있는 것은 헌법상의 납세의무 규정에 기반을 둔 오직 세금뿐입니다. 국가가 집행하는 정책이라고 하여 그 정책만으로 과세권이 창설될 수는 없는 것입니다. 헌법재판소도 2021년 종부세는 특히 다주택자, 조정대상지역 내 2주택자 그리고 법인의 주택분 세부담이 전년 대비 상당히 가중되었음을 인정하고 있습니다. 그러나 중과세의 필요성은 세금 목적이 아니고 부동산 가격 안정이라는 정책목적임을 밝히고 있습니다. 이 세금은 조세의 본질을 벗어난 세금으로 사실상 재산형 형벌에 해당된다고 할 것입니다. 더군다나 국민 2%에게 부과되는 종부세는 부동산 가격 안정 도모에 도움이 될 수조차 없는 것이며, 어느 나라도 세금으로 부동산 가격 안정을 도모하지도 않습니다.

종부세는 부동산보유세입니다. 부동산보유세는 보유한 부동산에 매년 반복하여 세금이 부과되는 생활밀착형 세금으로 법적 안정성이 최우선으로 고려되어야 하는 세금입니다. OECD 그 어느 나라도 세율, 공시가격, 공정시장가액비율 등을 올리는 경우가 없습니다. 매년 거의 똑같은 세액이 부과되어 국민이 안심하고 살아갈 수 있도록 법적 안정성이 보장되는 세금이 바로 부동산보유세인 것입니다. 또한 부동산보유세가 두 가지 세목으로 중복하여 과세되는 경우도 없습니다. 우리나라의 종부세는 정부의 자의적인 결정으로 부과세액이 10배 이상으로 폭증·폭감시키는 것이 허용된 세금이기 때문에 이것은 법적 안정성을 최우선으로 고려해야 한다는 조세법률주의에 위반되는 것이며, 종부세는 동일한 부동산을 누가 소유하느냐에 따라 부과세액이 100배 이상까지도 차이가 발생하는 심각한 차별과세로 조세평등주의에 위반되며, 또한 종부세는 상당한 경우가 주택임대소득의 2~4배 수준을 초과하여 부과되었기 때문에 재산권의 침해가 명백한 세금입니다. 종부세의 합헌결정은 세금으로 국민의 재산원본을 빼앗을 수 있는 것을 허용하는 결과가 되었으며, 자유민주주의의 근간인 사유재산제도를 유명무실하게 만들고 있습니다. 이렇게 재산원본을 잠식시키는 세금은 왕조시대에 과세권이 무제한으로 허용된 조세고권의 시대에도 허용될 수 없는 세금입니다. 세계의 어느 나라도 이러한 세금은 존재하지 않습니다. 따라서 종부세는 반자유민주주의적 세금으로 우리 국민은 이 세금의 폐지를 강력하게 요구하는 것이 마땅하다고 하겠습니다.

우리의 재산권을 지키고 사유재산제도를 지키며 자유민주주의를 지키기 위해 종부세 폐지 운동에 모두 동참하여 주십시오. 어렵게 이룩한 대한민국의 번영과 자유민주주의를 지키기 위하여 종부세는 폐지되어야 합니다. 종부세 폐지 운동에 국민 모두 동참하여 주시기를 간곡히 간청드립니다.

감사합니다.

종부세 폐지 서명 운동 QR코드

이 QR코드를 찍어 종부세 폐지 서명 운동에 동참하여 주시고
널리 알려 주시기 바랍니다.

부록 1 | 종부세 세부담 비교표

주택분 부동산보유세 세부담 비교표 (2021년 기준)

① 주택 공시가격 합계액이 6억 원인 경우

납세자 유형	개인 납세자			법인 납세자		
	재산세	종부세	부동산 보유세	재산세	종부세	부동산 보유세
1주택자	756,000 ~ 1,260,000	–	756,000 ~ 1,260,000	756,000 ~ 1,260,000	18,878,400	19,634,400 ~ 20,138,400
3주택자	540,000 ~ 1,044,000	–	540,000 ~ 1,044,000	540,000 ~ 1,044,000	40,128,000	40,668,000 ~ 41,172,000

(단위 : 원)

주1] 우리나라 부동산보유세의 경우는 동일한 주택 가액일 경우에도 저가 아파트의 경우는 세부담 차이가 최대 76.24배임(법인 3주택자 41,172,000원 / 개인 1주택자 540,000원)

주2] 프랑스의 부동산보유세 세부담 수준은 미국 다음으로 세계 2위의 세부담 국가임. 동일한 단일세율이 적용되며 공시가격 6억 원 수준이면 부동산보유세가 1,365,000원으로 계산됨

주3] 프랑스의 경우 우리나라 재산세보다는 많은 실정임. 그러나 우리나라 최대 부동산보유세의 세부담 수준과 비교하면 우리나라 부동산보유세의 세부담 수준이 프랑스의 30.16배(법인 3주택자 41,172,000원 / 프랑스 부동산보유세 1,365,000원) 수준으로 우리나라 종부세 납세자의 세부담 수준은 프랑스에 비하여 너무나 지나친 과잉과세임이 분명함

② 주택 공시가격 합계액이 18억 원인 경우

납세자 유형	개인 납세자			법인 납세자		
	재산세	종부세	부동산 보유세	재산세	종부세	부동산 보유세
1주택자	4,428,000 ~ 5,940,000	811,968 ~ 4,060,800	5,239,968 ~ 10,000,800	4,428,000 ~ 5,940,000	56,635,200	61,063,200 ~ 62,575,200
3주택자	2,916,000 ~ 4,428,000	22,173,893	25,089,893 ~ 26,601,893	2,916,000 ~ 4,428,000	119,876,839	122,792,839 ~ 124,304,839

(단위 : 원)

주1] 중·고가 주택에 대한 우리나라 부동산보유세의 경우는 주택 가액이 동일한 경우에도 세부담
차이가 최대 23.72배(3주택자 법인 부동산보유세 124,304,839원 / 1세대 1주택자 개인 최저
부동산보유세 5,239,968원) 수준임

주2] 주택 공시가격 18억 원 상당의 프랑스 부동산보유세는 4,095,000원으로 계산됨

주3] 프랑스의 경우 우리나라 부동산보유세와 비교하여 보면, 1세대 1주택자의 경우는 프랑스의
세부담보다 1.27배 수준이나 법인 다주택자의 경우는 프랑스 세부담보다 30.35배(3주택자 법인
부동산보유세 124,304,839원 / 프랑스 부동산보유세 4,095,000원) 수준의 과잉과세로 이
세금은 세금폭탄이 분명하고 재산권 침해가 분명하다 할 것임

2021년 종부세의 지나친 폭증은 조세법률주의에 위반된다

○ 종부세는 부동산보유세이다. 부동산보유세는 생활밀착형 세금으로 OECD 국가에서는 폭증하여 세금을 부과하는 사례가 전무하다.

○ 더군다나 문재인 정부에서 국제통계자료마저 조작하여 거짓말을 하면서 세금을 폭증시켰다.

－ 우리나라 공시가격의 현실화율이 세계에서 제일 높은데도 불구하고 미국의 현실화율은 50%인데 100%라고 거짓말하였고, 대만의 현실화율은 불과 20%인데 90%라고 거짓말하면서 우리나라의 공시가격을 70% 수준에서 85% 수준까지 정부에서 마음대로 조작하여 올렸다. 이것은 사실상 범죄행위이다.

－ 우리나라 부동산보유세의 세부담 수준이 2020년에 OECD 평균수준을 이미 초과하여 세계 10위권 이내의 고부담 국가가 되었는데도 불구하고 문재인 정부에서는 우리나라 부동산보유세의 세부담 수준이 0.16% 수준으로 OECD 평균 0.53%의 절반 수준에도 미달되는 낮은 수준이라고 거짓말하면서 2021년 귀속 종부세를 폭증시켜 부과하여 재산권의 본질적 내용마저 침해하는 결과를 가져왔다.

○ 헌법재판소에는 문재인 정부의 종부세 거짓말마저 정당성을 인정하면서 종부세 합헌결정을 내렸는데 이것은 매우 부당한 합헌결정이라고 하겠다. 헌법재판소의 종부세 합헌결정은 기만적이며 야비하고 비열하며 더러운 판결에 지나지 않는다.

○ 아래의 표는 은마아파트, 성산시영(유원)아파트 2채를 소유한 개인과 법인의 연도별 종부세 폭증실태를 분석한 표이다.

구분		2005년	2006년	2018년	2019년	2020년	2021년
공시가격	은마6-601	500,000	651,000	1,008,000	1,096,000	1,521,000	1,688,000
	성산시영 1-101	186,000	205,000	381,000	444,000	532,000	679,000
실효세율	개인	0.00%	0.08%	0.17%	0.43%	0.68%	1.79%
	법인	0.00%	0.08%	0.17%	0.43%	0.68%	6.60%
종부세	개인	-	681	2,414	6,638	13,872	42,366
	법인	-	681	2,414	6,638	13,872	156,234

(단위 : 천 원)

주1] 2005년 종부세 과세표준은 재산세 과세표준에서 4.5억 원을 공제한 금액으로 재산세 과세표준이 시가표준액의 50%이므로 공정가액 비율이 50%임

주2] 종부세 최고세율은 농특세 포함 7.2%임

- 개인 납세자의 경우 2021년도 종합부동산세가 2006년도에 비하여 62.2배 늘었고, 2018년에 비하여는 17.5배, 2020년에 비하여는 3배가 늘었다.

- 법인 납세자의 경우 2006년에 비하여 229.4배, 2018년에 비하여는 64.7배,

2020년에 비하여는 11배가 폭증하였다.

– 종부세의 이러한 폭증은 법적안정성과 예측가능성을 훼손하는 것이며, 국민이 감내할 수 없는 수준의 세금폭증으로 국민사회경제에 막대한 위협이 되며, 부과된 그 세금이 재산권의 본질적 내용마저 침해하여 종합부동산세는 헌법위반의 세금임이 명백하다고 하겠다.

부록 2 | 2021년 귀속 종부세 합헌결정문

1~3 생략

4. 판단

가. 종부세법의 주요 연혁 및 종부세의 법적 성격

(1) 종부세법 제정(2005. 1. 5. 법률 제7328호) 및 개정(2005. 12. 31. 법률 제7836호)

(가) 우리나라 경제가 국제통화기금(IMF)의 관리 체제를 벗어나면서 수도권의 아파트를 중심으로 부동산 가격이 급등하자, 정부는 부동산, 특히 주택 가격 안정을 위한 여러 대책을 마련하였고, 2005. 1. 5. 법률 제7328호로 종부세법이 제정되었다.

종부세법의 취지는 과세대상 재산을 보유하는 자에게 1차로 낮은 세율로 지방세인 재산세를 부과하고, 2차로 국내에 있는 모든 과세대상을 합산하여 일정한 금액을 초과하는 부동산을 보유하는 자에게 높은 세율로 국세인 종부세를 과세함으로써, 부동산 보유에 대한 조세부담의 형평을 제고하고 부동산의 가격 안정을 도모하고자 하는 데에 있다(종부세법 제1조).

(나) 2005. 1. 5. 종부세법 제정 이후 여러 부동산 정책에도 불구하고 부동산 시장이 안정되지 않자, 입법자는 2005. 12. 31. 법률 제7836호로 종부세법을 개정하여 주택 및 종합합산과세대상 토지에 대한 종부세 과세를 강화하였다.

그 결과 주택에 대한 종부세의 과세표준은 납세의무자별 주택의 공시가격 합산액에서 6억 원을 공제한 금액으로(종전 납세의무자별 주택분 재산세의 과세표준 합산액에서 4억 5천만 원을 공제한 금액), 종합합산과세대상 토지에 대한 종부세의 과세표준은 납세의무자별 당해 과세대상토지의 공시가격 합산액에서 3억 원을 공제한 금액으로(종전 납세의무자별 당해 과세대상토지의 재산세 과세표준 합산액에서 3억 원을 공제한 금액) 각 하향 조정되었고, 과세표준에 대한 연도별 적용비율은 2006년 100분의 70, 2007년 100분의 80, 2008년 100분의 90, 2009년 100분의 100으로 순차 상향 조정될 것이 예정되었으며, 전년 대비 세부담 상한은 100분의 150에서 100분의 300으로 인상되었고, 과세 방식은 인별 합산에서 세대별 합산으로 전환되었으며, 주택에 대한 세율 체계는 종전의 3단계 초과누진세율 체계에서 진입단계의 1단계가 추가된 4단계 초과누진세율 체계로 변경되었다.

(2) 선례 및 종부세법 개정(2008. 12. 26. 법률 제9273호)

(가) 헌법재판소는 2008. 11. 13. 주택분 종부세 및 종합합산과세대상 토지분 종부세의 각 납세의무자, 과세표준, 세율 및 세액을 규정한 제정 종부세법 조항들과 2005. 12. 31. 법률 제7836호로 개정된 종부세법 조항들이 헌법에 위반되는지 여부가 문제된 사건들에서, 주택 및 종합합산과세대상 토지에 대한 세대별 합산과세를 규정한 조항들에 대해서는 헌법 제36조 제1항에 위반된다는 이유로 단순위헌 선언을 하였고, 주택분 종부세 부과의 근거규정들 및 종합합산과세대상 토지분 종부세 부과의 근거규정들로 인한 납세의무자의 세부담 정도가 과도하지 않다고 보면서도, 주택분 종부세 부과의 근거규정들이 주거 목적의 1주택 장기보유자, 혹은 장기보유자가 아니더라도 과세대상 주택 이외에 별다른 재산이나 수입이 없는 자에 대한 과세 예외조항이나 조정장치를 두지 않은 점에 대해서는 재산권을 침해한다는 이유로 2009. 12. 31.을 시한으로 하는 계속적용 헌법불합치 선언을 하였다(헌재 2008. 11. 13. 2006헌바112등, 이하 '이 사건 선례'라 한다). 그 밖에도 이 사건 선례에서는 종부세 제도가 이중과세, 미실현이득에 대한 과세 및 원본잠식, 헌법 제119조 위반, 입법권 남용 등에 해당하지 않는다고 보았고, 소급입법금지원칙·조세평등주의 위반 여부, 거주이전의 자유·생존권·인간다운 생활을 할 권리 침해 여부 등의 쟁점에 대해서도

모두 합헌이라고 판시하였다. 이 사건 선례에는 재판관 2인의 각 합헌의견, 헌법불합치 부분에 대한 재판관 1인의 일부 합헌의견이 있었다.

(나) 이 사건 선례로 인하여 주택 및 종합합산과세대상 토지에 대한 세대별 합산과세를 규정한 조항들은 이 사건 선례의 선고일인 2008. 11. 13. 즉시 그 효력을 상실하였다. 그리고 입법자는 이 사건 선례의 헌법불합치 결정의 취지에 따라 2008. 12. 26. 법률 제9273호로 종부세법을 개정하여, 주택에 대한 종부세의 과세표준을 납세의무자별 주택의 공시가격 합산액에서 6억 원을 공제한 금액을 기준으로 정하도록 하되, 과세기준일 현재 세대원 중 1인이 해당 주택을 단독으로 소유한 경우로서 대통령령으로 정하는 1세대 1주택자(이하 '1세대 1주택자'라 한다)에 대해서는 3억 원을 추가로 공제하는 것으로 정하였고(제8조 제1항), 만 60세 이상 1세대 1주택자에 대한 고령자 세액공제 조항 및 보유기간 5년 이상 1세대 1주택자에 대한 장기보유 세액공제 조항을 마련하였다(제9조 제5항 내지 제7항).

입법자는 위와 같은 개선입법과 동시에 납세자의 세부담 완화를 위하여 주택분 과세표준의 구간 및 세율을 개정하였는데, 종전 3억 원, 14억 원, 94억 원을 기준으로 1천분의 10부터 1천분의 30까지의 세율을 적용하던 것을 6억 원, 12억 원, 50억 원, 94억 원을 기준으로 1천분의 5부터 1천분의 20까지의 세율을 적용하는 것으로 하향 조정하였고(제9조 제1항), 세부담 상한 역시 100분의 300에서 100분의 150으로 하향 조정하였다(제10조). 그리고 토지분 종부세의 과세표준은 납세의무자별 해당 과세대상토지의 공시가격 합산액에서 5억 원(종합합산과세대상 토지, 종전 3억 원), 80억 원(별도합산과세대상 토지, 종전 40억 원)을 각 공제한 금액을 기준으로 정하도록 하였고(제13조 제1항), 종전에는 종합합산과세대상 토지 및 별도합산과세대상 토지의 과세표준을 각 3개의 구간으로 나누어 그 세율을 각각 1천분의 10부터 1천분의 40까지, 1천분의 6부터 1천분의 16까지 적용하던 것을, 종합합산과세대상 토지에 대하여는 1천분의 7.5부터 1천분의 20까지, 별도합산과세대상 토지에 대하여는 1천분의 5부터 1천분의 7까지 각 하향된 세율을 적용하도록 하였으며(제14조 제1항, 제4항), 종합합산과세대상 토지에 대한 세부담 상한은 100분의 300에서 100분의 150으로 하향 조정하였다(제15조 제1항). 아울러 입법자는 당시까지 종부세법에서 직접 정하던 과세표준에 대한 연도별 적용비율을 대통령령에서 공정시장가액비율로 정하도록 함으로써 부동산 가격 변동에 따른 세부담의 적정성이 보다 잘 반영될 수 있도록 하였다(제8조 제1항, 제13조 제1항, 제2항).

(3) 2018년 '세법개정안' 발표 및 '주택시장 안정대책'에 따른 종부세법 개정(2018. 12. 31. 법률 제16109호)

(가) 위와 같이 2005. 1. 5. 부동산 보유에 대한 조세부담의 형평성 제고 및 부동산의 가격 안정 도모를 목적으로 종부세법이 제정되었으나, 2008. 11. 13. 이 사건 선례의 선고 이후 2008. 12. 26. 종부세법 개정으로 종부세 과세로 인한 세부담이 예전에 비해 완화되었고, 2018년에 이르기까지 종부세법은 큰 변화 없이 유지되어 왔다.

그런데 정부는 2018. 4.경 과세 형평성의 제고, 낮은 보유세·높은 거래세로 인한 비효율적 조세체계의 개선, 가계 자산으로서의 부동산 선호 현상의 완화를 통한 경제적 효율성의 제고, 세부담의 합리화를 통한 중장기 부동산 시장의 안정 등을 목표로 재정개혁특별위원회를 출범시켰고, 2018. 7. 30. '2018년도 세법개정안' 발표 이후 2018. 9. 13. 관계부처 합동으로 '주택시장 안정대책'을 연달아 발표하면서, 투기수요 근절, 실수요자 보호를 목적으로 기존 세법개정안에 담긴 종부세 개편안을 보다 강화하는 조치를 취하였다.

(나) 그 결과 2018. 12. 31. 법률 제16109호로 개정된 종부세법은 주택분 종부세와 관

련하여 종부세법 제정 이후 처음으로 소유 주택 수 및 조정대상지역 내에 주택이 소재하는지 여부에 따라 세율이 차등 적용되도록 하였고, 세율 및 세부담 상한을 모두 인상하였다. 이에 따라 3주택 이상 또는 조정대상지역 내 2주택 소유자에 대해서는 과세표준 구간별로 1천분의 6부터 1천분의 32까지의 세율이 중과되었고, 이에 해당하지 않는 2주택 이하 소유자에 대해서는 1천분의 5부터 1천분의 27까지의 세율이 적용되게 되었으며(제9조 제1항), 세부담 상한은 3주택 이상 소유자에게는 100분의 300, 조정대상지역 내 2주택 소유자에게는 100분의 200, 이에 해당하지 않는 2주택 이하 소유자에게는 100분의 150이 각 적용되게 되었다(제10조).

토지분 종부세와 관련해서는 종합합산과세대상 토지에 대한 세율을 과세표준 구간별로 1천분의 10부터 1천분의 30까지로 인상한 반면(제14조 제1항), 별도합산과세대상 토지의 경우 종전 세율을 유지하도록 하였고(제14조 제4항), 토지분 종부세의 세부담 상한 역시 기존의 비율을 유지하였다(제15조).

한편, 2019. 2. 12. 대통령령 제29524호로 종부세법 시행령을 개정하면서 주택분 및 토지분 종부세의 공정시장가액비율을 종전 100분의 80에서 매년 100분의 5씩 상향하여 2019년 100분의 85, 2020년 100분의 90, 2021년 100분의 95, 2022년 100분의 100에 이를 것을 예정하였다(제2조의4 제1항, 제2항).

이처럼 당시 입법자는 특히 다주택자 및 종합합산과세대상 토지 소유자에 대한 종부세 과세를 강화하면서도, 1세대 1주택자에 대해서는 종부세 부담을 보다 완화시켜 주고자 1세대 1주택자의 장기보유 공제율을 100분의 20부터 100분의 50까지로 상향 조정하였다(종전 100분의 20부터 100분의 40까지, 제9조 제7항). 그리고 1세대 1주택자에 대한 고령자 공제율은 변함없이 유지되도록 하였고(100분의 10부터 100분의 30까지), 고령자·장기보유 공제를 총 100분의 70의 범위에서 중복하여 적용받을 수 있도록 하였다(제9조 제5항, 제6항).

(4) 2020년~2021년 사이의 종부세법 개정

(가) 2020년 들어서도 부동산 가격이 안정되지 아니하자, 2020년부터 2021년 사이에 종부세 과세 강화를 통해 부동산 투자 내지 투기 수요를 억제할 목적으로 세 차례의 종부세법 개정이 이루어졌다. 당시 종부세법 개정의 주요 골자는, ① 다주택자 및 법인에 대한 주택분 종부세의 과세 강화, ② 1세대 1주택자에 대한 세부담 완화, ③ 부부 공동명의 1주택자에 대한 1세대 1주택자 과세특례의 적용이었고, 위와 같은 개정 내용은 2021년 귀속 종부세부터 적용되게 되었다.

(나) 2020. 8. 18. 법률 제17478호로 개정된 종부세법은 주택분 종부세 강화를 위해 세율을 1천분의 6부터 1천분의 30까지로(2주택 이하를 소유한 경우), 1천분의 12부터 1천분의 60까지로(3주택 이상 또는 조정대상지역 내 2주택을 소유한 경우) 각 인상하였고(제9조 제1항), 조정대상지역 내 2주택 소유자에 대한 세부담 상한을 종전 100분의 200에서 100분의 300으로 인상하였다(제10조 제2호). 반면, 1세대 1주택자에 대해서는 고령자 공제율의 상한 및 하한을 모두 100분의 10씩 상향 조정하였고, 고령자·장기보유 공제의 중복적용 범위는 종전 100분의 70에서 100분의 80으로 인상함으로써, 1세대 1주택자에 대한 세부담을 보다 완화하였다(제9조 제5항, 제6항).

그리고 법인의 투기 수요 차단을 위해 일부 예외적인 경우를 제외하고는 법인에 대한 주택분 종부세의 과세표준 기본공제 및 세부담 상한을 폐지하였고(제8조 제1항, 제10조 단서), 법인 소유 주택에 대해서는 1천분의 30(2주택 이하를 소유한 경우), 1천분의 60(3주택 이상 또는 조정대상지역 내 2주택을 소유한 경우)이라는 단일세율이 적용되도록 하였다(제9조 제2항).

(다) 2020. 12. 29. 법률 제17760호로 개정된 종부세법은 신탁제도를 활용한 투기

수요의 부동산 시장으로의 유입 차단을 위해 신탁재산 관련 특례를 신설하였고(제 7조 제2항, 제7조의2, 제12조 제2항, 제12조의2, 제16조의2), 부부 공동명의가 증가 하고 있는 사회적 흐름을 반영하여, 세대원 중 1인이 주택을 단독으로 보유한 경우 에만 적용받을 수 있었던 1세대 1주택자 과세표준 기본공제 및 고령자·장기보유 공 제 등을 부부 공동명의 1주택자가 신청하는 경우에도 적용받을 수 있도록 하였다(제10조의2).

한편, 조세 회피나 투기 목적 없이 건설·임대사업을 영위하고 있는 공공주택사업 자 등의 법인이 소유한 주택에 대해서는 종부세법 시행령으로 정하는 바에 따라 단 일세율이 아닌 일반 누진세율이 적용되도록 하였다(제9조 제2항 괄호 부분).

(라) 2021. 9. 14. 법률 제18449호로 개정된 종부세법은 1세대 1주택자의 세부담을 보다 경감할 목적으로 과세표준 산정 시 5억 원(종전 3억 원)을 추가 공제하는 것으 로 규정하였다(제8조 제1항).

(5) 종부세의 법적 성격

이 사건 선례는 「종부세는 과세기준일인 매년 6. 1. 현재 일정한 가액을 초과하는 주택과 토지를 보유하는 자에 대하여 그 부동산 가액을 과세표준으로 삼아 과세하 는 세금으로서 일정한 재산의 소유라는 사실에 담세력을 인정하여 부과하는 재산 보유세의 일종이라 할 것이나, 일부 과세대상 부동산으로부터 발생하는 수익에 대 하여 부과하는 수익세적 성격도 포함하고 있는 것」이라고 보면서, 본질적으로 종 부세는 부동산의 보유사실 그 자체에 담세력을 인정하고 재산의 가치를 조세부담 능력으로 파악하고 있다고 판시하였고, 나아가 종부세가 고액의 부동산 보유에 대 하여 중과세함으로써 국가재정 수요의 충당 이외에 부동산의 과도한 보유 및 투기 적 수요 등을 억제하여 부동산 가격을 안정시키고자 하는 유도적·형성적 기능을 가진 정책적 조세로서의 성격도 지니고 있음을 밝힌 바 있다(헌재 2008. 11. 13. 2006 헌바112등 참조).

한편, 종부세는 지방세법에 의한 재산세와는 달리 국세로 징수하여 지방정부의 재정 여건 등을 감안하여 지방세교부법에 따라 전액 교부세 형태로 이전되므로 지역 간 균형 발전에 기여하는 측면도 있다.

나. 쟁점의 정리

⑴ 심판대상조항은 2021년 귀속 종부세의 과세표준, 세율 및 세액, 세부담 상한에 관한 조항들로서 종부세 부과의 근거가 되는 주요 조항들이고 이는 종부세제에서 모두 긴밀한 연관 관계를 맺고 있다. 따라서 이하에서는 특정 조항만 별도로 검토할 수 있는 부분을 제외하고는 문제되는 쟁점별로 심판대상조항의 위헌성을 함께 검토하기로 한다.

⑵ 심판대상조항은 종부세 부과의 근거조항들이므로 종부세 납세의무자인 청구인들의 재산권을 제한하고 있다.

⑶ 청구인들 중 일부는 주택분 종부세 조항들은 거주이전의 자유, 생존권, 인간다운 생활을 할 권리, 행복추구권 등을 침해하고 국가가 국민 개개인의 쾌적한 주거생활을 보장할 것을 선언한 헌법 제35조 제3항에 위반되며, 민간임대주택법 개정을 통해 주택임대사업자에 대한 혜택을 폐지한 것은 주택임대사업자의 직업의 자유를 침해한다고 주장하는 한편, 법인에 대한 중과세 제도는 법치주의, 사유재산권 보장, 체계정당성의 원리 등에 위반된다고 주장한다.

그러나 이 사건과 가장 밀접한 관계에 있고 또 제한의 정도가 가장 큰 주된 기본권은 재산권인 점, 주택임대사업자에 대한 혜택 배제 관련 주장은 그 자체로 종부세법의 위헌성에 관한 주장이 아닌 점, 법인에 대한 중과세가 법치주의 등에 반한다는 주장은 법인에 대한 재산권 제한이 과도하다는 주장과 다르지 않은 점, 위와 같은 주장들은 모두 주택분 종부세 조항들이 과잉금지원칙을 위반하여 재산권을 침해한다는 것과 실질적으로 동일한 점 등을 종합적으로 고려하여, 위 주장들에 대해서는 별도로 판단하지 아니한다.

(4) 청구인들 중 일부는, 1세대 1주택자에 대한 과세특례와 관련하여, 첫째, 종부세법이 1세대 1주택자에게만 여러 과세혜택을 부여한 결과, 1세대를 구성하는 혼인 관계에 있는 부부가 각 1주택 이상을 보유한 경우, 개인별로 과세되는 독신자, 사실혼 관계의 부부 등에 비하여 과도한 종부세 부담을 지게 됨에 따라 이혼, 사실혼 관계로 내몰리게 되었으므로, 종부세법이 헌법 제36조 제1항 등을 위반하였다고 주장하고, 둘째, 종부세법이 1세대 1주택자 중 만 60세 이상 또는 보유기간 5년 이상의 주택 소유자에게만 고령자·장기보유 공제를 적용함으로써 위 요건을 충족하지 못한 주택 소유자를 합리적 이유 없이 차별하여 조세평등주의에 위반된다고 주장한다.

또한, 청구인들 중 일부는 심판대상조항이 과세표준에서 채무를 공제하지 않고 있고, 종부세를 재산세 또는 양도소득세와 이중으로 과세하고 있어 실질과세원칙에 위반된다고도 주장한다.

그러나 위와 같은 주장들 역시 모두 심판대상조항이 과잉금지원칙을 위반하여 재산권을 침해한다는 것과 다르지 않으므로, 별도로 판단하지 않고 과잉금지원칙 위반 여부를 심사하면서 함께 판단하기로 한다.

(5) 청구인들 중 일부는 종부세법 제8조 제1항이 공정시장가액비율 및 공시가격에 관하여 국회의 의사결정을 거치지 않아 법률유보원칙에 위반된다거나, 주택분 종부세 조항들이 예측하기 어려운 공시가격을 기준으로 주택분 종부세의 과세표준을 정하고 조정대상지역의 지정 여부에 따라 세율이 급변하도록 한 것이 신뢰보호

원칙에 위반된다고도 주장하나, 위와 같은 주장들은 모두 위 조항들이 조세법률주의 또는 과잉금지원칙에 위반된다는 것과 다르지 않다.

또한 청구인들 중 일부는 주택분 종부세 조항들이 납세의무자의 부채 유무, 상속 등과 같은 우연한 사정을 고려하는 과세조정장치를 두지 않은 것, 주택의 소유형태가 단독소유인지, 공동소유인지 여부에 따라 세율 등을 달리 정한 것이 조세평등주의에 위반된다고도 주장하나, 주택분 종부세 조항들이 납세의무자의 우연한 사정 등을 고려하지 않아 조세평등주의에 위반된다는 주장 역시 과잉금지원칙 위반 주장과 다르지 않고, 주택분 종부세 조항들이 주택의 소유형태별로 세율 등을 달리 정하고 있지 않음은 명백하다.

따라서 위 주장들에 대해서도 별도로 판단하지 아니한다.

(6) 이하에서는 심판대상조항이 조세법률주의, 포괄위임금지원칙, 과잉금지원칙, 조세평등주의, 소급입법금지원칙, 신뢰보호원칙에 위반되는지 여부에 대하여 차례로 판단하기로 한다.

다. 조세법률주의, 포괄위임금지원칙 위반 여부

(1) 조세법률주의의 내용 및 위임입법의 한계

(가) 헌법 제38조와 제59조가 규정하고 있는 조세법률주의는 과세법정주의와 과세요건명확주의를 핵심적 내용으로 삼는데, 이는 과세요건을 법률로 명확하게 규정함으로써 국민의 재산권을 보장함과 동시에 국민의 경제생활에 법적 안정성과 예측가능성을 보장하는 것을 그 이념으로 하고 있다. 구체적으로 살펴보면, 과세요건법정주의는 납세의무를 성립시키는 납세의무자·과세물건·과세표준·과세기간·세율 등의 과세요건과 조세의 부과·징수절차를 모두 국민의 대표기관인 국회가 제정한 법률로 규정하여야 한다는 원칙을 말한다. 과세요건명확주의는 과세요건을 법

률로 규정하였다고 하더라도 그 규정 내용이 지나치게 추상적이고 불명확하면 과세관청의 자의적인 해석과 집행을 초래할 염려가 있으므로 그 규정 내용이 명확하고, 일의적(一義的)이어야 한다는 원칙을 말한다(헌재 2001. 8. 30. 99헌바90 참조).

그러나 조세법률주의를 견지하면서도 경제현실의 변화나 전문적 기술의 발달 등에 즉응하여야 하는 세부적인 사항에 관하여는 국회제정의 형식적 법률보다 더 탄력성이 있는 행정입법에 이를 위임할 필요가 있다.

다만, 이 경우에도 법률에 이미 하위법령으로 규정될 내용 및 범위의 기본사항이 구체적으로 규정되어 있어서 누구라도 당해 법률로부터 하위법령에 규정될 내용의 대강을 예측할 수 있어야 하므로, 법률의 위임은 반드시 구체적이고 개별적으로 한정된 사항에 대하여 행하여져야 한다(헌재 2010. 12. 28. 2008헌가27등 참조). 위임의 구체성·명확성 내지 예측가능성 유무는 당해 특정 조항 하나만을 가지고 판단할 것이 아니라 관련법조항 전체를 유기적·체계적으로 종합하여 판단하여야 하고, 각 대상법률의 성질에 따라 구체적·개별적으로 검토하여 법률조항과 법률의 입법취지를 종합적으로 고찰할 때 합리적으로 그 대강이 예측될 수 있는 것이라면 위임의 한계를 일탈하였다고 볼 수 없다(헌재 2019. 9. 26. 2018헌바337 등 참조).

(나) 한편, 법률은 일반성, 추상성을 가지는 것으로서 항상 법관의 법 보충작용으로서의 해석을 통하여 그 의미가 구체화되고 명확해질 수 있다. 이는 조세법률주의가 적용되는 조세법 분야에 있어서도 다를 바 없으므로, 조세법 규정이 당해 조세법의 일반이론이나 그 체계 및 입법취지 등에 비추어 그 의미가 분명해질 수 있다면 이러한 경우에도 명확성을 결여하였다고 하여 그 규정이 과세요건명확주의에 위반되어 위헌이라고 할 수는 없다. 나아가 과세요건명확주의의 문제는 납세자의 입장에서 어떠한 행위가 당해 규정에 해당하여 과세의 대상이 되는 것인지 예측할 수 있

을 것인가, 당해 규정의 불확정성이 행정관청의 입장에서 자의적이고 차별적으로 법률을 적용할 가능성을 부여하는가 등의 기준에 따른 종합적인 판단을 요한다(헌재 2016. 9. 29. 2014헌바406; 헌재 2017. 9. 28. 2016헌바143등 참조).

(2) 판단

(가) 종부세법 제8조 제1항, 제13조 제1항, 제2항 중 각 '공시가격' 부분의 조세법률주의 위반 여부

1) 종부세법 제8조 제1항, 제13조 제1항, 제2항은 각각 주택분, 종합합산과세대상 토지분, 별도합산과세대상 토지분 종부세의 과세표준을 정하고 있다. 위 조항들에 의하면, 종부세의 과세표준은 납세의무자별로 각 과세대상 물건의 공시가격 합산액을 기준으로 산정된다.

청구인들은 위 조항들이 국토교통부장관 등에 의해 결정·공시되는 '공시가격'에 의거하여 종부세의 과세표준을 정하도록 하고 있어 조세법률주의에 위반된다고 주장한다.

2) 여기서의 '공시가격'의 구체적 의미를 이해하기 위해서는 종부세법뿐만이 아니라 '부동산 가격공시에 관한 법률', 지방세법 등 관련법률 규정들을 함께 검토할 필요가 있다.

종부세법은 "공시가격이라 함은 「부동산 가격공시에 관한 법률」에 따라 가격이 공시되는 주택 및 토지에 대하여 같은 법에 따라 공시된 가액을 말한다. 다만, 같은 법에 따라 가격이 공시되지 아니한 경우에는 「지방세법」 제4조 제1항 단서 및 같은 조 제2항에 따른 가액으로 한다."라고 정의하고 있다(제2조 제9호).

우선 '부동산 가격공시에 관한 법률'(이하 '부동산공시법'이라 한다)은 부동산의 적정가격 공시에 관한 사항 등을 규정함으로써 부동산의 적정한 가격형성과 각종

조세·부담금 등의 형평성을 도모하기 위하여 제정되었는데(제1조), 여기서의 '적정가격'이란 "토지, 주택 및 비주거용 부동산에 대하여 통상적인 시장에서 정상적인 거래가 이루어지는 경우 성립될 가능성이 가장 높다고 인정되는 가격"을 뜻한다(제2조 제5호).

만일 종부세 과세대상인 특정 토지 또는 주택에 대하여 부동산공시법에 따라 공시된 가격이 없는 경우, ① 개별공시지가 또는 개별주택가격에 있어서는 특별자치시장·특별자치도지사·시장·군수 또는 구청장(이하 '특별자치시장 등'이라 한다)이 같은 법에 따라 국토교통부장관이 제공한 표준지와 산정대상 개별 토지의 가격형성요인에 관한 표준적인 비교표(이하 '토지가격비준표'라 한다, 부동산공시법 제3조 제8항 참조) 및 표준주택과 산정대상 개별 주택의 가격형성요인에 관한 표준적인 비교표(이하 '주택가격비준표'라 한다, 부동산공시법 제16조 제6항 참조)를 각 사용하여 산정한 가액이, ② 공동주택가격에 있어서는 대통령령으로 정하는 기준에 따라 특별자치시장 등이 산정한 가액이, ③ 새로 건축하여 건축 당시 개별주택가격 또는 공동주택가격이 공시되지 아니한 주택으로서 토지 부분을 제외한 건축물 등에 있어서는 거래가격, 신축가격 등을 고려하여 정한 기준가격에 종류, 구조, 용도 등을 고려하여 대통령령으로 정하는 기준에 따라 지방자치단체의 장이 결정한 가액이 각 종부세법 제2조 제9호에서의 '공시가격'이 된다(종부세법 제2조 제9호 단서, 지방세법 제4조 제1항 단서 및 제2항 참조).

이상의 규정들에 비추어 보면, 재산세나 종부세와 같은 부동산 보유세의 부과에 있어서 실제 거래가 일어나지 않은 상황에서는 부득이 일정한 기준에 의해 평가된 가액을 기준으로 과세할 수밖에 없는바, 종부세법 제2조 제9호에서의 '공시가격'은 실제 시장거래가격은 아니지만, 실제 거래가 아직 발생하지 않았기 때문에 현실적으로 실현된 가치는 없는 상황에서 실거래가액에 최대한 근접한 가액으로서의 의미를 가지고 있음을 알 수 있다.

3) 위와 같이 종부세법 제8조 제1항, 제13조 제1항, 제2항은 다소 추상적이고 실거래가액 그 자체는 아니라는 한계를 가진 '공시가격'을 각각 주택분 및 토지분 종부세의 과세표준 산정 기준으로 삼고 있다. 주택 및 토지의 '공시가격'을 종부세의 과세표준 산정 기준으로 삼은 것이 조세법률주의에 합치되는 것인지 여부는, 결국 표준지공시지가·표준주택가격·공동주택가격 산정방식의 적정성, 표준지·표준주택 선정의 적정성, 표준지공시지가·표준주택가격을 참작한 개별공시지가·개별주택가격의 산정과정에 있어 행정부의 자의적 해석이나 집행을 견제할 수 있는 절차상 제한 및 산정방식의 적정성 담보 여부 등에 달려 있다고 볼 수 있다.

부동산공시법은 아래와 같이 토지 및 주택에 대한 공시가격의 결정·공시에 관하여 여러 상세한 규정들을 두고 있다.

가) 표준지공시지가와 관련하여, 국토교통부장관은 토지이용상황, 주변 환경 등이 일반적으로 유사하다고 인정되는 일단의 토지 중에서 선정한 표준지에 대하여 매년 공시기준일 현재의 단위면적당 적정가격을 조사·평가하고, 중앙부동산가격공시위원회의의 심의를 거쳐 이를 공시하여야 한다(제3조 제1항). 중앙부동산가격공시위원회는 ① 부동산 가격공시 관계 법령의 제정·개정에 관한 사항 중 국토교통부장관이 심의에 부치는 사항, ② 표준지·표준주택의 선정 및 관리지침과 표준지공시지가·표준주택가격, ③ 공동주택의 조사 및 산정지침과 공동주택가격, ④ 표준지공시지가·표준주택가격·공동주택가격에 대한 이의신청에 관한 사항 등을 심의하기 위해 국토교통부장관 산하에 설치된 기관이다. 이는 위원장을 포함한 20명 이내의 위원으로 구성되는데, 국토교통부 제1차관이 위원장을 맡고, 기획재정부장관, 행정

안전부장관, 농림축산식품부장관, 보건복지부장관, 국토교통부장관이 지명하는 6 명 이내의 공무원 및 국토교통부장관이 위촉하는 부동산 가격공시 또는 감정평가 관련 분야의 전문가들이 위원이 된다(제24조 제1항 내지 제4항, 같은 법 시행령 제 71조 제2항).

아울러 국토교통부장관은 표준지공시지가 조사·평가 시 인근 유사토지의 거래가 격·임대료, 해당 토지와 유사한 이용가치를 지닌다고 인정되는 토지의 조성에 필요 한 비용추정액, 인근지역 및 다른 지역과의 형평성·특수성, 표준지공시지가 변동의 예측 가능성 등 제반사항을 종합적으로 참작하여야 하고(제3조 제4항), 업무실적, 신인도(信認度) 등을 고려하여 특별한 사정이 없는 한 둘 이상의 '감정평가 및 감정 평가사에 관한 법률'에 따른 감정평가법인에게 표준지공시지가 조사·평가 업무를 의뢰하여야 하며(제3조 제5항), 이에 대한 감독의무도 수행하여야 한다(제3조 제6 항). 나아가 국토교통부장관은 표준지의 가격 조사·평가 시 해당 토지 소유자의 의 견청취절차를 거쳐야 하고(제3조 제2항), 개별공시지가 산정을 위해 필요하다고 인 정하는 경우에는 토지가격비준표를 작성하여 시장·군수·구청장(이하 '시장 등'이라 한다)에게 제공하여야 할 뿐만 아니라(제3조 제8항), 필요시 관계 행정기관에 관련 자료의 열람·제출을 요구할 수 있고(제4조), 공시한 내용은 일반인이 열람할 수 있 게 하여야 한다(제6조). 그리고 표준지공시지가에 이의가 있는 자는 국토교통부장 관에게 이의를 신청할 수 있다(제7조).

나) 개별공시지가와 관련하여, 시장 등은 시·군·구부동산가격공시위원회의 심의 를 거쳐 매년 공시지가의 공시기준일 현재 관할 구역 안의 개별토지의 단위면적당 가격을 결정·공시하고 이를 관계 행정기관 등에 제공하여야 한다(제10조 제1항). 시· 군·구부동산가격공시위원회는 개별공시지가·개별주택가격의 결정, 개별공시지가·

개별주택가격에 대한 이의신청 등에 관한 사항을 심의하는 시장 등의 산하 기관이다(제25조 제1항). 이는 위원장 1명을 포함한 10명 이상 15명 이하의 위원들로 구성되는데, 부시장·부군수 또는 부구청장이 위원장을 맡고, 시장 등이 지명하는 6명 이내의 공무원과 시장 등이 위촉하는 부동산 가격공시 또는 감정평가에 관한 학식과 경험이 풍부하고 해당 지역의 사정에 정통한 사람 등이 위원이 된다(같은 법 시행령 제74조 제1항 내지 제3항).

한편, 시장 등이 개별공시지가를 결정·공시하는 경우 해당 토지와 유사한 이용가치를 지닌다고 인정되는 표준지의 공시지가를 기준으로 토지가격비준표를 사용하여 지가를 산정하되, 해당 토지 가격과 표준지공시지가가 균형을 유지하도록 하여야 하고(제10조 제4항), 토지소유자 및 이해관계인 등의 의견청취절차를 거쳐야 하며, 특별한 사정이 없는 한 해당 지역의 표준지공시지가를 조사·평가하였거나 감정평가실적 등이 우수한 감정평가법인의 검증절차 역시 거쳐야 한다(제10조 제5항, 제6항). 개별공시지가에 이의가 있는 자는 시장 등에게 이의 신청이 가능하다(제11조).

다) 표준주택가격과 관련하여, 국토교통부장관은 용도지역, 건물구조 등이 일반적으로 유사하다고 인정되는 일단의 단독주택 중에서 선정한 표준주택에 대하여 매년 공시기준일 현재의 적정가격을 조사·산정하고, 앞서 언급한 중앙부동산가격공시위원회의 심의를 거쳐 이를 공시하여야 한다(제16조 제1항).

아울러 국토교통부장관은 표준주택가격 조사·산정 시 부동산 시장의 조사·관리 및 부동산의 가격 공시와 통계·정보 관리 등의 업무를 수행하기 위해 한국부동산원법에 따라 설립된 한국부동산원에 의뢰하여야 할 뿐만 아니라(제16조 제4항), 인근 유사 단독주택의 거래가격·임대료, 해당 단독주택과 유사한 이용가치를 지닌다고 인정되는 단독주택의 건설에 필요한 비용추정액 등을 종합적으로 참작하여야 한다

(제16조 제5항). 나아가 국토교통부장관은 개별주택가격 산정을 위해 필요하다고 인정하는 경우 주택가격비준표를 작성하여 시장 등에게 제공하여야 한다(제16조 제6항). 그 밖에도 부동산공시법은 표준주택가격과 관련하여서도 해당 주택 소유자에 대한 의견청취절차, 국토교통부장관의 관계 행정기관에 대한 관련 자료의 열람·제출 요구, 공시한 내용의 일반인 열람, 국토교통부장관에 대한 이의신청절차를 두고 있다(제16조 제7항, 제3조 제2항, 제4조, 제6조, 제7조).

라) 개별주택가격과 관련하여서도, 시장 등은 앞서 언급한 시·군·구부동산가격공시위원회의 심의를 거쳐 매년 표준주택가격의 공시기준일 현재 관할 구역 안의 개별주택의 가격을 결정·공시하여야 한다(제17조 제1항).

그리고 시장 등이 개별주택가격을 결정·공시할 때에는 해당 주택과 유사한 이용가치를 지닌다고 인정되는 표준주택가격을 기준으로 주택가격비준표를 사용하여 가격을 산정하되, 해당 주택 가격과 표준주택가격이 균형을 유지하도록 하여야 하며(제17조 제5항), 토지소유자 및 이해관계인 등의 의견청취절차를 거쳐야 하고, 특별한 사정이 없는 한 한국부동산원의 검증절차 역시 거쳐야 한다(제17조 제6항). 개별주택가격에 이의가 있는 자 역시 시장 등에게 이의를 신청할 수 있다(제17조 제8항, 제11조).

마) 공동주택가격과 관련하여서도, 국토교통부장관은 매년 공시기준일 현재의 적정가격을 조사·산정하여, 앞서 언급한 중앙부동산가격공시위원회의 심의를 거쳐 이를 공시하여야 하고(제18조 제1항), 인근 유사 공동주택의 거래가격·임대료 및 해당 공동주택과 유사한 이용가치를 지닌다고 인정되는 공동주택의 건설에 필요한 비용추정액 등을 종합적으로 참작하여야 하며(제18조 제5항), 공동주택가격 조사·산정 시에도 한국부동산원에 의뢰하여야 한다(제18조 제6항). 국토교통부장관의 관

계 행정기관에 대한 관련 자료의 열람·제출 요구, 공시한 내용의 일반인 열람, 국토교통부장관에 대한 이의신청절차 관련 규정 또한 마련되어 있다(제18조 제8항, 제4조, 제6조, 제7조).

4) 한편, 2020. 4. 7. 법률 제17233호로 개정되어 같은 해 10. 8. 시행된 부동산공시법은 국토교통부장관의 부동산 시세 반영률, 조사·평가 및 산정 근거 등의 자료 공개 의무(제26조 제2항), 부동산 시세 반영률의 목표치 설정 및 관련 계획 수립 의무(제26조의2), 중앙부동산가격공시위원회 및 시·군·구부동산가격공시위원회 심의 관련 회의록 공개 의무(제27조의2)에 관한 조항들을 신설하여 부동산 공시가격이 적정가격을 반영하고 부동산의 유형·지역 등에 따른 균형성을 확보할 수 있도록 하였다.

5) 위와 같은 종부세법 및 관련법률 상의 공시가격의 의미와 절차적 규정들의 내용 등을 종합하여 보면, 법률이 직접 공시가격의 산정기준이나 절차, 한계를 정하고 있지 않다고 보기 어렵고, 그 규정 내용이 지나치게 추상적이고 불명확하여 국토교통부장관이나 시장 등에 의하여 공시가격이 자의적으로 결정되도록 방치하고 있다고 볼 수 없다. 비록 2021년 귀속 종부세 과세표준의 산정에 적용된 공시가격이 2020. 11. 3. 정부가 발표한 '부동산 공시가격 현실화 계획'에 의거하여 2020년에 비하여 전국적으로 상승하였고, 공시가격 현실화율이 지역별·유형별로 차등 적용되어 일부 지역이나 고가 주택의 경우 예년에 비해 공시가격이 다소 큰 폭으로 상승한 사례가 있음을 부인할 수는 없으나, 그렇다고 하여 입법자가 종부세 과세표준 산정의 기초가 되는 공시가격의 결정·공시의 문제를 온전히 행정부의 재량과 자의에 맡긴 것이라고 볼 수 없다.

따라서 종부세법 제8조 제1항, 제13조 제1항, 제2항 중 각 '공시가격' 부분은 조세법률주의에 위반되지 아니한다.

(나) 종부세법 제8조 제1항, 제13조 제1항, 제2항 중 각 '공정시장가액비율' 부분의 포괄위임금지원칙 등 위반 여부

1) 종부세법 제8조 제1항, 제13조 제1항, 제2항은 각각 주택분, 종합합산과세대상 토지분, 별도합산과세대상 토지분 종부세의 과세표준을 정하면서, 납세의무자별로 각 과세대상 물건의 공시가격 합산액에서 일정한 금액을 공제한 금액에 대통령령으로 정하는 공정시장가액비율을 곱하도록 하고 있는데, 여기서의 '공정시장가액비율' 부분이 포괄위임금지원칙에 위반되는지 여부에 관하여 본다.

가) 위임의 필요성

부동산 시장은 그 특성상 적시의 수급 조절이 어렵고 경제 상황에 따라 부동산 가격의 변동성이 큰 만큼, 종부세 부과를 통한 부동산 투기 억제 및 부동산 가격 안정을 도모하기 위해서는 부동산 정책 방향, 특히 전국 주택 가격의 흐름 등을 고려하여 부동산 시장의 상황에 탄력적·유동적으로 대응할 필요가 있다. 위와 같은 점에 비추어 볼 때, 종부세 과세표준 산정을 위한 조정계수에 해당하는 '공정시장가액비율'을 하위법령에 위임할 필요성을 인정할 수 있다.

나) 예측가능성

2005. 12. 31. 법률 제7836호로 개정된 종부세법은 과세표준을 '당해 과세대상 물건의 공시가격 합산액에서 일정 금액(주택의 경우 6억 원, 종합합산과세대상 토지의 경우 3억 원, 별도합산과세대상 토지의 경우 40억 원)을 공제한 금액'으로 정한 다음(제8조 제1항, 제13조 제1항, 제2항), 여기에 '연도별 적용비율'과 세율을 곱하여 세액을 산출하도록 하였다(제9조, 제14조). 그런데 2008. 12. 26. 법률 제9273호로 개정된 종부세법에서는 과세표준을 '당해 과세대상 물건의 공시가격 합산액에서 일정 금액(주택의 경우 6억 원 또는 9억 원, 종합합산과세대상 토지의 경우 5억 원, 별

도합산과세대상 토지의 경우 80억 원)을 공제한 금액에 부동산 시장의 동향과 재정 여건 등을 고려하여 100분의 60부터 100분의 100까지의 범위에서 대통령령으로 정하는 공정시장가액비율을 곱한 금액'으로 변경하였다. 이는 기존의 '연도별 적용비율'이 적정 세부담을 꾀하기 위한 조정계수였으나 매년 단계적으로 인상하는 것으로 법률에 확정되어 있어, 전 세계적인 금융위기와 같은 돌발 상황이 발생했을 경우 종부세 부담률을 탄력적으로 조정하는 데에 어려움이 있을 수 있다는 점을 감안하여, 부동산 시장의 동향과 재정 여건 등을 고려하여 '대통령령으로 정하는 공정시장가액비율'이라는 조정기제를 사용하기 위한 것이었다.

위와 같은 개정 취지에 비추어 볼 때, 종부세법 제8조 제1항, 제13조 제1항, 제2항이 부동산 시장의 동향과 재정 여건 등을 고려하여 공정시장가액비율을 정하도록 하고 그 범위를 100분의 60부터 100분의 100까지의 범위로 제한한 것은, 매년 탄력적으로 적정한 종부세 부담이 이루어질 수 있도록 전국의 부동산 가격, 시세 변동, 주택 분양률 등과 같은 부동산 관련 경제상황 및 정부와 각 지방자치단체의 재정 상황 등을 종합적으로 고려하도록 한 것임을 알 수 있고, 그 범위 역시 종전 종부세법에서 직접 연도별 적용비율을 적용할 당시의 수준(주택분 종부세 및 종합합산과세대상 토지분 종부세에 대한 각 적용비율은 2006년 100분의 70, 2007년 100분의 80, 2008년 100분의 90, 별도합산과세대상 토지분 종부세에 대한 적용비율은 2006년 100분의 55부터 2014년 100분의 95에 이르기까지 매년 100분의 5씩 순차적으로 상향)과도 유사하므로, 대통령령에 정해질 '공정시장가액비율'의 내용을 충분히 예측할 수 있다 할 것이다.

다) 따라서 종부세법 제8조 제1항, 제13조 제1항, 제2항 중 각 '공정시장가액비율' 부분이 포괄위임금지원칙에 위반된다고 할 수 없다.

2) 한편, 청구인들 중 일부는 종부세법 제8조 제1항, 제13조 제1항, 제2항 중 각 '부동산 시장의 동향과 재정 여건 등' 부분이 불명확하여 과세요건명확주의에 위반된다는 취지로도 주장하나, 위 부분은 대통령령이 규정할 '공정시장가액비율'의 범위와 관련된 대강의 기준을 제시하는 것에 불과하고, 그 자체로 독자적인 규율 내용을 정하기 위한 것은 아니다(헌재 2015. 7. 30. 2013헌바204 참조). 따라서 위와 같은 주장은 앞서 살펴본 포괄위임금지원칙 문제로 포섭되므로 더 나아가 판단하지 아니한다.

(다) 종부세법 제9조 제1항 각호 및 제2항 각호 중 각 '조정대상지역' 부분의 조세법률주의 위반 여부

1) 조정대상지역 내 2주택 소유자에게는 그 밖의 2주택 소유자[조정대상지역 내 1주택을 소유하고 비(非)조정대상지역 내 1주택을 소유한 자, 비(非)조정대상지역 내 2주택을 소유한 자 등]에 비하여 주택분 종부세 세율이 중과된다(종부세법 제9조 제1항 제2호, 제2항 제2호).

이와 관련하여 청구인들 중 일부는 국토교통부장관이 자의적으로 '조정대상지역'을 지정·해제할 우려가 있음에도 종부세법 제9조 제1항 제2호 및 제2항 제2호가 조정대상지역 내 소재하는 주택에 대하여 세율을 중과시키고 있어 조세법률주의에 위반된다고 주장한다.

2) 구 주택법(2021. 1. 5. 법률 제17874호로 개정되고, 2021. 8. 10. 법률 제18392호로 개정되기 전의 것) 제63조의2 제1항에 의하면, 국토교통부장관은 주택가격, 청약경쟁률, 분양권 전매량 및 주택보급률 등을 고려하였을 때 주택 분양 등이 과열되어 있거나 과열될 우려가 있는 지역(제1호), 이와는 반대로, 주택가격, 주택거래량, 미분양주택의 수 및 주택보급률 등을 고려하여 주택의 분양·매매 등 거래가 위축되어

있거나 위축될 우려가 있는 지역(제2호)에 대하여, 각 국토교통부령으로 정하는 기준을 충족하는 경우 주거정책심의위원회의 심의를 거쳐 '조정대상지역'으로 지정할 수 있다. 주택분 종부세의 중과 기준이 되는 '조정대상지역'은 바로 위 제1호의 조정대상지역을 의미한다.

그리고 주거정책심의위원회는 주택법 제58조에 따른 분양가상한제 적용 지역의 지정·해제, 같은 법 제63조에 따른 투기과열지구의 지정·해제를 비롯하여 주거복지 등 주거정책 및 주택의 건설·공급·거래에 관한 중요한 정책 등에 관한 사항을 심의하는 국토교통부 산하 기관으로서, 위원장은 국토교통부장관이 맡고, 위원은 관계 중앙행정기관의 차관급 공무원들, 관할 시·도지사, 한국토지주택공사의 사장, 주택도시기금법에 따른 주택도시보증공사의 사장 및 국토교통부장관이 위촉하는 주거복지 등 주거정책 관련 전문가들이 된다(주거기본법 제8조 제1항, 제3항 참조).

3) 한편, 구 주택법(2017. 8. 9. 법률 제14866호로 개정되고, 2021. 1. 5. 법률 제17874호로 개정되기 전의 것) 제63조의2 제1항은 위 제1호의 조정대상지역의 지정은 그 지정 목적을 달성할 수 있는 최소한의 범위로 한다고만 규정하고 있었다.

그러나 주택법 개정(2021. 1. 5. 법률 제17874호)을 통해 위 제1호의 조정대상지역의 지정은 그 지정 목적을 달성할 수 있는 최소한의 범위에서 시·군·구 또는 읍·면·동의 지역 단위로 지정하되, 택지개발촉진법 제2조 제3호에 따른 택지개발지구 등 해당 지역 여건을 고려하여 지정 단위를 조정할 수 있게 되었는데(제63조의2 제1항 후문), 위와 같은 개정은 조정대상지역의 지정으로 인하여 필요 이상의 과도한 규제가 발생하지 않도록 지정 단위를 보다 명확하게 하고자 조정대상지역의 지정 기준을 개선한 입법이라 볼 수 있다.

아울러 주택법(2021. 1. 5. 법률 제17874호로 개정된 것) 제63조의2에 의하면, 국토교통부장관은 조정대상지역 지정 시 미리 시·도지사의 의견을 들어야 하고(제3항), 조정대상지역 지정 시 이를 지체 없이 공고하여야 할뿐만 아니라 그 조정대상지역을 관할하는 시장 등에게 공고 내용을 통보하여야 하며(제4항), 조정대상지역으로 유지할 필요가 없다고 판단되는 경우에는 주거정책심의위원회의 심의를 거쳐 지정을 해제하여야 한다(제5항). 더 나아가 국토교통부장관은 반기마다 주거정책심의위원회의 회의를 소집하여 조정대상지역으로 지정된 지역별로 해당 지역의 주택가격 안정 여건의 변화 등을 고려하여 조정대상지역 지정의 유지 여부를 재검토하여야 하고, 이 경우 재검토 결과 지정 해제가 필요하다고 인정되는 경우에는 지체 없이 지정을 해제하고 이를 공고하여야 한다(제7항).

위와 같은 관련조항들의 문언을 부동산 보유에 대한 조세부담의 형평성 제고 및 부동산 가격 안정의 도모라는 종부세법의 입법취지에 비추어 볼 때, 종부세법 제9조 제1항 각호 및 제2항 각호 중 각 '조정대상지역'은 주택 분양 등이 과열되거나 과열될 우려 등이 있는 경우 주택 시장의 안정 및 부동산 가격의 형평성 제고 등을 위해 국토교통부장관이 주거정책 관련 전문가들로 구성된 주거정책심의위원회의 심의를 거쳐 지정하는 지역으로서, 법률이 직접 '조정대상지역'의 의미나 그 지정·해제의 절차를 정하고 있지 않다고 할 수 없고, 위와 같이 법률에서 정한 요건과 절차에 따라 국토교통부장관이 조정대상지역을 지정·해제할 수 있도록 하였다는 사정만으로 종부세법 제9조 제1항 각호 및 제2항 각호 중 각 '조정대상지역' 부분이 조세법률주의에 위반된다고 할 수 없다.

(라) 종부세법 제9조 제4항, 제14조 제7항의 포괄위임금지원칙 위반 여부

1) 주택분 종부세와 관련하여 '주택 수 계산 및 주택분 재산세로 부과된 세액의 공제 등'에 관하여 필요한 사항을 대통령령에 위임하고 있는 종부세법 제9조 제4항,

토지분 종부세와 관련하여 '토지분 재산세로 부과된 세액의 공제 등'에 관하여 필요한 사항을 대통령령에 위임하고 있는 같은 법 제14조 제7항이 각 포괄위임금지원칙에 위반되는지 여부에 대하여 본다.

2) 종부세법 제9조 제4항 중 '주택 수 계산' 부분

가) 위임의 필요성

종부세 산정의 기초가 되는 '주택 수 계산'의 문제는 주택이라는 자산이 가지는 고유의 특성, 경제상황의 변화, 부동산 정책의 방향, 주택 시장의 동향과 그 복잡·가변성 및 관련법령의 개정 등을 고려하여 탄력적·유동적으로 규율할 필요성이 크다. 이와 더불어 주택은 그 층수나 면적, 구조와 같은 외부적 형태, 구체적 용도 등에 따라 종류가 매우 다양하고, 주택의 소유형태는 단독소유뿐만이 아니라 공동소유일 수도 있다는 점을 고려하면, 종부세액 계산에 있어 '주택 수 계산'은 주택의 규모나 용도, 주택 소유의 형태 등과 같은 여러 사정들을 고려하여 정할 필요성이 크다.

따라서 주택분 종부세액을 계산할 때 '주택 수 계산'에 관한 사항을 하위법령에 위임할 필요성이 인정된다.

나) 예측가능성

구 종부세법(2018. 12. 31. 법률 제16109호로 개정되고, 2023. 3. 14. 법률 제19230호로 개정되기 전의 것) 제2조 제3호 본문은 주택분 종부세의 과세대상인 주택을 '지방세법 제104조 제3호에 의한 주택'이라고 정의하고 있는데, 지방세법 제104조 제3호에 의하면 주택은 '주택법 제2조 제1호에 따른 주택'이다. 그리고 주택법 제2조 제1호는 주택을 "세대(世帶)의 구성원이 장기간 독립된 주거생활을 할 수 있는 구조로 된 건축물의 전부 또는 일부 및 그 부속토지를 말하며, 단독주택과 공동주택으로 구분한다."라고 정의하고, 이어서 같은 법 제2조 제2호와 제3호는 단독주택과 공동주

택의 내용을 순차적으로 정의하면서 그 종류와 범위를 대통령령으로 정하도록 위임하고 있다. 또한 종부세법 제8조 제2항에서는 민간임대주택법에 따른 민간임대주택, '공공주택 특별법'에 따른 공공임대주택, 일정 요건을 갖춘 다가구임대주택으로서 대통령령으로 정하는 주택, 종업원의 주거에 제공하기 위한 기숙사 및 사원용주택, 주택건설사업자가 건축하여 소유하고 있는 미분양주택, 가정어린이집용 주택 등으로서 대통령령으로 정하는 주택 등을 과세표준 합산의 대상이 되는 주택의 범위에서 제외하고 있다.

위와 같은 규정 내용들을 종합하여 보면, 하위법령에 규정될 주택 수 계산의 범위는 주택의 유형, 규모, 주택의 구체적 소유형태나 목적 등을 고려할 때 소유 주택 수에 산입하더라도 일정 가액 이상의 부동산에 대한 고율의 종부세를 부과함으로써 조세형평을 제고한다는 종부세법의 입법취지에 반하지 않는다고 판단되는 경우들이거나, 이와는 반대로 위와 같은 사정들을 고려할 때 소유 주택 수에 산입하는 것이 형평에 반한다고 판단되어 주택 수에서 제외되어야 하는 경우들임을 예측할 수 있다.

다) 따라서 종부세법 제9조 제4항 중 '주택 수 계산' 부분은 포괄위임금지원칙에 위반되지 아니한다.

3) 종부세법 제9조 제4항 중 '주택분 재산세로 부과된 세액의 공제 등' 부분 및 종부세법 제14조 제7항 중 '토지분 재산세로 부과된 세액의 공제 등' 부분

가) 위임의 필요성

지방세법에 의하면, 주택분 재산세 및 토지분 재산세는 제110조, 제111조, 제113조에 따른 과세표준 및 세율을 적용하여 산출되고, 일정 요건을 갖춘 1세대 1주택의 경우에는 제111조의2에 따른 세율 특례가 적용될 수 있으며, 제114조 내지 제119조에

서 정하고 있는 절차에 따라 부과·징수되고, 제122조에 따른 세부담 상한의 적용을 받는다. 위와 같이 '주택분 재산세로 부과된 세액의 공제' 및 '토지분 재산세로 부과된 세액의 공제'에 관한 사항은 지방세법 및 관련규정들에 따른 주택분 및 토지분 재산세 산정 방식과 절차 등을 고려하여 규율할 필요가 있는 전문적·기술적 사항이라 할 수 있다.

따라서 '주택분 재산세로 부과된 세액의 공제 등' 및 '토지분 재산세로 부과된 세액의 공제 등'에 관한 사항은 모두 하위법령에 위임할 필요성이 인정된다.

나) 예측가능성

① 종부세법 제9조 제3항은 주택분 과세표준 금액에 대하여 '해당 과세대상 주택의 주택분 재산세로 부과된 세액'은 주택분 종부세액에서 이를 공제하는 것으로 규정하고 있다. 이 때 지방세법 제111조 제3항에 따라 지방자치단체의 장이 특별한 재정수요나 재해 등의 발생으로 재산세의 세율 조정이 불가피하다고 인정하여 조례로 재산세 표준세율의 100분의 50의 범위에서 가감 조정한 경우에는 그 가감 조정한 세율이 적용된 세액이, 같은 법 제122조에 따라 세부담 상한을 적용받은 경우에는 그 상한을 적용받은 세액이, 각 '해당 과세대상 주택의 주택분 재산세로 부과된 세액'이 된다(종부세법 제9조 제3항 괄호 부분).

그리고 종부세법 제14조 제3항, 제6항은 각각 종합합산과세대상 토지의 과세표준 금액 및 별도합산과세대상 토지의 과세표준 금액에 대하여 '해당 과세대상 토지의 토지분 재산세로 부과된 세액'은 토지분 종부세액에서 이를 공제하는 것으로 규정하고 있고, 주택분 종부세와 마찬가지로 지방세법 제111조 제3항에 따라 가감 조정된 세율이 적용된 경우에는 그 세율이 적용된 세액이, 같은 법 제122조에 따라 세부담 상한을 적용받은 경우에는 그 상한을 적용받은 세액이, 각 '해당 과세대상 토지의 토지분 재산세로 부과된 세액'이 된다(종부세법 제14조 제3항, 제6항의 각 괄호 부분).

위와 같이 종부세법은 동일한 과세대상 주택 및 토지에 대하여 종부세와 재산세가 중복하여 과세되지 않도록 일응의 기준을 직접 마련하고 있다.

② 지방세법상 주택 및 토지에 대한 재산세의 산정·부과 방식을 살펴보면, 과세표준은 종부세와 마찬가지로 보유 주택 또는 토지의 시가표준액에 부동산 시장의 동향과 지방재정 여건 등을 고려하여 일정 범위에서 지방세법 시행령으로 정하는 공정시장가액비율을 곱하여 산정하고(제110조 제1항 제1호, 제2호), 주택분 재산세의 납기는 해당 연도에 부과·징수할 세액의 2분의 1은 매년 7월 16일부터 7월 31일까지, 나머지 2분의 1은 9월 16일부터 9월 30일까지, 토지분 재산세의 납기는 매년 9월 16일부터 9월 30일까지로(지방세법 제115조 제1항 제1호, 제3호), 납세의무자로서는 해당 연도 12월 1일부터 12월 15일까지 부과·징수되는 종부세보다(종부세법 제16조 제1항) 재산세를 먼저 납부하게 된다.

그리고 주택분 종부세액은 납세의무자별로 주택의 공시가격 합산액을 기준으로 산정된 과세표준에 보유 주택 수에 따른 세율을 적용하여 계산한 금액이고(종부세법 제8조 제1항, 제9조 제1항), 토지분 종부세액 역시 납세의무자별로 해당 과세대상토지의 공시가격 합산액(종합합산과세대상은 종합합산과세대상끼리, 별도합산과세대상은 별도합산과세대상끼리 각 합산)을 기준으로 산정된 과세표준에 세율을 적용하여 계산한 금액이다(종부세법 제13조 제1항, 제2항, 제14조 제1항, 제4항). 반면, 주택분 재산세액은 주택별로 시가표준액에 세율을 적용하여 계산한 금액이고(지방세법 제110조 제1항 제2호, 제111조 제1항 제3호, 제111조의2 제1항, 제112조 제1항, 제113조 제2항), 토지분 재산세액은 납세의무자가 소유하고 있는 토지의 가액을 모두 합한 금액(종합합산과세대상은 종합합산과세대상끼리, 별도합산과세대상은 별도합산과세대상끼리 각 합산)을 과세표준으로 하여 여기에 세율을 적용하여 계산되기는 하나, 이 때 과세대상 토지의 가액은 해당 지방자치단체 관할구역을 기준으로 합산한다(지방세법 제110조 제1항 제1호, 제111조 제1항 제1호, 제112조 제1항, 제113조 제1항).

③ 위와 같은 지방세법상의 관련규정들의 내용을 종부세 세액에서 재산세 세액을 공제하도록 한 종부세법 제9조 제3항, 제14조 제3항, 제6항의 문언과 입법취지에 비추어 보면, 하위법령에 규정될 '주택분 재산세로 부과된 세액의 공제 등' 및 '토지분 재산세로 부과된 세액의 공제 등'에 관한 사항은 지방세법상 주택분 및 토지분 재산세의 계산 절차 및 그 과세방식 등을 고려한 주택분 및 토지분 재산세액의 공제 산식 등에 관한 내용이 될 것임을 어렵지 않게 예측할 수 있다고 할 것이다.

다) 따라서 종부세법 제9조 제4항 중 '주택분 재산세로 부과된 세액의 공제 등' 부분 및 종부세법 제14조 제7항 중 '토지분 재산세로 부과된 세액의 공제 등' 부분 역시 포괄위임금지원칙에 위반되지 아니한다.

4) 한편, 청구인들 중 일부는 종부세법 제9조 제3항은 주택분 과세표준 금액에 대하여 해당 과세대상 주택의 주택분 재산세로 부과된 세액 '전부'를 공제할 것을, 종부세법 제14조 제3항, 제6항은 토지분 과세표준 금액에 대하여 해당 과세대상 토지의 토지분 재산세로 부과된 세액 '전부'를 공제할 것을 각 전제하고 있음에도, 종부세법 제9조 제4항 및 제14조 제7항의 위임에 따른 같은 법 시행령 제4조의2 제1항, 제5조의3 제1항, 제2항이 실제 과세된 재산세액의 '일부' 비율만을 공제하도록 하고 있어 법률유보원칙에 위반된다는 취지로도 주장한다.

그러나 위와 같은 주장은 실질적으로 헌법재판소법 제68조 제2항에 따른 헌법소원의 대상이 될 수 없는 대통령령의 위헌성에 관한 주장으로서, 법률조항의 위임에 따라 대통령령으로 규정한 내용이 헌법에 위반될 경우라도 그 대통령령의 규정이 위헌으로 되는 것은 별론으로 하고 그로 인하여 정당하고 적법하게 입법권을 위임한 수권법률조항까지도 위헌으로 되는 것은 아니다(헌재 2011. 2. 24. 2009헌바289 참조). 따라서 청구인들의 위와 같은 주장은 받아들이지 아니한다.

라. 과잉금지원칙 위반 여부

(1) 심사기준

종부세와 같이 국가재정 수요의 충당에서 더 나아가 부동산 가격 안정 등의 적극적인 목적을 추구하는 유도적·형성적 기능을 지닌 정책적 조세법규에 있어서는, 당해 조세가 추구하는 특별한 정책 목적과의 관계에서 그 수단인 조세의 부과가 정책 목적 달성에 적합하고 필요한 한도 내에 그쳐야 할 뿐만 아니라, 그 정책 목적에 의하여 보호하고자 하는 공익과 침해되는 사익 사이에도 비례관계를 유지하여 과잉금지원칙에 어긋나지 않도록 하여야 한다(헌재 2008. 11. 13. 2006헌바112등; 헌재 2017. 8. 31. 2015헌바339 등 참조).

(2) 입법목적의 정당성 및 수단의 적합성

(가) 종부세는 일정 가액 이상의 부동산 보유에 대한 과세 강화를 통해 조세부담의 형평성을 제고하고 부동산에 대한 투기적 수요를 억제함으로써 부동산 가격 안정을 도모하여 실수요자를 보호하려는 정책적 목적을 위하여 부과되는 것으로서(종부세법 제1조 참조), 2021년 귀속 종부세 과세의 근거조항들인 심판대상조항의 위와 같은 입법목적은 정당하다.

(나) 다음으로 위와 같은 입법목적을 달성하기 위하여 심판대상조항이 선택한 방법들이 적합한 수단이 될 수 있는지에 관하여 본다.

우선 종부세법이 일정 가액 이상의 부동산에 대하여 공시가격을 기준으로 지방세인 재산세에 비하여 높은 세율의 국세를 부과하는 것은 부동산의 과도한 보유와 투기적 수요 등을 억제하여 부동산 가격 안정에 기여하고 실질적인 조세부담의 공평을 실현할 수 있게 함으로써, 입법목적 달성에 적합한 수단이 될 수 있다(헌재 2008. 11. 13. 2006헌바112등 참조).

나아가 주택분 종부세의 경우, 종부세법은 2005. 1. 5. 법률 제7328호로 제정된 이래로 납세의무자별 주택에 대한 과세표준에 하나의 세율체계를 적용하여 종부세액을 산출하여 왔으나, 입법자는 2018. 12. 31. 법률 제16109호 개정을 통해 2주택 이하 소유자와 3주택 이상 소유자를 구분하여 세율체계를 차별하여 구성하는 방식을 선택하였고, 심판대상조항 중 주택분 종부세 조항들 역시 위와 같은 세율체계를 갖고 있다. 주택의 면적이나 보유 수는 타인에 대한 주택 공급의 장애요인으로 작용할 수 있음을 감안할 때, 일정한 수를 넘는 주택 보유는 투기적이거나 투자에 비중을 둔 수요로 간주될 수 있고 주택 가격 안정을 위하여 이에 대한 규제의 필요성도 인정될 수 있다(헌재 2008. 11. 13. 2006헌바112등 참조). 또한 조정대상지역 내 2주택 소유자에게는 3주택 이상 소유자와 동일한 수준의 중과세율 및 세부담 상한이 적용되는데, 조정대상지역은 주택 가격이 단기간에 급등하거나 투기 우려가 높은 지역임을 감안하면, 조정대상지역 내에 소재하는 주택 가격 안정을 위한 추가적 규제의 필요성 역시 인정될 수 있다 할 것이다. 따라서 소유 주택 수 및 조정대상지역 내에 주택이 소재하는지 여부에 따라 세율 및 세부담 상한을 차등화하여 종부세를 부과하는 것은 위와 같은 입법목적 달성에 적합한 수단이다.

(다) 한편, 종부세법은 2020. 8. 18. 법률 제17478호 개정을 통해 종부세법 제정 이후 처음으로 주택분 종부세의 납세의무자가 개인인 경우와 법인인 경우를 구별하여, 일부 예외적인 경우를 제외하고는 법인에 대한 과세표준 기본공제 및 세부담 상

한을 각 폐지하고(제8조 제1항, 제10조 단서), 세율을 소유 주택 수 및 조정대상지역 내에 주택이 소재하는지 여부에 따라 1천분의 30, 1천분의 60이라는 단일세율로 정함으로써(제9조 제2항), 법인에 대한 주택분 종부세 과세를 강화하였다.

헌법 제35조 제3항은 국가는 주택개발정책 등을 통하여 모든 국민이 쾌적한 주거생활을 할 수 있도록 노력하여야 함을 선언하고 있고, 주택은 인간의 존엄과 가치를 지닌 개인과 그 가족의 주거공간으로서 행복을 추구할 권리와 쾌적한 주거생활을 할 권리를 실현하는 장소로서의 의미를 갖는다(헌재 2019. 12. 27. 2014헌바381 참조). 현실적으로 개인이 주거공간으로서의 주택에 대하여 갖는 위와 같은 긴밀한 연관성을 법인에 대해서는 동등한 정도로 인정하기 어렵고, 종부세법의 실질적인 목적은 실수요자가 아닌 자가 투자 내지 투기 목적으로 다른 국민이 절실히 필요로 하는 주택 등을 과다하게 보유하는 것을 억제하고자 하는 데 있음을 상기해 본다면, 주택 시장에서 실수요자라고 할 수 없는 법인의 주택 보유 그 자체를 개인에 비하여 보다 엄격하게 규율할 필요성을 인정할 수 있다.

이와 더불어 일반적으로 법인의 자금동원능력은 개인에 비해 월등한 점, 2020년 이후 전국에서의 법인의 주택 매수 비중이 늘어남과 동시에 아파트 매매 중 개인(매도인)과 법인(매수인) 간의 거래 비중 역시 상당히 늘어남에 따라, 개인이 다주택 소유에 대한 종부세 부담을 회피할 목적으로 법인 명의로 주택을 취득·보유하는 것 역시 규제하여야 한다는 목소리가 높아졌던 당시 상황 등을 함께 고려해 보면, 입법자가 법인이 보유한 일정 가액 이상의 주택에 대하여 개인에 비해 보다 강화된 기준으로 종부세를 부과하는 것 역시 앞서 언급한 입법목적 달성에 적합한 수단이 될 수 있다.

(3) 침해의 최소성

(가) 주택분 종부세

종부세법은 주택분 종부세의 납세의무자가 개인인 경우와 법인인 경우를 나누어 과세표준, 세율, 세부담의 상한을 달리 정하고 있으므로, 이하에서는 납세의무자가 개인인 경우와 법인인 경우를 나누어 판단한다.

1) 개인 납세의무자의 경우

가) 주택분 종부세액은 납세의무자별 주택의 공시가격 합산액에서 일정 금액을 공제한 금액에 공정시장가액비율을 곱한 후 세율을 적용한 금액이다(종부세법 제8조 제1항, 제9조 제1항).

우선 주택분 종부세의 납세의무자는 과세표준 산정 시 주택의 공시가격 합산액에서 6억 원을, 1세대 1주택자에 해당하는 경우에는 11억 원을 각 공제받을 수 있다(종부세법 제8조 제1항).

다음으로 납세의무자가 2주택 이하를 소유한 경우(조정대상지역 내 2주택을 소유한 경우는 제외)의 세율은 1천분의 6부터 1천분의 30까지이고, 3주택 이상 또는 조정대상지역 내 2주택을 소유한 경우의 세율은 1천분의 12부터 1천분의 60까지로서(종부세법 제9조 제1항), 고율의 단일세율이 아니라 총 6개의 과세표준 구간별(3억 원, 6억 원, 12억 원, 50억 원, 94억 원 기준)로 점차 세율이 높아지는 초과누진세율이 적용된다.

나) 국토교통부 자료에 의하면, 2021년 기준 공시가격 현실화율은 공동주택의 경우 70.2%(2020년 69%), 단독주택(표준주택)의 경우 55.8%(2020년 53.6%)이다. 여기에 100분의 60부터 100분의 100까지의 범위에서 정해지는 공정시장가액비율을 적용하여(2021년 기준 100분의 95, 종부세법 시행령 제2조의4 제1항) 과세표준을 산

정하므로, 만일 어느 개인 납세의무자에게 적용되는 명목세율이 1천분의 60(심지어 이는 과세표준 94억 원을 초과하는 구간에 대한 세율)이라고 하더라도 실효세율은 이보다 낮아지게 된다. 위와 같이 명목상 세율이 아닌 실질적인 세부담을 고려해 보면, 주택분 종부세 조항들로 인하여 짧은 시간에 재산원본을 몰수하거나 잠식하는 효과가 초래되어 사적 유용성과 처분권이 위협된다고 보기 어렵다.

다) 나아가 종부세법은 ① 민간임대주택법에 따른 민간임대주택, '공공주택 특별법'에 따른 공공임대주택 또는 대통령령으로 정하는 다가구 임대주택으로서 임대기간, 주택의 수, 가격, 규모 등을 고려하여 대통령령으로 정하는 주택, ② 위 주택 외에도 종업원의 주거에 제공하기 위한 기숙사 및 사원용 주택, 주택건설사업자가 건축하여 소유하고 있는 미분양주택, 가정어린이집용 주택, 수도권정비계획법 제2조 제1호에 따른 수도권 외 지역에 소재하는 1주택 등 종부세를 부과하는 목적에 적합하지 아니한 것으로서 대통령령으로 정하는 주택은 과세표준 합산대상이 되는 주택의 범위에서 제외한다는 규정을 둠에 따라(제8조 제2항), 같은 법 시행령은 합산배제 임대주택(제3조), 합산배제 사원용주택등(제4조)에 관한 자세한 규정을 두고 있다.

또한 종부세법은 주택분 과세표준 금액에 대하여 해당 과세대상 주택의 주택분 재산세로 부과된 세액을 주택분 종부세액에서 공제하도록 규정하여(제9조 제3항), 재산세와의 중복과세가 되지 않도록 하는 장치도 두고 있다.

라) 아울러 종부세법은 과세표준의 상승으로 인한 납세의무자의 급격한 세금 부담을 덜어줄 목적으로 납세의무자가 해당 연도에 납부하여야 할 주택분 재산세액상당액과 주택분 종부세액상당액의 합계액(이하 '주택에 대한 총세액상당액'이라 한다)으로서 대통령령으로 정하는 바에 따라 계산한 세액이 해당 납세의무자에게 직

전년도에 해당 주택에 부과된 주택에 대한 총세액상당액으로서 대통령령으로 정하는 바에 따라 계산한 세액의 일정 비율(100분의 150, 100분의 300)을 초과할 수 없도록 세부담 상한도 마련하고 있다(제10조 본문).

청구인들 중 일부는 위와 같은 세부담 상한이 지나치게 높고 특히 조정대상지역 내 2주택 소유자의 세부담 상한이 2020년 100분의 200에서 2021년 100분의 300으로 상향 조정된 것은 담세력을 고려하지 않은 입법이라는 취지로 주장하나, 애초 세부담 상한을 마련한 위와 같은 입법취지에 비추어 볼 때, 이는 일종의 조세우대조치에 해당한다. 조세우대 내지 혜택의 범위는 입법자가 여러 경제상황이나 조세기술적 측면 등을 고려하여 합목적적으로 결정할 입법정책의 문제이고(헌재 2011. 7. 28. 2009헌바311; 헌재 2019. 8. 29. 2017헌바496 참조), 과세형평성 제고 및 투기 목적의 부동산 수요 차단이라는 종부세법의 입법목적 및 조정대상지역에 대한 추가 규제의 필요성을 함께 고려해 보면, 세부담 상한을 위와 같은 수준에서 정한 입법자의 판단이 비합리적이라 보이지는 아니한다.

마) 한편, 종부세법상 1세대 1주택자에 대한 각종 공제장치는 2020년에 비해서도 상당히 보강되었다. 우선, 1세대 1주택자는 앞서 언급한 것과 같이 과세표준 산정 시 주택의 공시가격 합산액에서 5억 원을 추가 공제받을 수 있는데(제8조 제1항), 이는 2020년 대비 2억 원이 상향된 금액이다. 또한, 1세대 1주택자로서, 과세기준일 현재 만 60세 이상인 자는 연령에 따라 100분의 20부터 100분의 40까지의 범위 내의 공제를(제9조 제6항), 과세기준일 현재 과세대상 주택을 5년 이상 보유한 자는 보유기간에 따라 100분의 20부터 100분의 50까지의 범위 내의 공제를(제9조 제7항) 각 받을 수 있으며, 위와 같은 고령자·장기보유 공제의 중복적용 범위는 100분의 80이다(제9조 제5항). 2020년과 비교해 보면 고령자 공제율의 상한과 하한 모두 100분의 10

씩 높아졌고, 고령자·장기보유 공제의 중복적용 범위는 100분의 10만큼 인상되었다.

그리고 2020. 12. 29. 법률 제17760호로 개정된 종부세법은 일정 요건을 갖춘 부부 공동명의 1주택자를 1세대 1주택자로 보는 특례를 신설함에 따라(제10조의2), 부부 가 각각 납세의무자가 되는 방식보다 1세대 1주택자 계산방식이 유리한 경우 위 특 례 적용을 신청할 수 있도록 함으로써, 그간 1세대 1주택자에 해당되지 않는 것으로 해석되던 부부 공동명의 1주택자 역시 1세대 1주택자에 대해서만 적용되는 고령자· 장기보유 공제 등의 세제 혜택을 받을 수 있게 되었다.

이와 관련하여 1세대 1주택자에 대한 위와 같은 각종 공제가 개인 단위가 아니라 세대 단위로 이루어짐에 따라, 예를 들면, 혼인 관계에 있는 같은 세대에 거주하는 부부가 각 1주택을 보유한 경우에는 위와 같은 공제를 받을 수 없어 부당하다는 지 적이 있을 수 있다. 1세대 1주택자에 대한 공제 규정들은 이 사건 선례에서의 헌법불 합치 결정 이후에 신설된 것인데, 당시 결정의 취지는 주거 목적으로 한 채의 주택 만을 보유하고 있는 자로서 특히 일정 기간 이상 이를 보유하거나 과세대상 주택 이 외에 별다른 재산이나 수입이 없어 조세지불 능력이 낮거나 사실상 거의 없는 자 등 에 대하여 과세 예외조항이나 조정장치를 두지 않은 것이 주택 보유자의 재산권을 침해한다는 것이었고, 반드시 '세대' 단위로 공제장치를 두어야만 헌법상 요청에 부 합한다는 취지는 아니었던 것으로 보인다.

그러나 세대(世帶)는 문언적으로 '주거 및 생계를 현실적으로 같이하는 사람의 집 단'을 의미하고, 종부세법도 '세대'를 '주택 또는 토지의 소유자 및 그 배우자와 그들 과 생계를 유지하는 가족으로서 대통령령으로 정하는 것'으로 정의하고 있는바(제2 조 제8호), 일반적으로 한 세대는 가족 구성원들로 이루어지고, 주택은 그 가족이 운 명공동체로서 일상생활을 영위하는 공간이자 다 같이 쾌적한 주거생활을 실현하고 행복을 추구하는 필수불가결한 장소에 해당한다. 위와 같은 '세대'의 의미와 고령자·장기보유 공제와 같은 조세우대조치에 대하여 입법자가 갖는 폭넓은 형성의 자유 등을 종합하여 보면, 입법자가 한 세대를 이루는 가족 구성원들의 유일한 생활 터전인 그 한 채의 주택에 대해서만 각종 공제가 적용되도록 정한 것은 합리적인 입법재량의 범위 내에 있는 것으로서 충분히 수긍할 수 있다.

또한, 위와 같은 1세대 1주택자에 대한 과세조정장치를 두게 된 연유 및 그 성격을 고려해 볼 때, 1세대 1주택자에 대하여 어떠한 기준에 따라 어느 정도의 과세 혜택을 부여할 것인지 역시 입법자가 입법재량의 범위 내에서 결정할 사항이라 할 것인데, 종부세법이 1세대 1주택자에 대하여 기본적으로 과세표준 산정 시 5억 원의 추가 공제가 적용되도록 정하면서도 고령자·장기보유 공제라는 1세대 1주택자에 대한 추가적인 과세 혜택을 부여함에 있어서는 최소연령(만 60세) 및 최소보유기간(5년)을 각 설정한 것을 두고 입법재량의 범위를 벗어난 것으로 보기는 어렵다.

바) 청구인들 중 일부는 주택분 종부세 조항들이 과세대상 주택에 관한 부채나 임대차보증금 등을 전혀 고려하지 않고, 상속, 특히 공동상속으로 인해 부동산 일부 지분을 보유하게 된 경우, 기존에 보유하던 주택의 매도와 새로운 주택의 매수로 인해 일시적 2주택이 된 경우, 부동산 투기 목적이 전혀 없는 경우 등과 같은 구체적 사정을 고려하는 규정들을 두지 않아 재산권을 침해한다는 취지로도 주장한다.

그런데 종부세는 기본적으로 부동산 보유 그 자체에 담세력을 인정한 조세로서, 부동산이라는 자산을 통해 향유할 수 있는 사용가치나 자산가치 증대의 효과는 당해 부동산에 관한 부채 설정 여부나 당해 부동산을 소유하게 된 구체적 사정 등과 관계없이 동일하다. 특히 부채를 공제한 순자산가액을 기초로 하여 종부세를 부과한다면, 부동산 가액의 대부분을 부채 등과 같은 타인 자본을 통해 취득한 경우 종부세를 부담하지 않는 결과가 초래되며, 이러한 과세방식은 오히려 부동산 투기를 부추기는 부작용을 낳게 됨으로써 종부세법의 입법목적과도 배치된다.

따라서 주택분 종부세 조항들이 납세의무자의 부채, 일시적·구체적 사정 등을 고려하지 않고 종부세 과세표준 등을 정하고 있다고 하여 담세능력에 상응하지 않는 과세로서 과도한 재산권 제한이라 할 수 없다.

사) 위와 같은 점들을 모두 종합하여 보면, 주택분 종부세의 과세표준 및 세율 등으로 인한 개인 납세의무자의 세부담 정도가 종부세의 입법목적에 비추어 지나치다고 보기 어렵다.

2) 법인 납세의무자의 경우

가) 2021년 귀속 주택분 종부세 부과 시 법인 납세의무자에게 적용된 세율은, 당해 납세의무자가 '공공주택 특별법' 제4조에 따른 공공주택사업자 등에 해당하지 않는 한(종부세법 제9조 제2항 괄호 부분), 2주택 이하를 소유한 경우(조정대상지역 내 2주택을 소유한 경우는 제외) 1천분의 30이고, 3주택 이상 또는 조정대상지역 내 2주택을 소유한 경우 1천분의 60이다(종부세법 제9조 제2항). 같은 해 개인 납세의무자에게는 1천분의 6부터 1천분의 30까지(2주택 이하를 소유한 경우), 1천분의 12부터 1천분의 60까지(3주택 이상 또는 조정대상지역 내 2주택을 소유한 경우)의 각 초과 누진세율이 적용된 것과 비교해볼 때, 위와 같은 세율은 개인에게 적용되는 각 최고의 세율이 단일세율로 적용되도록 한 것이다.

그러나 중과세의 필요성이 인정되는 경우 그 정도를 어느 정도로 할 것인가는 결국 법인의 담세능력과 중과세에 대한 국가적·사회적 요청의 강도를 비교형량하여 결정되어야 할 것인데(헌재 1996. 3. 28. 94헌바42; 헌재 2000. 2. 24. 98헌바94등 참조), 법인에 대한 주택분 종부세율이 개인에 비하여 상대적으로 높다고 하더라도 세율 자체가 절대적으로 높다고 보기는 어려운 점, 1천분의 60의 세율의 경우 3주택 이상 또는 조정대상지역 내 2주택을 취득할 정도의 자력이 있는 법인을 대상으로 하고 있는 점 등을 종합하여 보면, 2021년 귀속 법인에 대한 주택분 종부세율이 앞서 언급한 종부세법의 입법목적 달성에 필요한 정도를 넘는 자의적인 세율이라고 보기는 어렵다.

나) 앞서 살펴본 것과 같이 주택분 종부세의 과세표준은 공시가격 현실화율(2021년 기준 공동주택 70.2%, 단독주택 55.8%)과 공정시장가액비율(2021년 기준 100분의 95)을 토대로 산정된다는 점을 고려하면, 어느 법인 납세의무자에게 적용되는 명목세율이 1천분의 60이라 하더라도 실효세율은 이보다 낮아지게 된다. 위와 같이 명목상 세율이 아닌 실질적인 세부담을 고려해 보면, 주택분 종부세 조항들로 인하여 짧은 시간에 재산원본을 몰수하거나 잠식하는 효과가 초래되어 사적 유용성과 처분권이 위협된다고 보기 어렵다.

다) 또한 종부세법은 과세표준 합산의 대상이 되는 주택의 예외를 두고 있고(제8조 제2항), 같은 법 시행령은 합산배제 임대주택(제3조), 합산배제 사원용주택등(제4조)에 관한 자세한 규정을 마련해 놓고 있는데, 위 규정들은 그 내용상 개인보다는 법인 납세의무자에게 적용될 여지가 큰 조항들이다. 비록 법인이 주거공간으로서의 주택에 대하여 갖는 연관성이 개인에 비해 희박하다고 하더라도, 위 조항들은 주택 임차인의 주거안정이라는 목적 달성을 위하여 또는 법인의 원활한 운영에 필수불가결하거나 투기 목적의 주택 보유로 해석하기 어려운 범위 내에서 이루어지는 법인의 주택 보유에 대해서는 종부세가 부과 또는 중과되지 않도록 함으로써 법인 납세의무자에게 과도한 세부담이 발생하지 않도록 하고 있다.

또한 종부세법은 '공공주택 특별법' 제4조에 따른 공공주택사업자 등 사업의 특성을 고려하여 대통령령으로 정하는 경우에는 1천분의 30, 1천분의 60이라는 단일 세율이 아니라 종부세법 제9조 제1항에 따른 일반 누진세율이 적용되도록 규정하고 있고(제9조 제2항 괄호 부분, 같은 법 시행령 제4조의3), 주택분 과세표준 금액에 대하여 해당 과세대상 주택의 주택분 재산세로 부과된 세액을 주택분 종부세액에서 공제하도록 규정하여(제9조 제3항), 재산세와의 중복과세가 되지 않도록 하는 장치도 두고 있다.

라) 한편, 종부세법 제8조 제1항은 주택분 종부세의 과세표준을 납세의무자별로 주택의 공시가격 합산액에서 6억 원을 공제한 금액을 기준으로 정하면서도(1세대 1주택자의 경우에는 11억 원을 공제한 금액 기준), 납세의무자가 법인인 경우로서 제9조 제2항 각호의 세율이 적용되는 경우는 위와 같은 과세표준 기본공제가 배제되는 것으로 규정하고 있다. 그런데 과세표준 기본공제는 과세표준금액을 낮추어 줌으로써 납세의무자에게 일종의 조세혜택을 부여하는 것이므로, 공제가 허용되는 범위나 공제의 한도 등 그 구체적인 내용의 형성에 관하여는 광범위한 입법재량이 인정된다 할 것이므로(헌재 2008. 7. 31. 2007헌바13; 헌재 2018. 11. 29. 2017헌바517 등 참조), 그 내용이 명백히 불합리하거나 불공정하지 않는 한 입법자의 정책적 판단은 존중되어야 한다.

아울러 종부세법 제10조 단서는 법인에 대한 주택분 종부세의 세부담 상한을 폐지하였는데, 세부담 상한은 납세의무자가 해당 연도에 납부하여야 할 세액이 직전 년도에 부과된 세액의 일정 비율을 초과할 수 없도록 함으로써 과세표준의 상승으로 인한 납세의무자의 급격한 세금 부담을 덜어줄 목적으로 마련된 것이다. 세부담 상한을 두게 된 위와 같은 입법취지에 비추어 볼 때, 이 역시 일종의 조세우대조치에 해당한다.

조세우대 내지 혜택의 범위는 입법자가 여러 경제상황이나 조세기술적 측면 등을 고려하여 합목적적으로 결정할 입법정책의 문제인 점(헌재 2011. 7. 28. 2009헌바311; 헌재 2019. 8. 29. 2017헌바496 참조), 과세형평성 제고 및 투기 목적의 주택 수요 차단이라는 종부세법 본연의 입법목적과 더불어 법인에 대한 2021년 귀속 주택분 종부세의 강화는 당시 법인을 활용한 부동산 투기 억제 및 실수요자 보호 등을 목적으로 이루어졌던 점 등을 고려해 보면, 법인에 대하여 과세표준 기본공제 및 세부담 상한을 폐지한 입법자의 판단이 불합리하다고 보기 어렵다.

마) 그리고 주택분 종부세 조항들이 추구하는 입법목적이 자금동원능력이 막강한 법인의 투기적 목적의 주택 보유를 규제하려는 데에만 있는 것이 아니라, 개인 다주택자에 대한 고율의 종부세율 부과 회피를 목적으로 법인을 활용한 주택의 분산 보유를 억제함으로써 결국 무주택자를 비롯한 실수요자에게 주택 매수의 기회를 보장하려는 것에도 있는 점 등을 감안해 보면, 자본금 액수가 낮거나 소유 주택 수가 1채 또는 2~3채에 불과한 법인들에 대해서도 일률적으로 주택분 종부세 조항들이 적용되도록 한 것이 과도하다는 취지의 일부 청구인들의 주장은 받아들이기 어렵다.

또한, 청구인들 중에는 부동산매매업·임대업 등을 목적으로 설립된 법인들이 있는데, 부동산매매업·임대업과 같은 사업은 국민 생활의 물리적 기초가 되면서도 공급이 제한되는 특수한 재화인 주택, 토지 등을 거래대상으로 한다는 점에서 다른 사업과 구별되고, 수요자에게 부동산을 적절히 공급하는 사회경제적 역할을 담당하고 있으나 때로는 부동산 가격 상승을 부추겨 실수요자의 부동산 취득을 어렵게 하는 등 경제의 원활한 성장에 장애물로 기능하기도 하므로, 부동산매매업·임대업과 같은 사업에 대한 규제의 필요성은 상대적으로 크다는 점을 고려해 보면(헌재 2017. 8. 31. 2015헌바339 참조), 부동산매매업 등에 종사하는 법인들에 대한 주택분 종부세 조항들로 인한 기본권 제한의 정도가 헌법상 허용되는 범위를 벗어났다고 보기는 어렵다. 따라서 주택분 종부세 조항들이 부동산매매업 등을 목적으로 설립된 법인의 운영을 위축시킴으로써 직업의 자유 등과 같은 기본권을 과도하게 제한하고 있다는 일부 청구인들의 주장 역시 받아들일 수 없다.

바) 위와 같은 점들을 모두 종합하여 보면, 주택분 종부세의 과세표준 및 세율 등으로 인한 법인 납세의무자의 세부담 정도가 종부세의 입법목적에 비추어 지나치다고 보기 어렵다.

(나) 토지분 종부세

1) 2021년 귀속 토지분 종부세는 주택분 종부세와 달리 개인 납세의무자와 법인 납세의무자에게 적용되는 종부세법 내용에 차이가 없으므로 이하에서는 이를 구분하지 아니하고 함께 판단한다.

2) 토지는 원칙적으로 생산이나 대체가 불가능하여 공급이 제한되어 있고, 우리나라의 가용 토지 면적은 인구에 비하여 절대적으로 부족한 반면에, 모든 국민이 생산 및 생활의 기반으로서 토지의 합리적인 이용에 의존하고 있으므로, 그 사회적 기능에 있어서나 국민경제의 측면에서 다른 재산권과 같게 다룰 수 있는 성질의 것이 아니어서 공동체의 이익이 보다 더 강하게 관철될 것이 요구된다(헌재 1989. 12. 22. 88헌가13; 헌재 1998. 12. 24. 89헌마214등 참조). 헌법 제122조는 토지가 지닌 위와 같은 특성을 감안하여 "국가는 국민 모두의 생산 및 생활의 기반이 되는 국토의 효율적이고 균형 있는 이용·개발과 보전을 위하여 법률이 정하는 바에 의하여 그에 관한 필요한 제한과 의무를 과할 수 있다."라고 규정함으로써 토지 재산권에 대한 광범위한 입법형성권을 부여하고 있다(헌재 1999. 4. 29. 94헌바37등 참조).

3) 종부세의 과세대상토지는 지방세법 제106조 제1항 제1호에 따른 종합합산과세

대상과 같은 법 제106조 제1항 제2호에 따른 별도합산과세대상으로 구분된다(종부세법 제11조). 지방세법 제106조 제1항에 의하면, 종합합산과세대상은 과세기준일 현재 납세의무자가 소유하고 있는 토지 중 별도합산과세대상 또는 분리과세대상이 되는 토지를 제외한 토지이고(제1호), 별도합산과세대상은 과세기준일 현재 납세의무자가 소유하는 공장용 건축물의 부속토지, 차고용 토지, 시험·연구·검사용 토지, 물류단지시설용 토지 등 공지상태(空地狀態)나 해당 토지의 이용에 필요한 시설 등을 설치하여 업무 또는 경제활동에 활용되는 토지 등(제2호)과 같이 별도합산과세하여야 할 타당한 이유가 있는 토지인데, 이는 종합합산과세대상에 비해 그 용도상 상당 규모의 토지 보유가 통상적이어서 일률적으로 종합합산과세에 의한다면 납세의무자의 세부담이 과중해지는 경우를 대상으로 하되, 적정 규모를 초과하는 과다 보유는 여전히 억제해야 할 필요가 있는 경우를 그 대상으로 한다(헌재 2010. 12. 28. 2008헌가27등 참조).

종부세법 제13조에 의하면, 과세표준 산정 시 종합합산과세대상 토지분 종부세의 납세의무자는 해당 과세대상토지의 공시가격 합산액에서 5억 원을(제1항), 별도합산과세대상 토지분 종부세의 납세의무자는 해당 과세대상토지의 공시가격 합산액에서 80억 원을(제2항) 각 공제받는다.

그리고 종부세법 제14조에 의하면, 종합합산과세대상 토지에 대한 세율은 과세표준별로 15억 원 이하는 1천분의 10, 15억 원 초과 45억 원 이하는 1천분의 20, 45억 원 초과는 1천분의 30이고(제1항), 별도합산과세대상 토지에 대한 세율은 역시 과세표준별로 200억 원 이하는 1천분의 5, 200억 원 초과 400억 원 이하는 1천분의 6, 400억 원 초과는 1천분의 7이다(제4항). 가용 토지 면적이 절대적으로 부족한 우리나라의 현실, 토지의 과도한 보유 및 투기적 수요 등을 억제하고자 하는 종부세법의 입법목적, 별도합산과세대상 토지가 갖는 위와 같은 특성, 더 나아가 주택분 종부세와 마찬가지로 토지분 종부세에 대해서도 고율의 단일세율이 아니라 과세표준 구간별로 세율이 점차 높아지는 초과누진세율체계가 적용되는 점 등을 종합하여 보면, 토지분 종부세의 세율 그 자체가 지나치게 높다고 보기는 어렵다.

또한 종부세법은 주택분 종부세와 마찬가지로 토지분 종부세와 관련해서도 각 과세대상 토지의 과세표준 금액에 대하여 해당 과세대상 토지의 토지분 재산세로 부과된 세액을 토지분 종부세액에서 공제하도록 하여(제14조 제3항, 제6항), 재산세와의 중복과세가 되지 않도록 하는 장치를 두고 있다. 그리고 종부세법은 종합합산과세대상 토지 및 별도합산과세대상 토지에 대하여 공통적으로 100분의 150이라는 세부담 상한을 규정하고 있는데(제15조 제1항, 제2항), 앞서 살펴본 세부담 상한의 입법취지 및 이와 같은 조세우대조치에 대하여 갖는 입법재량의 범위 등에 비추어 보면, 토지분 종부세의 세부담 상한을 위와 같은 수준에서 정한 입법자의 판단이 비합리적이라 보이지는 아니한다.

4) 청구인들 중 일부는 종부세법이 토지분 종부세에 대해서는 주택분 종부세와 달리 고령자·장기보유 공제와 같은 세액감면 규정을 두고 있지 않아 불합리하다는 취지로도 주장한다.

그러나 앞서 살펴본 것과 같이 현행 종부세법상 1세대 1주택자에 한하여 주어지는 고령자·장기보유 공제는 조세우대조치에 해당하는 점, 일반적으로 토지는 생산이나 영업 활동에 주로 이용되는 반면 주택은 생활의 필수 불가결한 터전으로서 쾌적한 주거생활을 통하여 행복을 추구할 권리를 실현할 장소의 의미를 갖는 점, 주택이 갖는 위와 같은 의미에 비추어 볼 때 보유 주택에 대해 종부세를 부과할지 여부 및 그 부과의 범위와 정도를 결정함에 있어서는 당해 주택의 보유 동기나 기간, 조세 지불

능력 등과 같은 정책적 과세의 요인들 및 종부세의 부과가 주거생활에 영향을 미치는 정황 등을 보다 세심하게 고려할 필요가 있는 점 등을 종합하여 볼 때, 주택분 종부세에만 고령자·장기보유 공제와 같은 세액감면 규정을 두고 토지분 종부세에 대하여는 두지 않았다고 해서 불합리한 입법이라 할 수 없다.

5) 위와 같은 점들을 모두 종합하여 보면, 토지분 종부세의 과세표준 및 세율 등으로 인한 납세의무자의 세부담 정도 역시 종부세의 입법목적에 비추어 과도하다고 보기는 어렵다.

(다) 재산세, 양도소득세와의 이중과세문제

1) 청구인들은 동일한 부동산을 과세대상으로 하여 재산세를 과세하는 것에 더하여 고율의 종부세를 과세하는 것은 이중과세에 해당되고, 종부세가 양도소득세의 예납적 성격을 띠고 있음에도 양도소득세에서 그동안 납부한 종부세를 공제하는 장치 등을 두지 않아 이 역시 이중과세에 해당하여 재산권을 침해한다는 취지로도 주장한다.

2) 우선 종부세와 재산세와의 이중과세 주장에 관하여 본다.

종부세와 재산세는 모두 본질적으로 부동산의 보유사실 그 자체에 담세력을 인정한 조세이다. 종부세법은 주택분 또는 토지분 종부세액은 주택 또는 토지의 과세표준 금액에 대하여 해당 과세대상 주택 또는 토지의 주택분 또는 토지분 재산세로 부과된 세액을 공제하여 산출된다고 규정하고(제9조 제3항, 제14조 제3항 및 제6항), 재산세로 부과된 세액의 공제에 관하여 필요한 사항은 대통령령에서 정하도록 위임하고 있는바(제9조 제4항, 제14조 제7항), 종부세법은 해당 과세대상 주택 또는 토지에 대하여 재산세로 부과된 세액을 어느 범위까지 공제할 지에 관하여 명시적 기준을 두고 있지는 않다. 그런데 만일 양 조세가 이중과세에 해당한다고 하더라도 이

중과세의 문제점을 제거하고 합헌적으로 조정하는 데에는 여러 가지 선택 가능성이 있고, 그 중에서 어떤 선택을 할 것인가는 입법자가 제반 사정을 참작하여 결정할 수 있다 할 것이어서, 이중과세에 해당한다는 사실 그 자체만으로 헌법에 위반된다고 할 수는 없다(헌재 2007. 7. 26. 2005헌바98 참조).

살펴건대, 재산세는 과세대상 재산을 보유한 자에게 부과되는 지방세로서, 주택의 경우 주택별로 시가표준액에 세율을 적용하여 산출되고, 토지의 경우 해당 지방자치단체 관할구역 내의 토지 가액 합산액에 세율을 적용하여 산출되는 반면(지방세법 제110조 제1항, 제111조 제1항, 제113조), 종부세는 조세부담의 형평성 제고 및 부동산 가격 안정 등과 같은 정책적 목적의 실현을 위해 일정한 금액을 초과하는 부동산을 보유한 자에게 부과되는 국세로서, 주택의 경우 납세의무자별로 해당 납세의무자가 소유한 모든 주택의 공시가격 합산액을 기준으로 산정된 과세표준에 소유 주택 수에 따른 세율을 적용하여 산출되고, 토지의 경우에도 역시 납세의무자별로 해당 납세의무자가 소유한 모든 과세대상토지의 공시가격 합산액을 기준으로 산정된 과세표준에 세율을 곱하여 산출된다(종부세법 제8조 제1항, 제9조 제1항, 제13조 제1항, 제2항, 제14조 제1항, 제4항).

한편, 입법자는 앞서 살펴본 것과 같이 2008. 12. 26. 법률 제9273호로 종부세법을 개정하면서 부동산 시장의 동향과 재정 여건 등을 고려하여 일정한 범위에서 과세표준에 반영할 비율을 탄력적으로 정할 수 있도록 공정시장가액비율 제도를 도입하였고, 그 직후인 2009. 2. 6. 법률 제9422호로 지방세법을 개정하면서 재산세에 대해서도 공정시장가액비율 제도를 도입함에 따라, 그 이후로 종부세법 시행령 및 지방세법 시행령에서는 주택 및 종합합산과세대상 토지, 별도합산과세대상 토지에 대한 종부세 및 재산세의 과세표준 산정에 적용될 공정시장가액비율을 각각 정하여 오고 있다. 2021년 귀속 종부세 및 재산세 부과 당시 각 적용된 공정시장가액비율은 종부세의 경우 주택분 및 토지분 모두 100분의 95이고, 재산세의 경우 주택분은 시가표준액의 100분의 60, 토지분은 시가표준액의 100분의 70이다(종부세법 시행령 제2조의4, 지방세법 시행령 제109조).

위와 같이 재산세와 종부세의 과세표준 산정에 관하여 공정시장가액비율 제도가 도입되었고, 재산세와 종부세에 각각 적용되는 공정시장가액비율이 반드시 일치하지는 아니하게 된 결과, 동일한 과세대상 재산이라 하더라도 종부세법 제8조 제1항, 제13조 제1항, 제2항에 따른 종부세의 과세표준 산정 시 공시가격 합산액에서 공제되는 일정 금액(주택의 경우 6억 원 또는 11억 원, 종합합산과세대상 토지의 경우 5억 원, 별도합산과세대상 토지의 경우 80억 원)을 초과하는 영역 중 일부에 대해서만 종부세가 과세되고 그와 같이 종부세가 과세되는 부분은 재산세와 중복하여 과세되는 부분과 그렇지 않은 부분으로 나뉘게 됨에 따라, 위와 같은 공제 금액을 초과하는 영역에서 종부세가 재산세의 과세 부분부터 먼저 과세되는지 아니면 재산세의 과세 부분과 그 외의 부분 사이에 안분하여 과세되는지 여부에 의하여 종부세액에서 공제되는 재산세액의 범위가 달라진다.

그런데 종부세법 제9조 제3항, 제14조 제3항 및 제6항은 종부세 과세대상인 주택 및 토지의 과세표준 금액에 대하여 해당 과세대상 물건의 재산세로 부과된 세액을 종부세액에서 공제할 것을 명시하고 있을 뿐이고, 같은 법 제9조 제4항, 제14조 제7항은 재산세로 부과된 세액의 공제에 관하여 필요한 사항은 대통령령에서 정하도록 위임하고 있으며 그 위임에 따른 같은 법 시행령 제4조의2 제1항, 제5조의3 제1항, 제2항이 재산세액의 공제에 관한 사항을 정하고 있다. 위와 같은 규정들의 문언, 체계, 취지에 비추어 보면, 종부세의 과세표준 산정 시 공시가격 합산액에서 공제되는 일정 금액을 초과하는 영역에서 종부세가 재산세의 과세 부분부터 먼저 과세되는지 아니면 재산세의 과세 부분과 그 외의 부분 사이에 안분하여 과세되는지 여부는 입법자에게 광범위한 입법형성의 자유가 주어진 영역이라 할 것인데, 참고로 종부세법 시행령 제4조의2 제1항, 제5조의3 제1항, 제2항의 내용을 살펴보면, 위 시행령 조항들은 종부세가 재산세의 과세 부분과 그 외의 부분 사이에 안분하여 과세되도록 정하고 있고 그 결과 종부세의 과세표준 산정 시 공시가격 합산액에서 공제되는 일정 금액을 초과하는 영역에 대하여 부과되는 재산세액 중 일부만이 공제되게 되나, 이는 위 시행령 조항들이 종부세법 제9조 제4항과 제14조 제7항의 위임 범위 내에서 주택 등의 종부세액에서 공제되는 재산세액의 범위를 정하였기 때문이라 할 수 있다(대법원 2023. 8. 31. 선고 2019두39796 판결 참조).

위와 같은 종부세법 및 같은 법 시행령의 관련조항들의 문언과 체계, 공정시장가액비율 제도의 도입 경위, 입법자가 종부세를 재산세의 과세 부분과 그 외의 부분 사이에서 어떻게 과세할지에 대하여 갖는 입법형성의 자유, 종부세 부과가 추구하는 정책적 목적, 양 조세의 산정 또는 부과방법에서의 차이 등을 모두 종합하여 보면, 종부세법 제9조 제3항, 제14조 제3항 및 제6항이 재산세액 전부를 공제할 것을 규정하지 않았다고 해서 이중과세로서 재산권을 침해한다고 할 수는 없다.

3) 다음으로 종부세와 양도소득세와의 이중과세 주장에 관하여 본다.

종부세는 전국의 모든 과세대상 부동산을 과세물건으로 하여 소유자별로 합산한 '부동산가액'을 과세표준으로 삼는 보유세의 일종으로서, 양도차익이라는 '소득'에 대하여 과세하는 양도소득세와는 각각 그 과세의 목적 또는 과세물건을 달리하므로, 종부세와 양도소득세의 관계에서 이중과세의 문제는 발생하지 아니한다(헌재 1994. 7. 29. 92헌바49등; 헌재 2008. 11. 13. 2006헌바112등 참조).

종부세가 양도소득세의 예납적 성격을 가지고 있다거나 미실현이득에 대한 과세로서 그 이득이 실현될 때 과세되는 양도소득세와의 이중과세 조정장치의 마련이 필요하다는 취지의 주장과 관련하여, 종부세는 본질적으로 부동산의 보유사실 그 자체에 담세력을 인정하고 재산의 가치를 조세부담능력으로 파악하여 그 가액을 과세표준으로 삼아 과세하는 것으로서, 여기에 일부 수익세적 성격이 함유되어 있다고 하더라도 미실현이득에 대한 과세의 문제가 전면적으로 드러난다고 보기 어렵고, 미실현이득에 대한 과세 자체도 과세 목적, 과세소득의 특성, 과세기술상의 문제 등을 고려하여 판단할 입법정책의 문제로서, 여기에 헌법상의 조세 개념에 저촉되거나 그와 양립할 수 없는 모순이 있는 것으로는 보이지 아니한다(헌재 2008. 11. 13. 2006헌바112등 참조).

(라) 따라서 심판대상조항은 침해의 최소성에 반한다고 보기 어렵다.

(4) 법익의 균형성

(가) 2021년 귀속 종부세의 경우, 심판대상조항에 의한 주택분 세율 및 세부담 상한의 인상, 법인에 대한 과세표준 기본공제 및 세부담 상한의 폐지와 고율의 단일세율 적용 등과 같은 종부세법 그 자체의 개정뿐만 아니라 종부세법 시행령상의 공정시장가액비율의 인상, 부동산공시법상 공시가격의 상승에 따른 종부세 과세표준의 상승, 민간임대주택법에 따라 등록되어 있던 임대주택의 일부 유형의 등록말소에 따른 다주택자의 증가, 주택법상의 조정대상지역의 추가 지정 등과 같은 여러 요인들이 복합적으로 작용하여 납세의무자의 종부세 부담이 증가하였고, 특히 3주택 이상 또는 조정대상지역 내 2주택을 소유한 다주택자 및 법인의 주택분 종부세 부담이 전년 대비 상당히 가중되었음을 부인할 수는 없다.

(나) 그러나 부동산 투기를 억제하고 자금을 생산적인 방향으로 흐르도록 유도하

려 한 것이 지금까지의 일관된 조세정책이었는바(헌재 1996. 12. 26. 94헌가10 참조), 종부세와 같이 국가재정 수요의 충당에서 더 나아가 부동산 투기 억제 및 부동산 가격 안정 등의 적극적인 목적을 추구하는 유도적·형성적 기능을 지닌 정책적 조세법규에 있어서는 재정·경제·사회정책 등 국정전반에 걸친 종합적인 정책판단을 필요로 한다. 부동산에 대한 지나친 수요 및 부동산 가격 상승과 이로 인한 부의 편중현상, 서민층의 내 집 마련의 어려움 등을 비롯한 주거생활의 불안정, 토지 이용의 효율성 저하 등과 같은 문제점은 국민 전체의 공공복리를 위해 규제되어야 할 당위성이 있다.

입법자는 전국적으로 부동산 가격이 급등함과 동시에 법인의 주택, 특히 아파트 구매 비중이 증가하는 상황에서 2020년 들어서도 사그라지지 않는 투기적 목적의 부동산 수요 및 법인을 활용한 개인의 부동산 투기를 차단하여 부동산 가격을 안정시킴으로써 결국 무주택자를 비롯한 실수요자를 보호하겠다는 판단에 따라 종부세제를 강화하기로 하는 정책적 결단을 내린 것으로서, 이와 관련된 입법들이 명백히 잘못되었다고 볼 수 없다.

(다) 위와 같은 점들을 모두 종합하여 보면, 결국 심판대상조항에 의한 종부세 부담의 정도는 재산권의 본질적 내용인 사적 유용성과 원칙적인 처분권한을 여전히 부동산 소유자에게 남겨 놓은 한도 내에서의 재산권의 제한이고, 심판대상조항을 통해 부동산의 과다 보유 및 부동산에 대한 투기적 수요 등을 억제함으로써 부동산 가격 안정을 도모하여 실수요자를 보호하고 국민 경제의 건전한 발전을 도모함으로써 얻을 수 있게 되는 공익은 제한되는 사익에 비하여 더 크다고 할 것이다. 따라서 심판대상조항에 의해 제한되는 사익과 심판대상조항이 보호하려는 공익 사이에 법익의 균형성도 유지되고 있다고 할 것이다.

(5) 소결

따라서 심판대상조항은 과잉금지원칙을 위반하여 재산권을 침해하지 아니한다.

마. 조세평등주의 위반 여부

(1) 조세평등주의

헌법 제11조 제1항은 모든 국민은 법 앞에 평등함을 선언하고 있는바, 조세평등주의는 위 평등원칙의 조세법적 표현이다. 조세평등주의는 같은 것은 같게, 다른 것은 다르게 취급함으로써 조세법의 입법과정이나 집행과정에서 조세정의를 실현하려는 원칙이다(헌재 1989. 7. 21. 89헌마38 참조). 그런데 오늘날 세원(稅源)이 극히 다양하고, 납세의무자인 국민의 담세능력에도 차이가 많을 뿐만 아니라, 조세도 국가재원의 확보라는 고전적 목적 이외에 다양한 정책적 목적을 위해 부과되고 있기 때문에 조세법의 영역에서는 입법자에게 광범위한 형성권이 부여되어 있다(헌재 1999. 2. 25. 96헌바64 참조).

따라서 종부세의 입법과 관련하여 어떠한 부동산을 종부세 과세대상으로 삼을 것인가, 종부세 과세대상 전체에 동일 세율을 적용할 것인가 또는 특정 대상에 대하여는 중과세할 것인가, 중과세 대상을 별도로 정한 경우 그에 대한 세율은 어느 정도로 할 것인가 등에 관하여는 입법자에게 폭넓은 정책적 판단의 권한이 부여되어 있다고 할 것이다. 다만 이러한 결정을 함에 있어서도 입법자는 부동산 특히 주택 관련 정책을 포함하여 국민경제적·사회정책적·조세기술적 제반 요소들에 대한 교량을 통하여 그 조세관계에 맞는 합리적인 조치를 하여야만 평등원칙에 부합할 수 있으나, 그러한 결정이 비합리적이고 불공정한 조치라고 인정되지 않는 이상 조세평등주의에 위반된다고 보기 어렵다(헌재 2020. 3. 26. 2016헌가17등 참조).

(2) 주택 및 토지 소유자와 그 이외의 재산 소유자와의 차별

헌법은 제35조 제3항에서 "국가는 주택개발정책등을 통하여 모든 국민이 쾌적한 주거생활을 할 수 있도록 노력하여야 한다."라고 명시하고, 제122조는 "국가는 국민 모두의 생산 및 생활의 기반이 되는 국토의 효율적이고 균형 있는 이용·개발과 보전을 위하여 법률이 정하는 바에 의하여 그에 관한 필요한 제한과 의무를 과할 수 있다."라고 선언하고 있다.

앞서 언급한 것과 같이 토지의 경우 원칙적으로 생산이나 대체가 불가능하여 공급이 제한되어 있고, 주택 역시 토지와 같은 정도는 아니더라도 위와 같은 성질의 토지상에 건축되어 그 공급에 일정한 정도의 제한이 따를 수밖에 없는 점, 우리나라의 토지 및 주택에 있어서의 수요·공급의 심각한 불균형으로 인해 토지 및 주택 가격의 상승과 투기현상이 예금이나 주식 등 다른 재산권의 대상에 비해 현저하였던 점, 토지와 주택의 사회적 기능이나 국민경제의 측면, 특히 주택은 개인의 주거로서 행복을 추구하고 인격을 실현할 기본적인 장소로 이용되면서 인간의 기본적인 생존의 조건이 되는 생활공간인 점 등을 모두 종합하여 볼 때, 토지와 주택을 다른 재산권과 달리 취급하여 종부세를 부과한다 하여도 거기에 합리성이 없다 할 수 없으므로, 이를 두고 조세평등주의에 위반된다고 할 수 없다(헌재 2008. 11. 13. 2006헌바112등 참조).

(3) 법인인 주택 소유자와 개인인 주택 소유자와의 차별

앞서 살펴본 것과 같이 주택은 인간의 존엄과 가치를 지닌 개인과 그 가족의 주거공간으로서 행복을 추구할 권리와 쾌적한 주거생활을 할 권리를 실현하는 장소로서의 의미를 가지는 점, 개인이 주택에 대하여 갖는 위와 같은 긴밀한 연관성을 법인에 대해서는 동등한 정도로 인정할 수 없는 점 등을 고려해 보면, 주택 시장에서 실수요자라 할 수 없는 법인의 주택 보유를 개인과 달리 규율할 필요성이 도출될 수 있다.

더욱이 법인은 일반적으로 자연인인 개인에 비하여 월등한 자금동원능력을 보유하고 있어 법인이 취득하는 부동산의 규모도 이에 상응할 것임이 합리적으로 예상될 뿐만 아니라, 법인은 개인과 비교하였을 때 조직과 규모에 있어 대체로 강한 확장성을 가지고 그 활동의 영역과 효과도 다양한바, 법인이 목적사업에 불요불급한 주택을 과다 보유하거나 투기적 목적으로 취득·보유할 경우에는 주택 가격의 급격한 상승을 유발하여 부동산 시장이 불안정해질 수 있음은 자명하다. 아울러, 앞서 살펴본 것과 같이 자본금 액수가 낮거나 소유 주택 수가 1채 또는 2~3채에 불과한 법인의 주택분 종부세 부담의 정도가 과도하다는 지적과 관련해서도, 주택분 종부세 조항들이 추구하는 입법목적이 개인 다주택자에 대한 고율의 종부세율 부과 회피를 목적으로 법인을 활용한 주택의 분산 보유를 억제하려는 데에도 있는 점을 감안해 보면, 자본금 액수나 규모가 상대적으로 작은 일부 법인들의 사정을 들어 주택분 종부세 조항들이 법인과 개인을 불합리하게 차별취급하고 있다고 볼 수 없다.

위와 같은 주택의 의미, 법인의 주택 과다 보유 및 투기적 목적의 주택 보유를 규제하여 실수요자를 보호해야 할 공익적 요청, 법인의 담세능력 등을 종합하여 보면, 주택분 종부세 조항들이 개인인 주택 소유자에 비하여 법인인 주택 소유자를 차별취급하는 데에는 합리적인 이유가 있다 할 것이므로, 주택분 종부세 조항들은 조세평등주의에 위반되지 아니한다.

(4) 2주택 이하 소유자와 3주택 이상 또는 조정대상지역 내 2주택 소유자와의 차별

종부세법 개정(2018. 12. 31. 법률 제16109호)을 통해 처음으로 도입된 소유 주택 수에 따른 세율 중과 제도는 주택 보유에 따른 기대 수익이 다른 자산 보유에 따른 기대수익보다 월등히 높아 시중 자금이 주택 시장에 몰리는 현실에서, 거주 목적이 아닌 투기 목적의 다주택 보유 및 주택 시장의 교란 문제의 해결을 위해 도입되었다.

그리고 앞서 살펴본 것과 같이 조정대상지역은 주택가격 등을 고려하였을 때 주택 분양 등이 과열되어 있거나 과열될 우려가 있는 지역으로서, 조정대상지역 내의 주택 시장에는 투자 또는 투기적 수요가 보다 강하게 쏠림으로써 조정대상지역 내의 주택가격 상승률이 다른 지역에 비해 더욱 높아질 것임은 충분히 예상할 수 있으므로, 조정대상지역에 대한 추가적 규제의 필요성이 도출될 수 있다.

위와 같은 소유 주택 수 및 조정대상지역 내에 주택이 소재하는지 여부에 따른 주택분 종부세 중과 제도의 도입취지와 더불어, 현실적으로 다주택자 또는 고가 주택 소유자의 경제적 능력은 1주택 소유자 또는 무주택자보다 높을 가능성이 큰 점 등을 고려해 볼 때, 주택분 종부세 조항들이 2주택 이하 소유자와 3주택 이상 또는 조정 대상지역 내 2주택 소유자를 달리 취급하는 데에는 합리적 이유가 있으므로, 주택분 종부세 조항들이 조세평등주의에 위반된다고 할 수 없다.

(5) 종합합산과세대상 토지·별도합산과세대상 토지 소유자와 분리과세대상 토지 소유자와의 차별, 종합합산과세대상 토지 소유자와 별도합산과세대상 토지 소유자와의 차별

(가) 지방세법 제106조 제1항에 의하면, ① 종합합산과세대상은 과세기준일 현재 납세의무자가 소유하고 있는 토지 중 별도합산과세대상 또는 분리과세대상이 되는 토지를 제외한 토지(제1호), ② 별도합산과세대상은 과세기준일 현재 납세의무자가 소유하고 있는 공장용 건축물의 부속토지, 차고용 토지, 보세창고용 토지, 시험·연구·검사용 토지, 물류단지시설용 토지 등 공지상태(空地狀態)나 해당 토지의 이용에 필요한 시설 등을 설치하여 업무 또는 경제활동에 활용되는 토지, 철거·멸실된 건축물 또는 주택의 부속토지 등으로서, 각 대통령령으로 정하는 토지(제2호), ③ 분리과세대상은 과세기준일 현재 납세의무자가 소유하고 있는 토지 중 국가의

보호·지원 또는 중과가 필요한 토지로서 공장용지·전·답·과수원 및 목장용지, 산림의 보호육성을 위하여 필요한 임야 및 종중 소유 임야, 골프장용 토지 및 고급오락장용 토지, '산업집적활성화 및 공장설립에 관한 법률' 제2조 제1호에 따른 공장의 부속토지로서 개발제한구역의 지정이 있기 이전에 그 부지취득이 완료된 곳, 국가 및 지방자치단체 지원을 위한 특정목적 사업용 토지, 에너지·자원의 공급 및 방송·통신·교통 등의 기반시설용 토지 등으로서, 각 대통령령으로 정하는 토지 또는 임야(제3호)를 말한다.

그리고 지방세법에 의한 각 토지별 재산세 세율 구조를 살펴보면, 종합합산과세대상 토지와 별도합산과세대상 토지에 대해서는 종부세와 마찬가지로 초과누진세율이, 분리과세대상 토지에 대해서는 과세물건의 특성에 따라 저율, 고율 또는 기타 세 가지의 단일비례세율이 각 적용된다(제111조 제1항 제1호).

(나) 우선 청구인들 중 일부는, 종합합산과세대상 토지 및 별도합산과세대상 토지에 대하여만 종부세를 부과하고 분리과세대상 토지에 대하여는 부과하지 않는 토지분 종부세 조항들이 종합합산과세대상 토지 또는 별도합산과세대상 토지 소유자와 분리과세대상 토지 소유자를 차별취급하여 조세평등주의에 위반된다고 주장한다.

그런데 종부세는 과세기준일 현재 납세의무자가 전국에 보유한 주택 또는 토지의 각 공시가격 합산액을 기준으로 하여 부과되는데(종부세법 제8조 제1항, 제13조 제1항, 제2항), 앞서 살펴본 것과 같이 분리과세대상 토지는 지역경제의 발전, 공익성의 정도 등을 고려하였을 때 국가의 보호·지원이 필요하거나 오히려 세금의 중과가 필요한 토지로서, 그 취지상 합산과세의 실효성이 종합합산과세대상 토지나 별도합산과세대상 토지에 비해 현저히 떨어지거나 거의 없어 종부세 과세대상으로 삼기에 적절하지 아니하다. 또한 위와 같은 분리과세대상 토지의 특성상 분리과세대상 토지에 대한 재산세 세율은 토지의 용도에 의해서만 결정될 뿐, 당해 용도에 해당하는 한 과다보유 여부는 세율에 영향을 주지 않는다는 측면에서 보더라도, 분리과세대상 토지와 종합합산과세대상 토지, 별도합산과세대상 토지 사이에는 차이가 있다.

위와 같은 점들을 모두 종합하여 보면, 토지분 종부세 조항들이 분리합산과세대상 토지 소유자에 대해서는 종부세를 부과하지 않으면서 종합합산과세대상 토지 또는 별도합산과세대상 토지 소유자에 대해서는 종부세를 부과하더라도, 위와 같은 차별취급에는 합리적 이유가 있으므로 조세평등주의에 위반된다고 할 수 없다.

(다) 다음으로 청구인들 중 일부는, 토지분 종부세 조항들이 종합합산과세대상 토지에 대하여 별도합산과세대상 토지에 비해 불리한 과세표준과 세율을 적용함에 따라 이들 토지 소유자 간에 극심한 세부담의 차이가 발생하므로, 위와 같은 이유에서도 토지분 종부세 조항들이 조세평등주의에 위반된다고 주장한다.

종부세법에 의하면, 종합합산과세대상 토지분 종부세의 과세표준은 납세의무자별로 해당 과세대상토지의 공시가격 합산액에서 5억 원을 공제한 금액을 기준으로 산정되고(제13조 제1항), 과세표준별(15억 원 이하, 15억 원 초과 45억 원 이하, 45억 원 초과)로 1천분의 10, 1천분의 20, 1천분의 30의 각 세율이 누진적으로 적용되며(제14조 제1항), 별도합산과세대상 토지분 종부세의 과세표준은 납세의무자별로 해당 과세대상토지의 공시가격 합산액에서 80억 원을 공제한 금액을 기준으로 산정되고(제13조 제2항), 과세표준별(200억 원 이하, 200억 원 초과 400억 원 이하, 400억 원 초과)로 1천분의 5, 1천분의 6, 1천분의 7의 각 세율이 역시 누진적으로 적용된다(제14조 제4항). 이처럼 종부세법은 종합합산과세대상 토지에 대해 별도합산과세대상 토지에 비하여 과세표준 산정 시 공제되는 금액은 낮게, 세율은 높게 정하고 있기는 하다.

그러나 앞서 살펴본 것과 같이 별도합산과세대상 토지는 공장용 건축물의 부속토지 등과 같이 업무 또는 경제활동에 활용되는 가치가 있는 토지인 점, 별도합산과세대상 토지의 위와 같은 속성을 고려할 때 별도합산과세대상 토지는 종합합산과세대상 토지에 비하여 상당 규모의 보유가 통상적이라 할 수 있는 점, 무엇보다도 우리나라의 가용 토지 면적이 협소한 점, 비업무용 토지에 대한 투기적 수요 억제를 억제하여야 할 공익적 요청이 중대한 점 등을 종합하여 보면, 토지분 종부세 조항들이 위 각 토지 소유자를 차별취급하는 데에는 합리적 이유가 있으므로, 토지분 종부세 조항들이 조세평등주의에 위반된다고 볼 수 없다.

(6) 소결

따라서 심판대상조항은 조세평등주의에 위반되지 아니한다.

바. 소급입법금지원칙 위반 여부

(1) 헌법 제38조는 "모든 국민은 법률이 정하는 바에 의하여 납세의 의무를 진다."라고 규정하고, 헌법 제59조는 "조세의 종목과 세율은 법률로 정한다."라고 규정하여 조세법률주의를 선언하고 있다. 이는 납세의무가 존재하지 않았던 과거에 소급하여 과세하는 입법을 금지하는 원칙을 포함하는 것이므로, 새로운 입법으로 과거에 소급하여 과세하거나 이미 납세의무가 존재하는 경우에 소급하여 중과세하는 것은 이에 위반된다(헌재 2008. 5. 29. 2006헌바99; 헌재 2016. 7. 28. 2014헌바372 등 참조).

한편, 소급입법은 신법이 이미 종료된 사실관계에 작용하는지 아니면 과거에 시작되었으나 아직 완성되지 아니하고 현재 진행 중에 있는 사실관계에 작용하는지에 따라 '진정소급입법'과 '부진정소급입법'으로 구분된다. 전자는 헌법적으로 허용되지 않는 것이 원칙이며 특단의 사정이 있는 경우에만 예외적으로 허용될 수 있는 반면, 후자는 원칙적으로 허용되지만 소급효를 요구하는 공익상의 사유와 신뢰보호의 요청 사이의 교량과정에서 신뢰보호의 관점이 입법자의 형성권에 제한을 가하게 된다(헌재 1995. 10. 26. 94헌바12; 헌재 2010. 10. 28. 2009헌바67 참조).

(2) 청구인들 중 일부는 주택분 종부세 조항들이 오래 전부터 소유해 온 주택에 대해서도 고액의 종부세를 부과하고 있어 소급입법금지원칙에 위반된다고 주장한다.

그러나 종부세법은 2020. 8. 18. 법률 제17478호로 개정되면서 개인 납세의무자에 대해서는 주택분 종부세율 및 조정대상지역 내 2주택 소유자의 세부담 상한을 각 인상하는 한편(제9조 제1항, 제10조 본문 제2호), 법인 납세의무자에 대해서는 일부 예외적인 경우를 제외하고는 과세표준 기본공제 및 세부담 상한을 각 폐지함과 동시에(제8조 제1항, 제10조 단서) 주택분 종부세율을 1천분의 30, 1천분의 60이라는 단일세율로 변경하였고(제9조 제2항), 위 개정 규정들은 모두 2021. 1. 1.부터 시행하되 그 시행 이후 납세의무가 성립하는 분부터 적용되었다[종부세법 부칙(2020. 8. 18. 법률 제17478호) 제1조, 제2조]. 그렇다면 이는 이미 종료한 과거의 사실관계나 법률관계에 대하여 소급하여 적용되는 것이 아니라 현재 진행 중인 사실관계나 법률관계에 적용되는 것이므로, 헌법이 금지하고 있는 소급입법에 의한 재산권 침해는 문제될 여지가 없다.

(3) 다만 종부세법이 2020. 8. 18. 법률 제17478호로 개정되면서 2021년 귀속 주택분 종부세 부담이 증가하였고 당시 종부세법은 그 이전부터 주택을 보유해 온 자들에 대한 경과규정을 두지는 않았는바, 청구인들은 2020. 8. 18. 개정 전의 주택분 종부세 과세기준에 대한 신뢰를 가지고 있었다는 점에서 구법질서에 대한 청구인들의 신뢰가 헌법상 보호가치 있는 신뢰인지 여부를 살펴볼 필요가 있으므로, 이하에서는 이에 대하여 살펴본다.

사. 신뢰보호원칙 위반 여부

(1) 신뢰보호원칙

헌법상 법치국가원리로부터 신뢰보호원칙이 도출된다. 법률의 개정 시 구법질서에 대한 당사자의 신뢰가 합리적이고도 정당하며 법률의 개정으로 야기되는 당사자의 손해가 극심하여 새로운 입법으로 달성하고자 하는 공익적 목적이 그러한 당사자의 신뢰의 파괴를 정당화할 수 없다면 그러한 새 입법은 신뢰보호원칙상 허용될 수 없다. 그러나 사회환경이나 경제여건의 변화에 따른 필요성에 의하여 법률은 신축적으로 변할 수밖에 없고, 변경된 새로운 법질서와 기존의 법질서 사이에는 이해관계의 상충이 불가피하므로, 국민이 가지는 모든 기대 내지 신뢰가 헌법상 권리로서 보호될 것은 아니고, 신뢰의 근거 및 종류, 상실된 이익의 중요성, 침해의 방법 등에 의하여 개정된 법규·제도의 존속에 대한 개인의 신뢰가 합리적이어서 권리로서 보호할 필요성이 인정되어야 한다. 특히 조세법의 영역에 있어서는 국가가 조세·재정정책을 탄력적·합리적으로 운용할 필요성이 큰 만큼, 조세에 관한 법규·제도는 신축적으로 변할 수밖에 없다는 점에서 납세의무자로서는 구법질서에 의거한 신뢰를 바탕으로 적극적으로 새로운 법률관계를 형성하였다든지 하는 특별한 사정이 없는 한, 현재의 세법이 변함없이 유지되리라고 기대하거나 신뢰할 수는 없으며, 특히 현재의 세율이 장래에도 그대로 유지되리라고 기대하거나 신뢰할 수는 없다(헌재 2002. 2. 28. 99헌바4; 헌재 2019. 8. 29. 2017헌바496 참조).

(2) 판단

(가) 종부세법은 2005. 1. 5. 법률 제7328호로 제정될 당시부터 납세의무자별로 과세표준에서 일정 금액을 공제하는 기본공제를 두었고(제8조), 2020. 8. 18. 법률 제17478호로 개정되기 전까지 공제 금액의 범위에 관하여 변동이 있었을 뿐 납세의

무자가 법인인지 개인인지에 따라 기본공제를 달리하는 규정이 존재하지 않았다.

그리고 종부세법 제정 당시 주택분 종부세의 과세표준에 1천분의 10부터 1천분의 30까지의 누진세율이 적용되어 오다가(제9조), 2008. 12. 26. 법률 제9273호 개정으로 1천분의 5부터 1천분의 20까지의 세율이 적용되는 것으로 하향 조정되었고, 2018. 12. 31. 법률 제16109호 개정으로 소유 주택 수 및 조정대상지역 내에 주택이 소재하는지 여부를 기준으로 1천분의 5부터 1천분의 27까지의 세율(2주택 이하를 소유한 경우), 1천분의 6부터 1천분의 32까지의 세율(3주택 이상 또는 조정대상지역 내 2주택을 소유한 경우)이 각 차등 적용되게 되었다. 이후 2020. 8. 18. 개정으로 개인 납세의무자에 대해서는 1천분의 6부터 1천분의 30까지의 세율(2주택 이하를 소유한 경우), 1천분의 12부터 1천분의 60까지의 세율(3주택 이상 또는 조정대상지역 내 2주택을 소유한 경우)이 각 적용되게 되었고(제9조 제1항), 법인 납세의무자에 대해서는 일부 예외적인 경우를 제외하고는 1천분의 30(2주택 이하를 소유한 경우), 1천분의 60(3주택 이상 또는 조정대상지역 내 2주택을 소유한 경우)의 단일세율이 각 적용되는 것으로 변경되었다(제9조 제2항).

(나) 한편, 주택분 종부세의 세부담 상한은 종부세법이 2005. 1. 5. 제정될 당시 100분의 150이었다가(제10조), 2005. 12. 31. 법률 제7836호 개정으로 100분의 300, 2008. 12. 26. 법률 제9273호 개정으로 다시 100분의 150으로 각 변경되었고, 2018. 12. 31. 개정으로 소유 주택 수 및 조정대상지역 내에 주택이 소재하는지 여부를 기준으로 100분의 150, 100분의 200, 100분의 300으로 세분화되는 등 지속적으로 그 상한이 조정되어 왔으며, 2020. 8. 18. 개정으로 종부세법 제9조 제1항 제2호의 적용대상으로서 조정대상지역 내 2주택을 소유한 경우의 세부담 상한은 종전 100분의 200에서 100분의 300으로 인상되었고(제10조 본문), 납세의무자가 법인으로서 제9조

제2항 각호의 세율이 적용되는 경우에는 세부담 상한이 없게 되었다(제10조 단서).

이러한 종부세법의 개정 경과를 감안하면, 청구인들은 소유 주택에 대하여 종부세가 부과되는 경우 납세의무자가 개인인지 법인인지 여부에 관계없이, 어떤 금액 내지 한도로든 과세표준 기본공제가 이루어지고 누진세율이 적용되며 세부담 상한을 적용받는다는 내용의 기대 내지 신뢰를 가졌다고 볼 수는 있다.

(다) 그러나 조세가 갖는 정책적 기능, 변동성이 큰 부동산 가격 등 우리나라의 경제상황, 월등한 자금동원능력을 이용한 법인의 부동산 과다 보유의 규제, 법인을 활용한 부동산 투기의 억제 및 이를 통한 부동산 시장의 안정과 실수요자 보호 등과 같은 정책적 목적을 함께 고려해 보면, 개인 납세의무자인 청구인들이 종전과 같은 내용의 세율과 세부담 상한이 적용될 것이라고 신뢰하였다거나, 법인 납세의무자인 청구인들이 종전과 같이 과세표준 기본공제, 누진세율 구조를 갖춘 세율, 세부담 상한이 적용될 것으로 신뢰하였다고 하더라도, 위와 같은 신뢰는 국가에 의하여 일정한 방향으로 유인된 특별한 보호가치가 있는 신뢰이익으로 보기 어렵다.

반면, 앞서 언급한 것과 같이 부동산 과다 보유 및 투기 수요를 차단함으로써 부동산 시장의 안정을 도모하고 실수요자를 보호하려는 정책적 목적의 실현은 중대한 공익이라 할 것이다.

(라) 따라서 주택분 종부세 조항들은 신뢰보호원칙에 위반되지 아니한다.

5. 결론

그렇다면 심판대상조항은 모두 헌법에 위반되지 아니하므로 주문과 같이 결정한다. 이 결정에는 아래 6.과 같은 재판관 이은애, 재판관 정정미, 재판관 정형식의 조정대상지역 중과 부분에 대한 반대의견이 있는 외에는 관여 재판관들의 의견이 일치되었다.

6. 재판관 이은애, 재판관 정정미, 재판관 정형식의 조정대상지역 중과 부분에 대한 반대의견

우리는 심판대상조항 중 조정대상지역 내 2주택 소유자에 대한 중과세를 규정한 구 종합부동산세법(2020. 8. 18. 법률 제17478호로 개정되고, 2022. 12. 31. 법률 제19200호로 개정되기 전의 것) 제9조 제1항 제1호 중 '「「주택법」 제63조의2 제1항 제1호에 따른 조정대상지역(이하 이 조에서 "조정대상지역"이라 한다) 내 2주택을 소유한 경우는 제외한다」' 부분, 같은 항 제2호 중 '조정대상지역 내 2주택을 소유한 경우' 부분 및 구 종합부동산세법(2020. 12. 29. 법률 제17760호로 개정되고, 2022. 12. 31. 법률 제19200호로 개정되기 전의 것) 제10조 본문 제2호의 '제9조 제1항 제2호의 적용대상' 중 '조정대상지역 내 2주택을 소유한 경우' 부분(이하 모두 합하여 '조정대상지역 중과 조항'이라 한다)이 헌법에 위반된다고 판단하므로, 다음과 같이 반대의견을 밝힌다.

가. 입법목적의 정당성 및 수단의 적합성

(1) 종부세는 일정 가액 이상의 부동산 보유에 대한 과세 강화를 통해 조세부담의 형평성을 제고하고 부동산에 대한 투기적 수요를 억제함으로써 부동산 가격 안정을 도모하여 실수요자를 보호하려는 정책적 목적을 위하여 부과되는 것으로서(종부세법 제1조 참조), 위와 같은 입법목적은 정당하다 할 것이나, 조정대상지역 중과 조항이 위와 같은 입법목적을 달성하는 데에 적합한 수단인지는 의심스럽다.

(2) 조정대상지역 중과 조항에 의하면, 조정대상지역 내 2주택 소유자에게는 조정대상지역 내 2주택 소유자가 아닌 그 밖의 2주택 소유자[조정대상지역 내 1주택을

소유하고 비(非)조정대상지역 내 1주택을 소유한 자, 비(非)조정대상지역 내 2주택을 소유한 자 등]에 비해 가중된 세율 및 세부담 상한이 적용된다.

그런데 조정대상지역이 주택 가격이 단기간에 급등하거나 투기 우려가 높은 지역임을 감안하더라도, 어느 지역이 조정대상지역으로 지정되기 전부터 해당 지역에 2주택을 소유해 온 자에 대해서도 '조정대상지역 지정'이라는 우연한 사정에 의해 가중된 세율과 세부담 상한을 적용받도록 하는 것은 위와 같은 자에게 반드시 부동산 투기 목적이 있다고 단정하기 어렵다는 점에서 형평에 반할 우려가 있다.

또한, 조정대상지역 내 2주택 소유자에 대하여 가중된 세율 및 세부담 상한을 적용하는 것이 조정대상지역 내 2주택 취득을 억제함으로써 그 지역 주택 가격 안정에 어느 정도 기여하는 면은 없지 않으나, 조정대상지역으로 지정되기 전부터 투기 목적이 아닌 다양한 이유로 그 지역 내 2주택을 소유하고 있던 자에게 종부세 중과를 통해 단기간에 주택의 매도를 유도함으로써 그 지역 주택 가격 안정의 효과를 기대하기는 어렵다.

위와 같은 사정들을 고려해 보면, 조정대상지역 중과 조항이 부동산 보유에 대한 조세부담의 형평을 제고하거나 부동산에 대한 투기적 수요를 억제하는 데에 적합한 수단이 된다고 할 수 없다.

나. 침해의 최소성

(1) 설령 조정대상지역 중과 조항이 수단의 적합성을 갖추었다고 하더라도, 다음과 같은 점들을 고려해 보면 침해의 최소성을 준수하지 못하였다.

(2) 조정대상지역 중과 조항에 의하면, 조정대상지역 내 2주택 소유자에 대해서는 1천분의 12부터 1천분의 60까지의 세율이 적용되고, 100분의 300의 세부담 상한이 적용된다. 조정대상지역 내 2주택 소유자가 아닌 그 밖의 2주택 소유자[조정대상

지역 내 1주택을 소유하고 비(非)조정대상지역 내 1주택을 소유한 자, 비(非)조정대상지역 내 2주택을 소유한 자 등]에게 1천분의 6부터 1천분의 30까지의 세율, 100분의 150이라는 세부담 상한이 적용되는 것과 비교해 보면, 조정대상지역 내 2주택 소유자에게는 주택분 종부세가 상대적으로 중과된다. 그리고 조정대상지역 내 2주택 소유자에 대한 위와 같은 중과 내용은 조정대상지역 내 주택 소재 여부를 불문하고 3주택을 소유한 자에게 적용되는 내용과 동일하다.

(3) 그런데 조정대상지역 중과 조항은 오로지 '조정대상지역 내 주택을 소유하는지 여부', '그 소유 주택 수가 2채인지 여부'만을 기준으로 세율을 중과하고 세부담 상한을 가중시키고 있다. 주택 소유자가 그 주택을 매수한 시점, 소유한 기간, 소유하게 된 동기나 경위 또는 목적 등과 같은 구체적 사정은 일절 고려되지 않고, 오로지 2021년 귀속 종부세 과세기준일인 2021. 6. 1. 현재 조정대상지역 내에 주택을 2채 보유하기만 하면 일률적으로 중과세율, 가중된 세부담 상한이 적용된다.

현실적으로 2주택 소유자의 경제적 능력이 1주택 소유자에 비해 높을 가능성이 있다는 점, 향후 시세차익을 얻을 목적으로 2주택 이상을 소유하는 경우도 현실적으로 적지 않다는 점 등을 감안하더라도, 2주택 소유자에게 1주택 소유자에 비해 보다 가중된 세율이나 세부담 상한을 적용시켜야 할 당위성은 도출되지 않고, 부모 부양, 자녀 학업 또는 직장 문제 등과 같이 부동산 투기 목적으로 볼 수 없는 이유로 2주택을 소유한 자도 있는바, 조정대상지역 중과 조항에서는 이러한 자에 대한 어떠한 입법적 배려도 찾을 수 없다.

비록 1세대 1주택자에 해당하거나 단 1주택만을 소유한 자는 아니라 하더라도 부동산 투기 목적이 아니라 위와 같이 가족 부양 및 생계유지 등과 같은 이유로 2주택을 소유해 온 자에게는, 자신의 의사와는 무관한 사회적·경제적 원인으로 인하여, 조정대상지역 내 1주택을 소유하고 비(非)조정대상지역 내 1주택을 소유한 자 또는 비(非)조정대상지역 내 2주택을 소유한 자에 비하여 가중된 세율과 세부담 상한을 적용받아야 하는 부당한 결과가 발생할 수 있다. 특히 부모 부양 목적으로 2주택을 소유하는 경우는 자녀가 부모와 함께 거주하면서 부모를 부양하는 종래의 부모 부양의 행태에서 부모와 가까운 곳에서 분리 거주하면서 부모를 부양하는 모습으로 변화하고 있는 부모 부양의 현실에 비추어 보면 더욱 그러하다.

(4) 더욱이 2020년 귀속 종부세의 과세기준일인 2020. 6. 1. 당시의 조정대상지역 지정 현황과 2021년 귀속 종부세의 과세기준일인 2021. 6. 1. 당시의 조정대상지역 지정 현황을 비교해 보면, 2020. 6. 1. 기준 서울, 경기 일부 지역 및 세종특별자치시 등에 한정되었던 조정대상지역은 2021. 6. 1. 기준 위 지역들에 더하여 경기 대부분 지역, 인천, 부산, 대구, 광주, 대전, 울산 등 주요 대도시를 포함한 전국 각지로 확대되었는데, 이는 2020. 6. 19.자 국토교통부 공고(제2020-828호), 같은 해 11. 20.자 국토교통부 공고(제2020-1521호) 및 같은 해 12. 18.자 국토교통부 공고(제2020-1650호)에 따른 조정대상지역 추가 지정으로 인한 것이었다. 위와 같이 조정대상지역이 2020년 귀속 종부세의 과세기준일인 2020. 6. 1. 이후 불과 약 6개월의 기간 동안에만 세 차례나 추가 지정됨에 따라 주택 소유자의 부동산 보유세제에 대한 예측가능성은 현저히 저하되었고 아울러 조정대상지역 내 2주택자의 주택분 종부세 세부담은 조정대상지역 중과 조항에 의해 전년 대비 증가되었는바, 특정 지역 내에 2주택을 소유해 온 자가 해당 지역이 조정대상지역으로 지정되었다는 우연한 사정으로 인해 가중된 세율과 세부담 상한을 적용받아야 하는 것은 앞서 언급한 종부세법의 입법목적 달성에 필요한 범위를 넘어 과도하게 재산권을 제한하는 것이라 보지 않을 수 없다.

(5) 구 주택법(2021. 1. 5. 법률 제17874호로 개정되고, 2021. 8. 10. 법률 제18392호로 개정되기 전의 것) 제63조의2 제1항 제1호에서 규정하는 조정대상지역은 주택 가격, 청약경쟁률, 분양권 전매량 및 주택보급률 등을 고려하였을 때 주택 분양 등이 과열되어 있거나 과열될 우려가 있는 지역이므로, 현실적으로 조정대상지역 내 주택 가격 내지 공시가격은 다른 지역에 비해 높을 것으로 예상된다. 그런데 주택분 종부세액은 납세의무자별 소유 주택의 공시가격 합산액을 기준으로 산정된 과세표준에 과세표준구간별 누진세율을 적용하여 계산하므로, 조정대상지역 내 2주택 소유에 대하여 굳이 조정대상지역이라는 추가적인 기준으로 종부세를 중과하지 않더라도, 과세표준 및 초과누진세율 체계를 통해 조정대상지역 내 주택 가격 등에 대한 규제는 충분히 이루어질 수 있다.

(6) 주택 공시가격 상승 등과 더불어 조정대상지역 내 2주택 소유자에 대한 종부세 중과가 과도하다는 지적이 계속되자, 조정대상지역 내 2주택 소유자에 대한 중과제도는 이 사건 각 처분 이후인 2022. 12. 31. 법률 제19200호 종부세법 개정을 통해 폐지되었다(2023. 1. 1. 시행).

(7) 결국 주택 소유의 동기나 목적, 소유한 기간 등을 고려하지 않고 일률적·획일적으로 조정대상지역 내 2주택 소유자에 대하여 중과세율 및 가중된 세부담 상한을 적용하고 있는 조정대상지역 중과 조항은 부동산 투기 수요 근절, 다주택자에 대한 규제 필요성에 치우친 나머지 입법목적의 달성에 필요한 정책수단의 범위를 넘어 과도하게 재산권을 제한하는 것으로서 침해의 최소성에 어긋난다고 보지 않을 수 없다.

다. 법익의 균형성

조정대상지역 중과 조항이 제시하는 '조세부담의 형평성 제고'나 '부동산에 대한 투기적 수요 억제' 및 이를 통한 '부동산 가격 안정' 등과 같은 입법목적이 중요한 공익에 해당함은 분명하다. 하지만 앞서 본 것과 같이 조정대상지역 중과 조항은 주택소유의 동기나 내용, 소유한 기간 등을 고려하지 않음으로써 특히 조정대상지역 지정 이전부터 해당 지역에 2주택을 소유해 온 자는 어떠한 입법적 배려도 받지 못하고 가중된 세율과 세부담 상한을 적용받게 되었는바, 조정대상지역 중과 조항에 의한 위와 같은 자의 사익 침해의 정도는 과도하다 할 것이다.

라. 소결

결국 조정대상지역 지정 이전부터 해당 지역에 2주택을 소유해 온 자에 대해서도 일률적·획일적으로 주택분 종부세를 중과하고 있는 조정대상지역 중과 조항은 과잉금지원칙에 위배되어 헌법에 위반된다.

재판장	재판관	이종석	이 종 석	(인)
	재판관	이은애	이 은 애	(인)
	재판관	이영진	이 영 진	(인)
	재판관	김기영	김기영	(인)
	재판관	문형배	문형배	(인)
	재판관	이미선	이 미 선	(인)
	재판관	김형두	김형두	(인)
	재판관	정정미	정 정 비	(인)
	재판관	정형식	정형식	(인)

종부세의 진실

초판 1쇄 발행 | 2024년 11월 15일
지은이 | 이재만
발행인 | 강재영
발행처 | 애플씨드
브랜드 | 더메소드
출판사 등록일 | 2021년 8월 31일 (제2022-000065호)
이메일 | appleseedbook@naver.com

CTP출력 인쇄 제본 | (주)성신미디어
ISBN | 979-11-986136-7-7 (03360)